고려시대 상주계수관 연구

이 저서는 2012년 정부(교육부)의 재원으로 한국연구재단의
지원을 받아 수행된 연구임(NRF-2012S1A6A4019614)

고려시대 상주계수관 연구

한 기 문 지음

景仁文化社

책머리에

본서 구상의 출발은 필자가 1992년 상주대에서 연구 생활을 시작하면서였다. 한적한 상주에 대한 첫 인상은 전통시기 대읍으로서 그 殘光이 문화유적으로 다가왔다. 兩廡가 있는 鄕校, 웅장한 객사, 도심에서 발견된 석불상, 장백사지의 장대한 석탑 옥개석 편 등이었다. 또한 상주지역민의 사용 어투도 충청도 언어와 유사한 것으로 "~여"로 말 끝을 맺는다. 고려시기 상주가 영속한 행정단위가 충청도 5개 군현이 포함된 계수관의 殘影이었다. 지리지와 읍지 자료에서도 상주가 역시 대읍임을 확인할 수 있었다.

그런데 현지 연구자와 일반인들의 관심은 도시개발에 따라 고고자료가 출현하는 고대의 상주사와 전적자료, 그리고 문중 인맥이 현재까지 연결된 조선 및 근대시기 상주지역사에 집중하였고 이에 따라 고유신앙과 유교사상에 주목하였다. 학계의 지역사 연구도 이러한 경향성을 크게 벗어나지 않는다.

고려시기 상주의 실체를 확인하는 것은 쉽지 않았다. 고대사와 조선·근대시기에 편중되어 고립적으로 지역사를 이해하는 것을 불교 사원지와 상주 界首官制度를 참구하면서 고려시대를 포함하여 상주사를 계기적으로 바라 볼 수 있는 연구를 하고자 하였다. 문헌 자료로서 李奎報가 상주지역을 여행한 일련의 기행시 「남유시」와 향교에 보관된 김지남 본 『경상도영주제명기』를 검토해 본 결과 상주계수관의 존재를 보다 구체적으로 알 수 있었다. 본서는 고려시기 상주계수관의 현황을 정리하여 그 시기 지방제도 운영 특색을 이해하려고 준비하였다. 상주계수관은 界內 首官으로서 상주와 그 수관이 거느린 영군현을 포함한 영역으로서 상주라는 이중의 의미를 지닌다.

　상주계수관은 신라시기 광역주를 보다 세분하여 영속 군현을 정리하였지만 지역 문화의 다양성을 담보하고 상주를 수관으로 삼는 지역을 광역으로 종합한 제도적 틀이었다. 고려 지방사회의 다원성과 거점성을 이해하는 하나의 사례로서 상주의 제반 현황을 상주지역의 시각으로 정리할 필요를 느꼈다.

　본서를 준비하는 데에 여러분의 도움이 있었다. 2012년도 한국연구재단의 저술지원에 선정되도록 심사·논평해 주신 위원들께 깊이 감사한다. 상주에 대한 관심을 지속할 수 있도록 상주지역을 찾아와 함께 답사하면서 조언 해준 한국중세사학회 회원들께 고마움을 전한다. 지역의 향토사가 여러분의 자세한 답사 안내가 없었다면 연구가 진행될 수 없었다. 필자가 국립대 통합에 따라 2008년 경북대 사학과로 전입하여 연구할 수 있도록 배려해 주신 학과 교수님들께 고마움을 표한다. 교정 작업에 도움을 준 대학원생들에게도 고마운 마음을 전한다. 시장성을 기대하기 어려운 미시 지방 중세사 서적을 아담한 책으로 만들어 주신 경인문화사 여러분의 노고에도 깊이 감사한다.

2017년 3월
한기문 씀

‖ 목 차 ‖

책머리에

서 론

‖ 표 목차 ‖

‖ 지도 목차 ‖

|| 사진 목차 ||

서 론

글로벌 시대를 맞아 역사 연구는 자국사만 아닌 대외교류사 등으로 그 지평이 넓어진다. 한국사도 추세와 함께하기 위해서는 먼저 통시대적으로 짜임새 있게 체계화되어야 한다. 그러기 위해서는 상대적으로 미흡했던 고려시기 특성을 이해할 수 있는 연구가 병행되어야 한다. 한 지역을 종합적으로 심도 깊게 살펴 지방사회의 구조와 운영, 그리고 문화 현상을 이해하는 것도, 고려시대 전체를 보다 입체적으로 이해하기 위하여 매우 중요하다. 고려시기 계수관은 신라시기 광역주를 발전시킨 지방사회의 다원성과 거점성을 담는 독특한 제도로서 조선시기에서는 사라진다.

여기서는 고려시기 상주 界首官의 구조와 운영 그리고 문화적 현상을 통한 위상을 이해하고자 한다. 집중 검토하려는 尙州는 京, 都護府와는 다른 牧급 계수관이다. 이 지역은 고려 현종대 8목으로 정비되었고, 다양한 지방 행정단위를 영속한 계내 수관이자 광역의 영역을 가졌다. 고려시기 특성을 보여주는 지방제도의 형태로서 조선시기의 목과는 구조와 운영이 전혀 다르다.

상주계수관을 연구 주제로 설정하는데 도움 되는 자료적 현황은 다음과 같다. 고려 중기 李奎報는 상주를 다녀가면서 이른바 남유시 51수를 詩序와 함께 『東國李相國集』에 남겼다. 『고려사』 지리지와 후대 지리지의 자료도 풍부하다. 연대기에서도 상주계수관에 관한 단편적 자료와 수령, 사록에 관한 인명도 적지 않다. 또한, 불교관계 자료인 금석문 곧 고승비, 사적비, 묘지명 등에도 이 지역을 반영하는 예가 다수 있다. 뿐만 아니라, 1990년대부터 도로 개설과 각종 도시시설 건설이 활발해지면서 고고학적 발굴 성과도 적지 않다.

1장은 상주계수관의 수관으로서의 성립과 구조에 대한 이해를 시도한다. 관사의 성립에 관한 것은 고려시기 객사 중영기나 고려말 누기 등에 보이는 기사를 종합한다. 고고학적 자료와 고지도, 지적도 등을 검토하여 그 중심 위치와 기능을 고찰하고 이를 바탕으로 상주의 읍내외 구성과 범위를 규명한다.

다음으로, 재지세력 곧 戶長層의 구성과 활동 그리고 관사인 읍사에 관한 논구에 집중한다. 자료는 극히 단면적이지만, 연대기에 보이는 제도적 기반을 이해하여, 그것을 발판으로 고고학 자료와 금석문, 그리고 지리지, 불교 관련 문헌에서 재지세력의 실체를 파악한다. 나아가 향교, 계수관시 등 교육을 통한 상주의 위상과 재지세력의 동향을 살펴본다.

고을 읍내에 존재하면서 그 고을의 복을 구하는 資福寺는 상주 치소를 구성하는 중요 시설의 하나다. 각종 고고자료와 문헌적 섭렵을 통해 이 절을 분석하여 상주 도시사를 재구성한다. 자복사의 운영은 국가정기불교 의례의 시행을 통해 논한 뒤 지역에서의 이념적 결속과 지배의 양상을 살핀다. 관사, 읍사, 자복사 등 세 측면을 망라하여, 치소의 구성 시설과 성격 그리고 고려시기 상주 도시의 기능을 드러낸다.

2장은 상주계수관의 영역과 운영을 조명한다. 먼저 상주계수관의 연혁과 영속 및 범위를 알아본 후 그 것의 성립과 변천을 관찰한다. 지리지를 바탕으로 고려시기에 상주계수관 영속 군현의 형세를 정리하며, 부곡의 분포와 존재양상도 검토한다. 상주계수관내 교통로의 구성과 성격, 그리고 각종 자료에 보이는 상주계수관의 범위 인식을 통해 이 계수관의 광역성과 운영의 토대를 연구한다.

다음으로, 상주 역대 계수관원 곧 守令과 司錄의 임명 현황을 밝히고, 이들의 활동을 통해 계수관 운영의 성격을 논구한다. 계수관원의 계내 영역대표 활동과 실제 행정, 그리고 불사와 관련한 활동에도 주목한다.

마지막으로 경상도 按察使의 명단을 확보한다. 상주에 초점을 두고 이들의 이력과 활동을 계수관 운영과 연관지어 논의한다. 안찰사가 계수관에서 집무하는 주된 역할은 국왕을 대리하여 계수관원 감찰 부분과 제도 운영의 엄밀성을 통해 정리한다. 그럼으로써 중앙과 지방 계수관과의 관계도 인식할 수 있다.

3장은 상주계수관의 문화를 탐구하여 그 위상을 밝힌다. 고려시기 문화의 중심지는 사원이다. 사원이 계수관내에 어떻게 성립되며 어디에 분포하고 그 성격은 무엇인가? 고려 문인의 시문 속에서 상주계수관에 관한 인상은 어떻게 표현되었는가?

먼저 고려초부터 상주 주변에 자리한 각 山門의 성립 내역과 기능을 정리한다. 상주계수관에 분포하는 사원의 고려시기 현황을 그려낸다. 여기에서 활동한 고승들의 국왕과의 관계와 사상적 위상을 비춰보아 상주계수관내의 사원의 성립과 재편을 구명한다. 상주계수관의 성립 전사로서의 그 이념적 지배 거점의 기능을 점검한다.

신라 이래의 사원을 계승하거나 새로이 창설한 고려시기 사원은 국가 지배와 향촌, 일상생활에서 불가결한 시설이자 기능도 하였다. 상주계수관내 행정단위별 사원의 분포는 각종 자료와 보고서를 종합하여 복원한다. 사원은 고려시대 여러 문화의 집결 장소이다. 계수관내 사원은 지역 국가의례의 문화단위로서, 각 종단의 사상 활동 근거로서 커다란 의미를 지닌다. 계수관내 행정단위의 사원 분포 수를 검토하고 행정단위 자복사의 현황과 역할을 본다. 종단활동의 거점은 국사·왕사의 하산소 설치 양상을 통하여 가늠하고, 불교 혁신 운동의 거점으로서 결사체의 활동지도 검토하여 그 성격을 설명한다.

고려 문인 이규보는 1196년 상주계수관에 들어 와 3개월 정도 머물면서 관내를 여행한다. 당시 그는 51수의 시와 그 시의 이해를 돕는 시서, 詩註를 남겼다. 시들은 여행 경로에 입각하여 편집되어 남아 있어 그 경로와 당시 여행지의 현황 등을 이해하는데 가치를 지닌다. 상주의 현재 지리적 위치를 확인하고 그 후의 문인들의 시문도 살피면서 시를 갖고 그 일면을 찾아 상주 경관의 모습을 들여다본다. 이를 통해 상주계수관의 당시 현황과 위상을 이해한다.

이규보 외에도 역대 수령관이나 여행 문인들이 남긴 상주 인상기가 다수 있다. 이를 활용하여 상주의 역사적 연원에 관한 인식, 각 행정단위의 지리적 위상을 묘사하고, 행정단위의 시설을 통해 정치사상 등도 조명한다.

상주계수관의 수관으로서의 구조와 시설, 위상 등을 검토한다. 영현의 내속 현황과 수륙 교통망, 역·원·진·사원 등의 시설 분포와 기능, 당대 계수관의 광역성 인식의 일단 등을 통해 여러 군현을 영속한 영역의 구조를 파악한다. 이를 토대로 계수관원과 안찰사의 활동을 탐구하여 그 운영과 영역 대표성을 확인한다. 영역내의 현황은 문화 거점지로서의 사원의 분포와 그 종단활동상을 기초로 살피며 당대 문인들의 인상기를 가지고 영역성을 확인한다. 상주계수관의 현황과 영역성에 대한 검토에 집중한 결과 여타 계수관과의 비교나 관련성에 대한 이해는 미처 하지 못하였다.

제1장
상주 치소의 성립과 구조

제1절 상주 관사의 성립

최근 도시사 연구는 활기를 띠어 많은 성과물이 나왔다. 하지만 주로
王京 연구에 치중하여 고대 도시사의 천착에 머물렀다. 지방도시 연구는
미진한 상태이다. 고대 왕경 지구가 현재 어느 정도 보존되어 온 것과는
달리, 지방의 경우 오늘날 도시화가 상당히 진행되어 유적 보존에 관심을
기울이지 못한 데 원인이 있다.

본절에서 주목하고자 한 尚州는 전통시기에는 대읍이었으나 근대화 과
정에서 소외되어 현재 소도시가 된 지역이다. 이 때문에 도심 개발이 이
른 시기에 이루어지지 못했다. 도시 개발이 최근에 진행된 결과 고대 도
시 유적이 일부 발굴되어 이 분야의 관심을 끈 바 있다.[1] 상주 도시사
연구 성과는 지적도를 통한 통일 신라시기의 상주 도시 형태에 관한 것과
최근 발견된 유적의 고고학적 자료를 활용하여 里坊制를 조망한 것 등이
있다.[2] 그리고 상주도시 공간구조의 변천과정을 고찰한 논고도 있다.[3]

---

1) 상주 복룡동에서 실시한 고고학적 조사는 복룡2지구, 복룡동 230-3번지 유적, 제2
   건널목유적, 복룡3지구유적, 중앙로 유적 등이다. 복룡2지구와 230-3번지 유적에
   대한 것은 朴達錫·權憲胤, 「尚州 伏龍洞遺蹟 調査報告」 『嶺南文化財研究』 18,
   2005 참조. 그리고 제2건널목 유적은 『상주 제2건널목 입체화 시설공사부지내 尚
   州 伏龍洞397-5番地遺蹟』, 嶺南文化財研究院, 2006 참조. 나머지 유적은 『尚州 伏
   龍洞256番地遺蹟Ⅰ~Ⅳ』, 嶺南文化財研究院, 2008 ; 『尚州 伏龍洞230-3番地遺蹟
   Ⅰ~Ⅱ』, 嶺南文化財研究院, 2009 ; 『尚州 伏龍洞10-4番地遺蹟Ⅰ~Ⅱ』, 嶺南文化
   研究院, 2009 참조. 최근 이러한 보고서들을 종합하여 대중적으로 알기 쉽게 전시
   회를 기획하고 도록을 발간하였다. 『상주복룡동 다시 태어나다』, 상주박물관, 2011
   참조.
2) 朴泰祐, 「統一新羅時代의 地方都市에 對한 研究」 『百濟研究』 18, 1987.
   朴達錫, 「統一新羅時代 沙伐州의 里坊制 檢討」 『大東考古』 창간호, 대동문화재연
   구원, 2007.
3) 우현승, 「경북 상주시의 도시공간구조의 변천과정에 관한 연구」 연세대석사학위논
   문, 2001.

도시사 연구는 시역의 범위, 정비 시기, 시설의 공간적 구성 곧, 읍사, 성곽, 군사, 제사 시설 등을 그 대상으로 삼을 수 있다. 이 중에서 관아의 성격이 어떠하며 그 입지가 어디냐가 중요하다. 관아를 중심으로 도시 범위가 정해지고 성곽 등의 방어 시설과 제사 시설이 배치되어 공간적 구성 이념이 나타난다.

官衙는 官舍를 포함한 지방 지배 시설인 邑司를 말하고 이 읍사를 포함한 핵심 지역을 治所라 한다. 이를 에워싼 성곽을 포괄하여 治所城으로 부른다.[4] 전통시기는 城으로 표현하는 예가 많아 州城, 縣城으로 부른 예도 많다. 선행 논고는 고려시기 대부분의 치소성이 山城에 의거한 것으로 보고하였다. 고려 말에 평지에 邑城을 쌓으면서 조선시기 읍성 중심의 관사가 성립된 것으로 제시하였다.

본절에서는 고려시기 상주의 관사 입지와 위치를 신라시기부터 조선초까지 살펴봄으로서 치소성 개념을 재검토하고자 한다. 여기서는 편의상 관아로 통칭한다. 전통시기에 官衙는 한 고을의 주민에 대한 행정과 방어의 중심 기능을 해 왔다. 왕조가 바뀜에 따라 지방제도의 변화에 상응하여 邑司의 기능과 성격도 변화될 수 밖에 없다. 관아의 입지 역시 지방제도의 변화에 따라 이동하였다. 이러한 시간적 연변에 따른 관아의 성격과 입지의 변천을 살피면 도시공간의 역사적 변화를 이해할 수 있다. 문헌적 고찰과 조선시기 관아 배치와 형성에 관한 이해를 바탕으로 역 추적하여 상주 관아의 구성을 복원하여 그 기능과 계수관내에서의 위상을 조망한다.

1. 관아 입지의 변천

상주가 지방제도의 틀 속에 편입된 것은 法興王 12년(525)에 군주를

---

4) 이에 대한 논의는 崔鍾奭, 「고려시기 治所城의 분포와 공간적 특징」『歷史敎育』 95, 2005 참조.

두고 上州로 삼았다는 데서 시작된다.[5] 이는 신라가 처음으로 悉直州를
설치한 다음이다. 尙州에 上州를 둔 것은 신라가 고구려 장수왕에게 빼앗
긴 서북방일대를 회복하고 대백제 견제를 하는 의미가 포함된 북진책의
강한 의사표시다. 사벌주가 설치된 상주는 계립령을 넘어 충주로 통하는
경로와 화령을 넘어 보은, 청주로 넘어 가는 길이 교차하는 요충이다.[6]
따라서 고구려에 점령된 조령일대를 겨냥하는 북진 신호였으며 또한 백제
에 대한 견제이다.[7] 이 때의 上州는 경상북도일원의 廣域州로서 州治를
沙伐州에 두는 군사적 전진기지이다. 그래서 주의 장관도 軍主이다.

　이 시기 州는 군단이 머무는 停이다.[8] 상주지역에서는 구체적으로 音
里火停이 있었던 靑里나 上州의 古基가 있었다는 銀城村 곧 銀尺이 군사
기지다. 『상산지』고적에 "上州 古基는 州 북 45里 밖 銀城村에 있다.
촌 아래에 倉基와 衙垈가 있다. 唐 고종이 고구려를 칠 때 신라 문무왕이
品日, 忠常, 義服을 上州 總管으로 삼고 大將 金庾信 등 18將과 함께 당
을 도와 고구려를 파하였다"라[9] 하였다. 18세기 향토지 기록이지만 上州
古基는 곧 보급 창고와 병영이 있는 군사 기지다. 이 곳은 상주에서 볼
때 남한강 수계로 이어 진다. 그리고 청리는 금강 수계로 연결된다. 이로
보아 이 시기 州治는 군단 주둔지의 성격을 지닌다. 다만 사벌국 이래 재
지 세력의 중심지는 군단 주둔 기지와는 달리 병성산 일대이다.

　眞興王은 14년(553) 南川州, 18년에는 北漢山州를 설치하여 그 지역을
군사적으로 장악하면서 사벌주의 중요성은 약화되었다. 진흥왕은 18년

---

5) 『三國史記』卷34, 雜志 3, 地理 1, 尙州.
6) 서영일, 『신라 육상 교통로 연구』, 학연문화사, 1999.
7) 신형식, 「신라군주고」『백산학보』19, 1975.
8) 주보돈, 『신라지방통치체제의 정비과정과 촌락』, 신서원, 1998, 75~110쪽.
9) 『商山誌』(淸臺本)卷1, 古蹟 古都, "上州古基在州北四十五里外銀城村 村下有倉基衙
　　垈 唐高宗伐句麗時 新羅文武王 以品日忠常義服爲上州總管 與大將金庾信等十八將
　　助唐伐高句麗破之".

(557) 상주의 주치를 甘文州로 옮겼다.[10] 곧 大伽倻 정복을 위한 남북의 협공 의도다. 따라서 사벌주지역의 군사적 중요성은 잠시 감소되어 上洛郡으로 떨어졌다.[11] 眞平王 36년(614)에는 다시 一善州로 옮겼는데, 나제동맹 결렬 이후 백제는 물론 고구려도 견제하기 위함이었다. 百濟를 멸망시키기 위해 무열왕이 행차한[12] 금돌성이 백화산성으로 추정되고 있음을 보아[13] 상주는 여전히 전략적으로 중요했다.

신문왕대 쌓은 성을 '州城'이라 하였다.[14] 곧 치소성을 의미한다. 그리고 고려말 왜구 침입 후 처음으로 주성을 쌓았다는 기록으로 보아[15] 상주 도심 평지에는 성곽이 없었다.[16] 沙伐州로 편입되는 때 사벌국의 중심부였던 사벌면 일대에서 보다 넓은 충적 평야를 가진 상주시지역으로 州治를 옮긴 것이다. 神文王은 7년(687) 3월 一善州를 파하고 沙伐州를 復置하면서 波珍湌 官長으로 摠管을 삼았다.[17] 이해 가을에는 沙伐에 城을 쌓았는데 크기는 주위가 1,109 步로[18] 그 성은 자산산성으로 추정된다. 토석혼축으로 包谷式이며 길이는 약 1.5 km이다. 현재 상주시 중심부와 가장 가깝고 水口의 방향이 시가지 쪽으로 향한다. '官'字銘 瓦片과 건물

---

10)『三國史記』卷34, 雜志 3, 地理 1, 尙州.

11)『高麗史』卷57, 地理 1, 尙州, "眞興王廢改州爲上洛郡".

12)『三國史記』, 新羅本紀 5, 太宗武烈王 7 年.

13) 정영호,「김유신의 백제공격로 연구」『사학지』6, 1972.

14)『三國史記』新羅本紀 8, 神文王 7 年, "築沙伐昄良二州城".

15)『尙州風詠樓記』『陽村集』卷14, "庚申之初 倭寇侵犯 … 明年辛酉 半刺田君理始築 州城 招輯遺民".

16) 박달석은(앞의 논문, 2007) 경주처럼 도시 방어를 잠재적 위협 방향에 설치된 일련의 요새에 부여하면서 도시 계획의 내에는 성곽의 설치를 무시하였을 것으로 추정하였다. 하지만 우현승은(앞의 논문,2001)『東國輿地志』의 '州城新羅時舊城'이라는 기록을 중시하여 평지에 읍성을 쌓았다고 추측하였다. 다만 그 위치는 짐작할 수 없다고 하였다.

17)『三國史記』新羅本紀 8, 神文王 7 年 3 月, 秋, "罷一善州 復置沙伐州".

18)『三國史記』雜志 3, 地理 1, 尙州, "神文王七年 唐垂拱三年 復置 築城周一千一百九步".

지가 확인되므로 사벌면의 금흔리, 병성동지역에서 이곳으로 중심부가 이동하면서 마련되었다.[19]

지적도를 분석하면 통일 신라기 상주에는 坊制가 시행되었다. 남북 약 1,440m, 동서 약 1,560m 범위내에서 확인된다. 남북으로 9개 구역 동서로는 8~9개의 구역이 있다. 구역은 크기가 가로 세로 160m다. 하나의 방으로 보면 동서로 각기 45坊씩 모두 90坊이 있다.[20]

이는 최근 일련의 복룡동 유적 조사에 의해 입증되었다. 복룡 2지구 건물지는 중심 좌향이 정남이고 적심석이 대형이다. 발견된 기와편으로 보아 8세기 이후 건립된 건물지가 확인되었다. 관청으로 추정된다. 도로 유구는 중앙로 유적에서 동서도로, 남북도로가 조사되었다. 배수로, 차도, 인도의 구분이 보인다. 배수구는 중앙로 유적 동서도로 남쪽과 북룡동 유적 북쪽 경계 부분에서 발굴되었다. 신라 왕경은 部, 里, 坊의 규모 순으로 세분하여 구획·설정된다. 격자형 도로망으로 나누어진 구역을 里坊制로 볼 경우[21] 상주에 里坊制가 시행된 흔적이다. 그리고 복룡 2지구 수혈 유구에서 출토된 석제품에 "沙伐州…畓里…"라 새겨진 명문에 따르면 이곳이 9坊을 1里로 본 里坊制의 행정명칭인 畓里로 추정된다.[22] 다만 대구역 단위를 里로 소구역을 坊으로 보아 상주를 9里 81坊으로 파악하고 중앙부의 坊을 縱長方으로 여겨 南北路의 존재를 부정하기도 한다.

이방제의 시행 시점이 7세기 후반부터이지만 里坊制를 입증하는 유적의 시기는 대략 8~9세기의 유물이 많은 점으로 보아 처음 주성을 쌓은

---

19) 朴泰祐, 「統一新羅時代의 地方都市에 對한 硏究」 『百濟硏究』 18, 1987.
　　 박달석은 160m가 古韓尺 100步였다는 추론을 근거로 신문왕이 쌓은 성의 둘레가 1,774m가 되메이는 1,860m로 측정된 자산산성과 거의 일치한다고 하였다(앞의 논문, 2007, 89쪽).
20) 박태우, 앞의 논문, 1987.
21) 여호규, 「신라 도성의 공간구성과 왕경제의 성립과정」 『서울학연구』 18, 2002.
22) 박달석, 앞의 논문, 2007.

자산산성이 치소성이 되었다. 8세기 이후에는 지금의 상주 도심으로 치소
가 옮겨 왔다.

신라 도성은 "儀鳳四年皆土" 銘文瓦와[23] 궁궐중수, 동궁창건, 각문 액
호 제정, 남산신성 증축 등에서[24] 보듯 679년(문무왕 19)에 대대적으로
정비가 시작되었다. 이어 왕경은 효소왕대를 거치면서 당 貞觀禮를 준용
하여 사전 정비와 더불어 王京, 四郊, 王畿로 재정비하였다.[25] 즉 7세기
후반에 왕경은 다시 정비되었다.

지방의 경우는 왕경과 시간과 규모의 차를 두고 재정비되었다. 신라에
서 지방 사원의 존재가 문헌적으로 파악되기 시작한 시점 역시 8세기 중
엽부터이다.[26] 자산산성에서 도심으로 치소가 옮긴 시기로 8세기 중엽을
지목할 수 있는 것은 당 현종대 開元禮가 공포되고(732년 성덕왕 31) 도
시 공간에 이념적 성향이 반영되었을 것이라는 시기적 배경과 연관지울
수 있다. 정비된 상주의 규모는 방수로 보아 81~90坊이 된다. 신라 왕경
은 360坊 규모로 추정하고 있다.[27] 상주는 왕경의 1/4 정도가 된다. 현재
까지 발견된 상주 도심 유적에서 중심 연대가 8~9세기에 걸친 유물이 많
이 발견된 점으로 미루어 도심 정비와 도심의 치소 설치도 8세기 중엽으
로 추측된다.[28]

신라 말의 와당이 발견된 점으로 보아[29] 자산산성은 상주 入保城으로
서 역할을 지속한 것으로 파악된다. 그런데 지금 도심의 중심지에서 어디

---

23) 『新羅瓦塼』, 국립경주박물관, 2000, 356쪽.
24) 『三國史記』 新羅本紀 7, 文武王 19年.
25) 여호규, 앞의 논문, 2002.
26) 한기문, 「신라말기 도선의 출가와 불교계 동향」 『공덕과 장엄』, 월출산 도갑사 도
    선국사연구소, 2003, 372~374쪽.
27) 박방룡, 『신라 도성 연구』 동아대 박사학위논문, 1997.
28) 지금까지 나온 와편 등의 유물은 통일 신라기에 한정하면 8세기 이전의 것은 거의
    보이지 않는다. 연대를 알 수 있는 명문와의 발견이 기대된다.
29) 박태우 앞 논문(1987)에서 탁본을 제시한 바 있다.

가 치소인지는 구체적으로 적시하기 어렵다. 다만 대형 건물군 일부가 보이는 복룡동 유적 지역 한 부분이 치소의 한 구역으로 포함될 수는 있다. 『周禮』冬官考工記 工匠의 "國中九緯九經" 도시 구성원칙에 근거하여 격자식 9등분할 하여 9里 81坊으로 하였다면[30] 앞서 제시한 畓里는 북부 3개 리 중 가장 동북쪽에 치우친다. 당 長安의 '北宮南市' 도시 구성의 영향을 받았다면 치소의 핵심 입지도 9里 중 북부 중앙에 위치한 里 공간에 있었다는 가설이 설정된다. 지적도를 통해 이방제를 처음 제시한 연구에는 중간에 南北路로 추정되는 도로를 제시하고 그 북변 중앙에 치소가 위치하였을 것으로 보고 있다.[31]

885~887년 무렵 阿慈蓋가 '以農自活' 沙伐城(尙州)에 웅거하여 자칭 장군이라 하였는데, 아자개는 甄萱의 父이다.[32] 아자개는 '이 성에 의거하였다' 하고 이 성은 '병풍산 아래에 위치한다' 하므로 바로 병풍산 일대의 성이 사벌국 고성이었을 가능성이 높다. 신라말 호족의 할거시대는 이곳의 전략적 중요성이 컸다. 동시에 상주 도심 치소의 기능은 이곳으로 대체되었다.

太祖는 安東都督府로, 성종은 節度使를 두면서 歸德軍이라 하였다. 顯宗 9년 전국 8個牧 중의 하나로 尙州牧이 되었다.[33] 尙州牧으로 고정되기 전에는 軍事的 성격이 강한 行政區域으로서 중시하였다. 고려의 상주목도 신라의 상주와 마찬가지로 廣域州로서의 상주와 州治로서의 상주 두 가지 의미가 있었다.

계수관으로서 상주 치소의 입지는 어디일까? 상주읍성 관련 기록 중 『경상도지리지』에는 洪武 乙丑에 읍성을 쌓았다고 하였다. 이 시기는 1385

30) 박달석, 앞의 논문, 2007.
31) 박태우 앞의 논문, 1987.
32)『新增東國輿地勝覽』卷28, 尙州, 古跡 沙伐國古城, "新羅末 甄萱父 阿慈介 據此城".
33)『高麗史』卷57, 志11, 地理2, 尙州.

년(우왕 11)에 해당한다. 1380년(우왕 6) 상주에 왜구가 침입하여 7일간 머물며 관아와 민간의 집을 불태웠다는 기록이 있고, 權近의「風詠樓記」에도 이 사실이 언급되어 있다. 다음해 半刺 田理가 처음 읍성을 쌓았다. 이를 정리하면, 1380년 왜구 침입후 1381년 읍성을 쌓기 시작하여 1385년에 완성하였다. 상주에 읍성을 쌓은 배경은 고려말 왜구의 침입을 겪고 난 후 다시는 이러한 피해를 당하지 않기 위해서였다.[34]

고려시기 상주 관아의 위치는 현재 읍성의 유구가 확인되는 왕산을 중심한 일대이다. 통일 신라기 8세기경 지금의 도심 중에서 왕산의 북쪽으로 치소가 이동한 뒤 다시 다소 남쪽으로 옮겨가 왕산을 그 배경으로 치소가 입지하였다. 시점이나 이동 배경을 짐작할 자료는 없다. 하지만 고려 초 상주 재지세력의 재편에 따라 읍기가 정비된다. 현종 무렵 계수관제가 마련되면서 새 왕조의 성립에 따라 지방 사회의 변동이 수반되었다.

2. 관아 시설 구성과 위상

계수관은 界內의 首官이었다. 鄭道傳은『三峰集』에서 "府州郡縣이 마치 별처럼 널려 있고 바둑돌처럼 깔려 있으니, 큰 것으로 작은 것을 거느리고 작은 것은 큰 것에 귀속시켜, 머리 부분은 무겁게 하고 꼬리 부분은 가볍게 하여야 다스릴 수 있을 것입니다. 前朝가 3留守·8牧·4都護를 두어서 그 제도가 잘 이루어졌다고 하겠는데…"라 하여[35] 계수관을 정점에 두고 관내의 주현과 속현을 통솔하는 형태를 말하였다.

1196년 이규보가 상주로 남유하면서 남긴 시 중에는 상주 읍내에 들어서면서 본 상주 인상을 다음과 같이 읊었다.

---

34) 韓基汶,「朝鮮時期 尙州邑城의 沿革과 規模」『歷史敎育論集』28, 2002.
35)『三峰集』卷10, 經濟文鑑 下 縣令.

```
    …
  지형은 참으로 기복하는 호랑이인듯
  천리를 담처럼 둘렀으니 어이 그리 멀던가
  빨리 오느라 곤하여 눕자 해저무니
  눈을 붙여 기이한 것 구경할 겨를 없네
  날이 새자 나가 자세히 보니
  비늘같이 많은 집들 용이 주두에 얽혔네36)
    …
```

상주 읍내에 고기비늘처럼 촘촘히 많은 집들이 있고 그 규모도 화려한 기둥을 사용한 것임을 말하였다. 신라시기 이래 도시계획된 토대위에 성립하였다. 다시 말하면 지형이 담처럼 두른 평지에 도시가 형성되었다. 이곡이 관찰한 광주 계수관의 사례도 "내가 광주 고을 형세를 살펴보니 삼면은 모두 높은 산이고 북쪽은 비록 광활하고 머나 지세가 평평하고 낮아서 公廨와 民居가 우물 밑에 있는 것 같아서"라 하여37) 관사가 평지에 있음을 보여 준다.

충혜왕 때 安軸이 상주를 묘사한 글에서는 보다 자세하게 관사에 대한 서술이 있다.

　　내가 상주목사의 명을 받고 이 해 사월에 주에 도임하여 정사를 보니 … 옛적에 廨宇·州學·神祀·佛寺가 모두 頹圮하고 오직 客舍만이 웅대하고 수려하여 … 38)

---

36) 『東國李相國集』卷1, 古律詩, "地形眞似虎起伏 繚垣千里何逶迤 蹋來困臥日正暮 未暇着眼窮搜奇 天明出遊試覷縷 魚鱗萬屋龍纏栭".

37) 李穀, 「淸風亭記」 『稼亭集』 卷6 記, "余觀廣之爲州 三面皆高山 北雖廣遠 地勢夷下 公廨民居 如在井底".

38) 安軸, 「尙州客舘重營記」 『謹齋集』 卷2, "余受尙州之命 是年夏四月到州視事 然凡古之廨宇州學神祠佛宇 皆已頹圮 惟客館完具輪焉 甲於南方 其廳堂基位規模布置宏壯 有餘 各得其宜".

상주목 읍치에 밀집된 공공 건물로 지방관아, 州學으로 표현된 향교, 종교제의를 담당한 신사와 사원, 객관이 갖추어져 있다. 이는 일반 주현 이하에서는 찾아 볼 수 없다. 계수관은 관내 군현의 행정적 중심부이자 도회지의 역할을 수행하는 지방영역 거점도시의 면모를 갖추었다. 해우, 주학, 신사, 불우 등의 시설과 입보성까지 차례로 살핀다. 해우와 함께 중요한 향리의 집무시설인 읍사와 자복사로 지칭할 수 있는 불사는 따로 정리한다.

먼저 위의 '廨宇'라는 글귀는 곧 관아를 의미한다. 李穀이 쓴 「韓州重營客館記」에는 "國制에 수령이 있는 곳은 公衙라고 하는데"라 하였다.[39) 고려시기에는 공아가 널리 사용된 용어였다. 『고려사』에는 '外官廳'이란 말도 쓰이는데[40) 이는 외관 소속의 관청이다. 金州의 副使衙,[41) 安東府의 法曹衙 등의[42) 예로 보아 상주 공아에는 목사와 그 屬官別로 건물이 배속되어 있었다.

상주 관아에 대해서는 고려시기에 남은 기록이 거의 없다. 다만 1240년대 최자가 상주 목사로 재임할 때 "거처하던 廳舍 뒤 난간을 넓혀 작은 못가에 임하도록 하고 이것을 이름하여 不老亭이라 하였다. 그 앞에 꽃과 대를 심었다."라 함에[43) 관사가 존재하였다. 1370년 목사 金南得이 官衙를 중건하고 그 동북편에 정자를 세웠다는 기록에 따르면, 관아는 1370년 경에 중건되었다. 이상에서 볼 때 관사는 치소성에 존재한 것이 아닌 현재 상주 도심지에 자리한 것이며 조선시기 관아와 그리 차이가 나지 않는다.

39) 李穀,「韓州重營客館記」『稼亭集』卷6 記, "國制 守令之居 謂之公衙".
40) 『高麗史』卷68 禮 嘉禮 參上參外人吏掌固謁宰樞及人吏掌固謁參上參外儀 肅宗 2年 5月, "外官廳 長典記官 竝沒階行禮".
41) 『高麗史』世家 卷21 神宗 3年 8月 癸巳.
42) 『牧隱集』卷1 安東藥院記, "法曹衙 舊廢 而遺基存焉".
43) 『補閑集』下, "予掌書上洛 後爲遨頭復之任 闢所居廳事後欄臨小池 名之曰不老亭 種花竹其前".

『경주부윤선생안』1320년 12월 27일 기사에 따르면, 동경 관사 시설의 일부를 알 수 있다.

> 객사의 東西上房과 大廳, 南大廳, 副車房, 凉樓, 選軍廳, 倚風樓, 營庫, 東西行廊 모두 72간이 불에 타버렸다.[44]

건물들이 화재로 소실된 내역을 적었다. 여기서 객사는 동서로 上房이 부속되어 있다. 수령의 집무 시설로 볼 수 있는 대청, 남대청이 있다. 군역 담당 관사로 선군청, 사신 접대를 위한 루로서 의풍루와 양루 등이 있다. 창고 시설로는 영고가 있었다. 부거방은 무슨 시설인지 알 수 없다. 시설을 둘러 싼 행랑도 있었다. 동경 관사 일부에서 확인되는 시설은 곧 상주 관사에도 그대로 적용될 수 있는 시설일 것이다. 곧 객사와 樓는 물론, 대청, 영고, 선군청 등이 있다.

조선시기에는 관사를 東軒이라 하는데 왕산 아래에 있었고 여러 차례 화재를 당하였다. 1827년(순조 27)에 목사 洪世周가 중건하고 현판을 聽猶堂이라 하였다.[45] 동편에 樓를 세우고 五皓樓라 하였다. 청유당은 본래 使無堂이었다. 그 舊基에 청유당을 세웠다. 이로보아 고려시기부터 관아가 있던 곳이 아닌가 한다.

관사 중 객사가 중심으로서 모습을 보여 준다. 1343년에 상주 목사로 부임한 安軸이 남긴 客舘記에 의하면,[46] 客舍는 1307년 상주 목사로 온 金永煦가 세운 것이고 영남에서 제일 훌륭하다. 상주계수관의 위상에 맞는 규모이다. 상주가 팔방으로 통달하는 거리에 있어 전령과 봉사하는 자

---

44) 『府尹先生案』, "庚申十二月二十七日三更量 客舍東西上房及大廳南大廳 副車房 凉樓 選軍廳 倚風樓 營庫 東西行廊 幷七十二間 燒火".

45) 『尙州牧先生案』, 牧使 洪世周, "丁亥建聽猶堂".

46) 安軸, 「尙州客舘重營記」『謹齋集』卷2, "州在八達之衢 垂傳奉使者 無虛日也 古之客舘湫隘卑陋 而又年代綿久棟已撓矣 常爲惡賓所嗔 人甚病焉".

가 하루도 비는 날이 없었지만 옛적 객관이 비루하며 연대가 오래되어 기둥이 이미 기울어져 있으니 항상 손님의 나무람을 들어 왔기 때문에 1307년 목사로 부임한 김영후가 중수하였다. 객관은 사신관과 전령의 숙박시설로 상주계수관이 중시하였다. 김영후가 세운 객관은 그 서편에 소관을 별도로 두어 사신이나 빈객이 많이 오더라도 머무르는 데 여유가 있었다.

객사의 위치는 조선시기 연혁을 참고하여 거슬러 추적한다. 客館은 州衙의 동편에 있다. 고려 金永煦 목사 때에 개건하고 1526년(중종 21)에 소실되어 목사 尹岩이 다시 세웠다. 임진난 때 모두 불타버린 것을 1666년(현종 7)에 목사 李松齡이 舊址에 개축하였다. 『상주목선생안』에 의하면 1638년(인조 16)에 객사가 실화되어 이듬해 봄 왕산 남쪽에 객사를 移設하였다. 당시의 목사는 趙啓遠이었다.[47] 1640년(인조 18) 가을에 목사 金光煥이 객사의 舊基에 衙舍를 건립하였다.[48] 1666년(현종 7) 목사 李松齡이 아사와 객사를 서로 바꾸어 중건하였다.[49] 아마 상주 객사는 이 시기에 완공된 것으로 생각된다. 목사 洪世周 재임시(1825~1827)에 다시 창건하여 제도가 宏豁하다고 하므로 그때 크게 정비되었다. 이상에서 고려시기 객사는 왕산 남쪽 보다 북쪽에 위치하였을 가능성이 크다. 곧 현재 왕산 가까이 객사가 위치하였다.

안축의 객관기 외에도 李穡과 權近이 쓴 「風詠樓記」가 있다.[50] 이에 따르면, 1370년 목사 金南得이 官衙를 중건하고 동북편에 果園을 설치하고 그 가운데 亭子를 세우니 이색이 風詠亭이라 이름하고, 李崇仁이 詩

---

47) 『尙州牧先生案』, 牧使 趙啓遠, "戊寅二月到任 同年十一月 客舍失火翌春移設客舍於王山之南".

48) 『尙州牧先生案』, 牧使 金光煥, "庚辰秋 建衙舍於客舍舊基".

49) 『尙州牧先生案』, 牧使 李松齡, "衙舍客舍相換重建".

50) 李穡, 「風詠亭記」『牧隱文藁』卷1, "使伏節剖符 行過是州者 得如春服旣成之際 和氣洋溢 尙民其幸哉".
　權近, 「尙州風詠樓記」『陽村集』卷14, "宴犒奚託誰能執熱兮".

를 지었다. 1380년 병화로 소실됨에 목사 宋因이 1390년 亭을 樓로 바꾸어 舊基에 다시 세웠다. 풍영루의 기능은 李穡의 記에 "節符를 가지고 州를 통과하는 자로 하여금 春服이 이루어질 즈음에 和氣가 넘친다면 상주의 백성은 얼마나 행복 하겠는가"라 한 것으로 보아 관직에 있는 자들이 이곳을 방문하거나 통과할 때 접대를 하는 것이다. 김종직의 기에도 "이 樓가 있지 아니하면 宴饗과 犒軍을 어디에 의탁하랴" 하였다. 이곡이 쓴 「한주중영객사기」에는 객사의 기능을 "무릇 빈객이 오는 것이 크게는 천자의 덕스러운 소리를 선포하는 것이요, 작게는 본국의 명령을 반포함인데, 이는 나라의 근본을 근심함이니 이 관사의 시설이 결국은 백성을 위하는 것이다."라 하였다.[51] 곧 사신을 받들어 천자의 조서와 명령을 듣는 것이다. 결국 객관과 풍영루는 계수관 상주가 중앙에서 오는 사신관의 순찰 거점으로서의 위상에 맞는 시설이다.

그리고 州學으로 표현된 향교 시설이 있다. 상주에 향교가 성립된 것은 성종 2년 이후이다. 이 때 楊州·慶州·忠州·公州·晉州·尙州·全州·羅州·昇州·黃州 등 12牧을 설치하고 외관을 파견하였다. 12월에 주부군현의 吏職을 개혁하여 지방 鄕豪의 재지적 기반을 약화시키고 반발을 무마하기 위해 향호 자제 260명을 개경에 불러 유학교육을 시켰다. 그들 중 207명은 성종 5년에 귀향하였다. 이들의 교육을 위해 왕은 6년에 12목에 經學博士와 醫學博士 각 1명을 파견하였다. 성종 11년 1월 교서에 "중앙에 학교를 열어 儒術을 높이고, 지방에 학교를 설치하여 생도를 권과하여 문예를 경쟁하는 장으로 삼아, 경서를 연구하는 업을 넓히도록 하라"고 명했다.[52] 적어도 성종 11년에는 지방 관학교육 기구와 시설이 존재하였고 경학박사와 의학박사도 여기에 머물렀다.

---

51) 李穀,「韓州重營客館記」『稼亭集』卷6 記, "凡賓客之來 大則布天子之德音 小以頒國令 而邦本是恤 則玆館宇之設 其究爲民也".
52)『高麗史節要』卷2, 成宗 11年 1月.

12목의 하나였던 상주에도 이 시기에 향교가 설치되었다. 경상도내의 상주와 더불어 12목에 속하는 경주와 진주에도 향교가 있었다는 기록이 이를 반증한다. 경주는 성종 6년 東京이라 하고 東京留守官에 文士와 의사를 각각 1인씩 설치하였다. 『東京通志』에 따르면 경주 향교는 神文王 2년에 설치한 신라의 옛 國學 舊基를 바탕으로 하였다. 진주에는 목종대 문과에 등재한 姜民瞻이 향교에서 수학하였다. 비록 상주에 향교 관련 기록은 없지만 함께 12목이 된 경주와 진주에 향교가 있었고 이후에도 계수관으로서 위상을 가진 상주에 향교가 설치되었던 것은 분명하다.

목종 6년 1월의 교서에도 "3京 10道의 博士·師長이 생도의 교육을 권려하여 成效를 올린 자가 있으면 이름을 적어 보고하도록 하고 관내 재능 있는 학자를 매년 천거하는 항규로 하라" 함에[53] 3경 10도에 향교가 설치되었다. 문종은 外職制를 개정하여 南京과 大都護府에는 文師와 醫師를, 방어진과 지주군에는 文學과 醫學을 각각 1인씩 설치하여 지방교육과 치병을 담당하도록 하였다. 도에는 지군사, 양계에는 방어진사 이상에 지방 관학교육 기구인 향교가 설치된 것이 아닌가 한다.

상주의 관할 주군은 京山, 安東 등 2府와 7屬郡, 17屬縣이다. 위의 향교 설치 기준으로 본다면 상주계수관내에는 상주와 2부 7속군에 향교가 존재하였다. 예종 이후 監務의 파견이 계속되었다. 인종 21년까지 松生縣, 一善郡, 淸道郡, 管成縣, 大丘縣, 順安縣, 義城縣 등 7곳에 감무가 설치되어 이들 지역에도 향교가 세워졌을 가능성이 있다.

인종대에는 향교가 전국적으로 널리 설립되었다. 인종 7년 金守雌가 쓴 「幸學記」나 徐兢의 『高麗圖經』에서 알 수 있다. "글 읽는 소리가 중앙에서 외방에까지 이르고 있으니 이는 옛날에 없던 일이다"라 한 것이나 "經館書齋가 늘어섰고, 백성의 자제들이 무리를 지어 스승을 따라 경전을

---

53) 『高麗史』 卷74, 志28, 學校, 穆宗 6年 1月.

수업하고 卒伍章稚도 또한 향선생을 따라 배우니 문운이 융성하다"라
한 것에서 짐작된다. 인종 12년에는 孝經, 論語를 閭巷의 아이들에게
나누어주기도 하였다. 행정단위에 따라 州學, 府學, 郡學, 縣學 등으로
불리었다.[54]

상주계수관내에 처음에는 상주 향교만 있었다. 이후 지군사 이상에 향
교가 마련되었다. 감무가 증치되어 외관이 파견된 지역 모두에 향교가 건
립되었다. 계수관내의 향교는 그후 界首官鄕校가 관할하였다. 지역의 諸
生을 모아 科擧에 앞서 모의시험 즉 試才를 점검하였다.[55] 계수관향교는
교육 뿐 아니라 향공들의 모의 예비시험도 총괄하였다. 상주계수관에서는
계수관향교가 곧 상주 향교였다.

향교는 행정구획의 대소에 따라 규모에 차이가 있었다. 그러한 차이는
문묘의 규모에도 반영되었을 것이나 자세한 자료는 전해지지 않는다. 성
종 2년 任老成이 宋에서 돌아오면서 4圖와 72賢贊記를 가지고 왔다. 宣
宗 8년 송의 국자감 예에 따라 72賢의 도상을 國學 벽상에 걸어 놓고 향
사를 올렸다.[56] 선종대에 문묘제가 확립되었다. 성주 향교에 5聖 10哲을
塑像으로 만들었는데 15세기 말 康仲珍 목사가 位版으로 바꾸었다는 점
으로 보아[57] 성리학이 보급됨에 따라 圖象과 塑像 등이 位版으로 교체된
것이다. 禮州 小學에는 魯司寇 곧 孔子의 像을 드리웠다고 표현된 만
큼,[58] 그림으로 공자 숭배 상징물을 만들었다. 상주 향교의 문묘 역시 이
러한 변화를 겪었다. 文廟 釋奠祭는 춘추 2월과 8월의 上丁日에 올렸다.

---

54) 宋春永, 「高麗時代 鄕校의 變遷史的 考察」 『歷史敎育』 41, 1987.
55) 『高麗史』 卷73, 選擧1, 科目1, 仁宗 22年 2月 判, "東堂監試 赴擧諸生 須赴冬夏天都
　　會 許錄姓名 在外生徒 各於界首官鄕校都會 給狀赴試".
56) 『高麗史』 卷62, 志16, 禮4, 文宣王廟, 宣宗 8年 9月 庚戌.
57) 『新增東國輿地勝覽』 卷48, 星州, 鄕校.
58) 李穀, 「寧海府新作小學記」 『稼亭集』 卷5 記, "禮州小學 掌書記李天年所作也 … 當
　　中而殿 以垂魯司寇之像".

고려시기에는 국가제사 곧 吉禮로서 中祀에 편성되었다.[59] 고려시기 묘
학은 전기에는 前廟後學이라 하여 문묘가 앞에 있고 강학당이 뒤에 있었
으나 후기에는 前學後廟로 문묘 앞에 강학당이 있었다는 견해가 있다.[60]
성리학이 보급됨에 따라 봉사적 기능이 강화되었다.

　　교수관의 파견은 성종 6년 12목에 경학박사와 의학박사 각 1인씩 하였
다. 목종대에는 3경 8목 10도에 博士, 師長을 두어 성종대와 별 차이가
없다. 문종대에는 府牧에 文士와 醫師를 각 1인, 방어진과 지주군에는 文
學과 醫學을 각 1인씩 두었다. 성종과 목종대에 설치한 박사는 문종대에
문사로 바뀌었다. 대읍에는 문사를 소읍에는 문학을 두었다. 원 간섭하에
서는 訓導, 敎導, 敎授 등으로 학관직이 개칭되었다. 고려말 공양왕 원년
에 조준 등이 5도에 敎授官을, 외방에는 敎導를 두도록 상소하였다. 왕
2년 京中의 5部와 서북면의 州府에 儒學敎授官을 배치하고, 동왕 3년에
는 각 도의 牧府에도 敎授官을 구비하였다.[61] 대읍에는 교수관을, 군현
등 소읍에는 훈도나 교도를 둠으로써 학관직을 통일하였다. 상주는 대읍
이므로 처음에는 경학박사가 파견되었다. 문종대 문사가 임명되었으며,
고려 말에는 교수관이 파견되었다. 이색은 상주 함창에 유배되어 있던 때
에 상주교수관 李汝信이 내방하자 '여신은 내 문생이다'라 하였다.[62]

　　향교의 교육과정은 유학부가 중심을 이루고 있었으나 律, 書, 算 등의
잡학도 지도하였다. 국자감은 율, 서, 산학을 교육하였고, 외방에 法曹,
算士, 司錄, 書者 같은 직관이 설치되었다. 이들 직관이 본무를 실행하면
서 각각 지도하였다. 이외에도 武學도 교수하였다. 예종대 文武 양학은
국가의 근원이라 한 것이나, 공민왕 20년 성균관으로부터 향교에 이르기

59)『高麗史』卷62 禮志4 吉禮中祀 文宣王廟.
60) 高明士,「羅麗時代 廟學制의 創立과 그 展開」『大東文化研究』23, 1989.
61)『高麗史』卷77, 志31, 外職, 恭讓王 3年, "置各道牧府儒學敎授官 四年罷尋復之".
62)『牧隱詩藁』卷35, 咸昌吟, "尙州授官李汝信來訪 吾門生也".

까지 문무양학을 개설하고 인재를 길러 탁용하도록 하였다.[63] 공양왕 원년 10學 敎授官을 분치하여 국학에 설치되었던 율, 서, 산학은 당해 전문기구에서 관장함에 따라 성균관에서는 유학교육만 전담하였다. 향교에서도 유학교육만 담당하였다.

향교의 학생은 生徒, 諸生, 諸儒, 儒生 등으로 지칭되었다. 입학 자격은 8품이하의 子와 庶人으로 하고, 7품 이상의 子도 원하는 사람은 허락하였다. 하급관리의 子와 庶人이 중심을 이루었다. 서인은 지방에서 세력을 가진 토성 향리 자제이다. 입학 자격은 점차 확대되어 양인이상의 자제라면 결격 사유가 없는 한 입학이 가능하였다. 晉州 鄕校는 여기서 수학한 것으로 보이는 姜民瞻, 姜君實, 河楫, 鄭乙輔, 河允源, 河乙沘, 河崙, 鄭以吾 등이 각각 등재하였다. 이로 보아 대읍인 상주 향교에서도 다수의 등재자를 배출하였을 것이다.

안축의 글에 보이는 신사는 城隍祠를 말한다. 조선시기에는 天峰山에 있었다. 壇은 있으나 廟는 없다. 성황신은 境內 百神의 主이고 太守는 경내 백성의 主이니 양자는 서로 같은 지위에 있다. 그래서 지역민들이 공경하고 존엄하여 만민이 평안하고 복이 오고 화가 없게 한다. 성황사는 고려 때부터 있었으나 고을마다 설치된 것은 15세기 이후 정종 연간이다. 『신증동국여지승람』의 기록에는 상주 진산 천봉산에 있는 것으로 기록하였으나, 고려시기에는 평지에 있었던 것으로 추정된다. 후대 남겨진 「성황사중수기」에 의하면, 상주 북쪽 계산리에 있었으나 천봉산 기슭으로 옮겼다고 하고 그 시기는 명시하지 않았다.[64] 고려시대와 달리 조선시기에는 신사에 대한 위상이 낮아지면서 산으로 옮겨진 것을 반영한다.

상주의 입보산성은 今突城으로 불리는 백화산에 있는 산성이었다. 상주시가 통일 신라기부터 평지에 읍성이 없었다는 추정에 따르면, 그에 따

---

63) 『高麗史』 卷74, 志28, 選擧2, 恭愍王 20年 12月 敎.
64) 김기탁, 「천봉산의 성황사」 『尙州 民俗文化의 理解』, 민속원, 2003, 125쪽.

른 입보성이 필요하였다. 고려시기 州吏 金祚가 거란의 침입을 피해 白華城으로 갔다. 1254년 차라대가 尙州城을 공격해 왔을 때 黃嶺寺의 僧 洪之가 관병의 지원을 받아 과반의 사졸을 죽여 물리쳤다는 상주성은 지금 모동면 白華山의 금돌성이다.[65] 상주의 입보성은 통일 신라기 자산산성에서 고려시기에 금돌성으로[66] 바뀐 것이다.

요컨대 상주 관아는 목사가 머문 청사를 위시해서 사신관을 맞아 국왕의 명을 받는 객사, 풍영루 등과 창고, 선군청 등의 부대시설로 이루어졌다. 주학으로 표현된 향교는 계수관 향교로서 계수관내의 향공을 위한 교육과 향공선발을 담당하였다. 성종대부터 교육을 위한 교관이 파견되었다. 신사 시설도 있었는데 성황사로 추정된다. 시설들은 모두 상주 도심 평지에 존재하였고 계내 수관으로서 위상에 부합한다. 입보성은 신라시기 읍치에서 가까운 자산산성이었으나 고려시기에는 규모가 큰 백화성으로 바뀌었다.

제2절 상주 읍사의 구성과 재지세력 동향

고려시기 지역사 연구는 지방제도를 중심으로 진행된다. 여전히 중앙이 지방을 어떻게 지배하여 왔는가라는 관점이 강하게 적용된다. 향촌 사회에 대한 관심은 특정의 금석 자료나 고문서를 살펴 단면을 논하거나, 조선초기 지리지류의 土姓을 분석하여 이들의 성관이 재지세력의 중심이었다는 전제하에 전반적인 분석을 시도한다. 따라서, 특정 지역의 자율적

---

65) 윤용혁, 『고려대몽항쟁사연구』, 일지사, 1991, 312~316쪽 ; 韓基汶, 「尙州의 歷史와 白華山」『白華山』, 尙州文化院, 2001, 64~65쪽.

66) 금돌성의 현황에 대해서는 『상주 금돌성 지표조사보고서』, 경상북도문화재연구원, 2001; 조희열, 「상주 백화산 금돌성 유적지의 현존상태 고찰」『尙州文化硏究』11, 2001 참조.

기구나 재지세력의 존재양상에 대해서는 극심한 자료의 부족으로 그다지 관심을 받지 못하였다. 본고는 이러한 연구의 편향을 극복하고자 특정 지역 곧 상주지역의 재지세력의 존재양상과 그 기반을 조명한다. 나아가 주현으로서의 세력기반의 위상과 특징을 도출한다.

　재지세력의 존재양상, 그리고 재지세력의 유동을 상주계수관의 邑司의 성립을 중심으로 살펴 상주계수관을 움직인 재지세력의 기반을 이해한다. 고려시기 읍사는 다양한 지방행정단위마다 존재한 지역 향리의 자율적 행정기관으로서 이해되어 왔다. 이러한 연구 성과를 토대로 상주 읍사 곧 주사의 성립과 변천을 정리한다. 고려초 주사의 기원으로 官班의 기능과 위상을 「경청선원비음기」의 내용에서 검토한다. 그리고 주사의 구성과 상주 주현과 영속제군현과의 관계를 고려말 상주와 비옥현과의 관계속에서 연구하고자 한다. 그리고 상주 주사가 조선초 外官廳으로 흡수되는 변천에 대해서도 살펴본다.

　재지세력은 상주 州司를 장악하고 각종 불사를 통해 향촌 사회를 주도한 호장층의 구성에 관한 연구 성과에 토대한다. 상주 호장의 단편적 자료를 검출하여 그 역할을 이해한다. 각종 문집 자료에 보이는 사례를 분석하여 상주 주현의 재지세력이 인근 속현지역으로 영향력을 확대해가면서 존재한 양상을 분석한다.

　재지세력의 유동 양상은 향공으로 상경종사한 경우, 출가를 통해 고위 승려로 진출한 사례, 그리고 정치적, 혹은 처향, 유배 등의 연유로 寓居한 경우 등으로 나누어 살핀다. 임춘이나 이색은 상주와 인근 속현 등지에 관료로 온 자나 재지세력 등과 많은 시문을 교류한 바가 있어 우거한 자 및 지역 세력과의 정치적 유대의 일단을 확인할 수 있다. 자료가 부족하지만 상주지역 세력의 존재양상과 중앙과의 관계 등의 일단을 엿 볼 수 있다. 앞으로 타 지역의 재지세력과 차별성을 이해하는 데로 나갈 수 있기를 기대한다.

1. 읍사의 성립과 변천

고려초 상주 읍사의 면모를 짐작할 수 있는 자료는 「境淸禪院慈寂禪師碑文」이다.[67] 이 비는 941년에 세워졌다. 그 건립에 실무를 담당한 향촌 지배층이 陰記에 기록되어 있는데 輔州官班과 縣官班 둘로 나뉜다. 이들은 官階를 가지고 있지는 않지만 향촌 사회 나름의 독자적 직제를 가진 집단이다. 여기에 나타난 관반집단은 上沙湌, 弟二, 弟三, 寺卿村主로 구성된 輔州官班, 그리고 上沙湌, 弟二, 弟三과 3명의 村主로 형성된 縣官班 등 두 개이다.

탑비의 건립 사정을 밝힌 都評省帖文에 의하면 현관반은 이 탑비가 세워진 赤牙縣이다. 輔州官班에서 輔州는 州를 보좌하는 관반으로 해석하거나[68] 고려초 예천의 지명인 甫州로 파악하기도 한다.[69] 후자로 해석하면 비가 세워진 赤牙縣과 甫州는 主屬關係가 되고, 보주관반은 이 탑비와 경청선원을 건립하는데 14개 州郡縣의 工夫를 동원한 실무역할을 했다. 그러나 보주와 적아현 관반이 14개 주군현의 공부를 동원할 수 있느냐는 의문이다. 보주와 적아현의 공부는 동원할 수 있을지 몰라도 나머지 12개 주군현의 동원은 어려울 것이다.[70] 따라서 신라시기 광역주인 상주의 역할을 상기하면 보주관반은 주를 보좌한 관반 즉 상주의 관반일 수 있다.

자적선사의 비문은 첫머리에 "高麗國尙州鳴鳳山境淸禪院故 敎諡慈寂禪師凌雲之塔碑銘"이라 명시한다. 비문이 상주에 소재함을 알리고 상주에서 주관하여 건립한 것이다. 비문에 명시한 赤牙縣은 940년(태조 23)

---

67) 「境淸禪院慈寂禪師碑」 『韓國金石全文』, 313~318쪽.

68) 金光洙, 「羅末麗初의 豪族과 官班」 『韓國史硏究』 23, 1979.

69) 北村秀人, 「高麗初期의 在地支配機構管見」 『人文硏究』 36-9, 大阪市立大, 1984.
　　 尹京鎭, 「고려 태조대 군현제 개편의 성격」 『역사와 현실』 22, 1996.

70) 具山祐, 『高麗前期 鄕村支配體制 硏究』, 혜안, 2003, 418쪽.

"改州府郡縣號" 이전의 사실이다. 비문이 세워질 때는 941년(태조 24)으로 비문의 문안이 성립된 직후임을 보아 비문에는 바뀐 주부군현호가 반영되지 않았다. 따라서 輔州官班의 輔州는 甫州를 의미하는 것이 아니라 '尙州를 보좌하는' 의미일 것이다.

고려초 예천은 상주의 영속하에 있었다. 상주의 향촌 지배층이 이 경청선원의 비문건립에 인근 주군현의 工夫를 동원할 수 있었다. 고려초에는 통일신라시기와 같이 예천은 광역주 상주에 소속되었다. 그러나 현종 9년 고려 지방제도를 정비하여 界首官制를 확립한 시기에는 예천은 安東府에 내속되었고, 신라시기 영현이었던 殷正縣, 永安縣은 예천과 병렬적으로 안동부에 소속되어 있었다. 안동부는 상주계수관에 주현으로서 영속되었다. 이후 예천의 행정체계상 구조는 변함이 없었으나 명칭에서 명종대는 基陽縣으로 바뀌고 신종대 이후는 知甫州事가 되었다. 원종대에는 多仁縣을 거느렸다.

이처럼 고려초 금석 자료에 보이는 재지 관반은 향직 개편과 함께 읍사로 바뀌었다. 읍사는 읍격에 따른 호장층의 집무청인 州司, 府司, 郡司, 縣司의 통칭이다. 읍은 중앙에 대칭되는 고을이다. 읍사는 상주 관아 근처에 위치하여 상주 관내 실질적 행정을 주도하였다. 고려시기에 그 위치나 형태를 짐작할 기록은 없다. 다만, 「정도사오층석탑조성형지기」에 量案을 소장한 '司倉'이 보이는데 이는 읍사에 소속된 부서다. 재지 관반의 '倉部'의 후신이다.[71]

조선시기 「상주성도」에는 作廳이라는 건물이 태평루와 진남루 사이에 있다.[72] 이방을 비롯한 아전들이 모여서 소관 업무를 처리하던 청사이다. 질청은 주로 외삼문 안쪽에서 내삼문에 이르는 업무 영역에 자리 잡았다.

---

71) 尹京鎭, 「古文書 자료를 통해 본 高麗의 地方行政體系」 『韓國文化』 25, 2000 참조.
72) 한기문, 「18~19세기 고지도의 주기를 통해 본 상주목의 모습」 『한국고지도연구』 제7권 1호, 2015.

「상주성도」에는 관청 북쪽에 州司와 祠宇도 있다. 향리의 수반인 戶長의 집무소를 상주에서는 주사라 하였는데,[73] 바로 이를 말한다. 정상우 제작 「주성도」에는 왕산 서쪽에 州司 건물이 그려져 있다. 사우는, 아전들 자신의 신을 모시는 사당을 두고 있었는데, 府君堂을 말한다. 상주 부군당에는 향리 출신으로 劉邦을 도와 한나라를 개창하는데 큰 역할을 한 개국 공신 蕭何를 주신으로 모셨다.[74] 정상우의 「주성도」에는 남문 안에 사우두 곳이 그려져 있는데 사우들 중 하나가 부군당으로 생각된다.

「상주성도」에는 작청과 주사로 표시된 그림이 전하는데 작청은 향리의 근무처이고 주사는 호장의 집무처이다. 따라서 고려시기의 상주 읍사 구조는 수호장과 호장, 부호장 등의 인원이 근무할 공간이 성립되어 있었다.

읍사의 규모에 대해서는 향리층의 구성 인원 규모로 짐작할 수 있다. 현종 9년 주현 丁 수에 따라 향리 수를 규정하였다. 주부군현의 경우 1,000정 이상 호장 8 부호장 4, 500정 이상 호장 7 부호장 2, 300정 이상 호장 5 부호장 2, 100정 이하 호장 4 부호장 1로 배정한다. 양계주진의 경우 1,000정 이상 호장 6 부호장 2, 100정 이상 호장 4 부호장 2, 100정 이하 호장 2 부호장 1로 배당하였다. 상주의 경우 계수관이므로 1,000정 이상으로 보면 호장 8명, 부호장 4인으로 설정되었을 것이다.

고려말 河崙이 남긴 「比屋縣館南樓名記」에 비옥현 세가 출신인 右正言知製教 朴瑞生은 자신의 고향에 대해 "나의 고향 比屋은 옛날 상주의 속현이었다. 주에서 60여 리가 떨어져 縣吏가 5일에 한번씩 주에 가서 명령을 듣느라 분주하였는데, 어쩌다 미치지 못하지 않을까 두려워하였다. 왕왕 완급한 일이 있어 州吏가 현에 도착하면 현리를 욕보이고 縣民에게 해독을 끼치는 것이 이루 다 말할 수 없었다."라 하였다.[75] 비옥현 현리가

---

73) 李樹健, 「鄕吏職制와 그 權限」『朝鮮時代 地方行政史』, 民音社, 1989.
74) 李勛相, 「朝鮮後期 尙州의 戶長, 吏房 냉난과 蕭何의 圖像問題」『釜山史學』11, 1986.

5일마다 주현 상주계수관에 보고하였고, 상주 주리 역시 빈번히 속현을
방문하였다. 속현과 계수관 사이에 빈번한 행정명령이 있었고, 상주 읍사
소속의 주리가 속현 비옥현 현리에 군림하였다. 상주계수관 읍사가 속현
읍사를 통제하였다.

상주계수관처럼 외관이 일찍이 파견되어 외관이 상주한 곳에는 외관청
이 성립되었기 때문에 읍사는 외관청과 공존하였다. 외관청이 있는 곳은
官號가 있고 邑號도 있다. 관호는 외관이 파견된 곳이고, 읍호는 읍사가
있는 곳임을 나타낸다. 관호가 없는 곳은 외관이 파견되지 않았다는 의미
이며, 읍호를 삭제한다는 것은 영역 자체를 폐지하는 것이어서 다른 군현
에 통합된다. 외관청에는 외관을 보조하기 위해 일정한 인원이 배속되는
데 바로 衙前이다. 『고려사』 백관지 외직 서경유수관에 記官이 배치되었
는데 유수관 예하 이속이다. 「장성감무관첩」에 따르면 감무관이 장성군
사에 첩하고, 羅州의 司錄이 州와 領內郡縣에 첩하여 入保를 명한다. 외
관청과 읍사 사이에 문서행정이 있었음을 보여 주는 실례가 된다.[76]

상주 읍사는 상위 외관청인 상주 牧官의 지휘도 받으면서 실제 州內
행정 실무 문서도 발급한다. 나아가 비옥현의 예에서 보듯 상주계수관 領
內諸縣의 읍사에도 일정한 업무를 보고받고 지휘도 하였다.

고려말 조선초에 외관의 수가 증가하고 군현 통폐합이 일어나면서,[77]
지방행정은 읍사에서 외관청으로 단일화되었다. 읍사의 기능이 축소되면
서 세분된 향리조직은 戶長과 記官의 형태로 정리되고 마침내 태종대에
읍사 인신 기능에서 대민 문서행정 기능을 박탈한다.[78] 세종대에는 각 군

---

75) 河崙, 「比屋縣館南樓名記」 『東文選』 卷81, "吾鄉比屋 舊爲尙州屬縣 去州六十餘里
　　縣吏五日一詣州聽命奔走 猶恐不及 往往有緩急 州吏到縣 則施辱縣吏 流毒縣民 有不
　　可勝言者矣".
76) 윤경진, 앞의 논문, 2000.
77) 이수건, 『조선시대 지방행정사』, 민음사, 1989.
78) 『橡曹龜鑑』 卷1, 戶長疏, "所謂戶長者 長於民戶 爲一鄉之標率 故自朝家 鑄給印信

현의 임내 公須田이 혁파되어[79] 읍사를 관부로 인정하지 않는다.

상주 재지 기구 읍사는 신라말 고려초이래 광역의 영속군현에 영향을 미친 官班에서 유래하였다. 향직 개편과 함께 州司로 정착되어 행정적 영향력을 행사하였다. 주내와 領內諸縣 邑司에 일정한 업무를 관할하였다. 고려말 조선초 外官이 늘어나고 군현이 조정되면서 다기한 행정단위의 읍사 업무가 통폐합된 外官廳으로 단일화하여 그 위상이 격하되었다.

2. 상주 호장층과 재지세력의 존재

현종 13년 최사위의 건의에 따라 군현과 향소부곡을 구분하여 호장과 장으로 호칭하게 하였다. 『고려사』 향직에 호장에서 부호장, 그리고 史이하까지가 나열되어 있다. 문종 5년 승진 규정에 따르면 後壇史-兵倉史-州府郡縣史-副兵倉正-副戶正-戶正-兵倉正-副戶長-戶長 등 9단계가 있다. 호장에는 安逸戶長, 致仕戶長, 上戶長, 攝戶長, 權知戶長 등의 명칭이 보인다. 안일호장과 치사호장은 70세 이상의 은퇴 호장을 의미하고, 상호장은 여러 명의 호장 중 대표 호장을 지칭한다.

호장은 향리의 집무기관인 읍사를 대표하고 몇 가지 향촌 사회의 자율성을 증거한다. 먼저, 掌印行公 즉 인신을 소지하고 지방 행정에 관한 제반 사항을 직접 결재한다. 외관이 설치되지 않은 임내는 호장인신이 바로 관인이다. 1읍 1개 인신이 존재한 것으로 보아 이를 소지하고 행공할 수있는 이는 상호장일 것이다. 이 인신은 중앙에서 鑄給한 것이다. 호장의 장인행공은 곧 호장이 그 지역의 행정을 실질적으로 맡고 있음을 보여준다. 고려시기 다기한 행정단위와 임내의 발생에 따른 현상이다.[80]

官司有故 則使用其印".

79) 『世宗實錄』 卷109, 世宗 27年 7月 乙酉.

80) 윤경진, 「고려전기 호장의 기능과 외관의 성격」 『국사관논총』 87, 1999.

두 번째로 호장은 上京肅拜한다. 『태종실록』에는 "外方人吏들이 매년 正朝에 진봉함은 바로 사방이 朝賀하는 예식이다"라 하고, 『경국대전』에도 "매년 정조에 該邑首吏는 궐문 밖에 나와 숙배한다"라 하였다. 조선초 자료로서 직접 고려시기를 반영하는 것은 아니지만 충분히 개연성은 있다. 고려 중기 시문비평집인 최자의 『보한집』에 元正, 冬至, 八關, 聖上節日에 각 지방 계수관 이상에서 하표를 올리는데 중서성에서 그 문장을 품평하여 공시하였다. 하표만 공문서로 오지 않고 조하자도 함께 왔다면 그 속에는 곧 각 지방의 호장들도 포함되었을 것이다. 고대 중국에서도 元會는 지방 대표자가 원정에 상경하여 충성을 매년 갱신하는 의례이다.[81] 호장은 지역을 대표하여 중앙 권력 곧 국왕에 충성을 매년 갱신한다.

세 번째로 각읍의 읍사 수호신에 대한 봉사의 주재자는 호장이다. 이는 사찬읍지에 전해지는 사례가 있다. 호장이 佛事 주관자로 활동한 사례는 고려초 고문서, 금석문에 다수 있다.[82] 불사를 주도하기 위해 향도를 구성하기도 하고, 상주 호장 김의균처럼 법화경을 읽는 모임을 주도한 예도 있다. 각 읍에서 호장은 고려시기 정기불교의례의 설행에 주도적 역할을 하였다. 정월 연등회, 3월 경행, 4월 불탄절, 11월 팔관회, 국왕 탄절 축수도량, 인왕회 등은 매년 전국적으로 동시에 행하여 진 불교행사였다. 특히 경행은 주부군현에 해마다 행하여졌는데 외리가 취렴할 때 많은 폐단이 있었다는 것은 호장이 주도하였음을 보여준다. 불사주도는 농경 사회에서 농업활동의 주도와도 연결될 수 있다. 호장이 각 읍의 농정권도 행사했을 것으로 보는 견해도 있다. 사상과 신앙을 통해 호장은 각 읍의 정신적 결속을 주도한다.

호장층은 전래의 토착 기반에다 직전과 읍리전을 지급받고 징세와 조

---

81) 와타나베 신이치로 지음 문정희 임대희 옮김, 『천공의 옥좌: 중국고대제국의 조정과 의례』, 신서원, 2002.

82) 구산우, 『고려전기 향촌지배체제연구』, 혜안, 2003, 486~552쪽.

역 과정에서 부를 축적하였다. 문종대 경행 행사에 外吏가 취렴하는 폐단이 있었다는 사실과 『고려사』 형법지 금령 충목왕 5년 기사에 人吏가 작당행위를 하여 수탈하는 것을 치죄하는 조항이 이를 반영한다.

호장의 향촌에서의 경제적 기반과 자율성은 중앙에서 통제하였다. 방법은 대체로 수령을 통하였다. 현종 9년에 마련된 수령의 봉행 6조 중에 '黑綬長吏의 能否를 살필 것', '장리가 전곡을 散失하는 것을 규찰할 것' 등 두 조항은 곧 수령이 호장을 감찰하는 역할을 하는 것이지 읍사의 행정을 실질적으로 장악하지는 않은 것이다. 고려말 수령오사로 변용되면 田野闢, 戶口增, 賦役均 등 농업 관련 실무를 직접 관리한다. 고려시기에 호장은 농정권을 위임 받았다.[83] 그러나 호장의 지역 사회에 대한 권한은 견제받았다. 현종 9년 '諸道의 외관이 호장을 擧望할 때는 임명된 기간의 久近과 壇典行公의 연수를 考閱하여 尙書省에 具錄 신청하면 給貼을 허락한다'라 하여 호장의 임명 제청은 해당 읍의 수령이 하였다. 호장이 되기 위해 청탁 사례까지 발생하였다. 사심관은 부호장 이하의 향직을 추천하였다.

수령의 호장에 대한 거망권, 사심관의 향직 임명권 등 호장을 인사권으로 견제하는 한편, 우대 또한 했다. 동향의 사심관이 호장과 유착하는 것을 법제적으로 막기 위해 현종초에 아버지와 친형제가 호장이 된 자는 사심관으로 차견하지 못하도록 규제하였다. 현종 9년에는 향리의 복색이 중앙 조관에 대응할 만큼 정비되어 있었다. 현종 13년에 장리가 병들어 직무를 수행하지 못하는 기한이 백일이 되면 경관에 준하여 파직수전하였다. 향리층이 관료제의 하부 조직으로 편입됨을 보여 준다. 부정기적으로 숙배하는 호장에 대해 국왕은 물품을 사여하고, 무산계를 내리고, 그리고 弓科試選을 통해 장교직을 겸하게 하여 경제적 혜택을 받을 수 있는 길을

---

83) 이태진, 「조선왕조 성립의 사회적 배경과 동력」 『고려말 조선초의 미술』, 국립전주
박물관, 1996.

열어 두는 등으로 그들을 우대하였다. 호장은 향리직의 최고직으로서 향읍을 실질적으로 대표한다. 국가에서 복색과 수령의 거망권을 통해 견제하기도 한다. 그밖에 읍리전, 무산계 등을 사여하여 우대도 한다. 따라서 호장층이라 함은 호장직을 의미하는 것이라기보다 호장직에 오를 수 있는 계층이다.[84]

향직제에 있어서 史 이하층은 거의 호장으로의 승진이 막혔다. 가풍이 지속된 이족의 자제는 병창사에 초수되고 그 다음은 후단사에 그러하였다는 승진규정이 있다. 곧 향리집단은 가문의 크기와 지위에 따라 두 층으로 구별된다. 문종 2년 향리의 과거 응시 자격을 정한다. 부호장 이상의 孫과 부호정 이상의 子에게 제술, 명경과 응시지원 자격을 주어 향공을 배출하고 국자감시에 응시하게 하였다. 향리 승진규정의 제4단과 제5단인 부호정과 부병 창정 사이에 과거 응시 자격을 갖고 있는지 여부에 따라 단층이 생긴다. 문종 31년 其人 선상규정에 따르면 제3위직 병창정에서 제6위 부병창정 사이의 직을 담당한 자를 기인으로 선상한다. 제6단과 제7단 사이 곧 부병창정 이상과 주부군현사 이하 사이에는 제도 운영상 단층이 있는 듯하다.[85]

호장층 집단을 파악하는 방법으로『세종실록지리지』성씨조의 각 지역 土姓을 바로 호장층으로 연결지우는 이해도 있다. 태조 23년 이전에 폐합된 군현과 11세기 이후에 신설된 군현에는 토성이 없다는 점을 전제로,『고려사』지리지 소재 주부군현진의 읍사 구성 주체로『세종실록지리지』소재 군현에 나타난 토성의 형성 시기를 가늠할 수 있다.[86]

상주 토성은『세종실록지리지』에 다음과 같이 나온다.

---

84) 강은경,『고려시대 호장층 연구』, 혜안, 2002.
85) 나각순,「고려향리의 신분적 특성과 그 변화」,『사학연구』45, 1992.
86) 이수건,「고려시대 읍사 연구」,『국사관논총』3, 1989.

本州의 土姓이 4이니, 金·朴·周·黃이요, 來姓이 4이니, 高·李·荊·羅이며, 賜姓이 1이니, 李이다.【李敏道는 河間府 사람인데, 元나라 말기에 난리를 피하여 東國에 와서, 開國에 공이 있어 商山君에 봉하고, 商州로써 本貫을 삼도록 명하였다.】外村姓이 1이니, 尹이며, 續姓이 1이니, 林이다.【開寧에서 왔다. 지금 향리가 되었다.】靑理의 성이 3이니, 張·朴·黃이며, 次姓이 1이니, 沈이요, 來姓이 2이니, 黃·朴이다. 化寧의 성이 6이니, 任·高·方·張·全·申이며, 中牟의 성이 5이니, 金·全·姜·朴·方이요, 내성이 1이니, 沈이다. 丹密의 人吏姓이 1이니, 羅이며, 村落姓이 1이니, 孫이다. 山陽의 성이 4이니, 芳·庾·申·蔡이며, 功城의 성이 4이니, 成·孫·張·全이요, 永順의 續姓이 1이니, 太이다.[87)]

이 중 토성 김과 연결 지울 수 있는 인물은 『세종실록지리지』 상주 인물조에 나오는 金祚이다.

人物은 政堂文學 金得培이다.【고려 때에 州吏 金祚가 萬宮이라는 딸이 있었는데, 나이가 일곱 살이었다. 부모가 契丹 군사를 피하여 白華城으로 갔는데, 쫓는 군사가 가까이 오자 황급하여 길가에 버리고 달아났다가, 사흘 만에 수풀 밑에서 찾았다. 스스로 말하기를, "밤에는 무엇이 와서 안아 주고, 낮에는 간다."고 하기에, 사람들이 놀랍고 이상히 여겨 자취를 찾으니, 바로 호랑이였다. 시집갈 때가 되어, 戶長 金鎰에게 시집가서 아들 金祿을 낳고, 김녹이 세 아들을 낳았는데, 맏아들이 金得培다. 공민왕 10년 신축에 홍건적이 松都를 함락하자, 김득배가 安祐·李芳實 등과 더불어 군사를 거느리고 적을 쳐 부수어 수도를 탈환하니, 세상에서 三元帥라 이른다. 둘째는 金得齊인데, 三司右使가 되었고, 막내는 金先致인데, 密直使가 되었다.】[88)]

87) 『世宗實錄地理志』慶尙道 尙州牧, "本州土姓四 金朴周黃 來姓四 高李荊羅 賜姓一 李【李敏道 河間府人 元季避兵東國 以有功於開國 封商山君 命以商州爲本貫】外村姓 一 尹 續姓一 林【開寧來 今爲鄕吏】靑理姓三 張朴黃 次姓一 沈 來姓二 黃朴 化寧姓 六 任高方張全申 中牟姓五 金全姜朴方 來姓一 沈 丹密人吏姓一 羅 村落姓一 孫 山 陽姓四 芳庾申蔡 功城姓四 成孫張金 永順續姓一 太【今爲鄕吏】長川姓二 尹朴 連山 姓一 尹 茂林姓一 金 續姓二 金沈 平安姓二 芳沈".

88) 『世宗實錄地理志』慶尙道 尙州牧, "人物 政堂文學金得培【高麗時 州吏金祚有女曰萬 宮 年七歲 父母避丹兵于白華城 追兵近 倉皇棄于道左而走 旣三日 得之林下 自言 夜 則有物來抱 晝則去 人皆驚異跡之 乃虎也 及適戶長金鎰 生子祿 祿生三男 長曰得培

상주 州吏로서 기록에 등장하는 예로 김조와 戶長 金鎰 등의 존재를 확인할 수 있다. 김조 역시 호장 김일과 통혼할 정도라면 호장층에 해당한다. 같은 토성 金 이라면 同姓同本婚姻일 가능성도 크다. 재지 호장층의 족적 유대를 유지하기 위한 관행이 여기서 확인된다. 김록에 이르면 아들 김득배, 김득제, 김선치 등 3형제가 급제하여 상경 종사하였다. 이로 보아 鄕貢으로 자식을 과거에 급제시킬 정도라면 부호장 이상의 호장층의 지위를 유지하였다.

『法華靈驗傳』에서 상주에서 州吏가 불교를 통한 모임을 주도하는 모습을 알 수 있다.

> 상주 호장 金義鈞은 法華經 읽기를 늘 즐겼으므로 耆老少壯을 募勸하여 道俗 두 무리로 나누었다. 매월 六齋日에 기노를 私第에 모아 연경을 습송하였다. 경 읽기를 마치면 다과로 위로하였다. 소장을 모을 때는 술도 아울러 대접하였다. 이 때부터 소장 중에 不飮을 발심한 자들이 기노도로 옮겨 가게 되었다. 그 때 사람들이 희롱하여 모와 모는 無酒法華徒에 이미 들어갔고 모와 모는 有酒法華徒에 들어갔다고 하였다.[89]

법화경을 강조하는 영험담으로 채록된 사례이지만, 상주 호장 김의균이 주도한 법화회의 구체적 사례이다. 실명이 거론 된 것으로 보아 사실성이 있다. 김의균은 상주 토성 김씨로서 재지세력이다. 상주 호장 중의 한명인 김의균이 법화경 모임을 자신의 집에서 매월 육재일마다 기노와 소장으로 나누어 열었다. 호장층은 상주지역민을 불경 습독 모임을 통해 주도하였다.

몽고와의 항쟁기에 상주 재지세력의 실체를 알 수 있는 청동명문 자료를 제시한다.[90]

恭愍王十年辛丑 紅賊陷松都 得培與安祐 李芳實將兵破賊 收復京師 世謂之三元帥 仲日得齊 三司右使 季曰先致 密直使〕".

89) 『法華靈驗傳』卷下 (『韓國佛敎全書』6, 東國大出版部, 568~569쪽).

① 高麗國金用妻只未死女特爲先士父母往生淨土願功德山白蓮結社造納大匠
　　銀先妻仍比哀女棟梁師頤
② 納尙州別將金得玄

자료는 백련사에 조납한 반자와 촉대의 명문이다. ①은 '고려국 金用
의 妻 只未가 죽으니 딸이 특별히 먼저 돌아가신 부모의 왕생정토 發願을
위하여 功德山 白蓮結社에 (이 반자를) 만들어 바친다. 대장은 은선이고
처 잉비애의 딸, 동량은 사이다.'로 해석된다. 김용의 선처, 후처가 죽자
그녀들의 딸이 '선사부모' 곧 돌아가신 사층의 부모님을 위한 반자 시납을
한 사실을 적은 것이다. ②는 '상주 별장 김득현이 (촉대를) 만들어 바친
다'로 풀이된다. 곧 촉대에 새겨진 명문이므로 바치는 것은 촉대이다.

명문의 작성 시기는 몽고항전기이다. 곧 최자가 상주 목사로 부임하여
백련사를 중수한 시기가 1247년 경이므로 이 때 불사를 대대적으로 모연
하는 가운데 하나이다. 그 이후 몽고 침입시 피난을 위해 청동불구를 묻
어 둔 것이 발견되어 알려졌다.[91]

①의 김용과 선, 후처 그리고 딸들은 상주 호장층일 가능성이 크다. 혹
은 재지 사족으로 이미 성장한 세력이었을 수도 있다. 상경 종사 후 다시
상주로 돌아 와 재지기반을 가진 존재가 상정된다. 후술할 김수자, 김영
의, 박문노 등의 사례에서도 짐작된다.

②는 상주 별장 김득현으로 구체적 인명까지 적시되었다. 그는 別將의
武官職을 가지고 있다. 正七品이며 郞將과 한가지로 一領에 五名인 것으
로 보아 二百名으로 구성되는 단위부대의 副指揮官으로 생각된다.[92] 지

---

90) 이 자료의 소개는 韓基汶,「白蓮社址 出土 高麗 靑銅遺物의 銘文－白蓮結社의 參與
層을 중심으로－」『한국중세사연구』9, 2000 참조.

91) 청동불구매납은 신성지역을 나타내기 위한 불경의범에 의한 것이라는 견해가 제기
되었다(최태선,『신라 고려전기 가람의 조영 연구－經典儀範과 공간조성을 중심으
로－』, 부산대학교 박사학위논문, 2016.

92) 李基白,『高麗史 兵志 譯註 一』, 高麗史研究會, 1969, 32쪽.

방군인 州縣軍의[93] 군관을 말한다. 상주 주현군 별장의 지위를 가진 것이며 호장층과 같거나 높은 신분이다.[94] 호장층은 궁과시선으로 주현군 장교직을 겸할 수 있어 경제 기반을 넓힐 수 있었다. 그들은 당시 불사를 통한 추선과 결사에 시주하여 정신적 결속을 다지고 있음을 확인할 수 있다.

향공 출신으로 과거 급제 후 지방관을 역임하고 상주로 돌아와 생활하다가 다시 상경 종사한 예로는 다음을 들 수 있다.

> 김수자의 자는 谿甫요 그 전 이름은 理니 尙州 사람이다. 그는 어려서 부친을 잃고 책을 지고 사방으로 돌아다니며 공부하였다. 과거에 급제한 후 金壤縣尉로 도임되었다가 國學學諭로 승진되었으나 관직을 버리고 고향으로 돌아가서 문 밖에 나가지 않고 전원을 다스리며 소채를 팔아 생계를 유지하면서 날마다 아동들을 모아 글 가르치는 것으로 낙을 삼았다.[95]

김수자는 원래 이름은 金理인데 상주 사람이다. 어려서 부친을 잃고 어렵게 공부하여 과거에 급제하여 금양현위가 되었다. 국학 학유가 된 후 관직을 버리고 고향으로 돌아 왔다. 고향은 바로 상주이다. 전원을 관리하여 소채를 팔아 생계를 유지한 점으로 볼 때 그는 부친으로부터 물려받은 전지가 있었다. 인종에 의해 다시 상경 종사한 것으로 보아 적어도 인종대의 여러 정치 사정에 따라 귀향하였다가 도로 상경하였다. 상경종사하여도 재지기반은 유지되고 있다.

---

93) 주현군에 대해서는 李基白,「高麗地方制度의 整備와 州縣軍의 成立」『高麗兵制史研究』, 一潮閣, 1968, 192~198쪽 참조.

94) 주현군을 구성하는 전투병인 보승군·정용군 외에 노동부대인 1품군이 있는데, 1품군 장교에는 향리가 임명되고 있다. 즉 이들의 별장은 부호장 이상층에서 선임토록 되어 있다(『高麗史』卷81, 兵志1, 兵制, 文宗23年 3月 判). 상주 별장 김득현이 주현군 1품군의 지휘자였다면 향리층에서 임명되었을 것이고 그러하다면 호장층과 같은 신분이다.

95)『高麗史』卷98, 列傳11, 金守雌, "金守雌字谿甫舊名理尙州人 少喪父負笈遊學四方 中第調金壤縣尉 遷國學學諭 弃去杜門不出 理田園鬻蔬以自給 日與兒童講習爲樂".

상경 종사후 상주로 회귀하여 그 기반을 마련한 김영의의 예도 주목된
다. 그의 행적과 생각을 비교적 소상히 알려주는 「소림사중수기」가 있다.

白居易는 唐의 큰 학자였는데 깊이 불경을 신봉하여 몸소 실천하고 지키다
가, 晚年에 이르러서는 스스로 香山居士라고 호를 짓고 마침내 산중에 社를
지어 불공드리는 일에 精勤하였으니, 그의 신앙이 철저하였다 할 수 있다. 錢
塘의 金令義는 본시 불법을 신봉하였는데, 白樂天의 인품을 사모하여 항상 깨
끗한 절 한 칸을 지어놓고 누비옷을 입고 거기서 거처하면 반드시 세속적인 더
러운 것을 초탈하고 진리를 깨닫는 길에 나아가리라 생각하였으니, … 마침내
功成縣에 물러가서 살았다. 집 한 채와 토지 몇 頃이 있어, 삼을 심고 농사를
지어서 집안의 생활이 유족하였지만 이것은 불의의 짓으로 얻은 것이 아니었
다. 불교에 마음을 바치면서부터는 보시하는 것을 사업으로 삼았다. 縣의 서북
쪽에 小林이라는 절이 있었다. 과거에 현의 사람들이 이 절을 세워서 복을 기
원하는 장소를 삼은 것인데, … 大定 14년 6월부터 시작하여 17년 7월에 공사
를 끝내었다. 또 새로 관세음보살상을 만들고 진귀한 佛龕·비단 繪盖·花菓·
幢幡을 마련하고 鍾과 磬을 주조하며, 자리·휘장·안석·책상·기명에 이르기까
지 여러 가지 부처님을 받들기에 필요한 기구를 모두 장만하였다. 일이 다 끝
난 뒤에 사실을 나라에 보고하기를, "절에 식량 1천 5백 석을 비축하여 주시면,
이자를 계산하여 해마다 그 이자를 받아서 供養에 충당하고 이름 있는 중 15
명을 선택하여 오래도록 法筵을 베풀 것을 약속하며, 행여나 이 좋은 인연을
가지고 우리 聖上陛下께서 모든 하늘에서 보호하여 주시는 힘을 받자와, 부처
님의 광명 속에서 수명을 연장하시기를 축원할까 하나이다." 하니, 임금께서
마침내 이를 가상히 여기시어, "가하다." 명령을 내리시고, 곧 州牧의 관원에게
명하시어 직접 참석하여 낙성하게 하였다. … 이로 말미암아 지방의 풍속이 여
기에 감화를 받아서 사나운 것이 변하여 인자하게 되고, 모두 불법을 존엄히
여길 줄 알아서 이 절을 지나는 사람이 다같이 손을 모아 공경을 드리게 된다
면, 그 스스로를 이롭게 하고 남을 이롭게 하며 교화에 도움을 주는 것이 이와
같을 것이다. 곧 군자가 있는 곳에는 비록 덕을 숨기며 광채를 간직하고 있을
지라도 물건이 반드시 그 혜택을 받는 것이니, 꼭 명예나 지위를 얻은 뒤에라
야 할 수 있는 것이 아니다.[96]

96) 林椿, 「小林寺重修記」『東文選』卷65 記, "… 若白居易 有唐巨儒也 深信內典 躬行
服習 至其晚年 自號香山居士 乃結社於山中 精勤佛事 … 今錢塘金君令義 素奉眞
風 慕樂天之爲人 常欲結一精社 着衲衣而居之 必能脫去穢累 超詣覺路 … 遂退家于

김영의는 『고려사』, 『고려사절요』에는 이력이 드러나지 않은 인물이다. 임춘이 영의의 부탁으로 이 글을 지어 『동문선』에 실려 알려지게 된다. 그는 출사하였으나 무신난으로 공성현으로 퇴거하여 토지 몇 경 그리고 집 한 채 등으로 유족한 생활을 하였다고 한다. 그런데 이는 不義한 일이 아니라고 하니 이곳에 이미 재지적 기반이 있었다. 이 현의 서북쪽에 소림사를 중수하여 국왕에게 지원을 요청한 것으로 미루어 국왕 측근의 內侍職을 거친 과거 급제자였을 가능성이 크다. 그는 상주 향공 출신이다.

원래 공성현 출신인지 아니면 상주 출신으로 공성현으로 퇴거한 것인지 위의 글로는 확실하지 않다. 아마도 후자일 가능성이 크다. 공성현의 資福寺를[97] 크게 중수하여 주도하였다. 州牧 관원들이 창사에 참석한다. 상주 주현 출신이라면 주현에 바로 資福寺나 농장을 새로이 마련할 수 있는 가능성이 적다. 상주 속현지역에는 기존의 족세가 큰 세력이 존재하지 않아 국왕과의 연결 기회를 가진 관인 출신이 새롭게 근거를 마련할 수 있는 여지가 있다. 더구나 이곳은 신라시기 大幷部曲이던 것이 고려시기에 縣으로 승격된 곳이다. 『세종실록지리지』 성씨조에는 공성현에 成,

---

功成縣 有宅一區 有田數頃 樹之麻藝之穀 豊足其家 不以非義 而旣歸誠法門 以施捨爲事 縣之西北隅有佛祠 曰小林 先是縣人置之 以爲植福之所 … 自大定十四年六月訖十七年七月 又新構成會 主滿金觀音菩薩像一軀 或營珍龕繪繪花菓幢幡 或鑄鐘磬至於茵帳几案器皿種種莊嚴之具 功旣訖 以狀敷聞于上 請於其寺 峙粟一千五百石 權子母之法 歲取其贏 以充供養 擇名緇十五人 約長年陁洛之法筵 庶幾以此勝利因緣 祝我聖上陛下 受諸天覆護之力 般若光中 增延壽筭也 上乃嘉 其制曰可 仍命州牧官寮親至以落成焉 … 由是州俗化之 革暴戾爲慈仁 咸知尊嚴佛乘 有過玆宇者 無不合爪而加敬焉 其自利利他 而有以神敎化者如此 乃知君子之所在 雖匿德藏光 而物必蒙其澤 不待於名位而後有爲也 …".

97) 소림사가 공성현 자복사였음은 임춘의 중수기에 '先是縣人置之 以爲植福之所'라 한데서 짐작된다. 자복사는 고려시대 다양한 행정단위에 두루 존재하면서 불교를 통한 이념적 지배에 역할을 한다(韓基汶, 「고려시대 資福寺의 성립과 존재양상」 『民族文化論叢』49, 2011).

孫, 張, 全 등 4성 중에 金은 존재하지 않는다.

김영의는 백거이가 유학을 익혔지만 불교에 심취하여 香山居士로서 절을 짓고 정근한 것을 모범 삼아 거사로서 공성현에 농장을 마련하고 그곳의 자복사를 일신하여 현민을 교화하는 근거로 삼았다. 경제기반과 이념적 주도 기반을 동시에 가졌다. 주현의 재지세력이 속현지역으로 나아가 자리 잡는 한 형태를 보여 준다.

1196년 이규보는 상주로 남유하여 시문을 남기고 글에 재지세력과 교유한 인물을 언급한다.

> 尙州에 들어와 東方寺에 묵는데, 朴君文老와 崔秀才와 金秀才가 기생과 술을 준비해 찾아왔기에 한 수를 口占하다[98]
>
> 이날 해가 저물자 朴君文老가 나를 맞아 漢谷別業에 가서 잤는데 밤에 술자리를 베풀고 짓다[99]
>
> 다음날 박군이 남긴 벽 위의 시를 보고 그 운에 차하다
> 집은 푸른 산 짧은 기슭에 의지하고
> 갑 속에는 거문고와 칼을 넣어 두고 탁자에는 서적을 간직하였네
> 근래에 공경의 묻는 것에 대답하기 싫어하여
> 오히려 화양에서 은거라고 청탁한 것을 가소롭게 여기네[100]

박문노와 최수재, 김수재는 상주 재지세력이다. 이규보가 상주에 들어와서 교유하면서 우정을 쌓은 것이 반년이나 된다. 이들을 '佳人', '良友' 등으로 표현하고 있다. 이들은 술과 기생을 동원하기도 하고, 판관과 함께 어울리기도 한 점에서 그러하다. 최수재, 김수재라는 칭호가 들어간 것은

---

98) 『東國李相國集』 卷6 古律詩, "入尙州 寓東方寺 朴君文老 崔金兩秀才携妓酒來 訪口占一首".
99) 『東國李相國集』 卷6 古律詩, "是日日暮 朴君文老邀予往宿漢谷別業 夜歸置酒有作".
100) 『東國李相國集』 卷6 古律詩, "明日見朴君所留壁上詩·次韻 家依靑山短籬隅 匣藏琴釰皮藏書 邇來懶答公卿問 猶笑華陽押隱居".

이들이 과업 준비를 하여 향공으로 급제를 준비하는 존재임을 말한다.

특히 박문노는 漢谷別業을 가지고 있었으며, 이규보가 박문노의 시에 차운한 시의 내용에 보면, 그 별업에는 士의 지물인 거문고, 칼, 서적을 두고 있어 문사로서 자기 수양을 통한 품격을 유지하는 생활을 하고 있었다. 거문고와 장서를 둔 별업을 소유하고 있다는 사실은 박문노가 상주 재지세력으로서 상당한 부를 소유하고 있음은 물론 시에 화답하고 교유할 정도에 상응할 지적 기반도 있다는 것을 보여준다. 더구나 한곡은 상주 주현에서 떨어진 문경지역에 있어서 농장이 이곳에까지 확대된 것이다. 한곡별업은 농장 관리용 별장이다.

박문노는『세종실록지리지』성씨조 상주 토성에 朴氏가 있어 호장층이다. 문경현 토성에도 崔, 蔣, 朴, 宋, 錢 등이 나온다. 박문노는 상주 토성일 수도 있고 문경현 토성일 수도 있다. 이규보를 수행하고 전송하여 상주에서부터 한곡별업까지 초대한 점으로 보면, 문경현의 재지세력이기보다 상주 주현 재지세력으로서 상주 영현 문경현에 농장 기반을 가지고 있는 세력이다.

최수재의 경우는 토성에 나오지 않는다.『세종실록지리지』문경현 성씨조에 崔가 나오므로 문경현 재지세력으로 생각된다. 秀才는 應擧者를 범칭하므로[101] 최수재는 문경현 출신으로 상주계수관 향교에서 향공시를 준비하는 자이다.

몽고 침입 소강시기 최자가 상주 목사를 지낸 후 1247년 東南路 진수 순력시 상주에 들렀다. 맞이한 이들은 재지세력의 한 모습이다.

> 정미년 봄 玉節을 가지고 東南路에 나가 鎭守하게 되었고, 上洛을 巡歷하였는데 牧使로부터 鄕校諸儒에 이르기까지 歌詩와 引啓를 바쳤는데 나란히

---

101) 秀才는 唐宋 이래 應擧者를 범칭한 것이라는 것에 대해서는『漢語大詞典』卷8 참조.

나와서 길을 메웠다. 나이가 일흔이나 여든 살 남짓한 네 노인이 尙原四老라 스스로 부르며 짧막한 引 및 絶句詩 네 수를 바쳤다.[102]

최자에게 시를 올려 목사 재임시의 덕을 기린 '尙原四老'라 자칭한 인물들은 상주 재지세력의 대표가 아닌가 한다. 혹 상주 토성 金朴周黃 등을 대표하는 4명의 大老들일 수도 있다. 재지세력을 대표하는 이들을 흔히 '夫老'라 표현한 예를 보면[103] 대노라 한 표현은 상주 재지세력을 대표하는 존재를 말하는 것이다. 그 외 '鄕校諸儒'는 상주 향교의 재생들을 지칭한 것이며, 향공을 준비하는 유생들이다. 이들 역시 재지세력 자제들이라 생각된다. 이규보와 교유한 김수재, 최수재 등은 그러한 인물들이다.

고려말 이색과 교유한 金直之의 경우도 상주 재지세력으로 존재한 경우이다. 李穡이 남긴 글을 제시하면 다음과 같다.

　　上洛 金直之는 나와 같은 해에 진사가 되었다. 나이가 나보다 4살이 위인데 서로 매우 좋아하여 날로 상종하면서도 차마 떨어지지 못하여 밤에도 같이 자면서 등불을 돋우고 시를 읊었다. 직지의 부모도 또한 그가 학문을 좋아하는 것을 기뻐하여 후히 술과 음식으로 우리를 먹이니 나는 지금까지도 잊지 못하고 있다. 나는 요행히 빠르게 宰府에 올라 2번이나 과거를 맡아보았으나 직지는 아직도 여러 유생에 끼어 고시장을 출입하고 있었다. 매양 응시 유생의 考閱이 끝나면 마음속으로 말하기를, "직지가 이번엔 또 어찌 되었는가." 하다가, 방이 나옴에 미쳐서는 직지의 낙제를 스스로 마음 아파했으니, 비록 직지 자신의 아픈 마음일지라도 또한 어찌 나보다 더 하리오, 이로 말미암아 마음으로만 공평한 것이 법에 공평함만 같지 못함을 알았다. 직지가 詩律에 능하더니 다행히도 이제 試賦로써 선비를 취택하게 되었는데 직지가 또 부친상을 당하여 응시함을 얻지 못한 것이 2번이나 되니 아, 슬프도다. 그러나 직지의 마음이 오히려 마지않아서 세상에 뜻을 얻지 못하면 반드시 마음에 번민하게 되나니, 마

---

102) 『補閑集』下, "丁未春 帶玉出鎭東南路巡歷上洛 自牧守至于鄕校諸儒 呈歌詩引啓駢塡街路 有四大老年七八十餘 自號尙原四老 呈短引幷絶句詩四首".

103) 943년에 세워진 淨土寺 法鏡大師 慈燈塔碑陰記에 충주지역을 대표하는 명단이 나열되면서 '夫老'라는 표현을 쓰고 있다(『韓國金石全文』, 326쪽).

음을 즐겁게 하는 술법을 구하려면 들과 산에 自適하며 아침저녁으로 스스로 마음을 기름만 같지 못하다 하여, 이에 尙州의 속현 靑驪란 땅을 택하여 집을 짓고 살며 晉나라 處士 陶靖節의 松·竹·菊의 3가지 유익한 벗이란 말을 취하고, 뽕·밤·버드나무를 더 심고는 스스로 그 정자를 이름하기를 六益이라 하고, 나의 기를 구해 왔다.[104]

　김직지는 이색과 같이 진사가 되었다. 진사는 국자감시 합격자로서 최종고시인 예부시에 응시할 수 있는 자격을 갖춘 자이다. 이색이 재부에 올라 지공거를 두 번이나 맡는 지위에 오르는 동안 김직지는 과거에 등제하지 못한 것을 알 수 있다. 이에 김직지는 상주의 支縣인 청효현에 집을 짓고 출사하지 못한 마음의 번민을 털기 위해서 들과 산에 자적하여 마음을 기르고자 하였다. 집에 송, 죽, 국 등과 뽕, 밤, 버드나무 등을 심어 이를 六益이라 하여 당호로 하였다. 김직지는 상주에서 경사로 향공되어 국자감에 공부하고 다시 감시에 합격하였으나 최종고시에는 붙지 못한 채 계속 응시하였으나 좌절되자 향리로 돌아와 상주 속현에 집을 짓고 전원생활로 마음을 달랬다. 김영의 예와 같이 상주 주현 재지 출신이나 임내 지역 청리에 소유한 재지적 기반에 집을 짓고 自適하였다. 앞서 살펴 본 박문노, 최수재, 김수재 등과 크게는 비슷한 처지이나 김직지는 최종 합격의 문턱을 넘지 못하고 향토의 사족으로 존재하게 된 경우이다.

　이상 상주 재지세력에 대한 사례를 통해 개략적인 역할과 존재양상을 정리해 보았다. 호장은 『고려사』 지리지에 주리 김조, 호장 김일 등의 사

---

104) 「六益亭記」『東文選』卷75 記, "上洛金直之 予同年進士也 年長吾四歲 甚相善 日相從不忍別 則夜同宿 挑燈哦詩 直之之父母 亦喜其好學也 厚以酒食啖我輩 予至今不能忘也 予旣僥倖驟登宰府 再知貢擧 直之猶爲諸生出入棘闈 每考閱畢 則語于心曰 直之今又如何 及牓出 則直之不第 心自痛焉 雖直之自痛 亦何加於予哉 由是知公於心 不如公於法也 直之長於詩律 幸今詩賦取士 直之又丁外艱 不得赴試者兩科矣 嗚呼悲哉 然直之之心 猶未已也 不得於世 則必悶于心 求所以娛心之術 莫如山野之自適 晨昏之自養焉 於是卜地於尙之支縣曰 靑驪者 作室以居 取晉處士陶靖節松竹菊三益之語 益樹以桑栗柳 而自名其亭曰六益 求予記".

례가 있고 이들은 서로 婚班을 형성하였다. 호장 김의균은 연경 모임을 형성하여 향촌사회를 주도하고, 별장 김득현은 호장으로서 주현군 장교로 진출 白蓮結社에 참여하여 시주한 것이다. 재지세력은 최자의 진수시에 환영한 '鄕校諸儒', '秀才', '大老' 등으로 표현되는 존재가 있다. 대노는 '夫老'로 일찍부터 표현된 지역 세력이었을 것이다. 시문을 작성할 수 있는 교양을 지녀 향공을 통해 상경종사할 수 있는 잠재력을 가진 존재였다. 이들은 상주 주현에서 인근 속현지역으로 농장 등의 세력 기반을 확대하여 갔다. 명종대 金令義, 신종대 朴文老, 공민왕대 金直之 등의 예로 확인된다.

3. 재지세력의 유동

재지세력의 流動은 鄕貢, 選軍, 僧侶로의 出家 등 여러 경로로 가능하다. 처향, 유배, 기타 연고로 寓居하게 되는 경우도 있다.

성종대부터 지방세력을 관료층으로 흡수하기 위해 주목단위에 향교를 세우고 박사를 파견하였다. 상주에도 향교가 설치되었다. 현종 15년에 각 주현에 1,000丁 이상 되는 지방에는 해마다 선비 3인을 뽑고 500정 이상에는 2인을, 그 이하에는 1인을 선발하게 하되 계수관으로 하여금 시험 보게 하였다. 고려시기 지방리의 자손은 鄕貢을 뽑는 界首官試를 거친 다음 국자감시를 통하여 禮部試에 응시할 수 있었다.[105]

본관이 상주로 확인된 製述業 及第者는 金守雌, 金祿, 金得培, 金慶生을 들 수 있다. 咸昌이 본관으로 확인된 제술업 급제자는 李幹方, 金冲, 金克孫, 金饒, 金石諧, 金爾音, 金縡 등이다.[106] 이외에도 『慶尙道邑誌』

---

105) 『高麗史』 卷73, 志27, 選擧1, 科目1.
　　　許興植, 「高麗 科擧制度의 成立과 發展」 『高麗科擧制度史研究』, 一潮閣, 1981.
106) 朴龍雲, 「資料 科試設行과 製述科 及第者」 『高麗時代蔭敍制와科擧制研究』, 一志

에 상주출신 과거출신자로 朴甄, 金希逸, 金文道, 金祚, 金之衍, 金鎰, 金
玠, 金永貴, 金尙溫, 朴仁碩, 金愃, 金籌 등이 있다.[107] 『경상도읍지』 자
료는 과거급제자 명단이 아닌 것 같다. 김조, 김일은 호장층으로 알려진
인물이고 그밖에 인물도 과거 급제자 자료에서 확인할 수 없다. 확인된
상주 본관 급제자들의 진출시기와 관력 등을 정리하여 보면 다음과 같다.

〈표 1-1〉 상주 본관 출신 급제자의 진출시기와 관력

인명	본관	최고직	급제시기	전거
金守雌	상주	禮州防禦使(5품)	예종	고려사 권98 열전
金錄	상주	判事	충렬왕	열조방목
金得培	상주	政堂文學(2품)	충숙왕	고려사 권113 열전
金慶生	상주	?	공민왕	과거사적
李幹方	함창	?	문종	고려사 권73 선거지
金冲	함창	禮部侍郞	명종	김충묘지명
金克孫	함창	養賢庫判官	충숙왕	김득우호구단자
金饒	함창	大匡	충숙왕	여지승람 경상도 함창
金石諧	함창	?	공민왕	과거사적
金爾音	함창	門下舍人	(종4품)	공민왕 과거사적
金縉	함창	?	공양왕	고려사 권73 선거지

상주 출신 과거 급제자로서 진출은 예종대 김수자부터이고 모두 김씨
뿐이다. 김록과 김득배는 부자 관계이다. 상주 속현인 함창의 경우는 오
히려 상주 출신보다 더 많다. 이것은 묘지명, 호구단자, 과거사적 등의 자
료에 따른 것일 뿐이므로 새로운 자료의 발견에 따라 달라 질 수 있다.
상주 속현 함창에서 많은 급제자가 나옴은 이 지역의 족세가 만만하지 않
음을 보여준다. 『세종실록지리지』 함창현 토성에 金, 吳, 任 등이 확인되는
데 이간방을 제외하면 모두 金으로 나타난다. 다른 향토 자료의 경우도 마
찬가지지만, 고려시기 지방 자료의 경우 고려 중기 이전으로 올라가지 않은

社, 1990.
107) 『慶尙道邑誌』 尙州, 科擧, 高麗.

면이 많다. 상주의 급제자 진출 역시 문종 이전으로 소급된 예가 없다.

選軍으로 출사한 예는 발견하지 못했으나, 고위 승려로 出家한 것은 더러 보인다. 天頙이 쓴 「遊四佛山記」에서 정리하면 다음과 같다.

> 또 山陽縣 老居士의 성은 申이요, 이름은 敏恕라는 이가 와서 말하기를 … 예전에 태조께서 擧義할 때 三韓功臣大匡 申厭達이 대란을 평정하고 큰 공을 세워 麒麟殿 위에 圖畵되었는데, 師와 老人은 모두 11세손이다. … 또한 曹溪宗 圓眞國師, 華嚴僧統 貫玄, 瑜伽僧統 融琅은 모두 厭達의 十世孫이다.[108]

상주 산양현 출신으로 신염달이 고려초 삼한공신이 됨으로써 상경종사하고 재지세력을 유지한 두 부류로 되었다. 재지세력을 계속 유지한 자가 바로 신염달의 11세손 신민서이다. 『세종실록지리지』에 산양현 "姓四 芳庾申蔡"라 하여 신씨가 있다. 신민서는 산양현 재지세력이었다. 최자의 요청으로 동백련사 주법이 되어 대승사를 찾은 천책은 본명이 신극정이고 예부시에 합격하고 백련사 요세에게서 삭발한 인물이다. 그는 산양현 신민서와 달리 일찍이 상경종사한 관인출신이다.

원진국사 승형은 비문에 '上洛山陽人'이라 명시하여 본관이 상주 산양현임을 알 수 있고, 부모를 조실하고 숙부의 슬하에서 성장하였다. 13세 되던 해 희양산에서 득도한 점으로 미루어[109] 상경종사한 신씨가 아닌 재지 신씨일 가능성이 높다.[110] 어린 시기 출가지를 산양현에 인근한 양산

---

108) 『湖山錄』 卷4, 遊四佛山記, "又有山陽老居士 申其姓 敏恕其名者 來參曰…昔太祖 擧義 三韓功臣大匡申厭達 定大亂立大功 圖畵於麒麟殿上 師與老人皆十一世孫也… 若曹溪圓眞國師 華嚴僧統貫玄 瑜伽僧統融琅 皆厭達十世孫".

109) 「寶鏡寺圓眞國師碑」 『韓國金石全文』, 994~998쪽.

110) 彌授의 출가지와 출가 사원과의 관계에서도 짐작된다. 미수는 그의 出系가 一善郡이며 13세에 일선군내의 元興寺에서 승려가 된다. 부모는 그가 고위 승려가 된 뒤 추증된 직함을 가진 것으로 보아 상경종사한 인물은 아니다. 그의 일대기를 적은 비문은 「法住寺慈淨國尊普明塔碑」 『韓國金石全文』, 1154~1157쪽 참조.

봉암사로 정한 것이기 때문이다. 물론 개경에서 본관지로 내려와 출가할
수 있지만, 성장하면서 자연스럽게 출가지를 선택한 것이라면 산양현 재
지에서 출가했을 가능성이 더 크다. 화엄승통 貫玄과 유가승통 融琅의 재
지세력 여부는 짐작할 수 없다.

신씨 10세손 혹은 11세손에서 무려 4명의 고위 승려가 출현한 사실과
그들이 삼한공신의 후예임을 기록한 것으로 보면 재지세력과 재경의 상경
종사세력은 서로 협조적 관계에 있었다. 천책의 「유사불산기」에서 신민
서와 10세손 고승들의 법명 기록을 남긴 것은 그러한 의도이다.

상주 혹은 인근 지역에 여러 연고로 寓居하게 된 인물을 찾아본다. 문
집과 『동문선』에 전하는 서로 주고 받은 詩文에 근거한다. 林椿이 1170
년 정중부의 난을 피해 10여 년간 상주 영현 開寧에 우거하였다. 정중부
난으로 해인사에 은거한 李仁老가 그를 찾아 왔을 때 쓴 시서에서 알 수
있다.[111] 함창현감 모가 四季花를 足庵에 심어 준 데에 대한 사례를 闡公
이 대신 해 임춘이 지어 준 시가 있고,[112] 상주 사록 鄭紹에게 보내는 시
와 자신의 생계를 도와 준 사례의 글 등이 있다.[113] 또한 黃嶺寺 주지
觀諦上人에게 준 시도 있다.[114] 임춘은 개령에 우거하면서 함창 족암 闡
公, 상주 황령사 주지, 상주 사록 등과 교류하였다.

원지배기 李穀은 함창 진사 金澤의 사위가 되어 함창 서쪽 감암리에
가정을 짓고 우거하였다. 정도전의 아버지 정운경이 상주 사록으로 있어
그와 왕래가 잦았다.

金九容은 고려말 상주 산양현에 은거하여 여생을 마친 金先致와 자주

111) 「眉叟訪予於開寧以鵝梨旨酒爲餉作詩謝之」 『西河集』 卷2, 古律詩.
112) 「咸寧侯手種四季花於足庵代闡公作詩謝之」 『西河集』 卷1, 古律詩.
113) 「寄尙州鄭書記」, 「次韻鄭書記見贈」, 「次鄭書記韻戲作三首」 『西河集』 卷2, 古
律詩.
「謝鄭書記紹啓」 『西河集』 卷6, 啓狀祭文.
114) 「寄黃嶺寺堂頭觀諦上人」 『西河集』 卷3, 古律詩.

교류하였다. 太子山 一寧에게 준 시구에 "취하여 商山에 누워 오랫동안 안돌아 가니"라 하였다. 상주에 물러나 살았음을 짐작할 수 있다. 李敏道에게 준 시에도 "이제 와 商山에서 뜻 밖에 만나"라 하였던 시구에서도 알 수 있다.115)

趙云仡이 典法摠郎으로서 관직을 사퇴하고 와서 露陰山 밑에 살며 스스로 石磵 棲霞翁이라 이름한다. 거짓으로 미쳐 스스로 韜晦하여 출입할 때는 반드시 소를 탄다. 騎牛圖와 贊石磵歌를 지어서 뜻을 보였다. 慈恩寺 중 宗林과 더불어 方外 친구가 되어서 超然히 세상 밖의 의상이 있었다.116) 그는 김득배의 사위로서 처향을 따라 상주를 은거지로 하였다. 그는『동문선』에 5수의 시를 남겼다.

李穡은 함창에서 한동안 은거하였다. 곧 유배 생활을 하였는바 이 때 쓴 시들이 다수 있는데 이를 '咸昌吟'이라 한다.117) 그는 여기서 백련사 시회에 참석하고, 시문을 통하여 상주 일대에 관료로 온 자나 거주자와 교유하였다. 이색이 주도하여 신륵사 대장각 조성과 대장경을 마련하는 불사에 상주 출신자들 다수가 참여하였던 사실은 이숭인이 쓴「신륵사대장각기비음기」에 전한다. 곧 우바새 명단에 上洛君 金厚, 上洛君 金鎭 그리고 우바이 명단에 上洛郡夫人 金氏가 보인다.118) 이들은 이색이 상주 지역에서 교유한 결과 그가 주도한 전경 불사 시주자 명단에 오른 것으로 생각된다.

상주 재지세력의 유동에서 향공을 통하여 상경종사한 사례는 예부시 급제자 명단에서 나타난다. 재지세력은 고려 중기부터 경제적 기반을 바탕으로 시문을 익혀 계수관시를 거쳐 향공으로 상경종사의 잠재력을 가진

---

115)「寄呈太子山一寧」,「贈李敏道」『惕若齋學吟集』卷上(『高麗名賢集』4, 成均館大學校 大同文化研究院, 148쪽).

116)『新增東國輿地勝覽』卷28 慶尙道 尙州牧 寓居.

117)『東文選』卷35 咸昌吟.

118)「神勒寺大藏閣記碑」『韓國金石全文』, 1219~1220쪽.

존재가 다수 확인되었다. 상주 산양현 출신 승형도 재지세력으로 승과를 통해 고위 승려가 되었다. 시문에서 보이는 바 임춘, 김구용, 조운흘, 이색 등은 고려중기부터 상주에 여러 연고로 우거한다. 이들은 지역에서 많은 교유를 하여 상주의 정치세력과 의식의 확대를 이루었다.

제3절 상주 자복사와 그 기능

상주 읍내에는 중앙에서 파견된 수령과 교육관이 근무하는 공아와 향교, 그리고 중앙에서 정기 혹은 부정기적으로 파견되는 사신관의 접대와 숙소로 활용된 객사 및 루, 그리고 전쟁시 피난하는 입보성 등 시설이 있었다. 한편으로, 신라말 고려초 재지세력의 자율적 기관으로 관반이 성립되어 정착된 호장층이 행정적 기능을 담당한 시설인 읍사도 존재하였다.

더불어, 고려초부터 신라이래 사원을 추인하여 점차 국가 기관으로서 위상을 지닌 불교 사원으로 읍내에 존재하며 읍인의 복을 구하는 資福寺가 있었다. 官司, 邑司와 함께 삼원적 읍내 기구를 형성한다. 곧 중앙에서 파견된 관사, 재지의 읍사, 불교 의례를 통한 이념적 지배기구로서 자복사가 그것이다.

본절에서는 고고학적 유물과 기타 향토지에 남아 있는 문헌 기록을 연결시켜 상주계수관의 자복사의 존재를 증명하려 한다. 상주계수관에서의 도시 장엄과 국가 정기 의례의 시행 장소로서 자복사의 연결성 등을 검토하여 기능과 운영을 이해한다. 나아가 상주계수관의 자복사 위상을 관찰하기 위해 계내 영속제군현의 사례도 검출·비교하여 그 특징을 정리한다.

이러한 작업을 통해 상주 재지 사회의 구성이 행정적 지배만이 아닌 불교를 통한 이념적 지배도 아울러 시행하였음을 새롭게 인지할 수 있다. 고려사회의 지배체제는 단선적이 아닌 행정과 불교이념 등 다원적 지배

사회이다. 고려시기 지방 사회는 지배의 자율적 공간이다. 계수관지역은 지방 지배의 거점지임과 동시에 영역을 대표하는 지역으로서의 위상도 지 녔다.

1. 상주 자복사의 존재

상주 자복사의 존재는 읍내지역에 있는 고고학적 유물과 이와 관련된 향토 기록을 검토하여 파악한다. 고고학적 유물은 주로 석탑 부재와 조각 상, 불상, 불상좌대석, 석등, 당간석 등 석물류이다. 석물류는 화재에 강하 고, 부패하여 없어지지 않는다. 긴 시간을 통해 존재할 수 있다. 석물류는 무겁기 때문에 이동이 쉽지 않고, 전통시기에 파괴하여 그 부재를 다른 건축물에 재사용하여도 그 일부가 남겨진 경우가 많아 그 장소성을 반영 한다. 포크레인 등의 중장비가 발달하지 않는 시기에는 수많은 사람이 동 원되어야 옮길 수 있다. 따라서 불교 관련 유물은 장소성을 보여 주고 나 아가 사원지의 존재를 반영하는 실례가 많다.

불교 석물은 파괴되거나 이동되어도 때에 따라 민간 신앙으로 조선시 기, 근현대에 이르기까지 존속한다. 미륵신앙, 풍수지리설에 따라 남는다. 후대 기록에도 남겨진다. 따라서 불교 석물들은 후대 민간신앙으로 포용 된 미륵신앙과 풍수설로 전화되어 그 장소성과 흔적을 고수한다. 불교가 성한 신라, 고려시기로 역 추적할 수 있는 단서가 되기도 한다.

1969년 상주지역을 답사한 정영호 교수의 『상주고적지구조사보고서』 는 도시화가 크게 진행되기 전의 상주 모습을 이해하는데 매우 중요한 정 보를 제공한다. 이에 따르면 상주시 남성동 2구 229번지 용화전에 천인석 각상 2구(〈사진 1-1〉)와 석등하대석 2점, 석탑 옥개석 부재 등이 있다. 이 들 유물은 모두 신라 하대의 작품이다. 천인석각상 2구 중 하나는 주악천 인상이고, 하나는 연꽃을 공양하는 천인상이다. 천인상 2구는 그 형태로 보아 석탑 기단석 면석의 일부이다. 함께 있었던 옥개석과 더불어 탑재들의 일부라 할 수 있다.[119] 석탑이 무너지고 일부 기단석의 장식 조각이 불상으로 공양된 것이다. 여러 가지 조각상과 비교한 결과 850년 전후 시기의 작품으로 추정된다.[120] 용화선이 있던 남성동 2구 229번지는 상수 읍내 중심부에 있는 央山(왕산) 서남쪽이다. 조선시기에도 읍성 내이고 조선시기 관아시설이 있었던 곳이다. 신라, 고려시기에도 치소가 있었던 곳으로 볼 수 있다.

〈사진 1-1〉 용화전 주악천인상(상주박물관 소장 전시)

민간 신앙 시설로 된 연유를 당시 상주 향리 박인술이 1880년에 적은 현판이 존재한다.

신라 고려때 小庵子가 왕산 서남쪽 수십미터 거리에 있었다. 萬石이라 하였다. 지금 폐허가 된 터 즉 서성내의 都倉址이다. 현재 도창은 없고 창고 하

---

119) 이러한 견해는 『古代沙伐國關聯文化遺蹟地表調査報告書』, 尙州市·尙州大 尙州文化硏究所, 1996 참조.
120) 崔宣一, 「統一新羅時代 天人像 硏究」, 弘益大 碩士學位論文, 1994.

나만 있다. 절이 폐허가 된 후부터 2구의 석불이 창고의 남쪽 뜰에 세워져 있었다. 부중 남녀가 기도를 드려 자못 감응이 있었다. 이 때문에 본 동민이 그 창고의 재료와 기와를 사서 공사를 하여 옛터에 1간의 전각을 짓고 龍華殿이라 하고 2구의 불상을 전각의 중앙 남벽에 모셨다.[121]

사찰은 읍내 도창지에 있었고 방치된 조각상 2구는 전각 1간을 지어 모셨다. 불상으로 보았으나 현재 조사된 내용은 앞서 말한 奏樂, 蓮花 공양상이다. 조선시기에는 도창지였고 불상을 모실 당시에는 하나의 창고가 있었다. 신라, 고려시기에는 소암이었는데 그 이름이 萬石이다. 문헌상 확인할 수는 없지만, 읍내 중심부에 석등대좌, 석탑재가 다수 존재한 것은 이곳이 사원지였을 가능성을 높인다.

〈사진 1-2〉 왕산 밑의 연화대석편(정영호 보고서)

---

121) 「龍華殿創建記」『尙州地區古蹟調査報告書』, 檀國大出版部, 1969, 149쪽, "羅麗時有小菴在央山西南數武 名曰萬石 而中廢之 其地則西城內都倉墟是也 都倉無而只餘一庫而已 盖自寺廢之時 有二石佛立於南庫之庭 府中男女注乙祈禱 頗有感應 是以本洞民貿其倉舍材瓦 借得工因舊地而構一間殿額之以龍華 安二佛中堂南壁".

　왕산 밑에 연화석편이(〈사진 1-2〉) 발견된 바 그 蓮瓣 모양과 치석 수법으로 보아 통일신라시기 작이며 석등연화대석의 일부이다.[122] 앞서 본 석탑재와 석등재가 나온 사지의 석물 단편이다.

　상주 군치의 중심부 곧 현재 상주시가지는 일찍이 內東, 內南, 內北 3개 면으로 나뉘어졌다. 1914년 합병하는 동시에 서쪽 內西面 일부를 합하여 尙州面으로 칭하고 사무소를 읍내 城下里 곧 남문 남편에 신설한다. 1923년 5월 사무소를 읍내 西門外里에 신축 이전하였다.[123] 읍성의 弘治舊樓로 불리는 南門 二層樓는 1924년 상주면소 구내로 이건 되어 회의실로 사용하였다.[124] 면사무소가 언제 없어졌는지는 알 수가 없다. 1970년대 남문이 있던 그 지역에 집을 짓기 위해 터파기를 하다가 많은 石材를 발견하였다. 상주 시청 청사 마당에 보관하다가 지금 북천전적지 商山館 옆에 옮겨 두었다.

〈사진 1-3〉 남문 석재 천인조각석편

---

122) 『尙州地區古蹟調査報告書』, 檀國大出版部, 1969, 228~229쪽.

123) 逵捨藏, 「尙州面の素描」 『慶北沿線發展誌』, 1931, 208쪽.

124) 『商山誌』 新增 舊公署, "弘治舊樓 邑城南門二層樓 大正十三年移建于尙州面所構內 爲會議室".

모두 주초석이나 기타 건축 부재로 자르고 재정리된 석재들은 원래는 석탑이었을 가능성이 많다. 천인상으로 보이는 조각의 일부도(〈사진 1-3〉) 보인다. 남문에서 멀지 않은 곳에서 가져 온 불교 석물일 가능성이 높다. 남문이 조성될 무렵에 고려 이전부터 있었던 석재를 사용하고, 1912년 읍성이 철거되고 남문 이층루만 남았다가 면사무소 회의실로 이건되면서 석재는 이곳에 남았다가 성 아래 해자에 매몰된 것이라 생각된다. 1970년대 집건축 터파기 할 때 발견된 것이라 추측된다. 다수의 불교 석물은 역시 읍내에 사지의 존재를 반영해 주는 유물이다.

이와는 방향이 다른 곳에 사원지를 보여주는 유물이 존재한다. 바로 당간지주이다(〈사진 1-4〉). 복룡동 일대인데 왕산에서 보면 동쪽이다. 당간은 현위치가 원위치로 알려졌다. 즉 이건된 것이 아니다. 이를 조사한 정영호는 서쪽에도 이와 같은 당간이 있었을 것으로 추정한다. 쌍당간으로 그 북쪽에 남향한 사지가 조성되었을 것이다. 당간의 연대는 통일기로 추정하고 경주 망덕사지 당간과 치석 수법상 비슷하다.[125]

〈사진 1-4〉 복룡동 당간지주석

125) 앞의 보고서, 1969, 124~127쪽.

이 일대에는 많은 기와편이 존재하였으나 현재는 잘 보이지 않는다. 복룡동 발굴조사에서 통일신라기 용문암막새도 발견되었다.

상주시 서문동 101번지에 현충단이 자리하였는데 3기의 비석이 있었다. 현재는 연원동 흥암서원 부근으로 이건된 상태다. 그 중 西山書院碑의 臺座는(〈사진 1-5〉) 팔각연화대석이다. 용도는 알 수 없지만, 분명한 것은 이 비석의 대좌는 아니다. 문양이나 치석 수법 등이 통일신라 전성기 이후 9세기경에 조성된 석등대석에서 흔히 볼 수 있다. 동민들은 서산서원비를 타지에서 옮겨 온 것이라 전한다.126) 하지만 상주성도에 나타난 그림에는 서산서원이 읍성 서북편에 그려져 있으므로127) 이 서산서원비는 현충단에서 그리 멀리 떨어진 곳이 아닌 곳에서 옮겨 온 것이다. 또한 연화대석이 나온 곳도 서산서원이 성립되기 전에는 사지였을 가능성이 크다. 서산서원은 1870년에 훼철되었다. 이후에 서산서원비가 건립되었을 것이다.

〈사진 1-5〉 서산서원 비 대좌(정영호 보고서)

126) 『尙州地區古蹟調査報告書』, 檀國大出版部, 1969, 120~124쪽.
127) 강주진 소장 상주읍성도 참조.

그렇지 않다면 앞서 살핀 앙산 서남편 만석암으로 알려진 일대의 유물이 옮겨 진 것일 수도 있다. 또 다른 가정은 長栢寺址가 있던 연원동에서 가져 온 유물일지도 모른다. 어떠하던 이 유물은 9세기 신라기의 상주 읍내의 사지 가능성을 보여준다.

상주시 연원동에는 長栢寺로 추정되는 사지가 있다. 830년 혜소가 주석하기 전부터 사원이 존재했던 것으로 추측된다.[128] 유적이 있는 일원은 지형상으로 북천의 북쪽인 노악산과 천봉산 사이의 계곡 평지에 해당한다. 노악산 지맥의 하나가 유적지가 있는 구서원 마을을 U자상으로 감싸고 있다. 유적지는 계곡 평지와 노악산의 지맥이 접하는 곳이다. 「북장사사적기」에는 장백사 破後에 南長寺가 이건되었다고 기록한다. 통일신라 삼층석탑 초층 옥개석은 258cm로 180cm가 일반적인 것에 비해 대형이다(〈사진 1-6〉).

〈사진 1-6〉 장백사지 석탑 옥개석

---

128) 「雙谿寺 眞鑑禪師碑」『韓國金石全文』, 207쪽, "始憩錫於尙州露岳長栢寺 瞖門多病 來者如雲 方丈雖寬 物情自隘 遂步至康州智異山".

〈사진 1-7〉 장백사지 기와 탁본

석탑은 8세기 작품일 가능성이 높다. 석등하대석, 계단난간석, 문지두
리홈석 등과 기와편도 발견되었다.129) 쌍조문암막새, 연주보상화문막새,
연주보상화문암막새 기와 등도 나왔다(〈사진 1-7〉). 모두 통일신라기 기
와로 추정된다.130) 1967년 정영호 교수가 발견한 이상화씨 집 뒤뜰에 있
었다는 길이 58cm, 폭 41cm 크기의 석조주악천인상편은131)(〈사진 1-8〉)
현재 도난당하고 없다. 역시 통일신라기의 작품으로 추정된다. 석탑 옥개
석 일부가 興巖書院 사당 기단석으로(〈사진 1-9〉) 사용되었다.

상주 읍외에는 연원동에 장백사가 있
었다. 상주 읍내에는 통일신라기 9세기
경 사원지가 있었을 가능성이 있다. 주
악, 연화 공양 천인상의 부재를 가진 석
탑, 연화문 불상대좌, 통일신라기 당간
지주석 등은 그 가능성을 표시한다. 다
만 사지가 1개소였는지 여러 곳인지는
가늠하기 어렵다.

〈사진 1-8〉 연원동 석조 주악천인상
탁본(정영호 보고서)

---

129)『古代沙伐國關聯文化遺蹟地表調査報告書』, 尙州市·尙州大 尙州文化硏究所, 1996,
324~331쪽.
130) 이 유물은 경북대 상주캠퍼스 박물관에 수장되어 있다.
131) 앞의 보고서, 1969, 97~130쪽.

〈사진 1-9〉 흥암서원 사당 기단 부재

고려시기 상주 읍내에 사지가 존재했을 가능성과 관련된 유물을 검토한다. 복룡동 석불좌상이다(〈사진 1-10〉). 정영호 교수가 조사한 바에 따르면 현재 당간지주석 보다는 서쪽에 위치한다. 당시 현지인의 전언에 따르면 오랫동안 현 위치에 있었다.[132] 불상은 원래 왕산 동쪽 경북선 철로 부근 상주 발전소 사택의 마당에 매립된 것을 발견하여 단간 와옥에 모신 것이라는 말도 있는 만큼, 원 위치는 미상이다. 하지만 당간지주가 있는 사지와는 무관하지 않은 것은 분명해 보인다. 당간 지주는 향토지에 石碓이라는 이름으로 소개되나[133] 용도는 잘 모른다. 상주 지형이 舟形이기에 舟楫의 진정을 위한 것일 수 있고 읍성도에도 鎭基石으로(〈사진 1-11〉) 나타나 있다.[134] 조선시기에는 도심 사찰의 흔적을 인정할 수 없어서 풍

---

132) 『尙州地區古蹟調査報告書』, 檀國大出版部, 1969, 154~156쪽.
133) 『商山誌』卷7 古跡 古都, "本州城外四隅 古有大刹 所謂四長寺 南長北長甲長勝長 其後以僧俗混處之嫌 各移近處山中 四長寺寺蹟碑 仆在田間 字劃剝滅不辨年紀 萬曆年間 硏磨爲柳侯成龍善政碑".

〈사진 1-10〉 복룡동 〈사진 1-11〉 상주 주성도 진기석 부분
석불좌상(정영호 보고서)

수석으로 이해된 때문에 당간은 파괴되지 않고 현존한다. 이 일대는 사지
였다.

  불상은 왼손이 크게 깨어지고 오른손 역시 손가락 부분이 파손되었다.
양손의 위치로 보아 智拳印으로 이 불상의 존명은 비로자나불이다. 석불
의 지권인은 왼손이 위로 놓이게 조각되어 있는데 시대의 하강을 뜻한다.
배면에는 衣紋이 없고, 光背를 시설했던 흔적도 없다. 상호가 풍만하고
의문이 웅장하고 유려하지만 手印이 이례적이고 각부 조각이 다소 둔중
하여 조성연대는 고려초인 10세기경이다.[135] 복룡동 일대의 발굴조사에
서 고려전기 것으로 보이는 음각연판문장식대접이 발견되었다. 고려후기
기와인 귀목문암막새도 찾아졌다. 당간이 계속 남아 있고, 고려초의 석불
상이 만들어진 것으로 미루어 고려초에도 당간이 있는 곳은 사원으로 존
속되었다.

---

134) 『商山地圖帖子』 중의 「尙州州城圖」 참조. 이 첩자는 尙州鎭 營將으로 부임한 鄭
    祥瑀가 1890년에 제작한 것이다.
135) 앞의 보고서, 1969 참조.

〈사진 1-12〉 박원진 자택 연화석등 부재

석등대좌일 가능성이 높은 연화석 1점이(〈사진1-12〉) 박원진 상주문화
원장 한옥 자택 정원에서 발견되었다. 연화석은 2002년 12월 5일 경북대
상주캠퍼스 도서관 앞에 옮겨 보관 중이다. 치석 수법으로 보아 고려시기
작으로 추정된다. 연화석은 원래 박원장의 선친 朴正紹 선생이 상주에 지
어 운영한 濟正病院 터에 있던 것을 20여 년 전 병원이 철거되면서 자택
으로 옮겨온 것이다. 제정병원은 본래 養老堂 건물이었다. 양노당은 향리
들의 모임 장소다. 이 건물은 「상주성도」에도 북문 현무문 밖에 위치한다.
연화석이 있던 자리는 양노당이 있기 전에는 사원이었을 가능성이 높다.
  고려시기 상주 읍내의 석물류는 앙산 동쪽 복룡동 석불상과 북문 밖
양노당 터에 있던 연화석 등이다. 현재 도시화가 진행된 결과 도시기반시
설 지하에 매몰되어 있는 사지의 유구는 조사할 수 없다. 보다 구체성을
가진 것은 문헌 기록이다. 상주 향토지 『상산지』에는 상주 읍내에 성 네
모퉁이에 큰 사찰이 있었다고 하였다.

本州 城外 네 모퉁이에 큰 사찰이 있어 四長寺라 하였으니 南長·北長·甲
長·勝長이다. 그 뒤 승려와 속이 섞여 사는 것을 싫어하여 각각 근처 산중으로
옮기고, 그 사적비가 밭 가운데 넘어져 있었다. 글자가 모두 마멸되어 그 연대
를 알기 어려웠다. 萬曆年間[1600년대]에 다시 갈아서 목사 柳成龍의 선정비
로 세웠다.[136)]

〈사진 1-13〉 서애 유성룡
선정비(정영호 보고서)

상주 읍성 외곽 네 모퉁이에 4개소의 사
원이 존재한다고 17세기 찬자 李埈이 설명
한다. 사장사비를 갈아서 만들었다고 하는
서애 유성룡 선정비는(〈사진 1-13〉) 지금
남산 공원에 있다. 자세히 살피면 연마하
여 재활용된 석비의 흔적이 조금 보인다.
『상산지』기록이 전혀 신빙성이 없다고 할
수는 없다.

『신증동국여지승람』驛院 조에 따르면
南院은 주의 남쪽 2리에, 西院은 주의 서
쪽 3리에, 北院은 주의 북쪽 2리에 있었다.[137)] 읍내의 자복사가 고려말
조선초에 폐사되면서 역원으로 바뀌는 경우가 다수 있는데 이들이 바로
자복사의 흔적을 말해주는 것은 아닌가 한다. 다만 동쪽 역원은 安賓院으
로 나오는데 주에서 11리 떨어져 읍외로 볼 수 있어 이를 동쪽 사장사의
하나로 보기는 어렵다. 그래서 당간지주가 있는 복룡동 사지를 사장사로
할 수 있다. 성외 네 곳 사장사는 남쪽은 남원, 북쪽은 북원, 서쪽은 서원,
동쪽은 복룡동 사지로 그 위치를 비정할 수 있다.

136) 『商山誌』古跡 古都, "本州城外四隅 古有大刹 所謂四長寺 南長 北長 甲長 勝長 其
　　 後以僧俗混處之嫌 各移近處山中 四長寺寺蹟碑 仆在田間 字劃剝滅 不辨年紀 萬曆
　　 年間 硏磨爲柳侯成龍善政碑".
137) 『新增東國輿地勝覽』卷28 尙州 驛院, "南院 在州南二里 … 西院 在州西三里 …
　　 北院 在州北二里".

복룡동 사지는 읍성의 동쪽이므로 東方寺를 지칭한다. 조선시기 기록에는 이와 같은 설명을 하면서 동방사를 상주 비보를 위한 사원으로 파악하였다.[138] 1196년 상주를 방문한 李奎報가 낙동강을 통해 船遊하고 돌아 와 동방사에 머물렀다는 詩序를 남기고 있다. 석물과 조선시기 동방사 기록으로 볼 때 고려시기의 실제 동방사였다.[139] 이규보는 다시 상주로 돌아와 주지를 만나 留飮한 곳의 사원을 지목하여 '資福寺'라 말한다.[140] 이로 보아 동방사는 앞서 말한 유물과 이규보의 기록 등을 종합할 때 상주 치소와 가장 가까이 존재한 상주 자복사이다. 후대 사장사의 동쪽 사원을 말한다.

北院으로 비정된 북쪽 자복사는 조선시기 양노당 터에서 연화석이 발견되어 그 실재성을 뒷받침한다. 북쪽 자복사는 려말선초 읍내 자복사 철거시 산곡으로 이동하고 북원 시설이 되었다가 양노당으로 바뀐 것으로 추리된다.

西院은 달리 비정할 근거가 없다. 다만 앞서 서산서원비가 건립된 현충단과 그 부근에 성립된 서산서원지가 아닌가 한다. 통일신라기 석물을 검토할 때 본 연화대좌가 이 부근에서 나온 것이라면 그럴 가능성이 높다. 서쪽 자복사에서 西院으로 되었다가 西山書院으로 변화된 것은 아닌가 한다.

남쪽의 자복사 역시 현재 흔적은 알 수 없다. 단지 남원이 주에서 남쪽 2리 지점이라는 점을 감안하고 보면 1196년 이규보가 상주를 방문했을 때 읍내에 들어 와 가장 먼저 다녀간 鳳頭寺가 될 수도 있다.[141] 봉두사는 지금 향교 앞 봉강서원 일대로 추정된다. 1915년 제작 지형도에 '鳳頭

---

138) 『東海寺事實記』(『사벌국관련 문화유적지표조사보고서』, 상주시 상주대 상주문화연구소, 1996, 350쪽).
139) 『東國李相國集』 卷6 古律詩, "入尙州 寓東方寺".
140) 『東國李相國集』 卷6 古律詩, "九日 訪資福寺住老 留飮".
141) 『東國李相國集』 卷6 古律詩, "題鳳頭寺".

里' 지명이 나오기 때문에 이곳을 지목할 수 있다.142) 봉강서원은 진주
강씨 세거지에 1817년에 세운 강씨들의 세덕사인 景德祠에서 유래한다.
고종시 대원군의 서원 훼철령에 따라 없어졌다가 1977년 사림의 결의로
서원으로 승격되어 이름을 鳳崗으로 하였다. 봉두사 석물로 추정되는 것
들은 그곳과 가장 가까운 지금 향교의 廊廡 기둥 주초에서 조금 보인다.
  석물 자료와 향토지 기록, 그리고 지형도의 지명 등을 고려하면, 9세기
상주 읍내는 도시로 정비되었다. 최소한 사지 1개소 정도는 있었다. 고려
시기에는 신라 이래의 사원 기반을 계승하여 상주 읍내 자복사가 되었다.
자복사의 위치와 사명은 동쪽에 東方寺, 북쪽에는 양노당 일대, 서쪽 서
산서원 일대, 남쪽 지금의 향교 근처 봉두리의 鳳頭寺 등으로 비정된다.
상주 읍내 네 곳 자복사는 동쪽과 남쪽은 고려시기 각각 동방사, 봉두사
로 추정되고 나머지 두 사명은 알 수 없다. 이들 네 곳 자복사는 조선시기
향토 사가에 의해 四長寺로 지목된다.

2. 상주 자복사의 기능과 운영

  상주와 관련되는 자료와 타 계수관의 자료도 함께 이용하여 사원 운영
제도와 국가 의례의 시행 등을 참조하여 이들 자복사의 기능과 운영을 정
리한다.
  상주 읍성 사방에 네 사찰이 있어서 四長寺라 하였다. 『신증동국여지
승람』기록에 남원·북원·서원이 각기 2, 3리 내에 있다고 한 것과 일치한
다. 현재 당간석과 석불상을 남긴 東方寺址가 있어서『신증동국여지승람』
기록과 함께 사방에 사원이 배치되어 상주 도시를 옹호한다.
  상주 자복사의 모습이 어떤 이념적 배경하에 성립된 것일까? 상주와
가까운 大乘寺가 가장 큰 영향을 미쳤다. 일연이『삼국유사』에서 대승사

---

142)『近世韓國五萬分之一地形圖』上, 尙州, 1915, 景仁文化社 影印.

가 자리한 사불산을 언급한다. 같은 시기 천책의 「유사불산기」에도 신라 고기를 인용하면서 四方佛을 말한다. 공통된 내용은 대승사의 창건은 법화경을 강조한 망명의 영험과 그가 예경한 사방불은 천태 사불일 가능성이 높다는 점이다. 대승사라는 사명은 『법화경』에서 강조한 會三歸一의 大乘을 강조한 것에서 연유한 것으로 짐작된다.

『법화영험전』에는 호장 金義均이 주도한 법화경 읽기 모임이 나오고, 亡名의 영험 사례도 있다. 법화경 신앙이 유행한 표시다. 관내 大乘寺의 사방불 조각과 법화경 신앙 등의 전통이 일찍부터 있었던 영향이 아닌가 한다. 사방불 신앙은 상주 읍기 형성에 영향을 주었다. 읍내 치소 중심 사방에 자복사를 배치하여 불교 도시의 모습을 나타내려 하였다.

정기 불교 의례 중에서 지방 사원에서 행하여진 것은 연등회와 국왕 축수도량, 봄 가을의 경행, 백고좌인왕도량에 수반하는 반승, 국가 변란시 진병법석을 하는 것 등이다. 국왕 축수는 계수관 단위 중심 사원, 백고좌 인왕 도량은 州府 단위까지에서 행하였다. 縣단위까지 열린 국가 정기 행사는 연등회, 경행, 진병법석 등이다. 국가 정기 불교 의례의 시행이 鄕邑의 복에 이바지하는 이른바 資福寺의 주된 기능이었다.

국왕의 생일절 축수도량에 대한 내용은 문종대 사례에서 알 수 있다.

> 成平節은 王의 생일인데, 매년 이 날을 맞아 국가에서는 祈祥迎福道場을 外帝釋院에서 7일간 한다. 문무백료들은 興國寺에서, 東西兩京과 4都護 8牧은 각기 所在佛寺에서 행하도록 하는 것을 恒式으로 삼는다.[143]

국왕 생일을 기해 축수도량인 기상영복도량을 중앙과 지방의 전국 사원에서 행하도록 하였다. 성평절은 문종의 탄일이다. 원지배기 전에는 국

---

143) 『高麗史』 卷7, 世家, 文宗 卽位年 12月 丙午, "百官詣乾德殿 賀成平節宴 宰樞給舍 中丞 以上侍臣于宣政殿 成平節王生日也 每遇節日 國家設祈祥迎福道場於外帝釋院 七日 文武百 僚於興國寺 東西兩京四都護八牧各於所在佛寺行之 以爲恒式".

왕의 생일을 칭하는 절일명을 따로 정하였다. 四都護 八牧은 계수관인데 여기에서는 각기 소재불사에서 행하도록 항식을 정하였다. 계수관 소재불사는 바로 자복사를 의미한다. 계수관 자복사는 국왕에 대한 충성심을 불사를 통해 수렴하여 왕권의 신성감을 높이는 기능을 한다.

百座仁王道場은 삼년에 일회 열렸는데 문종 2년 9월에 그 첫 기사가[144) 보인다. "百座道場於會慶殿三日 飯僧一萬於毬庭 二萬於外山名寺"라 하여 궁중 會慶殿에서 자리를 백개나 만들어 인왕경을 읽었다. 飯僧이 반드시 수반되었다. 백좌인왕회는 會慶殿에서 거행되었으나 인종대부터 法王寺, 宣慶殿, 明仁殿 등에서도 시행하였다. 반승은 1만명을 구정에서 하고, 2만명을 외산명사에서 하였다. 문종대부터 外山名寺는 '諸名寺' 혹은 '外山諸寺'로 표현된다. 예종 이후는 '州府' 혹은 '中外三萬飯僧'으로 나온다. 州府의 중심사원에서 반승을 베풀었다. 주로 10월에 열리는 이 행사는 반승을 수반한다. 전국 승려에 음식을 공양하여 인왕경 사상과 함께 승려 우대를 표현한다. 상주 관내 모든 승려가 관청 법석에 참석할 때 같이 있는 망명을 법화경 영험사례로 소개한 일화는 주부단위에서 열리는 인왕회에서 였을 것이다. 법석이라 표현한 점에서 더욱 그러하다. 인왕회는 궁중에서는 백고좌라 하여 100명의 고승의 자리를 만들어 하는 법회이다. 법석이라는 구절로 볼 때 지방 단위에서 연 인왕회이다. 주부단위라 하면 상주계수관에 적용할 경우, 상주와 안동부, 경산부 등을 지칭한다.

연등회는 원래 불교에서 지혜를 상징하는 등 공양이다. 정월 망일의 의례는 전통적 정월 의례의 성격을 이은 국가 제의의 의미가 강하다. 지방에서의 이와 같은 의례는 그 지방 사회를 결속하는 성격도 있었다. 성종대에 이를 정지하였다. 거란의 침입이 있자 다시 부활을 상서한 이지백은

---

144) 『高麗史』 卷7, 世家, 文宗 2年 9月 丙辰.

선왕의 연등, 팔관, 선랑 등의 일을 행하여 他方의 異法을 쓰지 않아야 국가 보전과 태평을 이룰 수 있다는 주장을 하였다.

경행은 문종대 制書에 나타난 바와 같이 輪經會라는 이름으로 성대히 설행하고 外吏가 聚斂하였다.145) 또한 娛樂之事도 아울러 행하였다. 지역 공동체 축제의 모습을 연상할 수 있다. 조선 초 『조선왕조실록』에 "前朝에서 불도를 숭신하여 閭里經行의 制를 설하여 명을 받드는 감찰이 공복을 갖추어 승도를 이끌고 여리를 두루 다니는데 幡을 들고 螺를 불며 經을 외워 작법하였다"라 한 기록에146) 따르면 '閭里' 곧 고을마다 관료와 승려가 함께하였다. 문종대 윤경회 기사에서 '外吏'가 의례를 주도한 내용과 연결 지우면 지방관, 승려, 외리 등이 주도하였다.

국가 병난이 그치기를 기원하는 鎭兵道場이 자주 열린 사원 역시 전국에 산재한 자복사였다. 진병과 관련된 文豆婁 도량이 시행된 사찰은 개경 賢聖寺, 경주 天王寺, 동계의 鎭靜寺, 서경의 興福寺·永明寺·長慶寺·金剛寺 등이다. 개경 현성사를 제외하고는 경주 천왕사, 서경의 경우는 모두가 자복사일 가능성이 높다. 모두 神印宗 계열 사원으로 추정된다.147) 우왕대 진병도량은 전국적으로 151소에서 열렸다. 사원 시납 고문서에 '鎭兵' 관련 寶 역시 사원이 공적 의례의 기능을 담당했음을 보여 준다.

자복사는 숙박 기능도 하였다. 자복사가 폐지되면서 원으로 변경되었다. 그리고 계수관 이하의 경우 승사를 대신하여 자복사가 하였다. 상주의 경우는 이규보가 1196년 자복사에 숙박하였다.148)

자복사는 읍민의 복을 구하는 것인 만큼 국가 정기 의례만이 아닌 개인적인 발원과 추모도 아울러 수용했을 수 있다. 읍민의 많은 불사 활동이

---

145) 『高麗史節要』卷4, 文宗 元年 正月, "制曰諸州府郡縣 逐年設輪經會 慮外吏憑此聚斂 以成勞弊 固非作福之意 今後醉飽娛樂之事 竝宜禁斷".
146) 『定宗實錄』卷1, 定宗 元年 3月 甲申.
147) 韓基汶, 「高麗時代 開京 現聖寺의 創建과 神印宗」『歷史敎育論集』 26, 2001.
148) 『東國李相國集』卷6 古律詩, "九日 訪資福寺住老 留飮".

있었을 것이고 이에 따라 시장으로서 역할도 아울러 가졌을 가능성이 높다.

자복사의 운영은 국가 의례가 시행되는 과정에서 참여 주관하는 사례를 통해 해명할 수 있다. 그에 앞서 고려시기 사원은 모두 공적 국가기관으로서 성격을 지닌다. 승계를 소지한 승려가 각 사원의 주지로 파견되고 전보된다. 자복사도 그러한 사원의 부류로 볼 수 있다. 개인에게 사사화된 원당이나, 특정 고승의 문도에 장악된 법손주지 사원의 경우를 제외하고는 거의 모든 사원이 공적 국가기구로서의 성격을 지닌다.[149]

먼저 경행을 주관한 관청을 규명하여 실마리를 찾는다. 廣州牧官에서 경행 의식용 바라가 제작되었고, 경행용 經秩이 東都 僧司藏中에 보관되어 있다는 기록도 있다.[150] 동도는 동경유수관이고 '僧司'는 승록사를 의미한다.『고려사』식화지 서경 공해전제에 유수관 50결, 육조 20결, 僧錄 15結로 규정된 것을 볼 수 있는데,[151] 六曹와 승록은 유수관의 속관이다. 적어도 계수관급에는 승록사가 존재하였다. 경질이 보관된 동경 유수관 승사는 승록사의 官司이다. 수령관이 파견되지 않는 지역의 경우 자복사가 경질을 보관하고 의례의 주관 부서로 더 중시되었을 것이다.

各官과 僧司, 그리고 자복사가 합동으로 이 경행을 하였다. 각관은 치소의 관아인데 향리의 집무소인 邑司도 포함한다. 외리가 윤경회에 취럼하여 행사를 주도하였다. 주현 이상은 수령과 향리가 함께하고 속현의 경우는 읍내 행정을 掌印行公한 향리가 주도하였다. 연등회, 경행 뿐만 아니라 국왕 축수도량, 백고좌회 등도 향읍의 각관 곧 수령, 승록, 향리 등

---

149) 韓基汶,『高麗寺院의 構造와 機能』, 民族社, 1998 참조.

150)『三國遺事』卷5, 感通7, 善律還生, "其經秩 今在東都僧司藏中 每年春秋 披轉禳災焉".

151)『高麗史』卷78 志32 食貨1 田制 公廨田柴, "明宗八年四月更定西京公廨田有差: 留守官公廨田五十結紙位田二百七十二結三十七負七束六曹公廨田二十結紙位田十五結法曹司公廨田十五結諸學院公廨田十五結書籍位田五十結文宣王油香田十五結先聖油香田五十結先聖卽箕子藥店公廨田七結僧錄司公廨紙位田各十五結".

과 자복사 승 그리고 향읍민이 함께 하는 국가 의례이다.

고려후기 了圓이 찬한『法華靈驗傳』에 수집된 상주에서의 亡名 승려
의 영험 사례가 주목된다.

> 僧 亡名이 尙州 小寺에 머물렀다. 항상 음양점복으로 閭里에 출입하였는
> 데 남녀가 모두 환영하였다. 화복을 묻고 대가로 의식을 제공하였다. 하루는
> 官廳에서 연 法席에 상주내 諸寺의 典香者가 모두 모였는데 망명은 비록 참
> 여하였지만 다만 음양승으로 말석에 있었다.[152]

상주 관내 사원 관계자의 모임이 있었다. 모임은 상주 관청 법석에 참
여하여 이루어졌다. 法席의 의미로 보아 인왕도량일 가능성이 많다. 典香
者 모두가 모였다는 사실은 飯僧의 예우를 받기 위한 것일 수 있기 때문
이다. 물론 다른 국가 불교의례의 경우도 관내의 전향자들이 모여 행사에
참여하였을 것으로 본다. '官廳'이라 표현한 것은 승록사가 근무한 '僧司'
를 의미하는 것이 아닌가 한다.

상주 자복사는 상주 읍내를 사방에서 옹호하여 불교 도시로 보호하였
다. 대승사가 위치한 사불산 사방불 예경에서 비롯된 방위불 신앙이 자복
사 배치와 상주 도시형성 이념에 영향을 미친 것은 아닌가 한다. 국가 정
기 불교 의례 중에서 국왕 탄일 축수, 인왕회와 관내 반승, 연등회, 윤경
회, 진병도량 등을 정기적으로 시행, 주관하였다. 부수적으로 숙박과 장시
역할도 하고, 상주 읍민의 발원 장소이기도 하였을 것이다.

자복사는 국가 기관으로서 성격을 지녔으므로 주지가 파견되었다. 지

---

152) 「光明出於口角」,『法華靈驗傳』卷下(『韓國佛敎全書』第6册(東國大學校出版部, 1984),
   568~569쪽), "僧亡名 寓尙州小寺 常以陰陽占卜 出入里閭 男女皆迎之 問禍福 以此
   資衣食 一日官廳設法席 州內諸寺典香者 咸會焉 亡名雖預 只是陰陽僧居衆末 皆忽
   之如草 比及夜半 燈燭已息 昏昏假中 忽見光明如燈火 衆皆驚起 試尋之 乃從亡名口
   中出也 因委問其由 答曰予失身術數 反愧黑業 內自懺悔 但誦課蓮經有年矣 諸僧皆
   歎伏修敬焉 出海東傳弘錄".

방에서의 국가 정기 의례가 불교의례이므로 그 지역 자복사가 도량의 장
소를 제공하고 인력 지원도 하였다. 국왕 탄일 도량은 계수관에서는 그
곳 '소재불사'라 하여 자복사를 지목하고 이하 군현에서는 시행하지 않은
것으로 보아 계수관 영역을 대표한 축수였다. 하표를 상주 목사가 대표로
작성한 것으로 미루어 주관자는 목사였을 것으로 보인다. 인왕회의 시행
과 연관되는 상주에서의 영험 사례에서 '관청법석'과 관내 사원 전향자의
모임 등을 찾을 수 있다. 경행에는 '외리'가 취렴하였다. 이를 종합하면
자복사 운영은 국가 정기 불교의례의 시행에서 상주 목사, 승록사, 상주
자복사 승려, 상주 읍사의 주리 등이 관여하였다.

3. 상주 자복사의 위상

상주계수관 범위내 자복사의 사례를 정리하고 이들 자복사의 존재양상
과 비교하여 상주 자복사의 위상을 이해한다. 계내 주현 안동부와 경산부
를 먼저 검토하고 그 밖의 영속군현 자복사의 존재 양상을 정리한 후 종
합·대비한다. 계수관내 자복사를 전수 조사하는 것은 불가능하다. 문헌과
유물로 어느 정도 확신이 가는 지역의 자복사 사례로 그 차이점을 살핀
다.

상주 속현의 경우를 찾아본다. 문헌과 현존 사지 두 측면에서 자복사로
지목될 수 있는 것은 상주 속현 공성현 소림사이다. 고려 중기 김영의가
중수하였다. 임춘이 작성한 중수기문 내용에 따르면 "縣의 서북쪽에 小林
이라는 절이 있었다. 과거에 현의 사람들이 이 절을 세워서 복을 기원하
는 장소를 삼은 것이다"라[153] 하여 공성현의 자복사 임을 분명히 한다.
정영호 교수가 1969년 조사한 공성현 초오리 사지가 주목된다.[154] 이곳

---

153) 林椿, 「小林寺重修記」 『東文選』 卷65 記.
154) 『尙州地區古蹟調査報告書』, 檀國大出版部, 1969, 95~97쪽.

에는 3층석탑이 도괴된 채 있었다. 석탑은 고려시기 작으로 추정된다. 청
자편과 와편도 산재한다.

상주에 속한 장천부곡에는 승장사와 용담사 두 개소가 있다.[155] 하지
만 부곡의 자복사는 아닌 것으로 생각된다. 부곡지역 자체가 읍기를 형성
할 만한 정도의 규모를 가진 곳이 아니고, 이들 사지는 모두 산의 지세와
경관을 고려해서 지은 산곡 사원이기 때문이다. 그렇다면 장천 부곡의 치
소로 생각되는 곳을 중심으로 이해해야 하는데 이러한 점에서 주목되는
것이 유곡리 삼층석탑이다. 이규보는 1196년 용담사에 며칠 쉬면서 시를
남기고 이곳을 떠나 용포에서 견탄으로 여행을 떠난다. 시서에 "팔월 칠
일 새벽에 龍潭寺를 출발하여 이튿날 龍浦에 배를 띄워 洛東江을 지나
犬灘에 대었다."고 하였다.[156] 용포가 바로 장천부곡의 치소가 아닌가 추
정된다. 지금도 이곳 지명을 '관터'라 한다.[157] 고려시기 제작의 삼층석탑
도 존재한다.[158] 석탑 서쪽 산 기슭에는 고려 어골 와편이 산재한다.[159]
또한 낙동강물이 이곳까지 들어오므로 포구로서 기능하였을 것이다. 장천
부곡의 자복사는 바로 유곡리 관터지역에 있는 삼층 석탑을 중심한 곳에
있었다. 또한 이 일대에 部曲司도 있었을 것이다.

安東府의 경우 『신증』 불우조에는 성 남쪽에 法林寺, 성 서쪽에 法龍
寺, 부 동쪽에 法興寺가 있다.[160] 사찬 읍지 고적조·불우조·고탑조에는
보다 자세하게 전한다.[161] 성 남쪽에 법림사가 있고, 塼塔이 府城 남문
밖에 있으며 7층이다. 본부의 大裨補이다. 弘治 임자년에 위의 세 마디가

---

155) 『新增東國輿地勝覽』卷28, 尙州 佛宇 勝長寺, 龍潭寺.
156) 『東國李相國集』卷6, 古律詩, "八月七日黎明 發龍潭寺 明日泛舟龍浦 過洛東江泊
     犬灘".
157) 曺喜烈 編, 『尙州地名總覽』, 尙州文化院, 2002.
158) 鄭永鎬, 「尙州 柳谷里 三層石塔과 石燈材」『考古美術』下, 통권96호, 1979.
159) 『文化遺蹟分布地圖-尙州市-』, 尙州市 慶北文化財研究院, 2002.
160) 『新增東國輿地勝覽』卷24, 安東 佛宇.
161) 『永嘉誌』古跡, 佛宇, 古塔.

부러졌는데 본부의 향도들이 고쳤다.

법룡사는 성 서쪽 2리 지점에 있다. 일반에서는 大寺라 부른다. 건물은 크고 위엄이 있으며 2층으로 높이 솟았다. 큰 청동 불상이 하나, 흙으로 만든 불상이 셋, 작은 석불상이 8개 있다. 나이 많은 노인들에게 다음과 같은 이야기가 전해 온다. '청동부처는 매우 영험한데 나라에 반란이 일어날 때는 온 몸에서 땀이 장물처럼 흘렀고 빛이 퍼져나갔다.' 고려 말엽에 원나라 사신이 안렴사로 와서 쇠못 여러 개로 불상의 양 무릎을 뚫은 이후로는 영험이 없어졌다.

'법흥사는 부의 동쪽 3리 지점에 있다. 지금은 단지 세 칸만 남아 있다. 법흥사전탑은 부성 동쪽 5리에 있으며 7층이다. 본부의 대비보이다. 成化 정미년에 고쳐 쌓았다. 위에는 금동의 장식이 있었다. 李股가 철거하여 관청에 냈는데 녹여서 客舍에 사용하는 집기로 만들었다.' 안동 읍성을 중심으로 사방에 절터가 있었던 흔적이 위와 같이 향토지에 기록되어 있다. 이 중 동쪽의 법흥사 7층 전탑은 현재에도 남아 있다. 이들 사원은 향토지 찬자가 풍수적 관점에서 비보를 위한 것이라는 인식으로 존재를 정리하였지만, 안동부의 자복사로 추정된다. 북쪽에 사원이 위치했다는 기록은 없고 동, 서, 남 세 곳에 자복사가 자리한 셈이다.

京山府의 경우 읍성지 밖 비석군 맞은편인 북동쪽에 동방사지 칠층석탑이 위치한다. 성주 읍성에서[162] 가장 가까운 사찰이다. 향토지 사찰조에도 '東方寺在星州面禮山洞'이라 하여 향토지가 찬집되던 무렵까지는 폐사되지 않았다.[163] 현재는 절터의 흔적을 찾아 볼 수 없다. 일제시기에 촬영한 사진에는 기단부의 대부분이 매몰되었고 하천 둑이 석탑 가까이 설치되어 있다. 이로 보아 어느 때인가 홍수로 인하여 절터가 매몰되었

---

162) 성주 읍성지는 조선시기는 물론 고려시기 이전까지 유구가 보이므로 신라말 이래 중심부였다(『성주읍성지표조사보고서』, 경상북도문화재연구원, 2002).
163) 『星山誌』 寺刹.

다. 탑은 하천범람으로 기울어진 것을 1980년에 수리 복원하였다. 원래는 9층으로 보인다. 기단이 왜소하고 옥개석이 중후한 것으로 미루어 고려시대 탑으로 본다.[164]

『신증동국여지승람』 불우조에 龍興寺는 郡城 북문외에 위치한다. 거기에 大藏堂이 있는데 李仁復이 記文을 썼다. 뒤에 鄕射堂이 되었으며 지금은 폐하였다고 한다. 대장당이 있었으며, 고려말 이인복이 쓴 기문이 있을 정도로 중요한 사찰이었다. 읍성 북문 밖에 위치하여 조선시기에 향사당으로 바뀌었던 점으로 미루어 동방사와 함께 경산부의 자복사가 아닌가 한다. 안동부와 다르게 기록상 읍성의 북쪽과 동쪽에만 사찰이 있었다. 경산부의 자복사는 동방사와 용흥사 등 2개소이다.

善州는 상주의 속현이고 인종대 一善으로 고쳐졌다. 『신증』 불우조에 竹林寺가 府의 북쪽 10보 떨어진 곳에 위치한 鎭山 飛鳳山에 있다고 한다. 향토지에는 읍성 북쪽 3리 지점에 있다고 전한다.[165] 현재 향교의 북쪽 죽림골 혹은 탑골에 사지가 있다.[166] 통일신라기 제작 삼층석탑이 무너져 있었는데 선산읍 남문으로 옮겨 복원하였다.[167] 태종 7년 자복사 대체시 선주의 자복사는 加德部曲에 있는 元興寺였다. 선주 자복사는 죽림사였으나 태종대 원흥사로 대체되었다.

龍宮縣은 安東府에 속한다. 용궁현 동헌지는 향석리 향석초등학교 운동장 자리에 위치하였다. 1856년(철종 7) 6월에 낙동강과 내성천의 범람으로 침수되어 무너졌다. 북하면 가야리에 새청사를 지었다. 용궁현 객사지는 현재 향석초등학교 자리이다. 운동장 동쪽에는 객사 기둥을 바치고 있던 주초석이 유존한다. 중앙의 기둥을 세운 곳은 지름 44cm의 원형으

164) 『嶺南의 큰 고을 星州』, 국립대구박물관 개관 10주년 기념 특별전, 2004.
165) 『一善誌』 佛宇.
166) 鄭永鎬(1968), 『善山地區古蹟調査報告書』 檀國大博物館.
167) 『善山의 脈絡』 善山郡, 1983.

로 다듬었고 주변에는 연화 잎이 양각되어 있어 통일신라시대 후기의 것이다. 여러 개 남아 있었으나 용궁향교 대성전 중건시 초석으로 사용하였다.[168] 학교 운동장 쪽에 기와편이 조금 보이고 북편 산쪽에 '쓸岩'이라 새긴 석재가 있었다. 용궁의 별호 축산을 의미한다면 이곳이 용궁의 치소임을 보여준다. 삼층석탑과 석조불상이 있는 사원지도 향석초등학교에서 서편 100m 지점에 있다. 탑의 제작 시기는 나말려초로 추정된다. 석조불상은 고려초에 제작된 것으로 보고 있다. 고려시기 용궁현의 자복사로 짐작된다.

甫州의 개심사는 이 지역의 자복사로 보인다. 開心寺石塔[169]에는 옥개석 난간에 명문이 전하는 바 현종대 호장층이 주도하여 세운 것이다.

安東府에 속한 영주는 順安縣이었다. 고종 46년 金仁存의 향이라 하여 知榮州事로 되었다. 『고려사』 열전에 따르면, 공민왕 때 과거에 급제하여 성균관 학관이 되었다가 영주 수령으로 나간 鄭習仁이 영주읍내에 있는 無信塔을 헐어 버리고 그 벽돌로 賓館을 수리하라고 명령하였다. 집정 신돈이 이 말을 듣고 노하여 그를 계림 감옥에 가두었다가 영주에 가서 다시 그 탑을 지으라고 명하였다. 정습인은, 그 형태가 우뚝 솟아 있으면서 한 읍에서 우러러 보는 것을 무신이라고 이름 지었겠는가라는 말로, 그 철거 이유를 제시하였다. 정습인은 부모상에 주자가례를 실천하고 불교를 배척하는 언행을 하였던 인물로[170] 영주 읍내의 자복사를 폐지하려 하였다. 때문에 열전에 이와 같은 사례가 남게 되었다. 이로 보아 영주 읍내 우뚝 솟아 한 읍이 우러러 볼 수 있는 무신탑은 영주 자복사의 탑을 말하는 것이다. 사명은 구체적으로 알 수 없으나, 영주 읍내 자복사의 존재를 알 수 있다. 『신증동국여지승람』 역원조에 德山院과 鐵鉗院이 각각 군남

---

168) 『문화유적분포지도 - 예천군』, 예천군·대구대 박물관, 2005.
169) 「開心寺石塔記」 『韓國金石全文』, 433~434쪽.
170) 『高麗史』 卷112, 列傳 25, 鄭習仁.

3리와 군서 3리에 있다고 하는데 이곳들 중 한 곳에 무신탑이 위치하고 자복사가 있던 곳이 아닌가 한다.

高靈郡은 京山府에 속하였는데 명종대에는 감무를 설치하였다. 읍내 중심부에 통일신라 이래 고려시대에도 사원이 계속 존재하였다. 통일신라기 당간지주석이 있는 곳에[171] 사지의 존재가 확인된다. 최근 지산리 도시계획도로 개설을 위한 발굴 조사 결과 고려시기 사원 유적이 밝혀졌다.[172] '山寺'라는 명문이 있는 기와편이 채집되었다. 이 지역에서 채집된 '勿山寺' 명문 기와편과 함께[173] 이 사지의 사명을 알려준다. 고려시기에는 판틀로 양각되게 사명을 새긴 기와를 제작하여 사원을 창건하거나 중창하는데 사용하였다. 현재 지산이란 지명이 이 사명에서 비롯된 것으로 추정된다. 곧 물산(勿山)-물(못)산-지산(池山)으로 변천했다.[174] 적어도 고려시기에는 당간지주석이 있는 이 일대의 사역이 勿山寺였을 것이다. 물산사가 고령현의 자복사로 짐작된다.

若木縣 淨兜寺도[175] 자복사였을 가능성이 크다. 현재 탑은 국립대구박물관으로 이건되었지만 원래는 약목에 위치하였다. 탑 해체시에 나온 형지기에는 현의 호장층이 이 탑을 세운 것으로 나온다.

상주 자복사는 읍기의 사방에 존재하여 4개소의 자복사가 있었다. 상주에 영속되나 주현으로서 영속 군현을 거느린 안동부와, 경산부의 경우, 안동부는 3개소, 경산부는 2개소 자복사가 있었다. 상주계수관의 자복사 수가 가장 많았다. 안동부 영속 용궁, 보주, 영주 등은 1개소가 확인된다.

---

171) 『高靈 池山洞 幢竿支柱 發掘調査 報告書』, 高靈郡 慶北科學大學校, 2002.
172) 『고령 지산리 도시계획도로 개설 구간내 유적 문화재 발굴조사 약보고서』, 영남문화재연구원, 2007. 5.
173) '勿山寺'라는 사명이 완전한 기와편은 제작시기가 고려시기로 판단된다. 현재 대가야박물관에서 전시 중이다(『대가야는 살아있다』, 대가야박물관 전시도록, 2006, 112쪽).
174) 『옛 고령사람들의 자취를 찾아서』, 대가야박물관, 2006, 163쪽.
175) 「淨兜寺五層石塔」 『韓國金石全文』, 473쪽.

경산부 영속 고령, 약목도 1개소였다. 상주 속현인 선주 1개소, 공성현 1개소, 장천부곡 1개소 등도 추정되었다. 상주계수관내 자복사는 수관 상주 4개소, 부 2~3개소, 속현 1개소, 부곡 1개소 등으로 그 위차가 있다.

국가 의례의 경우 영역을 대표하는 계수관에서만 하였던 의례는 국왕탄일 축수도량, 인왕회 등이다. 부단위는 인왕회까지만 하였다. 나머지 연등회, 경행, 진병 등은 모든 행정단위의 자복사에서 시행하였다. 상주 자복사는 그 개수나 국가의례의 범위 등에서 상주 계내에서 최상위의 위상을 가지고 있었다. 영역을 대표하는 계내 수관으로서의 면모도 보여준다.

이상 1장에서 정리한 외관청, 읍사, 성황사, 향교, 자복사, 입보성 등을 상주 지형도에 종합하여 표시한다(〈지도 1-1〉).

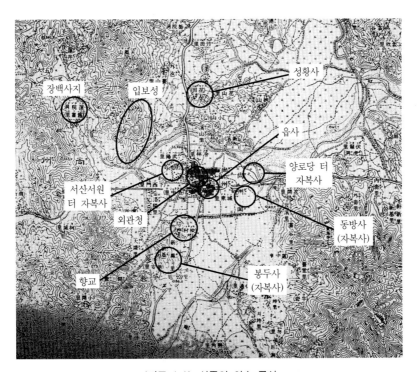

〈지도 1-1〉 상주의 치소 구성

제2장

상주계수관의 영역과 운영

제1절 상주계수관의 연혁과 영속 및 범위

고려시대 계수관의 개념과 위상에 대한 연구는 다수 제출되어 논쟁과 논점이 확대되어 왔다.[1] 상주계수관에 대한 이해도 시도되었다.『고려사』지리지 상주를 역주하여 기초적 토대를 마련하였고,[2]『고려사』지리지 상주를 보정하였으며,[3] 상주계수관의 지리적 영역의 특성을 정리하였다.[4] 하지만 상주계수관의 현황을 종합하여 이해할 필요가 있다.

먼저 상주계수관의 성립과 변천을 신라시기에서 고려시기로, 그리고 조선초에 이르기까지 서술한다. 여러 군현이 계수관에 영속되게 된 배경과 형세, 그리고 변동을 살펴보아 상주계수관의 영역을 군현 영속관계로 고찰한다. 고려 지방제도의 큰 특징이자 군현제와 다른 특수 행정 구역인 부곡제의 형성과 구성이 상주계수관에 어떻게 포함되는가를 이해한다. 군현제와 부곡제로 구성된 상주계수관의 연결성을 파악하기 위해 상주계수

---

1) 윤무병,「高麗時代 州府郡縣의 領屬關係와 界首官」『역사학보』17·18, 1962 ; 박종기,「高麗時代 界首官의 범위와 성격」『한국학논총』21, 1999 ; 김동수,「고려시대의 界首官制 小論; 계수관의 범위문제 검토」『李基白先生古稀紀念韓國史學論叢〔上〕-古代篇 高麗時代篇』, 刊行委員會, 1994 ; 김동수,「고려시대 界首官의 범위에 대한 재론」『역사학연구』19, 2002 ; 구산우,「고려시기 계수관(界首官)의 지방행정 기능과 위상」『역사와 현실』43, 2002 ; 윤경진,「고려전기 界首官의 설정원리와 구성 변화」『진단학보』96, 2003 ; 윤경진,「고려전기 계수관의 운영체계와 기능」『동방학지』126, 2004 ; 박종진,「고려시기 계수관의 기능과 위상」『역사와 현실』56, 2005.
2) 박종기,「『高麗史』地理志 譯註(7)-尙州編」『韓國學論叢』29, 2007 ; 박종기,「『高麗史』地理志 譯註(8) – 京山府, 安東府 編」『韓國學論叢』30, 2008 ; 박종기,『고려사 지리지 역주』, 한국학중앙연구원 출판부, 2016 재수록.
3) 윤경진,「상주계 지역 영속관계의 재구성」『高麗史 地理志의 分析과 補正』, 여유당, 2012.
4) 박종진,「고려시기 '상주목지역'의 구조와 지리적 특징」『한국중세사연구』29, 2010.

관을 중심으로 교통망을 정리한다. 마지막으로 고려 당대에 상주계수관의
영역의 범위를 각종 기록을 통해 구명한다.

1. 상주계수관의 성립과 변천

고려시기 상주계수관이 성립되기 전 신라시기에 이미 상주는 독자적
세력을 가지고 신라로 복속되는 과정을 거쳤다.[5] 상주에서 선사문화가
자리 잡은 적지는 낙동강을 면한 현재 사벌면 일대이다. 이부곡토성과 병
풍산성 등이 전개되고 있고 여기서 청동기 유적과 유물이 발견된 바 있
다. 기원전 2세기 진한 6국 단계에서 12국 단계로 전환하는 지표가 될 만
한 유물이 병성동 유적에서 출토되었다. 원형점토대 토기이다. 이 단계에
서 요녕식 동검에서 한국식 동검으로 변화하고, 지석묘가 소멸하고 목관
묘가 등장하며 철기를 사용한다. 사벌국의 성립이 가능하게 되었다. 기원
전 2세기 중엽 목관묘 단계에서 목곽묘 단계로 이행된 단계에는 사벌국이
독자적 세력으로 성립하였다.

이 후 3세기 중엽부터 신라의 영향이 미치기 시작한다. 『삼국사기』 昔
于老 전에 沾解尼師今代 석우로가 예전에 우리에 복속하였는데 홀연히
배반하고 百濟에 귀속한다는 명분으로 토벌하였다. 儒禮王 10년에는 사
벌주 豪民 80여 가를 沙道城(盈德)으로 옮기게 한 기사도 있다.

법흥왕 12년에는 지방제도로 편제하였다. 상주에 軍主를 두고 上州로
삼았다. 신라가 고구려 장수왕에게 빼앗긴 서북방 일대를 회복하고 대백
제를 견제하는 북진책의 표시였다. 사벌주가 설치된 상주는 계립령을 넘
어 충주로 통하는 경로와 화령을 넘어 보은, 청주로 통하는 길이 교차하
는 요충지이다. 따라서 고구려에 점령된 조령일대를 겨냥하는 북진 신호

---

5) 이하 사벌국에서 신라말까지의 전개에 대해서는 한기문, 「사벌국의 성립과 전개」
   『문화사학』, 2007 논고를 요약하여 정리함.

였으며 또한 백제에 대한 견제도 포함하였다. 이 때의 上州는 광역의 州이며 주치를 사벌주에 두어 군사적 전진 기지가 되었다. 주 장관도 軍主를 임명하였다.

진흥왕 14년 南川州, 동왕 18년 北漢山州를 설치하고 그 지역을 군사적으로 장악함에 사벌주의 중요성이 약화되었다. 동왕 18년 상주의 州治를 甘文州로 옮겼다. 대가야 정복을 위한 남북의 협공 의도이다. 사벌주는 군사적 성격이 약화되어 上洛郡으로 고쳐졌다. 진평왕 36년에는 다시 一善州로 옮겼다. 나제동맹 결렬이후 백제는 물론 고구려도 견제하였다.

신문왕 7년 3월에 일선주를 파하고 사벌주를 복치하면서 波珍湌 官長으로 摠官을 삼았다. 가을에 성을 쌓았는데 둘레가 1109보였다. 성은 지금 상주읍지역에 위치하여 사벌면 일대에서 주치가 옮겨진 것으로 추정된다. 중고기에 군사적 성격이 강한 군주에서 행정적 성격이 강한 도독으로 바뀌었다.

신라 통일 후 여러 군현을 영속한 廣域州로 형성되었다. 9주의 하나이다. 9주는『삼국사기』지리지에 따르면 신라, 백제, 고구려지역을 각각 3개 주씩 안배하여 만들었다. 상주는 신라 영역내 良州, 康州와 함께 설치되었다. 10군과 예하 28현, 상주 영현 3이 영속되었다.

상주 도독은 영속한 여러 영현에 대해 수취업무를 제외한 일반 행정사무에 관한 중앙 정부의 명령을 주치 영현의 縣令과 관내의 郡 太守에게 전달한다. 이들로부터 보고받은 사항을 중앙 정부에 상달하는 行政權을 행사한다. 주치 직할지에 대해서는 직접 통치 업무를 수행했다. 광역주에 대한 兵馬權을 행사하는 군사적 성격도 지녔다. 광역주의 지배를 위임받은 지방지배자로서 瑞物進上을 통해 영역을 대표하여 국왕에게 臣屬儀禮를 하였다.

상주 도독의 임무를 수행하기 위해 州司가 있었다. 주사의 구성은 왕경에서 파견된 지방관과 재지세력 둘로 나뉘었다. 왕경 파견 구성원은 州

助 1인, 長史 1인, 外司正 2인이다. 재지세력 구성은 州吏가 존재하였다. 주조는 도독을 보좌하는 차관으로 행정 업무를 취급한다. 장사는 병마권을 보좌하고 외사정은 감찰 업무를 수행했다.

상주는 고대 사벌국에서 연원하여 진한 여러 소국 중 늦게 사로국에 복속된 만큼 가장 위상이 높았다. 삼국시기 군사적 요충지로서 상주 주치가 되었다. 통일후에도 여러 영군을 영속한 지역 중심이었다. 장관인 도독은 주사의 보좌를 받아 행정권, 병마권, 서물진상을 통한 신속의례를 담당하여 영역을 대표하였다. 상주는 통일신라시기에 이미 계수관의 형태를 가졌다고 할 수 있다.

신라 하대 진성여왕 3년 '國內諸州郡 不輸貢賦'라 하여 제군현에서 세금을 내지 않았다. '發使 督促' 하는 대파국을 계기로 지방 통치가 무너졌다. 지방은 독자 세력화의 길을 걸었다. 후삼국시기에 각 지역은 성주, 장군을 관칭하는 자위세력에 의해 신라에 '叛附相半' 하는 형세가 전개되었다. 상주에서는 元宗·哀奴의 세력이 반기를 들어 가장 먼저 반 신라 독자화 되어 있었다. 아자개 세력이 이 지역을 대표한 것으로 보인다.

904년 弓裔는 상주 등 30여 州郡을 攻取하였다. 906년 王建을 보내 군사 3000으로 尙州 沙火鎭을 공격 甄萱과 여러 번 싸워 이겼다.[6] 沙火鎭은 곧 상주 沙伐에 설치된 진이다. 沙火는 沙伐을 의미하기 때문에 沙火鎭은 沙伐鎭과 같다. 신라는 군사적 요충지로서 浿江鎭, 淸海鎭, 唐城鎭, 穴口鎭, 北鎭 등과 함께 내륙 중심부 상주에 사벌진을 두었다. 이때 궁예는 영토가 넓어지고 군대가 강해져서 신라를 병탄할 뜻을 품고 신라를 滅都라 불렀다. 이로 보아 상주는 궁예의 판도에 들어가 있었고 궁예는 신라를 병탄할 뜻을 가질 정도로 자신감을 보였다. 907년 一善이남지역을 견훤에게 빼앗긴다. 918년 고려 태조가 즉위한 그해 상주의 敵帥 阿

---

6) 『高麗史』 卷1, 世家, 太祖.

慈蓋가 고려에 항복하였다. 이후 善山, 安東, 義城, 聞慶 등지에서 후백제와의 전투가 일어나고 있음을 보아 상주를 중심한 지역은 전략적으로 매우 중요하였다.

고려 太祖 23년에 尙州로 고쳤다가 그 후에 安東都督府로 변경하였다. 成宗 2년 전국에 처음으로 12牧을 설치할 때 상주는 그 중의 하나가 되었다. 14년에 전국 12州에 節度使를 두면서 歸德軍이라 불렀고 嶺南道에 소속시켰다. 顯宗 3년에 節度使를 없애고 安東大都護府가 된다. 5년에는 尙州安撫使로, 9년에 전국 8個牧 중 하나로 尙州牧이 되었다.[7]

尙州牧으로 고정되기 전에는 軍事的 성격이 강한 行政區域으로 중시되었다. 그리고 地名別號로 上洛·商山이라 지정하였다. 成宗年間에 지정된 淳化別號는 태조와 밀접한 관련을 가진 지역으로 대개 太祖后妃의 출신지나 태조대 功臣의 出身地, 태조 23년 州로 개편된 지역 등에 부여되었다.[8] 상주는 태조 23년에 州로 개편된 점을 중시한 것이다.

양산사와 기주에 태조진이 있었다. 양산사는 '加恩陽山'이라는 금석문으로 보아[9] 봉암사의 다른 사명임에 틀림없다. 태조가 긍양에게 대장경 연구를 부탁한다. 긍양은 그곳에서 대장경을 연구하였다.[10] 봉암사 극락전은, 아미타삼존불을 봉안할만한 공간이 없고 기단, 초석의 수법이 9세기까지 소급되므로, 원래 태조진전 건물로 추정된다.[11] 이 태조진은 고려 말 왜구의 침입 때문에 풍기군 龍泉寺로 옮겨졌다.[12] 태조진전의 성립 시

---

7) 『高麗史』卷57, 志11, 地理2, 尙州.

8) 禹太連, 「高麗初 地名別號의 制定과 그 運用(上)」『慶北史學』10, 1987.

9) 「太古寺圓證國師塔碑」『韓國金石全文』, 1232쪽.

10) 이인재, 「선사 긍양의 생애와 대장경」『韓國史硏究』131, 2005.

11) 홍병화, 김성우, 「희양산 봉암사 극락전의 연구」『건축역사연구』제16권5호(통권 54호), 2007.

12) 『新增東國輿地勝覽』卷25, 豊基 佛宇 龍泉寺.
　　 『高麗史』卷134, 列傳47, 辛禑 6年 7月, "倭寇錦沃二州 又寇咸悅豊堤等縣 奉加恩縣 陽山寺太祖眞 移安于順興避倭寇也".

기는 태조 재위 당대이거나 사후 직후일 가능성이 있다.

이규보가 東京招討兵馬로 가면서 基州의 태조진에 제사한 제문을 남겼다.13) 기주 내에 태조진전이 있었다. 사명이 거론된 바 없으나, 기주는 곧 풍기지역이므로 小白山寺일 가능성이 높다. 태조가 基州諸軍事 姜公萱의 도움을 받은 사실이 있기 때문에14) 태조가 중시한 지역임을 알 수 있다. 기주 태조진전의 존재도 태조 재위시기이거나 태조 사후 직후일 가능성이 높다.

태조진전은 개태사, 봉진사, 봉업사 등의 예도 있는 만큼 태조가 통일을 위한 거점 지역의 확보와 깊은 관련이 있다. 진전은 漢의 郡國廟에 기원한다. 군국묘는 祖宗의 加護에 의하여 한의 권위를 명시하고, 민심을 귀일하여 반란을 미연에 방지할 목적으로 설치한 것이다. 고려의 태조진전 역시 고려의 통일전쟁 과정에 태조가 지역 세력의 도움을 받거나 중요한 거점의 연고가 있는 곳에 설립하였다. 상주계수관내에는 두 곳이나 태조진을 두었다.

지방행정 구역상 광역의 상주권이 나름대로 작동되는 행정력이 나말여초에도 있었는가. 이를 풀 수 있는 실마리는 「경청선원 자적선사비」 음기에 있다. 이 비문에 보이는 보주관반은 상주를 보좌하는 관반이란 의미이고 나아가 상주 영역내 광역의 관반이 존재한다.15)

고려가 통일한 후에 세워진 비문이지만 상주 광역의 관반이 존재한 것을 알 수 있으며 나말여초에도 어느 정도 적용될 수 있는 것은 아닌가 한다. 진성여왕대 파국으로 바로 이러한 조직망이 없어지지 않고 고려가 통일한 직후까지 그 강약에 차이는 있지만 존재한 것은 아닐까. 『삼국사기』에 따르면 상주는 918년에 고려에 귀부한다.16) 태조는 상주를 중심으

---

13) 『東國李相國集』卷38, 道場齋醮疏祭文, 基州太祖眞前祭文.
14) 「菩提寺大鏡大師碑」『韓國金石全文』, 291쪽.
15) 1장 2절 참조.

로 광역의 영향권을 다시 복구하는데 노력하였고 그 결과가 여러 산문을 성립시키는 것으로 나타났을 것이다. 교화력이 큰 선문을 거점으로 행정적 지방제도를 확립하는 전단계에서 광역 상주를 정비하려는 것일 수도 있다.

성종대 10도제의 실시에 따라 상주에 관할된 영남도는 상주계수관 성립의 전단계에 해당한다. 안동도호부, 절도사체제를 거쳐 현종 9년 8목의 하나로 정착 계수관으로서 여러 주군영속 관계가 정리되었다. 『고려사』 지리지 상주를 보면 그러한 사실을 확인할 수 있다. 속군 7, 현 17, 영지사부 2로 그 영속 관계가 확정되었다. 속군의 경우 용궁군은 현종 3년에 상주에 내속되고 나머지는 모두 현종 9년에 내속되었다. 속현의 경우 청산현은 고려초 상주에 내속하였다. 화령현은 고려초에는 군이었으나 후에 현으로 되고 내속하였다. 다인현은 고려에 이르러 잉속하였다. 나머지 14 속현은 모두 현종 9년에 내속한 것으로 나온다. 그리고 영지사부의 경우는 지경산부사가 현종 9년에 개칭되고 그 내속군은 고령군과 약목현만 내속 시기가 불분명하고 나머지는 모두 현종 9년이다. 안동부는 3개 속군, 11개 속현이 모두 현종 9년에 안동부에 내속하였다. 따라서 대부분의 속군, 속현이 상주에 내속된 시기는 현종 9년이다. 다만 영지사부인 경산부와 안동부의 상주 所領 시기는 명시되지 않았다. 하지만 현종 22년에 작성된 「정도사오층석탑조성형지기」에는 '高麗國尙州界內知京山府事'로 명시된 만큼 현종 9년에 경산, 안동 등 두 지사부가 상주에 소령되었을 것이다.

안동부는 명종 23년 남적을 평정하는데 공이 있어 도호부로 승격되었다.[17] 안동부 속현 基州縣과 興州에는 명종 2년에 감무를 두었다. 특히

---

16) 『三國史記』 卷12, 景明王2年 7月.
17) 『高麗史』 卷20 世家 明宗 23年 7月 참조. 『高麗史』 卷57 志11 地理2 안동부에는 명종 27년 이라 하지만 명종 27년에는 그와 관련 기사가 없어 명종 23년이 맞는

안동부는 도호부로 승격되면서 속현 2개 현에 감무를 두었다. 안동부가 도호부로 승격함에 상주계수관에서 이탈하여 소령 지사부는 경산부만 남 았다.

충렬왕 21년 경산부는 興安都護府로 승격하고 34년 또 星州牧으로 올 랐다가 충선왕 2년 다시 강등되어 경산부가 되었다. 충렬왕 34년에 안동 부는 福州牧으로 승격하였다. 그리고 안동부 부곡 중 加也鄕을 春陽縣으 로 올리고, 충선왕은 德山部曲을 才山縣으로 승격시키고, 충혜왕은 退串 部曲을 奈城縣으로 승격시키고 吉安部曲도 승격시켰다. 안동부 속현 홍 주는 충렬왕 安胎로 興寧縣令官으로 고쳤고, 충숙왕 안태로 知興州事가 되고 충목왕 안태로 또 順興府로 승격하였다. 이상 원 간섭기에는 경산부 가 일시 상주계수관에서 이탈되었다가 복귀하였고 안동부는 복주목으로 서 상주계수관 영역을 완전히 벗어났다. 『고려사』지리지 경상도조에 신 종 7년 尙晉安東道라 하고[18] 그 후 또 고쳐 慶尙晉安道라 하였다. '尙晉 安東道' 혹은 '慶尙晉安道'라 한 것은 계수관의 첫 글자를 따서 그 영역 명칭을 부여하는 것으로 볼 때 '경상진안도'는 경주, 상주, 진주, 안동 등 을 의미한다. 따라서 안동부는 명종 23년 도독부로 승격하면서 새로운 계 수관으로 분리된다.

조선 태조대부터 세조대까지 상주계수관제도는 지속되었는데 관할이 조금 바뀌었다. 태조 2년에 전국 25개 계수관이 정해졌는데 경상도에는 계림, 안동, 상주, 진주, 김해, 경산 등 6개 계수관이 설치되었다.[19] 고려 초 상주계수관 소령이었던 안동과 경산이 새로운 계수관으로 독립된 것이 달라진 점이다. 『세종실록지리지』에는 경산과 김해가 계수관에서 제외되

것으로 본다(박종기, 「『高麗史』 地理志 譯註(8) - 京山府, 安東府 編」 『韓國學論叢』 30, 2008).

18) 『高麗史節要』 卷14 神宗 7年 6月.

19) 『太祖實錄』 卷4, 太祖 2年 11月 癸丑.

는 변화가 있었다. 이 때의 상주계수관 소령은 다음과 같이 나온다. 尙州牧：星州牧, 善山都護府, 陜川郡, 草溪郡, 金山郡, 高靈縣, 開寧縣, 咸昌縣, 龍宮縣, 聞慶縣, 軍威縣, 知禮縣 계수관 상주목에는 1목, 1도호부, 3군, 7현이 그 所領이었음을 알 수 있다. 고려시기의 소령 보다 축소된 것이다. 옥천군, 청산현, 황간현, 영동현, 보은현 등은 淸州牧 계수관 소령으로 되었다. 大丘는 慶州府 계수관 소령이 되었다. 예천군, 의성현, 예안현, 인동현, 봉화현, 의홍현 등은 安東都護府 계수관 소령이 되었다. 그런데 합천군, 초계군은 상주계수관에 더해지기도 하였다.

1469년(예종)에 편찬된 『慶尙道續撰地理志』에는 상주목이 계수관으로서 소령은 성주, 선산, 합천, 초계, 금산, 개령, 함창, 문경, 용궁, 지례, 고령 등으로 기재되어 있다. 이는 『세종실록지리지』와 비교하면 軍威縣이 빠져있다. 군위현은 안동도호부 계수관 소령으로 소속이 바뀌었다.

세조 2년 11월 郡縣 並合事目을 제정하고[20] 병합을 진행하여 계수관이 소멸되었다.[21] 『新增東國輿地勝覽』에는 계수관의 운영이 전혀 등장하지 않는다. 고려시기와 조선초와는 달리 상주는 광역주로서의 위상은 없어지고 목의 위상만 가졌고 관할하는 범위도 크게 축소되었다. 『新增東國輿地勝覽』에는 尙州牧의 屬縣으로 化寧縣, 中牟縣, 丹密縣, 山陽縣, 長川部曲만 나열되어 있다.

조선초는 8도체제와 관찰사제도를 시행하였지만, 國王-觀察使-守令의 계층적 명령체계도 전국적으로 확고히 이루어지지 못하여 계수관의 협조가 필요하였다. 계수관의 기본적 기능은 주변의 군현을 영솔함에 있었다. 따라서 계수관은 계내지역을 순찰하며 민정을 보살피는 것이 그 소임의 하나다. 그리고 소령 군현의 수령을 대표하여 공무를 집행하였는데 소령 군현의 戶口之法을 감독하였다. 계수관은 대읍의 수령이기 때문에 조선

---

20) 『世祖實錄』 卷5, 世祖 2年 11月 己丑.
21) 李存熙, 「界首官의 運營」 『朝鮮時代地方行政制度硏究』, 一志社, 1990.

시기 수령의 기본 업무인 守令七事 즉 農蠶盛, 學校興, 詞訟簡, 奸猾息, 軍政修, 戶口增, 賦役均 등을 당연히 행하였다. 계수관은 기본 직무 외에도 의원을 설치하여 界內民의 치료를 담당하였다. 敎授를 두고 계내의 생도도 교육하였다. 進上物品을 수납할 때 그 감독도 맡았다. 또한 계수관은 군정관의 직무도 지녔다. 계수관은 巡察官, 行政官, 軍政官의 직임을 지닌 대읍의 수령이었다. 종 2품에서 종 3품에 이르는 고관 중에서 軍民兼全한 인물이 주로 임명되었다.[22]

상주는 사벌국에서 연원한다. 신라에 귀속한 후 삼국전쟁시기 고구려, 백제에 대한 전략적 요충으로서의 중요성 때문에 군사 거점 영역으로 출발한다. 통일기에도 영역을 대표하는 계수관으로 존재한다. 고려 태조는 후삼국 통일 전쟁에서 이 지역의 중요성을 인식하여 산문을 설치하고, 관반을 운영하며, 태조진전을 두는 등 과도기를 거친다. 성종대 10도 중 영남도를 관할하던 상주 단계를 거쳐 현종대 여러 군현을 조정하여 영속함으로써 계수관이 되었다. 인종대, 명종대, 충렬왕대를 거치면서 속현내의 주현화가 이루어지고, 영지사부 중 안동부가 승격되어 이탈한다. 공양왕대에도 속현의 주현화가 계속되어 속현으로 12현만, 영지사부는 1개소만 남는다. 조선초에도 세조대까지는 고려시기보다 축소되기는 하였지만 8도체제와 관찰사제도가 자리 잡을 때까지는 유지된다.

2. 상주계수관 영속 군현의 형세

상주계수관의 영속 체계를 정리한다. 『고려사』 지리지 상주편에 정리된 내용을 중심으로 『삼국사기』 지리지 상주조에 기술된 것과 비교한다. 고려 초의 정치적 배경을 통해 행정체계가 마련되는 과정을 이해한다. 체계의 변동을 주읍화 과정을 확인하여 고찰한다.

---

22) 李存熙, 「鮮初 地方統治體制의 整備와 界首官」, 『東國史學』 15·16, 1981.

상주는 沙伐國 소국에서 연원하는데 신라 沾解王 때 州로 복속되었다. 법흥왕 때 上州로 되고 軍主를 두었다가 진흥왕 때 廢州되고 上洛郡으로 되었다. 신문왕 때 州로 복귀하여 경덕왕 때 尙州가 되었다. 혜공왕 때 다시 沙伐州로 명칭을 바꾸었다.

918년 고려 태조가 즉위한 그해 상주의 敵帥 阿慈蓋가 고려에 항복하였다. 이후 善山, 安東, 義城, 聞慶 등지에서 후백제와의 전투가 일어났다. 태조는 이 지역을 장악하면서 후삼국 통일에 크게 도움 받았다. 태조 23년 尙州로 다시 고쳐 신라 때의 광역주 위상을 회복시켰다. 그 후 安東都督府로 고쳤다가 성종 2년 12牧을 둘 때 목으로 되었다. 14년에 12州節度使를 두었는데 그 하나로 삼고 호를 歸德軍으로 하였다. 嶺南道에 속하였다. 현종 3년 절도사를 폐하고 다시 安東大都護府로 하였다. 5년 尙州按撫使로 하고 9년에 牧으로 정하고 八牧의 하나로 삼았다. 낙동강과 공검대제가 있음을 특기하였다. 계수관 영속 군현 상당수가 낙동강 물줄기로 수렴될 수 있고 그 중심에 상주가 위치하기 때문이다. 속군 7개소, 속현 17개소, 영지사부가 2개소이다.

상주목에 영속된 속군과 속현을 살펴본다. 속군으로 먼저 聞慶郡인데 『삼국사기』에는 상주에 속한 10군 중 고녕군 3영현 중 冠山縣이었다. 고려에 와서는 고녕군이 바뀐 군호인 함창군과 나란히 7군을 형성하였다. 고려 초에 聞喜郡으로 고쳤다가 현종 9년에 내속하였다. 고려 초는 태조 23년 군현명호 개정 때로 추정된다. 태조가 군사 요충으로 이곳을 중시한다. 지리지에 험저처로 草岾, 伊火峴, 串岬遷 등 3곳을 지목하였는데 초점은 현 서쪽 19리에 자리하며 충주 지로로서 길이가 7리, 이화현은 현 서쪽에 있으면서 충청도 영풍 지로로서 길이가 5리, 곶갑천은 현 남쪽 17리에 있으며 길이가 430보이다. 이곳을 장악하면 충주, 영풍, 그리고 문경현 남쪽으로 진출할 수 있고 방어할 수 있다. 여기에는 姑母山城이 있다. 태조가 이 점을 중시하여 고녕군 영현에서 고녕군과 대등한 군으로 승격시켰다. 이 때문에 현종 9년 함창군 영현에서 문경군으로 상주에 내속된 것으로 생각한다.

龍宮郡은 신라시기 竺山 혹은 圓山이라 하였다. 『삼국사기』 지리지에는 예천군 영현 안인현이 고려에서는 미상지역으로 나오는데 이곳을 말하는 것이 아닌가 한다. 성종 14년에 용주자사로 승격 하였다가 목종 8년에 파하였고, 현종 3년에 용궁군으로 개명하여 상주에 내속하였다. 河豊津이 있다. 『세종실록지리지』에 따르면 진의 근원이 셋인데 산양현 사불산, 순흥 소백산, 봉화 태백산 황지에서 각각 나와서 용궁현 남쪽에 합류한다고 한다. 『신증동국여지승람』에 따르면 안동부 犬項津, 예천군 沙川과 省火川의 물이 龍飛山 아래에서 합하여 河豊津이 된다.[23] 안동에서 흘러드는 강과 예천군 쪽의 내성천과 생화천이 합류한다. 하풍진이 접한 용비산에는 용비산성이 있는데 圓山城이라고도 한다. 3강이 둘러싼 요새로서 이 강을 오가는 움직임을 관찰할 수 있다. 이로보아 용궁군은 수로 교통의 요지로서 하풍진이 있고 원산성이 구축된 군사요충이다. 낙동강으로 상주와 연결된다. 이러한 점이 고려되어 예천군 영현에서 용궁군으로서 상주에 내속된 것으로 보인다.

開寧郡은 본래 甘文小國이었다가 신라에 복속되었다. 진흥왕 때 군주를 두고 청주로 하였다. 진평왕때 주를 폐하고 문무왕이 감문군으로 하였다가 경덕왕 때 개령군으로 고쳤다. 현종 9년에 내속하였다. 『삼국사기』 지리지에 상주 영속 10군에 속한다. 어모, 금산, 지례, 무풍현 등 4현이 영속되어 있었다. 현종대 내속될 때 신라 때의 영현 어모현은 상주 속현으로, 지례와 금산현은 경산부로 이속되어 무풍현만 개령군에 포함된다. 다만 개령군은 상주 속군으로 상주에 내속되었다. 감문소국은 『삼국지』 위서 동이전 한조에 변진감로국과 같은 것으로 비정된다. 『신증동국여지

---

23) 『新增東國輿地勝覽』 卷25 龍宮縣 山川.

승람』개령현 고적조에 유산 동쪽에 그 유기가 있고 북쪽에 대총이 있다
고 한다. 고대 소국에서 유래한 오랜 연원을 감안하여 내속한 듯하다. 다
만 신라 때의 영현 3곳을 상주와 경산부로 이속하여 그 군세를 줄인 것으
로 생각된다.

保令郡은 신라 때 三年山郡인데 경덕왕이 삼년군으로 고쳤다. 고려초
에 保齡郡으로 바꾸고, 현종 9년에 내속하였다. 俗離山이 있는데 신라 때
에 中祀였다.『삼국사기』지리지에는 이년군으로 청천현과 기산현 등 2
현을 영현으로 하였다. 기산현은 고려시기에 청산현으로 개명하여 상주
속현이 되었다.『신증동국여지승람』고적조에는 현의 동쪽 5리에 오정산
성이 있는데 삼년산성이라 한다. 태조 11년 삼년산성을 공략하지 못하고
청주로 가서 군대를 주둔하였다.[24] 고려초에 보령군으로 개호한 것은 태
조 23년 군사적 중요지역에 군현 명호를 개정한 사례로 보인다. 상주에서
보아 청주 방면의 요충지 삼년산성의 중요성을 인식하여 상주에 내속한
것으로 짐작된다.

咸昌郡은 본래 古寧伽倻國이다. 신라가 취하여 고동람군으로 하였다
가 경덕왕 때 고녕군으로 하고 광종 15년 함녕군으로 바꾸고 현종 9년에
내속한 뒤 함창군으로 하였다. 고녕가야국은 6세기 이전에는 경덕왕대 개
명한 고녕이 사용될 수 없었을 것으로 보아 신라말 고려초의 관념이 작용
한 것으로 본다. 하지만 독립 소국이 있었을 가능성이 있다. 신라 때 영현
은 가선현, 관산현, 호계현 등 3현인데 관산현은 문경현으로, 호계현은 그
대로 상주에 내속하고, 가선현만 함창군에 합하여 상주에 내속한 것으로
생각된다. 소국에서 연원하고 영현이 다수이고 또한 교통의 요충이므로
개령군과 같이 영현 일부를 제외하고 상주에 내속한 것으로 추정된다.

永同郡은 신라때에 吉同郡인데 경덕왕 때 고친 것이다. 성종 14년에

---

24)『新增東國輿地勝覽』卷26 報恩縣 古跡 烏井山城.

稽州刺史로 승격하였다가 목종 8년에 자사를 폐하였다. 현종 9년에 내속하였다. 『삼국사기』 지리지에는 양산현과 황간현이 영속되었는데, 현종대 모두 경산부에 이속하고 영동군만 상주에 내속하였다. 영동군 남쪽 靈覺山寺에는 신라말 무염의 제자인 深光이 주석하였고, 923년에 利嚴이 이곳에 주석하여 태조가 서신을 보내 초청할 정도였다.[25] 상주 서남지역에 위치하고 백화산을 끼고 흐르는 석천을 통해 상주와 연결되는 곳이다. 이러한 점이 고려되어 상주에 내속된 것으로 보인다.

海平郡은 현종 9년에 내속하였다. 지금 구미시 해평면 일대이다. 『경상도지리지』에는 삼국 때 竝幷縣으로 칭해졌는데 고려 때 해평군으로 군현 이름이 고쳐져 복주의 임내였다가 선산도호부 임내로 이속되었다고 하였다. 『신증동국여지승람』에는 신라 병병현이었는데 고려 초에 해평군으로 이름이 변경되어 복주 소속이었다고 하였다. 『고려사』 지리지 기록과 다르고 『삼국사기』 지리지에도 그러한 현명은 없다. 다만 숭선군 영현 중에 고려시기에 미상으로 처리된 尒同兮縣이 있는데 이를 말하는 것은 아닌가 한다.

靑山縣은 신라 때 屈山縣인데 경덕왕 때 耆山으로 개명하고 삼년군에 영속되었다가 고려초에 지금 이름으로 개명하여 내속하였다. 지금의 옥천군 청산면 일대이다. 고려초 개명은 태조 23년의 군현 명호 개정을 가리키는 것으로 보인다. 이 지역이 상주 속현으로 들어 온 배경은 알 수 없다. 보령군의 군세를 줄여 상주에 내속하려는 것으로 이해된다.

山陽縣은 신라 때 近品縣인데 경덕왕 때 嘉猷로 개명하고 예천군의 영현이 되었다가 고려초에 산양현으로 고쳐서 현종 9년에 내속하였다. 지금의 문경시 산양면, 산북면 일대이다. 상주에서 북쪽 63리에 있음에도 『신증동국여지승람』 편찬 당시 16세기 초까지 상주 속현으로 유지되었다. 나

---

25) 「廣照寺眞澈大師碑」 『韓國金石全文』, 282쪽.

말 예천군에는 통일된 세력이 존재하지 않고 고려와 백제의 각축장이 되었다. 이 지역의 여러 세력이 분산적으로 향배를 정함에 따라 영현 중 가유현만 상주에 내속하고 나머지 영안현, 은풍현 등은 안동부에 내속하고 안인현은 그 존재가 미상으로 남게 되었다. 산양현에는 창건 연원이 신라 진평왕대부터인 大乘寺가 있어서 그 사상적 영향이 상주에 깊었다.

化寧縣은 신라 때 荅達七郡인데 경덕왕 때 화령군으로 고쳤고 고려초에 이어 현으로 되어 내속하였다. 지금의 상주시 화동면, 화서면, 화북면, 화남면 일대이다. 『신증동국여지승람』 편찬 때까지 상주 속현으로 있었다. 『삼국사기』에 상주 영속 10군의 하나였다. 그 영속 도안현은 중모현으로 상주에 내속하여 영속 현이 줄어들었다.

功城縣은 본래 신라 大幷部曲인데 고려 초에 지금 이름으로 바꾸어 현종 9년에 내속하였다. 공성현은 지금 상주시 공성면 일대이다. 『삼국사기』 지리지에는 대병부곡은 화령군에 속하였으나 공성현으로 상주에 속한 것이다. 『세종실록지리지』에는 상주 속현으로 유지하였으나 『신증동국여지승람』에는 폐현으로 기록되어 이 시기에는 현의 기능이 정지된 것으로 보인다.

單密縣은 신라 때 武冬彌知縣인데 경덕왕 때 고쳐져 聞韶郡 영현이 되었다가 현종 9년에 내속하였다. 지금의 의성군 단밀면, 단북면 일대이다. 『신증동국여지승람』 편찬 당시까지 상주 속현으로 존속하였다.

比屋縣은 신라 때 阿火屋縣인데 경덕왕 때 이 이름을 가지고 聞韶郡 영현이 되었다. 고려 현종 9년에 내속하였다. 지금 의성군 비안면 일대이다.

安定縣은 신라 때 阿尸兮縣인데 경덕왕 때 安賢으로 개명하고 聞韶郡 영현이 되었다. 고려 때 다시 이름을 바꾸고 현종 9년에 내속하였다. 지금 의성군 안계면 일대이다.

中牟縣은 신라 때 刀良縣인데 경덕왕 때 化寧郡 영현이 되었다. 고려

때 이름을 바꾸고 현종 9년에 내속하였다. 『삼국사기』 지리지에는 화령군 영현 道安縣으로 기록하여 현명이 조금 다르다. 지금 상주시 모동면, 모서면 일대이다. 『신증동국여지승람』 편찬 당시까지 상주 속현을 유지하였다.

虎溪縣은 신라 때 虎側縣으로 경덕왕 때 고쳤고 古寧郡 영현이 되었다가 현종 9년에 내속하였다. 지금 문경시 일부인데 문경시와 통합 전 점촌시 일대이다.

禦侮縣은 신라 때 수勿縣이고 경덕왕 때 개명하였으며 開寧郡 영현이었다가 현종 9년에 내속하였다. 김천시 어모면일대이다.

多仁縣은 신라 때 達己縣인데 경덕왕 때 고친 이름이고 尙州에 내속하였다가 고려 때 그대로 이어졌다. 지금 의성군 다인면 일대이다.

靑里縣은 신라 때 音里火縣인데 경덕왕 때 靑驍縣으로 개명하고 상주에 내속하였다가 현종 9년에 그대로 이어졌다. 지금 상주시 청리면 일대이다. 『세종실록지리지』 편찬 때까지 상주 속현이었다. 신라 때 이곳에는 신라 10정의 하나인 音里火亭이 설치되었고 馬孔山城이 있으며 화령방면과 개령 방면으로 출입할 수 있는 군사, 교통 요충지였다. 따라서 일찍부터 상주는 이곳을 속현으로 포함하였다.

加恩縣은 신라 때 加害縣인데 경덕왕이 가선으로 개명하여 古寧郡에 영속하였다. 고려 초에 이름을 고쳐 현종 9년에 내속하였다. 지금 문경시 일대이다. 신라 말 성립된 鳳巖寺가 고려초까지 智證大師와 靜眞大師의 비명과 승탑이 있는 곳이며 희양산문의 본거 사찰로서 신라와 고려 태조에 연결된 만큼 중요성이 있다. 이 때문에 고녕군에서 상주에 내속된 것으로 보인다.

一善縣은 신라 때 一善郡인데 진평왕이 州로 승격하여 軍主를 두었다. 신문왕이 廢州하였고 경덕왕 때 崇善郡으로 고쳤다. 『삼국사기』 신라본기에 따르면 진평왕 36년 2월에 沙伐州를 폐하고 一善州를 두어 一吉湌

日夫를 군주로 삼았다. 신문왕 7년에 일선주를 파하고 다시 사벌주를 설치하여 波珍湌 官長에게 摠管을 맡겼다. 삼국통일 전쟁기에 사벌주와 그 주치를 서로 이동한 만큼 상주와 대등할 정도로 중요한 지역이었다. 신라 통일기에는 다시 상주를 중심으로 영속하였지만 숭선군이 거느린 영현은 효령현, 이동혜현, 군위현 등이었다. 고려 성종 14년에 선주자사가 되었다가 현종 9년에 내속하였다. 하지만 그 영현을 모두 제외하고 일선현만 내속하였다. 지금 구미시 선산읍, 무을면, 옥성면, 도개면, 해평면, 산동면, 장천면, 고아면 일대로 보인다.

軍威縣은 신라 때 奴同覓縣인데 경덕왕 때 개명한 것이다. 숭선군 영현이었다가 현종 9년에 내속하였다. 지금 군위군 일대이다. 孝靈縣은 신라시기 毛兮縣인데 경덕왕 때 개칭한 것이다. 숭선군 영현이었다가 현종 9년에 내속되었다. 지금 군위군 효령면 일대이다. 缶溪縣은 현종 9년에 내속하였다. 지금 군위군 부계면지역으로 추정된다.

상주 속군현의 양상을 『삼국사기』 지리지 영현 및 10군과 비교하면 다음과 같다. 먼저 신라시기에는 상주 영군의 영현을 인정하지 않고 모두 분할하여 상주와 지사부로 분속하였다. 예천군은 그 영현과 같은 현으로 하여 그 중 산양현만 상주에 내속하고 모두 안동부로 이속하였다. 문소군은 의성부로 하여 안동부에 내속하고 그 영현 비옥, 안정, 단밀은 모두 상주에 내속한다. 개령군도 그 영현 4개소를 분할하여 개령과 어모현만 상주에 내속하고 나머지는 경산부로 이속하였다. 영동군과 영현 역시 영동군만 상주에 내속하고 그 영현 양산, 황간은 경산부로 이속한다. 삼년군도 그 영현 청천, 청산과 함께 분할하여 삼년군은 보령군으로 바꾸고 청산현과 함께 상주에 내속하고 청천현은 청주로 이속하였다. 그리고 신라 때 영현이 오히려 영군으로 부각되기도 하였다. 고령군의 영현 관산현은 고려시기에 문경군으로 부각되었다. 화령군은 그 영현 중모현과 대등하게 상주에 내속하였다. 전반적으로 보아 신라시기 상주보다 그 영현 수에 있어서 대략 39개소에서 20개소로 그 절반가량이 축소되고 있다. 나머지 절반은 각기 영지사부로 이속한 셈이다.

『삼국사기』 지리지에는 상주 영현을 따로 명시하였는데 청효현, 다인현, 화창현 등이다. 청효현은 고려에 와서 청리현이 되고, 다인현은 그대로이나, 화창현은 고려에서 미상으로 정리되었다. 『경상도지리지』에는 상주목관 속현이 7인데 청리, 공성, 중모, 화령, 영순, 산양, 단밀 등으로 기록하였다. 신라시기부터 속현이었던 다인현만 신종 7년 기양현이 지보주사로 승격되면서 이속되었다. 그리고 『고려사』 지리지에 협주로 諺傳에는 상주 북면 林下村에 姓이 太氏인 사람이 도적을 잡는 공이 있어 그 촌은 永順縣으로 승격되었다고 하였다. 상주계수관이 성립된 후에는 이와 같이 9縣이 상주 본주에 지리적으로 밀접히 연결되어 상주 외곽을 형성하였다. 이는 신라시기 상주 영현 3개현의 전통을 이은 것으로 생각된다. 이들 속현은 고려시기에 현령관이나 감무 등의 설치가 없어 상주 본주 속현으로 지속된다. 이는 계수관으로서 위상을 보여주는 요소라 생각된다.

다음은 상주 영지사부 중 경산부의 연원과 그 영속군현에 대해 서술한다. 경산부는 원래 신라 本彼縣이다. 경덕왕 때 新安으로 변경 星山郡의 영현이 되었다. 뒤에 碧珍郡으로 고쳤다. 태조가 견훤과 이 지역에서 벌인 전투는 曹物城 전투와 公山 전투를 들 수 있다. 조물성 전투는 924년에 있었고 공산 전투는 927년에 있었다. 조물성의 위치는 여러 곳으로 비정되지만, 성주와 가까운 김천 助馬도 그 비정 지역 중의 하나이다. 그러하다면 벽진군이 도움이 되었을 것으로 추정된다. 특히 공산 전투는 태조가 김락, 신숭겸을 잃는 등 크게 패배한 전투다. 그 때 태조의 퇴로를 보장해 준 세력이 성주지역 세력이었을 것으로 생각된다. 지방 제도 개편시에 大丘지역이 거의 경산부 관할이 되었던 것으로 보아 태조에 도움을 주었을 것이다. 甄萱의 보복이 927년에 벽진군과 인근인 大木, 小木郡에 여러 차례 집중되고 있기 때문이다.

　이 지역을 대표하는 세력으로 李恩彦을 꼽을 수 있다. 그에 대해서는
『고려사』열전에 다음과 같이 소개되어 있다.[26] 신라 말기에 벽진군을
지키고 있었는데 당시 도적 무리가 충만하였으나 총언이 성을 견고히 수
리하고 고수하니 백성이 그 덕에 편안하였다. 태조가 사람을 보내 협력하
여 화란을 평정하기를 요청하자 이총언이 그 아들 永에게 군대를 인솔 태
조를 따라 정벌에 참가하게 하였다. 태조는 반대급부로 이총언을 本邑將
軍으로 임명하고 이웃 읍 정호 229호를 더해 주었다. 충주, 원주, 광주,
죽주 등의 창고 곡식 2,200석, 소금 1,785석을 주고 편지로 굳은 신의를
표하였다. 벽진군은 신라와 백제 사이의 요충지로서 이총언이 굳게 지켜
태조가 통일하는데 도움이 되었다. 태조 21년(938)에 그는 81세로 죽었
다. 고려 태조 23년(940)에 京山府로 하였다가 경종 6년에 廣平郡이 되었
다. 성종 14년 岱州都團練使라고 불리었다. 현종 3년에 團練使가 폐지되
고 知京山府事로 고쳐졌다. 1개 속군과 14개 속현이 소속되었다. 『삼국사
기』지리지에 상주 10 영군에 속하지도 않았고 그 영현에도 포함되지 않
던 곳인데 강주 영현 성산군, 본피현이 상주로 이속하여 영지사부가 된
것이다. 태조의 견훤과의 쟁패전에서 이총언이 태조에 귀부함으로써 부각
되어 상주에 영속된 지역이다.

　高靈郡은 원래 大伽倻國이다. 시조 伊珍阿鼓王에서 道設智王까지 16
대 520년간 존속하였다. 신라 진흥왕이 없애고 대가야군으로 삼았다. 경
덕왕 때 지금의 이름으로 고쳤다. 고려초에 내속되었다. 지금의 고령군지

---

26)『高麗史』卷92, 列傳 5 諸臣, "李恩言 史失世系 新羅季 保碧珍郡時 群盜充斥 恩言
　堅城固守 民賴以安 太祖遣人 諭以共戮力定禍亂 恩言奉書甚喜 遣其子永 率兵從太祖
　征討 永時年十八 太祖以大匡思道貴女妻之 拜恩言本邑將軍 加賜傍邑丁戶二百二十
　九 又與忠·原·廣·竹·堤州倉穀二千二百石 塩一千七百八十五石 且致手札 示以金石
　之信曰 至于子孫 此心不改 恩言乃感激 團結軍丁 儲峙資糧 以孤城介於羅·濟必爭之
　地 屹然爲東南聲援 二十一年卒 年八十一 子達行及永".

역에 있었다. 『삼국사기』 지리지에는 康州 영군이었으나 경산부에 영속되었다.

若木縣은 원래 신라 大木縣인데 경덕왕 때 谿子로 개명하고 星山郡 영현이 되었다. 고려에 와서 지금 이름으로 되고 내속하였다. 지금 칠곡군 약목면지역이다. 『삼국사기』 지리지에 강주 영군 성산군 영현에서 상주 영지사부 경산부 속현으로 된 지역이다.

仁同縣은 현종 9년에 내속하였다. 『고려사』 지리지 찬자의 주에 따르면 『삼국사기』 성산군 영내 壽同縣은 본래 신라 斯同火縣인데 경덕왕이 개명한 것이나 지금은 미상인데 境土로 상고하면 壽同을 고쳐 仁同으로 한 것이 아닌가 한다. 『삼국사기』 지리지 강주 성산군 조에 영현 4개소 중 하나로 지금은 미상으로 나온다. 지금 구미시 동부지역이다.

知禮縣은 본래 신라 知品川縣인데 경덕왕 때 지금 이름으로 바꾸고 개령군 영현이 되었다. 현종 9년에 내속하였다. 지금 김천 지례면지역이다. 개령군 영현 중 어모현 1개소만 상주 속현이 되고 미상 1개소를 제외한 나머지 모두 경산부로 소속하였다.

加利縣은 본래 신라 一利郡으로 경덕왕 때 星山郡으로 고쳤다. 고려 초에 지금 이름으로 바꾸고 현종 9년에 내속하였다. 『삼국사기』 지리지에는 康州 領郡 성산군으로 되어 있어 강주의 영군 1군과 영속현 4개소가 모두 경산부로 이속되었다. 지금 성주군 용암면과 고령군 성산면, 다산면 일대로 추정된다.

八莒縣은 원래 신라 八居里縣이다. 경덕왕 때 八里로 개명하고 壽昌郡 영현이 되었다. 고려초에 八居로 하였다가 그대로 현종 9년에 내속하였다. 지금의 칠곡군이다. 『경상도지리지』에는 경덕왕 때 八里가 아니라 八居縣으로 고쳤다고 하여 차이가 있다. 『삼국사기』 지리지에 수창군은 良州 領郡인데 그 영현 4개소 중 하나이다. 신라시기 양주 영군의 속현 1개소가 경산부로 이속한다.

金山縣은 본래 신라 金山縣인데 경덕왕 때 開領郡 영현이었다. 고려에서 舊名을 그대로 이어 현종 9년에 내속하였다. 지금의 김천지역이다. 『삼국사기』지리지에 尙州 영군의 속현이었지만 경산부로 이속되었다.

黃澗縣은 본래 신라시기 김羅縣인데 경덕왕 때 지금 이름으로 개명하였다. 永同郡 영현으로 현종 9년에 내속하였다. 지금 충청북도 영동군 황간면지역이다. 『삼국사기』지리지에는 尙州 領郡의 속현이지만 경산부로 이속되었다.

管城縣은 본래 신라시기 古尸山郡이다. 경덕왕 때 管城郡으로 개명하였다. 현종 9년에 내속하였다. 지금 충청북도 옥천군에 있다. 『삼국사기』지리지에는 상주 영군으로 나오는데 관성현으로 하여 경산부로 이속하였다.

安邑縣은 원래 신라 阿冬兮縣으로 경덕왕 때 安貞으로 개명하여 관성군 영현이 되었다. 고려초에 다시 지금 이름으로 하여 현종 9년에 내속하였다. 지금의 충청북도 옥천군 안내면, 안남면지역이다. 『삼국사기』지리지에는 상주 영군 관성군의 영현이었지만 경산부로 이속되었다.

陽山縣은 본래 신라 때 助比川縣이다. 경덕왕 때 지금 이름으로 개명하여 永同郡에 영현하였다. 현종 9년에 내속하였다. 지금 충청북도 영동군 양산면지역에 있었다. 『삼국사기』지리지에는 상주 영군 영동군 영현이지만 경산부로 이속되었다.

利山縣은 본래 신라 利山縣인데 경덕왕 때 지금 이름으로 개명하고 管城郡 영현이 되었다. 현종 9년에 내속하였다. 지금 충청북도 옥천군 이원면지역에 있다. 『삼국사기』지리지에는 상주 영군 관성군의 영현이지만 경산부로 이속되었다.

大丘縣은 원래 신라 達句火縣인데 경덕왕 때 지금 이름으로 고쳐 壽昌郡 영현으로 하였다. 현종 9년에 내속하였다. 지금 대구광역시지역에 있다. 『삼국사기』지리지에는 良州 영군 수창군의 영현인데 이 때 경산부로 이속하였다.

花園縣은 원래 신라 때 舌火縣인데 경덕왕 때 지금 이름으로 고쳐 壽昌郡 영현이 되었다. 현종 9년에 내속하였다. 지금 대구광역시 달성군 화원면지역에 있다. 『삼국사기』 지리지에는 良州 영현 수창군의 속현인데 이 때 경산부로 이속되었다.

河濱縣은 원래 신라 多斯只縣인데 경덕왕 때 지금 이름으로 개명하여 수창군 영현이 되었다. 현종 9년에 내속하였다. 지금의 대구광역시 달성군 하빈면 일대이다. 『삼국사기』 지리지에는 양주 영군 수창군의 영현으로 경산부에 이속되었다.

京山府는 신라 때 강주 영군 고령군과 星山郡의 영현 大木縣이 승격하고 성산군의 나머지 영현 약목, 인동 등을 각각 영속하고, 성산군도 가리현으로 개명하여 영속하였다. 양주 영군 수창군의 영현 팔거, 대구, 화원, 하빈 등의 현을 영속하였다. 그리고 상주 영군 관성군의 영현 이산, 안읍 등의 현과 관성군도 관성현으로 영속하였다. 상주 영군 영동군의 영현 황간, 양산 등의 현을 영속하고, 또한 상주 영군 개령군의 영현 지례, 금산 등의 현을 영속하였다. 이와 같이 경산부는 강주, 양주, 상주 등 광역주의 영현을 각기 1군 3현, 4현, 7현 등을 이속 받아 형성하였다.

安東府는 원래 신라 古陀耶郡이다. 경덕왕 때 古昌郡으로 불렸다. 태조 13년 후백제군을 이 군에서 싸워 패배시켰다. 郡人 金宣平, 權幸, 張吉 등이 태조를 도운 공이 있었다. 김선평은 大匡, 권행과 장길은 각각 大相이 되었고, 군은 안동부로 승격되었다. 뒤에 영가군으로 고쳐졌다. 성종 14년 吉州刺史라 불렸다. 현종 3년 안무사가 되었다가 9년 지길주사로 고쳐졌고, 21년 다시 지금의 이름으로 바뀌었다. 안동부로 승격되는 데는 930년 고창전투에 이 지역이 도운 것이 크게 작용한다. 현재 경상북도 안동시지역에 있다. 『삼국사기』 지리지에는 상주 영군의 하나였으나 이 때 영지사부로 그 아래에 3개소 속군과 11개소 속현을 영속하였다.

영속 군과 현을 개괄하면 다음과 같다. 臨河郡은 본래 고구려 屈火郡

이다. 신라 경덕왕 때 曲城郡으로 고친다. 고려초에 다시 지금 이름으로 되고 현종 9년에 내속하였다. 지금 경상북도 안동시 임동면, 임하면지역 에 있었다. 『삼국사기』지리지에 명주 영군으로 곡성군인데 현재 이름은 임하군이다. 영현으로 연무현이 하나 있고 지금 이름은 안덕현이다.

禮安郡은 본래 고구려 買谷縣이다. 경덕왕 때 善谷으로 개명하여 奈靈 郡 영현으로 하였다. 고려초 다시 지금 이름으로 하였다. 현종 9년에 내 속하였다. 현 경상북도 안동시 예안면지역에 있었다. 『삼국사기』지리지 삭주 영군 나령군은 본래 백제 나기군이다. 파사왕이 취하고 경덕왕이 개 명하여 강주가 되었다. 영현 2인데 선곡현은 지금 미상이고 옥마현은 고 구려 고사마현으로 경덕왕이 고친 것이고 지금 봉화현이다. 삭주 나령군 영현 선곡현이 내속한 것이다. 『삼국사기』에는 미상이라 하였지만 『고려 사』에는 이를 예안군으로 보았다.

義興郡은 현종 9년에 내속하였다. 지금 경상북도 군위군 의흥면지역이 다. 『고려사』에 그 연원을 소개하지 않았고 『삼국사기』지리지에도 언급 이 없다.

一直縣은 본래 신라 일직현이다. 경덕왕 때 直寧으로 개명하여 고창군 영현으로 하였다. 고려 초에 옛 이름으로 고쳤다. 현종 9년에 내속되었다. 지금 안동시 일직면 일대이다. 『삼국사기』지리지에는 고창군 영현 직령 현으로 나온다.

殷豊縣은 본래 신라 赤牙縣이다. 경덕왕 때 殷正으로 개명하여 예천군 영현이 되었다. 고려초에 지금 이름으로 하여 현종 9년에 내속하였다. 지 금 예천군 상리면지역으로 비정된다.[27] 『삼국사기』지리지에 상주 영군 예천군의 영현 4곳 중 하나인데 안동부로 영속하였다.

甘泉縣은 신라 때 칭호 미상이고 현종 9년에 내속하였다. 지금 예천군

---

27) 이병도는 영주시 풍기면으로 본다(『역주 삼국사기』하, 을유문화사, 1983, 181쪽).

감천면 일대로 비정된다.『삼국사기』지리지에도 확인되지 않는다. 고려 초기에 예천군에 속하지 않는 신설된 독자 현으로 본다.[28]

奉化縣은 본래 고구려 古斯馬縣이다. 신라 경덕왕 때 玉馬로 개명하여 나령군에 영속하였다. 고려 초에 다시 지금 이름으로 하여 현종 9년에 내속하였다. 지금 봉화군지역으로 추정된다.『삼국사기』지리지에 삭주 영군 나령군 영현조에 나온 서술과 같다.

安德縣은 본래 고구려 伊火兮縣이다. 신라 경덕왕 때 緣武로 개명하고 곡성군 영현으로 삼았다. 고려 초에 다시 지금 이름으로 하여 현종 9년에 내속하였다. 지금의 경상북도 청송군 안덕면 일대로 비정된다.『삼국사기』지리지에 명주 영군 곡성군의 영현인데 곡성군은 임하군으로 영현은 안덕현으로 각기 분리되어 안동부에 내속한 것이다.

豊山縣은 원래 신라의 下枝縣이다. 경덕왕 때 영안으로 고쳐서 예천군 영현이 되었다. 태조 6년 현인 원봉이 귀순한 공로로 順州로 승격되었다. 13년에는 견훤에 함락되어 다시 하지현으로 강등되었다. 뒤에 지금 이름으로 고쳐졌다. 현종 9년에 내속되었다. 안동시 풍산읍지역으로 비정된다.『삼국사기』지리지에도 예천군 영현 영안현임을 확인할 수 있다.

基州縣은 신라시 칭호 미상인데 혹은 基木鎭이라 이른다. 고려 초에 처음 지금 이름으로 칭하였다. 현종 9년에 내속하였다. 지금 경상북도 풍기읍지역으로 추정된다. 앞서 감천현의 예와 같이 고려 초에 신설된 현으로 짐작된다.

興州는 본래 고구려 及伐山郡이다. 신라 경덕왕 때 岋山郡으로 고쳤다. 고려초에 다시 지금 이름으로 하여 현종 9년에 내속하였다. 지금 경상북도 영주시 순흥면 일대로 비정된다.『삼국사기』지리지에는 삭주 영군 급산군인데 인풍현 1개소가 영현으로 있다.

---

28) 윤경진,『고려 군현제의 구조와 운영』, 서울대 박사학위논문, 2000, 78쪽.

順安縣은 본래 고구려 柰己郡이다. 신라 파사왕 때 취하여 경덕왕 때 柰靈郡으로 고쳤다. 성종 14년 剛州道團練使로 칭하였다. 현종 9년에 내속하였다. 지금 영주시지역으로 본다. 『삼국사기』 지리지 삭주 영군 나령군으로 확인된다.

義城縣은 본래 召文國이다. 신라에서 취하여 경덕왕 때 聞韶郡으로 고쳤다. 고려 초에 義城府로 승격하였다가 현종 9년에 내속하였다. 지금 의성군지역으로 비정된다. 『삼국사기』 지리지에 상주 영군 문소군이고 4개소 영현을 두었다. 문소군만 의성현으로 안동부에 내속한 것이다.

基陽縣은 본래 신라 水酒縣이다. 경덕왕 때 醴泉郡으로 고쳐졌다. 고려 초에 甫州로 이름 바꾸었다. 현종 9년에 내속하였다. 명종 2년에 태자의 태를 이곳에 묻고 지금의 이름으로 고쳐서 현령관으로 승격하였다. 현재 예천군지역으로 비정된다. 『삼국사기』 지리지에는 상주 영군 예천군으로 4개소 영현을 둔 것으로 나오는데 예천군과 함께 분리되어 모두 현으로 분산 영속되는데 산양현만 상주에 영속되고 나머지는 안동부에 영속된다.

안동부는 신라시기의 상주 영군 고창군에서 상주 영지사부로 바뀐다. 그 영현 3개소에서 영군 3개소, 영현 11개소로 대폭 늘어난다. 종래 상주 영군현에서 이속된 것은 예천군이 기양현으로 개명·이속되고, 그 영현들 중 영안현, 은정현 등이 각기 풍산현, 은풍현으로 개명·이속하였다. 고창군이 안동부로 되고 그 영현 직령현이 일직현으로 개명·이속되었다. 문소군도 의성부로 개명·이속하였다. 명주 영군현에서 이속된 것은 곡성군이 개명한 임하군, 그리고 그 영현 연무현이 개명한 안덕현이다. 삭주 영군현에서 이속한 것은 나령군이 개명한 순안현, 그 영현 선곡, 옥마 등이 각기 예안군, 봉화현으로 개명한 것과 금산군이 흥주로 개명한 것이다. 상주에서 6개소, 명주에서 1군 1현, 삭주에서 1주 1군 2현이 이속된다. 기타 신설되거나 유래 미상으로 의흥군, 감천현, 기주현 등 1군 2현이 있다.

『삼국사기』 지리지에 고창군 영현 3인데 직령현, 일계현, 고구현 등이다. 『고려사』 지리지에는 직령현은 일직현으로, 고구현은 의성부에 속한다. 일계현은 고려에서는 미상 지역이다. 『경상도지리지』에는 속현 임하, 풍산, 일직, 길안, 감천, 춘양, 재산, 나성 등 8개소가 기재되어 있다. 길안, 춘양, 재산, 나성 등 4개소는 원간섭기에 부곡에서 승격한다. 임하, 풍산, 일직, 감천 등은 안동부 외곽 속현으로 구성되었을 것으로 보인다.

『고려사』 지리지에 보이는 상주계수관 영속관계를 정리한다.

尙州牧：聞慶郡, 龍宮郡, 開寧郡, 報令郡, 咸昌郡, 永同郡, 海平郡, 靑山縣, 山陽縣, 化寧郡, 攻城縣, 單密縣, 比屋縣, 安定縣, 中牟縣, 虎溪縣, 禦侮縣, 多仁縣, 靑里縣, 加恩縣, 一善縣, 軍威縣, 孝靈縣, 缶溪縣.
京山府：高靈郡, 若木縣, 仁同縣, 知禮縣, 加利縣, 八莒縣, 金山縣, 黃澗縣, 管城縣, 安邑縣, 陽山縣, 利山縣, 大丘縣, 花園縣, 河濱縣.
安東府：臨河縣, 禮安郡, 義興郡, 一直縣, 殷豊縣, 甘泉縣, 奉化縣, 安德縣, 豊山縣, 基州縣, 興州, 順安縣, 義城縣, 基陽縣.

상주계수관 영속체계의 변동을 주현화, 감무 설치 등을 통해 살펴본다. 상주계수관 내속 속군현 및 영지사부는 약간의 변동을 거친다. 속군현의 경우 인종 21년에 일선현에 현령을 두게 되고 해평군, 군위현, 효령현 등을 내속한다. 어느 시기인지 명시 되지 않았으나 부계현도 내속하였다. 영지사부 경산부의 속현 관성현도 현령을 두었고, 대구현도 같은 시기 현령을 배치했다. 시기는 알 수 없지만 화원현과 하빈현이 대구현에 내속되었다. 안동부 속현 순안현도 이 시기 현령관이 두어졌고, 의성현 역시 현령이 두어졌다. 이로 보아 인종 21년에 상주계수관 속군현 일선현이 1군 3현을 내속한 주현이 되었고, 경산부내에도 관성현, 대구현이 주현이 되었다. 안동부내에도 순안현, 의성현이 주현이 되는 변동이 있었다.

명종 2년 속군현에 감무가 설치되는데 용궁군, 개령군, 보령군, 함창군, 영동군 등이다. 경산부 속군 고령군은 명종 5년에 감무를 두고, 양산현,

이산현은 명종 6년에 현령을 두었다. 이로 보면 명종연간에 상주 속군현에서 5개 군에 감무가 두어지고, 경산부 속현 역시 3개 현에 감무를 두었다. 상주계수관의 속군현 수는 인종대 1군 3현에 이어 5군이 감무가 설치되어 주현화되었다. 현종대 7속군 17속현에서 1군 15속현으로 축소되었다. 안동부가 도호부로 승격되어 상주계수관에서 이탈하여 소령 지사부는 경산부만 남았다.

안동부 의성현은 적에게 일찍이 항복하였다고 하여 신종 2년 의성 현령관에서 감무로 강등되었다. 신종 7년 안동부 기양현 현령관이 남도초토병마사 최광의가 동경적과 전투를 벌여 대첩을 거둔 곳이 됨에 따라 지보주사로 승격되고 상주 속현 다인현을 여기에 이속하였다.

충렬왕 21년 경산부는 흥안도호부로 승급하고 34년 또 성주목으로 올랐다가 충선왕 2년 다시 강등되어 경산부로 하였다. 충렬왕 시에는 안동부 의성현이 대구에 병합되었다가 복구되기도 하였다. 경산부 속현 관성현은 충선왕 5년 지옥주사로 승격되고 이산현, 안읍현, 양산현 등 3현이 이곳에 소속되었다. 충렬왕 34년에 안동부는 복주목으로 승격되었다. 그리고 안동부 부곡 중 가야향을 춘양현으로 승격하고, 충선왕은 덕산부곡을 재산현으로 승급한다. 충혜왕은 퇴곶부곡을 나성현으로 승격시키고 길안부곡도 승격시켰다. 안동부 속현 홍주는 충렬왕 안태로 홍령현영관으로 고쳤고, 충숙왕 안태로 지홍주사가 되고 충목왕 안태로 또 순흥부로 승격하였다. 이상 원간섭기에는 경산부가 일시 상주계수관에서 이탈되었다가 복귀하였고 안동부는 복주목으로 더 승격되어 상주계수관 영역을 벗어나게 되었다.

공양왕 2년에는 상주 속군 문경군에 감무를 두고 가은현을 이곳에 이속하였다. 이 시기 속현 청산현에도 감무가 두어지고 상주 주성부곡을 예속하였다가 11년에 환속하였다. 군위현이 인종 21년 일선에 속하였다가 이 무렵 감무가 두어지고 효령현을 임내로 삼았다. 경산부 속현 인동현에 감무를 임명하고 약목현이 그 다음해에 합속되었다. 경산부 지례현, 금산현도 이 때 감무가 두어졌다. 안동부의 예안군, 안덕현, 봉화현도 이 때 감무를 두었다. 그런데 안덕현의 지도보부곡이 공민왕 18년 승격 의인현이 되어 안동에 속하였다가 이 때 예안군에 이속되었다. 안동부 기주현 역시 이 때 감무를 두고 은풍현을 속하게 하였다. 이상에서 공양왕대의 상주계수관을 정리하면 그 속현이 명종대 1군 15속현에서 1군 3현이 감무 설치, 이속 등으로 줄어들어 12현만 상주 속현이 되었고 나머지는 주현화되었다. 영지사주는 경산부만 남았다.

　상주계수관에 영속된 군현은 신라시기 상주 영군 10군을 39개소로 분할하여 군사적 요충지 중심으로 재편 영속하고, 소국에서 발전한 일선군, 개령군, 고령군 등은 분할하여 영속하였는데 20개소이고 나머지는 영지사부로 분속하였다. 신라시기 상주 3영현에서 지리적으로 상주 외곽을 형성하는 9영현을 거느려 강화된다. 고려말까지 감무나 현령관 설치가 없었다.

　경산부는 상주의 영군은 아니었으나 고려 태조와 견훤과의 쟁패에서 큰 도움을 주고 영지사부로 승격하고 강주, 양주, 상주 등의 영현을 이속받아 형성되었다. 안동부 역시 930년 고창 전투에 태조가 군민 도움을 받아 신라시기 상주 고창군 영군 3개소에서 상주 안동부로 승격 상주, 명주, 삭주에서 이속받아 영현이 11개소로 증가하였다.

　상주계수관의 영속체계 변화는 주현화이다. 인종 21년 상주 일선현, 경산부 관성현, 대구현, 안동부 순안현, 의성현 등이 주현으로 변동되었다. 명종대에는 상주 속군현에서 5개 군에 감무가 설치되고, 경산부 속현 역시 3개 현에 감무가 두어졌다. 안동부는 도호부로 승격되어 상주계수관 체제에서 이탈하였다. 원간섭기에는 경산부가 일시 상주계수관에서 이탈하였다가 복귀하였다.

　신라시기, 고려전기, 고려후기의 상주계수관 영속 영역을 지도상에 표시한다(〈지도 2-1〉, 〈지도 2-2〉, 〈지도 2-3〉).

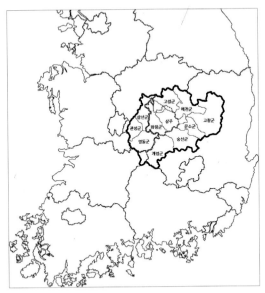

〈지도 2-1〉 신라시기 상주 영군

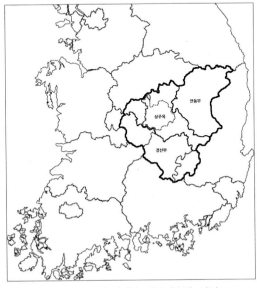

〈지도 2-2〉 고려전기 상주계수관 영역

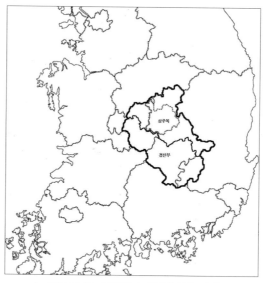

〈지도 2-3〉 고려후기 상주계수관 영역

3. 상주계수관 부곡제의 분포와 존재양상

상주계수관 부곡은 『경상도지리지』, 『세종실록지리지』, 『동국여지승람』 고적조 등에 나오는 자료로 그 분포를 알아 볼 수 있다.[29]

〈표 2-1〉 상주계수관 부곡

주군현	부곡수	부곡 명(위치, 성)	출전
상주목	부곡 15	長川(남25리 성 尹朴), 茂林(북30리, 古茂興村, 속성 金沈), 連山(재낙동강5리, 鹽倉 성 尹), 白原(남15리 성 尹), 壤寧(재본주 성 尹), 河海(재본주 성 尹), 加良(남15리), 保良(동20리 성 尹), 酒城(재상주), 柄谷, 高谷, 絹村, 山川, 赤村, 加也(경지에만 기록)	경지, 동여

29) 박종기, 『고려시대 부곡제연구』, 서울대학교출판부, 1990 ; 이정신, 『고려시대의 특수행정구역 소 연구』, 혜안, 2013. 부록의 부곡자료와 소 자료를 참조하고 그것을 고려 상주 영속 군현별로 나누어 정리하였다.

문경군	부곡 1	伐川(북15리 성 沈)	동여
	소 1	仍乙項(동10리 성 高)	동여
용궁군	부곡 6	陽井(남22리 성 金), 豊壤(남13리 성 金), 河南(성 金), 茂松(성 金), 平丘(성 金), 曲溪(성 金)	동여
개령군	부곡 6	達烏村(남20리 성 洪文田仇), 茂次谷(남20리 성 洪仇), 多叱村(북15리 성 文仇), 下活谷(성 洪仇), 上烏知(성 洪仇), 今勿刀(성 洪仇)	동여
보령군	부곡 1	林堰(동20리 성 洪石)	세지
함창군	부곡 3	利安(서5리 성 仇), 德峯(동10리 성 金)	동여
	소 1	金川(동5리)	동여
영동군	부곡 2	楓谷(북25리), 仰岩(북20리)	동여
	소 1	栗谷(북20리)	동여
해평군	부곡 3	熊谷, 安谷, 秩谷	동여
청산현	소 1	界銀川(성 安 속성 宋), 居尒(성 安)	세지, 동여
산양현	부곡 1	陽寶(성 陳)	경지
화령현	부곡 1	灌濟(성 任全高)	동여
	소 1	繕銀(성 任全)	동여
공성현	부곡 3	平安(성 芳沈仇), 平山(성 方), 安山(성 申)	경지, 세지 동여
단밀현	부곡 3	主善(성 申), 丹谷(성 申), 生物(성 申)	동여
비옥현	부곡 4	退谷(동10리), 新平(성 彭), 下筆坫伊(성 彭), 勿失(성 彭)	세지, 경지 동여
중모현	소 1	海上伊(성 方朴沈), 阿多	동여, 경지
호계현	부곡 4	高谷(성 方), 絹川(성 方), 小山川(성 方), 馬良(성 方)	동여
다인현	부곡 1	寶進(현남27리 속성 崔金)	세지, 동여
일선현	부곡 7	緋山(남30리 성 金朴), 加德(북20리 성 秦), 漆倉(동15리), 藝能(남15리), 道開(동20리 속성 金), 寶방(남15리), 高牙(남15리 성 郭朴)	세지, 동여
군위현	부곡 1	召召保(서10리)	
효령현	부곡 1	仍未谷(북10리)	
경산부	부곡	薪谷(서북30리), 葦曲(동30리), 船南(동15리)	고려사, 경지
약목현	부곡 1	猪項(북8리)	
지례현	부곡 3	月伊谷(서25리 성 朴), 沙等良(서25리), 頭衣谷(서30리 속성 朱)	경지, 세지 동여
팔거현	부곡 1	蘆谷	경지
금산현	부곡 3	屈谷(남3리), 新加良(남23리), 助馬(남25리 성 林)	경지, 동여
	향 1	迎命(동30리 성 權金姜李張白)	경지, 세지 동여
	소 2	黃金(서30리 성 李金田朱文), 水多谷(남28리)	경지, 동여

	처 1	巴買(서7리)	동여
황간현	부곡 1	金化(동38리 속성林)	세지, 동여
관성현	향 1	管城(서15리) 酸汁巖(남10리)	동여
	소 1	作汁器(재관성향)	
안읍현	소 1	於毛	
이산현	부곡 1	赤峴	
안동부	부곡 9	吉安谷(동50리 속성 金林朴), 退串(북90리 속성 尹), 德山(동25리 속성 尹), 皆丹(재나성현북25리 속성 尹) 小川(재재산현북25리 속성 尹), 육촌(동35리), 河壤, 召羅(재춘양현 속성 嚴), 吐谷(재나성현북)	경지, 세지, 동여
	향 1	加也(북120리 춘양 성 鄭尹)	동여
예안군	부곡 1	知道保(동9리 속성 金)	세지
의흥군	부곡 2	皮吐(남11리), 古老谷(동20리)	동여
봉화현	부곡 3	弥良谷(서북7리), 買吐(동14리 성 尹), 勿也(북10리 성 尹)	세지
풍산현	부곡 1	新陽	
홍주	부곡 2	甘谷, 大龍山	동여
	소 2	林谷, 下谷	세지, 동여
순안현	부곡 10	伐只(동15리), 馬駒(북60리), 龍山(서20리), 林只刀(동15리), 省乙良(동15리), 烏等(북30리), 楡木(북30리), 沓谷(북30리), 泥谷(서25리), 奈小里(동1리)	동여
의성현	부곡 3	新村(동북30리), 屈於谷(남5리), 牛谷(동20리)	동여
	향 1	皮村(남25리)	동여
	소 1	骨羅(동남50리)	동여
기양현	부곡 2	高林(서20리 속성 金黃), 孝川(남1리)	세지
	소 1	冬老坪(북53리 속성 金林)	세지

* 경지: 『경상도지리지』, 세지: 『세종실록지리지』, 동여: 『동국여지승람』

상주계수관이 가장 많은 15처의 부곡이 존재하고, 다음 안동부가 10곳, 경산부는 3곳이 확인된다. 일선은 7곳, 순안은 10곳의 부곡지역이 분포한다. 경산부지역은 신라 이래의 중요성이 이어진 곳이 아니기 때문으로 보인다.

부곡이 전혀 나타나지 않은 속군현도 다수 있다. 상주 속군현 중에는 안정현, 어모현, 청리현, 가은현, 부계현 등이고, 경산부 속군현에는 고령군, 인동현, 대구현, 화원현, 하빈현 등이다. 안동부 속군현에는 임하군,

일직현, 은풍현, 감천현, 안덕현, 기주현 등이다. 부곡 관련 자료가 후대 지리지에 정리되었기 때문에 다소 부정확한 점도 있기 때문일 것이다.

상주계수관의 경우는 부곡민들이 상주 주읍 부근에 배치되어 주읍의 공해전과 염창 등의 운영에 그 역을 담당하였을 것으로 보인다.[30] 그리고 주읍의 토성이 점차 이 지역으로 확산되어 간 것으로 보인다. 주읍보다 과중한 역에 시달리면서 유망하게 되고 점차 주읍에서 보충되어 續姓으로 나타난 결과로 추정된다.[31]

중모현의 海上伊所는 고려시기 자기소였을 가능성이 크다. 청리 지구 고려시대 분묘에서 발굴된 청자류들은, 그 무덤의 주인공이 상주 호장층일 가능성이 높아, 이 지역에서 생산된 자기를 매납한 것으로 본다면, 해상이소가 자기소일 가능성이 크다. 『세종실록지리지』에 따르면 조선초 왕실 자기소 두 곳을 이 일대에 지정하였기 때문이다. 고려시기 자기소의 기반이 있었기 때문이 아닌가 한다.

소 운영에 관한 행정 체계에 대해서는 『파한집』에 나오는 御墨을 조달하는 과정에서 짐작할 수 있다. 이인로가 맹성 수령으로 있을 때 도독부로부터 명을 받아 어묵 오천정을 만들어 봄에 먼저 납품해야 되었다. 때문에 역마를 타고 공암촌에 가서 백성들을 시켜 소나무 그을음 백곡을 채취해서 양공을 모아 몸소 감독해서 두 달만에 끝내었다.[32] 이 예는 도독부에서 맹성, 그리고 공암촌 등으로 이어지는 명령체계를 보여 준다. 공암촌은 묵소로 생각된다. 계수관, 당해 군현 그리고 그에 속한 소의 관리가 이루어진 과정을 시사한다. 중모현 해상이소에 주어진 공산품은 상주계수관 소관임을 짐작할 수 있다. 계수관 중심으로 많은 부곡이 분포한

---

30) 박종기, 『고려시대 부곡제연구』, 서울대출판부, 1990 ; 박종기, 『고려의 부곡인, 경계인으로 살다』, 푸른역사, 2012.
31) 이수건, 『한국중세사회사연구』, 일조각, 1984.
32) 『파한집』 권상.

배경이 되기도 한다.

　상주계수관내 부곡 분포는 계수관인 상주에 가장 많다. 고려시기에 새로 영지사부가 된 경산부는 거의 존재하지 않는다. 상주 주위에 분포한 부곡은 상주의 공해전, 염창, 자기소 등의 운영과 관련이 있는 것으로 보인다(〈지도 2-4〉).

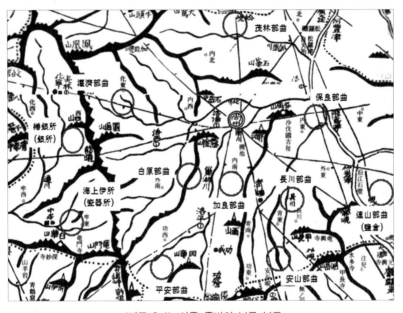

〈지도 2-4〉 상주 주변의 부곡 분포

*李樹健, 『韓國中世社會史硏究』, 一潮閣, 1984, 80쪽, 〈圖 2-1〉 참조

4. 상주계수관내 교통로의 구성과 성격

　상주계수관의 속군현, 영지사부의 연계성을 이해하기 위해 교통로를 검토한다. 먼저 육로 교통은 驛을 통해 살펴보고, 수로 교통은 낙동강을 중심으로 津의 분포를 복구한다. 이를 보조한다는 차원에서 寺院 분포도

살핀다. 그리고 실제 군사활동, 여행기, 국왕 몽진로 등의 자료를 분석하여 경로를 확인하는 방법으로 계수관내 교통망을 정리한다.

먼저 상주계수관 육로 교통망은 『고려사』 병지 22역도 중에서 상주도와 경산부도가 중심이 된다. 도로망은 대개 문종조에 완성된 것으로 본다. 신라시기 왕경과 주치와의 연결로 등과 비교하여 그 계승 여부도 정리하여 형성 과정을 이해한다. 먼저 병지에 보이는 역명을 중심으로 현재 지명과 연결지어 파악한다.

상주도, 경산부도가 상주계수관 영역 교통망의 주축을 이룬다. 상주도는 25역을 관장하는데 낙동강에 인접한 상주를 중심으로 동쪽에 편성되었다. 충주에서 넘어 오는 계립령-문경-상주-일선, 안동-의성-경주 방면으로 연결되었다. 경산부도는 청주에서 보령-화령-상주로 이어지는 구도이다. 신라시기 『삼국사기』에 따르면 신라의 바다와 육로 대당 교통로는 회진로와 당은포로이다. 당은포로는 상주로로 명시한 만큼 상주가 신라 왕경에서 당은포로 가는 중간 거점 교통로임은 틀림없다. 신라는 죽령을 일찍이 개착하여 고구려와의 통교에 이용한 바 있다. 신라 왕경으로 들어오는 봉화, 안동, 의성, 군위, 왕경으로의 삼국시기 통로는 미술 자료로도 추정된다. 삼국 통일기 신라가 백제로 가는 진공로는 일선을 경유하여 상주 백화산성을 거점으로 추풍령을 넘어 진행된 바 있다. 삼국시기 신라가 죽령을 통한 길을 중시하는 동안은 안동 경유 왕경길을 강조하였지만 계립령이 개통되자 점차 이 길을 이용함으로써 상주를 경유한 경로가 더 중시된 듯하다. 당은포를 통한 대당 교통로가 중해지면서 상주가 점차 교통의 중심이 되었다. 상주도와 경산부도는 신라 통일기부터 비중이 올라간 계립령을 통한 충주로와 보령을 통한 청주로 등을 함께한 상주의 교통로상 중요성을 염두에 둔 역도이다.

『고려사』 병지 소재 상주도 역명을 현재 지명을 함께 병기하여 적어본다.[33)]

幽谷(虎溪) : 문경시 호계면
洛原(尙州) : 신증 상주 북16리 洛原驛, 상주시
洛東(尙州) : 상주시 낙동면
靑路(義城) : 의성군 금성면 청로리
鐵波(義城) : 의성군 의성읍 철파리
智保(龍宮) : 예천군 지보면
通明(甫州) : 예천군 예천읍 통면리
德通(咸昌) : 상주시 함창읍 덕통리
甕泉(安東) : 안동시 북후면 옹천리
安基(安東) : 안동시 안기동
安郊(豊山) : 안동시 풍산읍 안교리
聊城(聞慶) : 문경시 문경읍 요성리
守山(多仁) : 의성군 다인면
雙溪(比屋) : 의성군 비안면 쌍계리
安溪(安定) : 의성군 안계면
琴曹(臨河) : 신증 琴召驛, 안동시 임하면
通山(臨河) : 안동시 임하면
松蹄(臨河) : 신증 松蹄驛, 안동시 임하면
連鄕(善州) : 신증 迎香驛, 구미시 선산읍
仇於(善州) : 신증 仇彌驛, 구미시 선산읍
牛谷(義興) : 신증 牛谷驛, 군위군 의흥면
上林(海平) : 구미시 장천면 상림리
曹溪(孝令) : 신증 남41리 召溪驛, 군위군
文居(安德) : 청송군 안덕면 문거리
和目(安德) : 청송군 현서면 화목리
　　*신증:『신증동국여지승람』

　병지의 기재 방식은 역명에 작은 글씨로 주군현명을 병기하였다. 주군
현명에 따라 정리하여 역명 순서가 역도망을 의미하지는 않는다. 지도를
통해 재배치하여 보면 역명을 통한 교통망을 살펴볼 수 있다. 요성(문경)

---

33) 정요근,『고려 조선초의 역로망과 역제 연구』, 서울대학교 박사학위논문, 2008 부
　　표 ; 이기백, 김용선,『『고려사』병지 역주』, 일조각, 2011 참역 역주 등을 참조하
　　여 작성.

은 계립령을 넘어 오는 역으로 중요하다. 유곡역(호계)은 용궁, 함창으로 분기하는 역이다. 용궁을 거쳐 보주, 풍산, 안동으로, 덕통역(함창)은 상주, 다인쪽으로 분기하는 역이다. 다인쪽은 안정, 비옥, 의성으로, 상주쪽은 일선, 해평, 효령으로 전개된다. 의성은 안동, 비옥에서 와서 안덕, 의흥으로 나누어지는 분기점을 이룬다.

두 역도망에는 죽령을 넘어 안동으로 이어지는 역이 보이지 않는다. 홍주, 강주, 감천, 봉화 등의 역명이 없다. 남경에서 시작되는 평구도 30역 중 끝부분에 정리되어 있다.

> 昌樂(興州) : 영주시 풍기읍 창락리
> 平恩(剛州) : 영주시 평은면 평은리
> 昌保(剛州) : 신증 서9리, 창보역 영주시
> 幽洞(甘泉) : 예천군 감천면
> 道深(奉化) : 봉화군 춘양면 도심리

홍주는 죽령을 넘어 오는 첫 번째 역이 있는 곳으로 중요하다. 강주는 보주와 안동으로 연결되는 분기 지역으로 비중이 높다. 안동부는 평구도와 상주도 두 갈래로 연계되는 요지이다.

경산부도는 25역을 관장한다.

> 安堰(京山) : 신증28 성주목 남28리 안언역 성주군
> 踏溪(京山) : 신증28 성주목 북10리 답계역 성주군
> 安林(高靈) : 고령군 쌍림면 안림리
> 水鄉(八莒) : 칠곡군
> 綠情(八莒) : 칠곡군
> 舌火(花園) : 달성군 화원읍 설화리
> 茂淇(加利) : 성주군 벽진면
> 金泉(金山) : 김천시
> 屬溪(黃澗) : 영동군 황간면

長谷(知禮) : 김천시 지례면
順陽(陽山) : 신증15 옥천군 순양역 영동군 양산면
土峴(利山) : 신증15 옥천군 土坡驛 옥천군 이원면
利仁(安邑) : 옥천군 안남면 안내면 일대
增若(管城) : 옥천군 군북면 증약리
作乃(知禮) : 김천시 구성면 작내리
洛陽(尙州) : 신증28 상주목 낙양역 상주시
洛山(尙州) : 신증28 상주목 낙산역 상주시
會同(永同) : 영동군 영동읍 회동리
猿岩(報令) : 신증16 보은현 元岩驛 보은군
舍林(報令) : 신증16 보은현 사림역 보은군
秋風(御侮) : 영동군 추풍령면 추풍령리
常平(中牟) : 상주시 모동면 모서면 일대
安谷(善州) : 구미시 무을면 안곡리
長寧(化寧) : 신증28 상주목 張林驛 상주시 화남 화동 화서 화북면 일대
扶桑(開寧) : 김천시 남면 부상리

위의 3역도를 지도상에 표시한다(〈지도 2-5〉).

〈지도 2-5〉 상주계수관 역로망 (정요근, 2008, 「高麗·朝鮮初의 驛路網과
驛制 研究」, 서울대 박사학위논문, 52쪽, 〈지도Ⅰ-3〉 참조)

『보한집』에 따르면 상주도 역 중 함창현 덕통역은 상주로 좌천 부임한 김인경이 들러서 자신의 심경을 나타낸 시를 남겼다. "어찌 하늘을 향해 원망하는 마음을 품겠는가 / 귀양와서도 오히려 한 고을을 오로지 맡기신 걸 얻었네 / 어느 때 영각이 바로 황각이요 / 태수의 행차가 재상 행차 될 것인가" 뒤에 시참이라 평하였는데 과연 김인경이 재신이 되었다는 것이다. 최자도 1244년 상주목사를 파임하고 이곳을 지나면서 김인경의 시를 보고 절구 한 수를 지었다. 3년 지난 정미년에 동남로를 진무하면서 여기를 지날 때도 절구 두 수로 화답하였다. 무신년 봄 1248년에 대궐로 가다가 또 절구 한 수를 남겼다. 김인경과 최자는 상주목사로 부임하고 파임할 때와 동남로 진무사로 부임하고 돌아갈 때 모두 덕통역을 경유하였다. 역 벽에 시구를 남겨 심중을 표현하고 화답하는 시를 남기기도 했다.

상주계수관내 역도는 크게는 상주도, 경산부도이지만 안동부로 연결되는 강주, 홍주, 봉화 등은 평구도에 속한다. 충주에서 상주계수관으로 들어오는 길은 죽령, 계립령 등이 있다. 죽령으로 연결되는 길은 안동부까지 평구도이고, 계립령으로 이어지는 길은 상주도이다. 청주에서 상주계수관으로 연결되는 길은 경산부도이다. 상주는 4개 역이 있다. 낙동, 낙원 두 역은 상주도에 배당되고, 낙양, 낙산 두 역은 경산부도로 배정되었다. 상주계수관은 상주도, 경산부도를 연결하는 중심이다. 선주 내 역시 3개 역 중 연향, 구어 두 역은 상주도로, 안곡은 경산부도로 귀착한다. 상주, 경산부도 두 역도의 교차지이다. 선주의 교차지 성격 때문에 인종대 위상에 변화가 생긴다. 일선현에 현령을 두게 되고 해평군, 군위현, 효령현, 부계현도 내속하였다.

院은 역과 함께 육로, 수로 교통 시설로서 분포한다. 『신증동국여지승람』에서 확인할 수 있다. 역이 『고려사』 병지에 정리된 것과 다르게 『신증동국여지승람』 역원조에서만 확인된다. 상주계수관내의 속군현에 따라

정리하면 다음과 같다. 원명에 괄호안은 그 치소에서의 방향과 거리 里數
이다.

<표 2-2> 상주계수관 院

주군현	원명(위치)
상주	南(남2), 陽山旨(남15), 興玉(남9), 柳等(남24), 竹峴(남38), 大豆(남24), 功城 (남43), 安賓(동11), 廣濟(동19), 泥豆等(동36), 要濟院(동37), 西(서3), 於巖(서 15), 栗(서33), 釜(북8), 北(북2), 松(북26), 唐梯(북15), 退山(남42) ; 風詠樓(公 館東, 이색기), 觀水樓, 伽倻津, 倭踰峴(남47, 금산군계), 竹峴(남38, 선산부계), 松峴(북28, 함창현계)
중모현	重生(현남, 주65), 長惠(현서, 주72), 東(현동, 주56)
산양현	班岩(현서, 주57)
보령군	馬分(동13), 普通(동29), 王來(구봉산하, 동43), 南(남1), 並(서7), 門羅(북13), 樞(북27)
영동군	金連(동6), 沙邑(동14), 會德(서1), 深川(심천, 서15), 乾行(서10), 米田(북26)
청산현	吾昆(서8), 銀川(서19), 酒城(북72)
군위현	長水(남9), 上(남36), 倉庫(남23), 天寶(북5), 義省(북16)
비옥현	興係(서19), 玉彌(동14), 加次(동15), 長足(북5), 楮川(북19), 安溪(북28)
용궁군	天德(천덕산, 동7), 石峴(동5), 省火川(생화천변, 서6), 長安(서9), 龍西(서남 21), 津(서남21) ; 河豊津(龍飛山下)
일선현	竹峴(죽현하, 북28), 箭磨(북15), 安谷(안곡역방, 서35), 茶亭(서13), 所法谷(서 8), 吾乙古介(남8), 觀風(남28), 觀心(남10), 南上(동19), 彌羅(여차니진방), 草 積(북32), 東(동2) ; 竹峴(북28, 상주 지경), 月波亭(여차니진동안, 권근기), 餘 次尼津(鯉埋淵下, 동11리)
해평군	上林(上林驛傍, 해평현거54), 並飛(해평현), 柳(해평현), 許忠(해평현), 三澣(해 평현), 俗離(남42)
개령군	東(楊川驛, 동3), 西(서4), 龍旨(或稱雙峰院, 북15), 興信(남8), 飛下(남15), 葛 項(갈항현하, 남27), 彌勒(남38), 乾川(남27)
문경군	鳥嶺(鳥嶺脊東), 要光(서15), 觀音(계립령하), 串岬(곳갑북), 回淵(龍淵上), 桐 華(서북15), 華封(俗 稱草谷院, 남4) ; 伊火峴(충청연풍현계, 서18), 雞立嶺(俗 號麻骨山, 북28), 鳥嶺(俗號草帖, 연풍 현계, 서27), 串岬遷(용연지동안, 一名 兎遷, 北有石城)
호계현	開慶(서3), 佛井(서8), 普通(남45), 犬灘(犬灘北岸, 권근기) ; 건탄(龍淵下流, 有津渡, 南流入咸 昌縣界, 서5)
함창군	茶方(동8), 咸濟(남13), 唐橋(唐橋傍), 串川(串川岸)
부계현	薪(북5), 錢拘伊(동15), 凡朴(동18)
경산부	仁化(동8), 蛇(남34), 東安(在東安津岸), 公排(동25), 李同(남42), 若寶(북2), 廣

	大(서20), 大也(북29), 多品(북11), 月恒(북18), 退界(서25), 觀音(남22), 通信(동30) ; 적현(서52, 거창군계), 東安津(동26, 소야강하류), 茂溪津(남49, 동안진하류)
팔거현	鳳栖(북15), 崇儒(북, 舊名獨儒), 柳(남5), 鵲(남10)
화원현	興王(서1), 引(남20)
가리현	沙邑梯(동)
대구현	洛中(남3), 大櫓(서6), 沙皐(서10), 觀方(서20), 梧(남30), 朴實(서26)
하빈현	馬川(남4), 南川(서1) ; 達川津(동16), 東安津(서16)
인동현	種子(서2), 所也(동41), 草(북3), 石積(동14) ; 漆津(서10)
약목현	光惠(남12)
금산현	南(남3), 金泉(金泉驛東), 果谷(남35), 左峴(左峴南, 북38), 堂旨(서21), 梨亭(북20), 豆下(북28) ; 左峴(俗門山東, 선산부계)
지례현	禪(북1), 所淵(남6), 石谷(남15), 頭衣谷(頭衣谷驛남1), 所旨(牛馬峴), 上佐(북14) ; 牛馬峴(남46, 거창현계)
고령군	安性(남5), 白圭(남11), 救生(서17), 李托(서27), 愁居非(남24), 量田(동18), 玉山(玉山下, 북7)
관성현	化仁(化仁津岸), 增若(增若驛南), 金川(남5), 赤登(赤登津岸) ; 虎津(남52, 源出茂朱縣德裕山下 流爲赤登津), 赤登津(남40, 其源有三, 一出德裕山, 一出中牟縣, 一出報恩縣俗離山), 化仁津(동 26)
이산현	牛縣(현남), 栗峴(현남)
양산현	德水(현남)
황간현	李申(서3), 徐松(남9), 朴車(金化部曲, 동38), 玆川(남10), 梨峴(서20), 板草(동30)
안동부	觀音(동5), 所乙麼(동12), 舘(남10), 禿川(禿川岸, 남20), 慈濟(서2), 迎秋(서12), 兜率(서20), 燕飛(북12), 落木(북24), 飛沙(남3), 豆毛(豆毛峴下, 북35), 吾里(북21), 加羅淵(小川部曲南2), 茅峴(茅峴下, 在吉安縣) ; 犬項津(동3, 勿也灘), 禿川(남20), 小川部曲(才山縣北25)
임하현	望至(동10), 申邑谷(동20), 普濟(서1)
풍산현	甘竹(서17)
감천현	楊才(남1), 歸毛(서8)
기양현	虎鳴(남16), 黃利(서5), 牛頭(서20), 北(북7), 毛峴(북11), 竹(多仁縣西22), 光德(多仁縣東21) ; 船倉津(동3)
순안현	孝大(동17), 文殊(남11), 金林(동36), 乘利(서10), 加耳(북20), 長金(서23), 德山(남3), 鐵감(서3)
기주현	南(남2), 山腰(서20), 昌樂驛南院(서11), 簟池(동10), 寅賓(남27)
의성현	南(남2), 許於里(동35), 尹谷(동24), 廉谷里(남12), 黃山(동30), 僧逢(남20), 件峴(남35), 氷山(남 30), 都里(서32), 北(북2), 梨谷(북18)
봉화현	長佛(북45), 馬場里(남15), 太子山(남20)
예안현	大寺(서1), 場(동28)
의흥군	南(남2), 義樓(남13), 李趙(서15), 甲(남30), 新(남44), 陽也(남40)

상주목, 경산부, 안동부 등은 타 군현에 비해 많은 원이 존재한다. 나루도 가지고 있어 수륙 교통이 교차한다. 원은 역을 보완할 수 있는 시설이다. 1196년 이규보가 다녀 간 남유시서에 보이는 화봉원이 한 예이다. 개경에서 상주로 와서 다시 되돌아 간 길에 보이는 상주계수관내 역원은 다음과 같다. 개경 동문-시후관-임진-사평진-쌍령-황려 마암, 하령사-근곡촌-요성-상주 등의 경로 지명과 여행 기착시설이다. 상주에서 되돌아 간 길은 상주 신흥사-한곡별업-유곡역-요성역-화봉원-미륵원-충주-려주 등의 경로이다. 유곡역과 요성역은 역도상 보이는 역명이지만 화봉원과 미륵원은 역의 보완 시설로서 확인된다. 화봉원은 『신증동국여지승람』에도 문경현 남4리에 위치한다. 미륵원은 대원사의 숙박 시설명으로 생각된다. 용문사 속원 두천원도 보주 읍내에 위치하고 오가는 행인들을 위한 시설로 기능하였다. 3사례만 확인하였지만 다수의 원들은 사원의 속원이나 별도로 성립되어 존재하였을 것이다.

津에 속한 원으로 존재하거나, 驛의 부속원으로도 있었다. 고개에 존재한 원이 보이기도 한다. 상주와 그 속현 지역을 보면 먼저 문경군의 경우 령을 넘는 지역에 원이 배치되었다. 조령에 鳥嶺院, 계립령하에 觀音院, 곳갑천에 곳갑원이 있었다. 용궁현에는 생화천변에 省火川院이 있고 하풍진과 관련된 津院, 長安院도 있었다. 상주에도 주위에 많은 원이 분포하였다. 함창지경 송현에 松院, 남쪽 선산계 죽현에 竹峴院 등이 있었다. 동쪽 낙동강에도 伽倻津이 존재하였는데 安賓院과 관련 있다. 일선현에는 餘次尼津 옆에 彌羅院이 있고, 안곡역 옆에 安谷院이 있었다.

경산부와 그 속현지역에는 먼저 경산부에 東安津과 茂溪津이 있는데 동안진에는 동안원이 있었다. 금산현에는 김천역 동쪽에 金泉院이 있어 역의 보완 기능을 하였다. 선산경계 좌현에는 고개명과 같은 左峴院이 있다. 지례현에도 두의곡역에 豆衣谷院이 있다. 관성현에는 化仁津과 赤登津이 있는데 모두 진명과 같은 원이 있다. 중약역에는 增若院이 존재하여 역과 진의 기능을 보완하였다.

안동부와 그 속현 지역에도 원이 진과 역의 기능을 보완하는 예를 볼 수 있다. 안동부 豆毛峴과 茅峴 아래에 각기 같은 이름의 원이 설치되었다. 안동부에는 犬項津도 있었다. 기양현에도 船倉津이 있다. 기주현에는 昌樂驛에 창락역남원이라는 원이 존재하였다.

권근은 「건탄원루기」에서 역과 원의 차이에 대해 설명하였다. 역은 국가에서 사명을 전달하게 하는 기능을 하고 원은 상려가 혜택을 보게 한다고 하여 공사와 상하 분별을 분명히 한다고 하였다. 역은 관리가 있어 그 직책을 받들지만 원에는 단지 전토만 주어 사람을 모집하여 주인 노릇하게 한다. 원자리만 있고 주인 노릇하는 자가 없어 제대로 기능하지 못한다고 하였다. 원에 대한 법제 기사가 없어 권근의 말이 역과 원의 차이를 보여 주는 중요한 근거가 된다. 역은 공적, 원은 사적 기능을 한다. 재정 지원은 역과 원이 같지만 관리의 파견과 원주 선정은 차이가 있다. 『신증동국여지승람』 각 군현 역원조에 있는 많은 원이 고려시기에도 거슬러 갈 수 있는지 분명하지 않다. 그 중 다수가 고려시기까지 소급하여 존재하였을 수는 있다.

상주계수관내 수로 교통을 살핀다. 낙동강은 상주계수관내를 관통한다. 낙동강과 직접 연계되는 군현은 용궁, 함창, 상주, 일선, 경산부, 인동, 화원 등이다. 낙동강 지류들까지 연결되는 군현을 포함하면 상주계수관 속군현과 영지사부가 거의 대부분 포함된다.

진과 포구를 찾아보면 『고려사』 지리지에는 용궁현에 하풍진, 상주에 낙동강을 언급하였다. 하풍진은 안동부 犬項津, 예천군 沙川과 省火川의 물이 용비산 아래에서 합한 곳에 위치한다. 여기서 낙동강으로 연결된다. 예천과 안동쪽 지류하천이 낙동강에 합류하는 중심 진이 된다. 상락의 동쪽에 위치한 때문에 낙동강이라는 강명을 가지게 되었다. 강세가 상주에서부터 커져서 가항여건이 좋아진다. 이규보 남유시에는 낙동강을 선유하고 상주 동방사에 숙박한다. 병성산성쪽으로 난 상주 북천 지류를 통해 연결된 포구가 있었다. 상주 장천부곡에 용포가 언급된다. 이규보가 장천부곡 용담사에서 이 포구를 통해 낙동강을 따라 선유하고 있음을 보아 용포는 상주에서 출발할 수 있는 중요 포구이다. 이규보는 남정군으로 참여하여 상주를 찾았을때 이 포구에 들렀다. 충렬왕은 동정군을 전송하고 돌아 오는 길에 장천부곡 승장사를 방문한다. 이 포구에서 서쪽으로 식산 자락을 넘어서면 바로 상주 치소에 이른다. 상주에서 단밀로 이어지는 곳에 낙동진이 후대 읍지에 보인다. 낙동강에 접한 연산부곡에는 鹽倉이 있었다. 낙동강명은 이미 1196년 남유한 이규보 시서에도 언급된다. 상주에는 낙동강과 연계된 포구가 적어도 3곳이 있었고 염창도 있었다. 『신증동국여지승람』에 일선 지역의 중요 진으로 餘次尼津이 있다. 고적조에는 이 진이 있는 곳에서 동쪽 1리 지점에 一善 古縣이 있었다. 고려시기 한 동안 일선의 현치소가 바로 여차니진에 있었다. 그 후 10여 리 서쪽으로 현치소를 옮겼다. 인동현 산천조에는 漆津이 있는데 현에서 서쪽으로 10리에 위치한다.

수계의 포와 진을 보완하는 것으로 사원과 원이 일부 확인된다. 원의 경우는 문경의 견탄원을 들 수 있다. 고려말 권근의 「견탄원루기」에 그 위치와 성립 배경이 나온다. 호계현의 견탄에 위치한다. 이곳은 이규보가 상주 용포에서 새벽에 출발하여 밤에 도착한 곳으로 가까이 용원사가 있다. 호계현 견탄은 배로 이를 수 있는 한계 지점이 아닌가 한다. 이규보가 이튿날 나는 듯이 이른 곳이 원흥사 앞이다. 여기에 노자석이 있다. 강가에 위치한 사원으로 중간 기착지 역할을 하였다. 상주 낙동진으로 추정되는 곳에 마애 보살상이 발견되었다. 주변지역까지 정밀 발굴하지는 않았다. 포구와 관련 되며 여행객의 안녕을 비는 불보살상으로 추정된다. 고령 개진면 개포리에 있는 주형판석 표면에 얕은 음각으로 새긴 관음보살 좌상은 비슷한 예이다. 광배 후면에 '雍熙二年乙酉六月二十七日' 음각 명

문이 있다. 조성 연대는 성종 4년이다. 낙동강에서 고령읍으로 진입하는
수로 교통지에 위치한다. 사원의 부속 원일 가능성이 높다. 확인되지는
않지만 낙동강에는 포와 진을 보완하는 시설로 사원과 원이 다수 있었을
것이다.

낙동강은 가항 수로가 길다. 김해 하구에서 상주 낙동까지 대소선운이
가능했다. 고려 초기부터 조운수로로 활용되었다. 경상도 중앙부를 관류
하였다. 상하의 열읍으로부터 조세와 공물을 가까운 강변에 모아 위로 올
라가서 육로로 운송 하던가 아래로 내려와 해운으로 실어가던지 낙동강을
이용하였다. 낙동강 본류에서 파생된 많은 지류에 열읍이 존재하였다. 낙
동강을 활용한 수운은 중요한 역할을 하였다. 경상도 도총조에 낙동강을
평하여 "연해의 조운과 도이(일본)의 왕래도 모두 이곳에 모여 이 강을
경유 경성에 도달하며 상선, 어염선의 왕래와 무역이 활발하여 그 이익이
무궁하다. 이 강이야 말로 영남의 기추이다"라[34] 하였다. 고려시기에도
해당된다.

낙동강의 포와 진은 견항진, 하풍진, 가야진, 용포, 여차니진, 칠진 등이
있었다. 하풍진, 낙동진, 여차니진은 상주도 역로망을 연결하고, 동안진,
무계진은 경산부도 역로를 이어준다.[35] 상주 연산부곡의 염창이 보인다.
이를 보완할 사원으로 용원사, 용담사, 원흥사 등도 있었다. 상주는 용포
를 위시하여 3곳의 포구가 있다. 일선에도 여차니진이 확인된다. 상주는
상주도와 경산부도가 교차하고 낙동강 수계와도 관계하는 곳이다. 조선시
기『택리지』에도 수륙교차지임을 강조한다. 선주 역시 상주와 같이 두 역
도와 낙동강 수계가 교차하는 중요성이 있다. 상주는 상주계수관으로서의
역도와 수계의 교통이 교차하고 원과 사원이 보완하는 중심지이다.

---

34) 『慶尙道地理志』道總, "合流於尙州 東流于慶尙之中 達于海 沿海漕運島夷朝宗 咸由
於此 以達京城 商船貿遷 其利無窮 乃嶺南之紀".
35) 한정훈, 『고려시대 교통운수사 연구』, 혜안, 2013, 122~123쪽.

5. 상주계수관의 범위 인식

금석문에 반영된 상주의 범위는 어떠했을까. 금석문에는 작성 당시의
상주 행정 구역에 대한 인식이 반영된다.

> 始憩錫於尙州露岳長栢寺 … (「雙溪寺眞鑑禪師碑」, 崔致遠撰, 887년 작성,
> 『韓國金石全文』, 207쪽).
> 以尙州深妙寺不遠京 請禪那別館 辭不獲往居之 … (「聖住寺朗慧和尙碑」,
> 崔致遠撰, 890?년 작성, 『韓國金石全文』, 218쪽).
> 落髮出家 伏承尙州公山三郞寺 融諦禪師 論道玄玄 … (「高達院元宗大師碑」,
> 金貞彦撰, 975년 작성, 『韓國金石全文』, 392쪽).

신라말기 활동한 崔致遠의 글에 尙州 露岳 長栢寺라 한 구절은 현재
상주 시내 연원동 노악산을 배경한 寺址를 말한다. 최치원이 쓴 「낭혜화
상비」에는 深妙寺를 상주의 심묘사로 서술한다. 심묘사는 『新增東國輿
地勝覽』에 黃澗縣 불우조에 나오는 사원이다. 현재 충북 영동군 황간면
원촌리 서원말에 사지가 남아 있다.[36] 황간면은 『삼국사기』 지리지의 상
주에 속한 10군 중 하나인 영동군의 領縣 황간현이다. 황간현도 상주라는
광역주에 포함시켜 지명 표기를 했고, 최치원도 이 지역을 상주로 인식했
다. 고려시기에 작성된 비문에서 元宗大師 璨幽가 882년(헌강왕 8)에 출
가하여 불법을 배운 融體 禪師가 머문 상주 公山 三郞寺가 현재 어디인
지는 미상이지만, 지금의 상주시를 벗어난 지역으로 추정된다. 공산이 현
재의 八公山을 말하는 것이라면, 상주가 광역의 범위를 지칭했음을 의미
한 사례이다.

고려시기 당대 자료인 금석문과 고문서에 나타난 상주 권역에 대한 인
식 사례를 제시한다.

---

36) 韓基汶, 「尙州 白華山 一帶 寺院의 現況과 分布考」 『尙州文化研究』 11, 2001.

高麗國尙州鳴鳳山境淸禪院故 教諡慈寂禪師凌雲之塔碑銘(941년 작성, 『韓
    國金石全文』, 313쪽).

高麗國尙州曦陽山鳳巖寺 王師贈諡靜眞大師圓悟之塔碑銘(965년 작성, 『韓
    國金石全文』, 377쪽).

尙州管內 中牟縣 復有舍利五百餘粒出現(「玄化寺碑陰記」, 1021년 작성, 『韓
    國金石全文』, 449쪽).

大平十一年歲次辛未正月四日高麗國尙州界內知京山府事任若木郡內巽方在
    淨兜寺五層石塔造成形止記(1031년 작성, 『韓國上代古文書資料集成』44
    쪽).

尙州界十餘縣地震(1032년 『고려사』 권5 세가 덕종 원년 10월 신해)

尙州管內中牟縣(1041년 『고려사』 권78 지32 식화1 전제 정종 7년 정월)

丁巳七月日尙州安水寺金鐘(1058-1222년 작성, 『韓國金石全文』, 1283쪽).

今朝始踐尙原境(의종대(1147~1170) 작성, 『보한집』 권상)

公姓李氏諱勝章字質夫尙州京山府人(1193 명종 23년 작성, 『韓國金石全文』,
    912쪽)

尙州山陽縣北有山頗高(「遊四佛山記」, 1241년 작성, 松廣寺本 『湖山錄』)

師卽脫身避之上洛功德山會今相國崔公滋守洛創米麵社以邀之(萬德山白蓮
    社靜明國師詩集序, 『東文選』 卷83)

尙州領內開寧郡境開創精廬(13세기 후반 작성, 『三國遺事』 卷4, 義解5 勝詮
    髑髏).

檢校僉議評理行尙州牧使兼上洛星山道田民計點使(1308 충렬왕 34, 「庾自偶
    墓誌銘」 『韓國金石全文』, 1113쪽)

於是卜地於尙之支縣曰靑驪者(「六益亭記」 『東文選』 卷75)

　鳴鳳山 境淸禪院은 지금 醴泉郡에 소재한 사원이다. 신라 예천군 영현
이던 적아현이며 고려에 와서 상주 속현 은정현이 되어 안동부 영현이 된
지역이다. 고려초인 941년(태조 24)에 예천은 상주라는 광역주에 속하고
있었다. 曦陽山 鳳巖寺 역시 현재 聞慶市에 위치한다. 965년(광종 16)에
尙州 曦陽山이라 명시하여 이 지역이 상주에 속하였다. 명종대 보주의 경
우는 '安東府管內'라는 표현을 쓰고 상주가 관칭되지 않는다.[37] 1021년

---

37) 「龍門寺重修記」 『韓國金石全文』, 120쪽.

(현종 12)에 작성된「현화사비음기」에는 中牟縣이 상주 관내에 있다.『고려사』에도 1041년(정종 7) 상주관내 중모현의 양전을 호부에서 요구하는 기사가 있다. 1031년(현종 22)에 작성한 약목군「淨兜寺 五層石塔 造成形止記」첫 머리에 '尙州界內知京山府事任若木郡'이라 표현하고 있다. 상주 광역주내의 주현인 京山府 소속 약목군이라는 당시 행정 구역 체계의 일단을 볼 수 있다. '尙州界'는 1032년 덕종 원년에 '尙州界十餘州'라는 표현속에서 이미 사용하고 있다. 계수관의 범위를 표현한 것이다. 경산부는 현재의 星州郡이고 약목은 칠곡군 약목면이다. 1193년에 작성된 이승장의 묘지명에도 이승장이 경산부를 본향으로 한 사람이지만 표현은 '尙州京山府人'이라 하여 경산부가 상주 계내에 있음을 분명히 한다. '界'라는 부분은 영지사부를 포함한 광역을 지칭할 때 사용하고 '管內'는 직접 주현을 표시 할 때 사용된 것은 아닌가 한다.

'尙原境'으로 표현한 시구도 있다. 의종 6년 어시에 합격한 劉義가 密陽 수령으로 발령을 받고 상주 속군 문경군 華封院을 지나면서 벽에 남긴 시의 한 구절이다. 그는 16역을 거쳐 아침에 문경 경내로 들어서고 낮에 화봉원에 이르렀다. 시구에 '아침에 상원경을 처음 밟았다'고 한 것이다. 尙原은 상주의 이칭이다. 문경 땅을 '尙州의 境內'로 인식하였다.

1058년에서 1222년 중에 제작된 고려 銅鐘의 명문에도 尙州 安水寺라 하였다. 안수사는 현재 문헌자료에 상주시역내의 사원명으로는 나오지 않는다. 명문에 표현된 상주도 광역주를 의미하는 것으로 추정된다. 1241년 (고종 28)에 작성된「遊四佛山記」에서 天頙은 尙州 山陽縣 북쪽에 四佛山이 있다고 적었다. 산양현은 지금의 행정구역으로는 문경시 산북면이다. 문경이 상주 광역주에 소속되었다는 의미를 담고 있다.「정명국사시집서」에는 '上洛功德山'이라 적고 있어 산양현 공덕산이라기 보다는 상주 별호 상락의 공덕산으로 인식한다. 13세기 一然이 쓴『三國遺事』의 勝詮髑髏 조에는 오늘날 金泉지역인 開寧郡이 尙州領內에 있다. 천책의 표현

과 같이 김천이 상주에 속한 지역이었음을 나타낸 것으로 볼 수 있다. 상
주의 속현 청리현을 이색은 '尚之支縣'이라 기술하였다. 支縣은 속현과
같다.

원간섭기 1308년 상주목사로 부임한 庚自愒는 전민계점사를 겸하기도
하였다. 상주 범위를 '上洛星山道'라 말하였다. 상주 관할 범위가 상주와
그 영속 군현, 그리고 영지사부 경산부를 포괄하고 있음을 보여준다. 상
락은 상주의 별호이고 성산 역시 경산부의 다른 호칭이다. 명종대부터 상
주 영지사부의 하나였던 안동부는 도호부로 승격 상주계수관 영역에서 이
탈됨에 이 지역은 포함하지 않는다.

고려 전후기 상주 영군현과 영지사부 경산부를 포괄하는 어구로 '尚州'
로 관칭되고 있다. 고려 전기와 후기에 상주는 광역주로서 오늘날 충청도
일부와 경상북도 중서부 일대를 포괄하였고 이 지역을 상주라 지칭하고
사용하였다.

제2절 상주 역대 계수관원과 활동

계수관원에 대해서는 속관이라는 개념으로 집중·검토된 바 있다.[38] 본
고에서는 위의 연구를 바탕으로 하되 상주계수관에 한정하여 그 관원의
활동을 이해한다.

계수관원의 성립과정과 구성을 정리한다. 구성원의 위상과 대우 등을
『고려사』 백관지, 식화지 자료에서 검토한다. 상주계수관원을 제반 사서
와 묘지명, 문집 등에서 검출하여 그 명단을 작성한다. 타 지역 계수관

---

38) 김호동, 「고려 무신정권시대 지방통치의 일단면 – 이규보의 전주목 '사록겸장서기'
　　의 활동을 중심으로 –」『교남사학』 3, 1987 ; 박종기, 「고려시대 외관 속관제연구」
　　『진단학보』 72, 1992.

선생안도 참조하여 제도적 측면을 이해한다. 명단에서 반영되는 임기, 임무의 교대 등 법제적 측면을 계수관원 개개인의 이력을 검토하여 보완한다. 계수관원의 활동에 기반하여 계수관의 성격을 찾아낸다.

1. 상주계수관원의 성립과 구성

州의 장관은 中古期에 군사적 성격이 강한 軍主였다. 통일기에는 보다 행정적인 성격이 강한 都督으로 바뀌었다. 도독은 收取業務를 제외한 일반행정업무에 관해 중앙정부의 명령을 州治 領縣의 縣令과 관내 郡太守에게 전달하고 또 이들로 부터 보고받은 사항을 중앙정부에 상달하는 등의 行政權을 행사하였다. 州治直轄地에 대해서는 직접 統治業務를 수행했다. 廣域州에 대해서는 兵馬權을 행사하는 군사적 성격도 지녔다. 광역주의 지배를 위임받은 지방지배자로서 瑞物進上을 통해 국왕에게 臣屬儀禮를 행하는 상징적인 성격도 가지고 있었다.

도독의 임무를 수행하기 위해 州司가 성립되었다. 주사의 구성은 왕경에서 파견된 지방관과 재지세력의 둘로 나눌 수 있다. 왕경에서 파견된 주사의 구성원은 州助 1人-長史 1人-外司正 2人이었다. 예하에는 재지세력으로 이루어진 州吏가 존재하였다.

州助는 都督을 보좌하는 州 次官으로서 특히 행정적인 업무를 담당하였다. 長史는 그 직명 유래에서 볼 때 도독의 兵馬權을 보좌한다. 外司正은 監察業務를 수행한다.39) 신라 시기 제도적 주사 구성원이 고려의 속관으로 이어진다.

진성왕대 대파국 이후 고려 태조대에 이르기까지 상주지역에 지방관이 파견되지 않았다. 대체할 관반으로 州官이 존재한 것으로 추측된다. 나말

---

39) 이문기, 「통일신라의 지방관제연구」『국사관논총』20, 1990.

려초에 지방행정 구역상 광역의 상주권에 행정력은 있었을 것이다.

경청선원 자적선사비 음기에 비 건립 실무를 담당한 향촌 지배층이 기록되어 있다. 輔州官班과 縣官班 둘로 나뉜다. 官階를 가지고 있지는 않지만 향촌 사회 나름의 독자적 직제를 가진다. 관반집단은 上沙湌, 弟二, 弟三, 寺卿村主로 구성된 輔州官班과 上沙湌, 弟二, 弟三과 3명의 村主로 형성된 縣官班의 두 부분이다. 신라시기 광역주인 상주의 역할을 상기하면 보주관반은 주를 보좌한 관반 즉 상주의 관반이 아닐까.[40]

고려가 통일한 후에 세워진 자적선사비에서 상주 광역의 관반이 존재하고 나말여초에도 어느 정도 적용될 수 있다. 진성여왕대 파국으로 바로 이러한 조직망이 없어지지는 않는다. 그 강약에 차이는 있지만 고려가 통일한 직후까지 존재했을 것이다. 성종대 최승로의 상서문에는 "지금 鄕豪를 가만히 살피니 매번 공무를 빌려 백성을 침폭하니 백성은 명을 감당하기 어렵습니다. 바라건대 외관을 두십시오"라 하였다.[41] 향호가 공무를 빌려 백성을 명하는 조직이 바로 관반이다. 신라시기 도독의 주사가 향호에 장악되었다. 상주의 경우는 위 비음기의 보주가 바로 신라 이래 도독의 주사를 이었고 지역 향호에 장악된 것으로 생각된다.

『삼국사기』에 따르면 상주는 918년 고려에 귀부한다.[42] 따라서 태조는 상주를 중심으로 광역의 영향권을 다시 복구하는데 노력하였다. 그 결과가 여러 山門을 성립시키는 것으로 나타났다. 행정적 지방제도를 확립하는 전단계로서 교화력이 큰 禪門을 거점으로 광역 상주를 지배하려는 것이다.

---

40) 한기문, 「나말려초 상주지역 선종산문의 동향과 성격」 『상주문화연구』 19, 2009.
41) 『高麗史』 卷75 志29 選擧3 銓注 凡選守令, "成宗元年六月 崔承老上書曰 王者理民 非家至而日見之 故分遣守令 往察百姓利害 太祖統合之後 欲置外官 盖因草創未遑 今竊見鄕豪 每假公務 侵暴百姓 民不堪命 請置外官 雖不得一時盡遣 先於十數州縣 幷置一官 官各設兩三員 以委撫字".
42) 『三國史記』 卷12, 景明王2年 7月.

지방관이 상주에 파견된 시기는 성종대이다. 『고려사』 지리지에는 10도를 나누고 12주에 각 절도사를 두었다. 『고려사절요』에는 10도의 구체적 이름이 나온다. 영남도는 12주 48현, 영동도는 9주 35현, 산남도는 10주 37현을 관할하였다. 영남도 관할 주현이 상주로 명시된다. 절도사의 지위나 속관 등에 대해서는 알려지지 않는다.

현종 5년 안무사를 두었지만 역시 구체적 임무, 위상 등은 알 수 없다. 현종 9년 상주를 8목의 하나로 고쳤다. 내속 군현을 정리하여 목사를 두는 데서 지방관의 구체적 모습을 알 수 있다. 경산부, 안동부 등 영지사부를 제외하면 모두 7속군, 14속현이 내속된 상주목이 계내의 행정적 측면을 관할하였다.

『고려사』 백관지 외직조에 따르면 상주목에는 3품이상 목사 1인, 4품이상 부사 1인, 6품이상 판관 1인, 7품이상 사록참군사 겸 장서기 1인, 8품이상 법조 1인, 9품이상 의사 1인, 9품이상 문사 1인 등으로 관속을 구성하고 각각의 품질을 가졌다.[43] 대체로 경과 대도호부와 동급이며 중도호부 이하 방어사, 지주군, 현, 진 등과는 차이가 있다.

『고려사』 식화지 문종조 외관록조에 따르면 상주목사는 200석, 부사는 120석, 판관은 86석 10두, 사록참군사 겸 장서기는 40석, 법조는 20석으로 녹봉이 규정되어 있다.[44] 의사와 문사는 규정이 없다. 의사와 문사가 다른 방식으로 녹봉을 지급받았을 경우도 있고, 문종 무렵에 속관 구성에서 탈락되었을 수도 있다. 예종 즉위년 10월 制에 따르면 3경 8목 통관이상과 지주사현령으로서 문과 출신을 경유한 자가 학사를 맡는 조치로 보아 의사와 문사의 기능을 다른 속관이나 외관이 겸직했을 가능성이 있다.[45] 이 규정은 대도호부와 같고, 경보다는 사, 부사, 사록참군사의 녹봉

---

43) 『高麗史』 卷77 志31 百官2 外職.
44) 『高麗史』 卷80 志34 食貨3 祿俸 外官.
45) 박종기, 「고려의 지방관원들―속관을 중심으로―」 『역사와 현실』 24, 1997.

에서 약간 차이가 난다.

『고려사』 여복지 아종규정에 따르면 상주목사는 6명, 副使 5, 判官 4, 司錄·法曹 各3, 醫文師 各2를 둔다. 中都護府使·副使·判官·法曹·醫文師衙從은 모두 大都護府와 같다. 防禦鎭使·知州府郡事·官使 5, 副使 4, 判官·法曹 各3, 縣令·鎭將 3, 副將·尉 2로 되어 있다.[46] 예지 가례에 따르면 別抄將校와 別差官은 按廉과 界首官에게는 沒階祗揖한다.[47]

상주 목사와 그 속원의 제도상 대우에 대해 살펴보았다. 다음은 부사 이하 그 속원들의 역할은 무엇인지 알아본다. 품계상 6품 이상 참상과 그 아래의 참하로 나뉜다. 목사, 부사, 판관이 참상직에 들고 사록겸장서기 이하가 참하직에 속한다. 목사와 부사는 동시에 파견된 예가 거의 없다. 대개 목사가 파견된 경우 부사직은 비어 있고 목사가 파견되지 않은 경우 부사가 그 직을 수행하였다.[48] 판관은 '貳車'로서 목사 부재시 관리 책임자였다. 곧 참하관을 관리하는 역할을 하였다.

사록겸장서기는 기관 곧 향리를 지휘하고 행정 실무를 담당하는 실무직의 위치에 있었다. 등제자 중 초사직으로 임명되는 경우가 대부분이다. 문한 능력이 있어 표문, 제문, 치어 등을 작성하고 국왕에 대한 하표시 지표원으로 역할을 하였다. 참군사는 군사 지휘를 말한 것이므로『고려사』병지의 상주목도내에 배당된 보승 665인, 정용 1,307인, 일품 1,241인을[49] 실무적으로 지휘한 것으로 보인다. 이들을 동원하여 토목공사에 임하기도 하고 수취업무도 수행하였다. 중국 사록참군사에 사공, 사창, 사

---

46) 『高麗史』 卷72 志 26 興服1 鹵簿 外官衙從, "顯宗九年正月 定大小各官守令衙從 大都護府牧官使六 副使五 判官四 司錄·法曹各三 醫文師各二 中都護府使·副使·判官·法曹·醫文師衙從【並同大都護府】 防禦鎭使·知州府郡事·官使五 副使四 判官·法曹各三 縣令·鎭將三 副將·尉二".

47) 『高麗史』 卷68 志 22 禮10 嘉禮 防禦員將謁按廉及參上官儀, "別抄將校及凡別差官 於按廉及界首官 沒階祗揖".

48) 윤경진, 「고려전기 호장의 기능과 외관의 성격」 『국사관논총』 87, 1999.

49) 『高麗史』 卷83 兵志3 州縣軍 尙州牧道內.

병, 사사 등 여러 부서가 있었던 사실로 유추하면 고려 성종 2년 주, 부, 군, 현 吏職을 개편할 때 호부를 사호, 병부를 사병, 창부를 사창 등으로 하고 각각의 장을 호정, 병정, 창정으로 명명하였다. 이 무렵 외관이 파견 되면서 그 속원이 이들을 지휘 장악하여 수취, 역역 업무를 지휘하였 다.50) 이규보가 전주 사록으로 '속군춘행관' 한 예로 미루어 보아 매년 봄 에 속군현을 순행하여 그들의 행정업무도 지휘·감독하였다.51)

법조는 재판과 관련된 실무와 법률 자문을 맡았다. 조선시기 지방군현 에서 법률 조항을 검토하는 검률이라는 직임에 비견된다.52) 고려시기에 법률에 밝은 사람은 잡업의 하나인 명법업에서 선발하였다. 명법업에서 선발하는 시험은 율과 령을 보았다. 외직 서용시에는 육경만을 시험쳤다. 법조는 잡업 출신자의 사로였다. 『보한집』에 따르면 상주 목사 최자는 속 현 산양현에 소재한 미면사의 중수를 상주계수관원 법조 왕공에 명하여 진행하였다.53) 법조는 사원 중수 관련 공무도 수행하였다.

문사와 의사는 학원, 약점 등의 속사에 소속되어 교육과 질병 구제를 전담한 속관이었다. 경, 목, 대호부에만 파견된 품관직으로 속관의 말단을 형성하였다. 『고려사』 백관 외직 방어진조에서 보면 혹은 파견되었는데 문학, 의학이라 하여 강학과 요병을 담당하였다. 성종 6년 12목에 경학박 사, 의학박사를 각각 보냈던 것에서 기원한다. 목종 6년 3경 10도의 군요 서관 중에 생도를 가르치는데 힘쓴 문유와 의복을 보고하게 하였다. 문 유, 의복이 문사, 의사에 해당된다. 점차 문사는 지방관, 관관이 대행하고 의사는 현지 의술이 있는 자로 대체된다. 문종 이후 외관 녹봉조에는 보 이지 않는다.54)

---

50) 박종기, 앞의 논문, 1997.
51) 김호동, 앞의 논문, 1987.
52) 박종기 앞의 논문, 1997.
53) 『補閑集』 卷下.
54) 박종기, 앞의 논문, 1997.

상주계수관원의 성립은 신라시기 도독의 임무를 돕는 주사의 구성에서 기원한다. 나말려초 지방관이 파견되지 않는 공백기에 향호들의 관반이 존재한다. 성종대 상주가 영남도를 관할하는 과정을 거쳐 현종 9년에 상주목으로 성립된다. 관원은 목사, 부사, 판관, 사록, 법조, 의사, 문사로 구성되고 각각 아종이 배정되었다. 사록이 향리를 지휘하여 행정실무를 다방면으로 시행하는 중심역할을 맡았다.

2. 상주계수관원의 활동과 명단복원

先生案은 역대 지방관의 명단을 작성한 것이다. 先生이란 말은 어떤 관서에 재임했던 관리를 말한다. 역대 재임자의 명단이 수록된 서책을 선생안이라 한다. 일반적으로 중앙관서의 경우에는 題名記라 한다. 각 관서에 재직했던 역대 관원들의 성명을 기록하고 하나의 제명책으로 만들어 보관하였다. 중앙 각 관청이 모두 해당관서의 壁上에 제명기를 기록하였다. 각 지방에도 수령들의 명단을 작성한 선생안이 조선왕조 초기까지 많이 남아 있었다. 선생안은 『新增東國輿地勝覽』을 편찬할 때 고려조 名宦 작성 기본자료가 되었던 것 같다.

지방수령의 선생안은 『안동선생안』, 『나주선생안』, 『함안선생안』, 『상주목선생안』 등의 예가 있다. 목민관에 대한 지방민의 이러한 기록은 역대 목민관의 치적에 대한 역사적 비판의식과 목민관의 선정에 대한 바람에서 나온다. 상주에 남은 『목선생안』은 조선 성종조부터 기재한다. 상주계수관원을 복원하는데 도움이 되지 않는다. 다만 『신증동국여지승람』 상주 명환 고려조 자료가 명단 복원에 도움을 준다. 『고려사』, 『고려사절요』, 묘지명, 문집 등의 기록에서 상주에 부임한 목사 이하 속관의 일부를 추가 복원할 수는 있다. 상주계수관원으로 그 이력이 보이는 인명과 그의 활동을 상주 관련 사항을 중심으로 간략히 제시한다.

李周佐(?~1040) 慶州사람으로 가문은 한미하였으나 어려서 총명하고
영리하였다. 左僕射 李成功이 東京留守로 있을 때 천거되어 國學에 배속
되었다. 목종때 과거에 급제한 후 尙州牧記室參軍事로 임명되었다가 監
察御使로 승차되었다. 현종때는 起居舍人으로 올랐다가 東北面兵馬使로
나갔다. 이주좌는 도량이 크고 쾌활하며 몸집이 장대하였다. 재직 40여
년에 대신의 체통이 엄연하였다.[55]

金富佾(1071~1132) 고려중기의 학자. 본관은 慶州. 자는 天與. 아버지
는 선종때의 國子祭酒左諫議大夫를 지낸 覲이다. 형은 富弼, 동생으로는
富軾과 富儀가 있다. 문과에 급제하여 直翰林院이 되었다. 樞密院使 왕
가를 따라 송나라에 사신으로 가서 명문을 지음으로서 송나라 철종의 찬
사를 받았다. 숙종때 拾遺知制誥를 거쳐 原州·尙州의 지방관을 역임하여
훌륭한 치적을 남겼다. 상주에서 지방관은 사록겸장서기직을 수행한 것으
로 보인다. 國子司業起居注로 寶文閣待制가 되어 왕과 유신들에게 경사
를 강론함으로써 문명을 크게 떨쳤다. 사람됨이 관후하고 문장에 능하여
모든 사명을 맡아 윤색하였다. 1122년 인종의 즉위와 함께 同知樞密院事
政堂文學翰林學士承旨가 되고, 1127년 中書侍郎同中書門下平章事를 거
쳐, 1130년 풍허병으로 사직을 청하니, 守太尉開府儀同三司秘書省事柱
國으로 개수되었다.[56]

鄭克永(1067~1127) 고려의 문신. 본관은 金浦. 자는 師古. 崔惟淸의
매부이며 韓安仁의 외종제이다. 숙종조에 장원으로 급제하여 尙州牧의

---

55) 『高麗史』 卷94 列傳 7 諸臣 李周佐, "慶州人 家世單微 幼聰悟 左僕射李成功留守東
    京 一見器之 及還 携至京 使隸國學 穆宗朝登第 調尙州牧記室參軍事 拜監察御史 顯
    宗時 遷起居舍人".
56) 『高麗史』 卷97 列傳 10 諸臣 金富佾, "字天與 慶州人 其先新羅宗姓 太祖初置慶州
    以魏英爲州長 卽富佾曾祖也 父覲 國子祭酒·左諫議大夫 兄弟四人 長富弼·次富佾·
    次富軾·次富儀 富佾少力學登第 直翰林院 隨樞密院使王嘏入宋 爲賀作表 辭雅麗 帝
    再遣內臣獎諭 肅宗朝 拜拾遺·知制誥 出守原·尙二州 皆有聲績".

司錄이 되어 선정을 베풀었다. 鄭沆·韓冲과 더불어 사록으로는 二鄭一韓이라는 칭송을 들었다. 한안인이 이자겸에 의해 죽음을 당할 때 유배되었다. 이자겸이 몰락한 뒤 소환되어 1127년(인종 5) 동경유수사가 된다. 이어 判尉衛寺事翰林學士知制誥에 이르렀다. 文詞가 오묘하여 1118년 平章事 崔弘嗣를 따라 송나라에 갔을 때 저술이 중국인의 칭송을 받았다.[57]

鄭沆(1080~1136) 고려의 문신. 본관은 東萊. 자는 子臨. 호장의 자손으로 중앙에 진출하여 攝大府卿이 된 穆의 셋째 아들이며 敍의 아버지이다. 숙종때 공신인 王國髦의 사위이다. 숙종때 문과에 급제하여 尙州司錄에 임명되었다. 나이가 적으나 잘 판단하여 鄭克永·韓冲과 더불어 司祿으로는 二鄭一韓이라는 칭송을 들었다. 直翰林院이 되었다가 예종때 內侍에 속하였다. 1116년 執奏를 맡아 공평, 정직하며 出納에 상세하고 밝았다. 인종때 이자겸이 집권하였으나 아부하지 않아 殿中內給事로 좌천되었다. 1126년 이자겸이 몰락한 이듬해『서경』의 說命·周官篇을 강의하고, 1129년 書籍所에서 송조의『忠義集』을 강독하였다. 1135년 右承宣으로 同知貢擧가 되어 許洪材 등을 합격시켰다. 이해에 壽樂堂에서 翰林學士로서『시경』의 7월편을, 이듬해에는 天成殿에서『唐鑑』을 강독하였다. 1136년 知樞密院事禮部尙書翰林學士承旨로 승진하였으나 이튿날 죽었다. 시호는 文安이다.[58]

韓冲(?~1129) 고려의 문신. 본관은 湍州. 본래 단주의 吏로서 과거에

---

57)『高麗史』卷97 列傳 10 鄭沆.
　　「榮陽鄭大夫墓誌」『第四版高麗墓誌銘集成』, 36쪽, "有子四人長曰濟以吏術就仕卽今衛尉主簿通判靈光郡次曰漸衛尉主簿同正次曰澤入內侍雜織署丞季曰沆尙州牧司錄兼掌書記衛尉主簿漸以下三子並以進士登第顯達于世昔人有云有其德者宜有後眞不誣矣遂以平生事誌之餘在碑與行狀云".

58)『高麗史』卷97 列傳 10 諸臣 鄭沆 "字子臨 東萊郡人 父穆 大府卿 沆性穎悟好學 肅宗時中第 補尙州司錄 州人以年少易之 及臨事善斷 皆歡服 州人數司錄二鄭一韓 謂沆及鄭克永·韓冲也 秩滿 直翰林院".

급제하여 尙州司錄에 보임되었다가, 1111년 右補闕에 올라 시정의 득실을 논하였다. 1113년에는 秘書少監을 거쳐 1121년에는 中書舍人에 올랐다. 이때 최홍사가 사사로이 군사를 동원하여 開國寺 大藏堂을 창건하려 하므로 이를 탄핵하다가 西京副留守로 좌천되었다. 이듬해 帶方公 俌의 사건에 연루되어 사촌형 한안인이 죽음을 당하자 외지에 유배되었다. 이자겸이 패하자, 1127년에 禮部侍郎을 거쳐 서경유수가 되니 백성들이 듣고 모두 기뻐하였다. 國子祭酒翰林侍讀學士를 거쳐 樞密院副使를 역임하고 이듬해에 죽었다. 성품이 강직하고 학문이 돈독하여 이르는 곳마다 성적이 있었다.59)

李還(?~?) 김부일이 상주원으로 쓴 치어에 牧使 李還과 點軍使 韓柱가 安東知部 洪若伊와 같이 연회한다는 원주가 있다.60)

金富儀(1079~1136) 고려의 문신. 본관은 慶州. 초명은 富轍. 자는 子由. 아버지는 國子祭酒左諫議大夫 覲이며, 富軾의 아우이다. 1097년 문과에 급제하고 直翰林院이 되었다. 이즈음에 내직에 발령을 받기위해 반드시 외직을 거쳐야했던 고려 관료운영제도에 따라 尙州判官을 역임한 것으로 추정된다. 1111년 書狀官으로 樞密院副使 金緣을 따라 송나라에 가서 문명을 떨치고 귀국하여 감찰어사가 되었다. 인종이 동궁으로 있을 때 詹事府司直이 되어 문학으로서 우대를 받았다. 인종이 즉위하자 御史中丞에 발탁되었다. 1124년 사은부사로 송나라에 다녀왔다. 대사성과 이부·호부·예부의 삼부상서를 거쳐 翰林學士承旨를 역임하였다. 1134년 묘청이 반란을 일으키자 장기전략책인 平西十策을 올리고, 左軍帥에 이어 知樞密院使가 되어 출정하였다. 그 전략으로 난을 평정하고 돌아와 인종으로부터 金帶를 하사받았다. 시호는 文懿이다. 『신증동국여지승람』에

---

59) 『高麗史』 卷97 列傳 10 諸臣 韓冲, "本端州吏 中第 補尙州司錄 睿宗朝 除右補闕 上疏言時政得失 轉起居注".
60) 金富儀, 「尙州宴致語」 『東文選』 卷104 致語.

는 상주 판관이 되었다는 기사가 있다. 『동문선』에는 김부의가 쓴 치어에 "때에 상주원이 되었다."라는 원주가 있다.[61]

崔奇遇(?~?) 자는 正甫요 그전 이름은 巨鱗이다. 과거에 급제한 후 尙州司錄으로 재직할 때 청백하고 근실하였다. 여러 번 벼슬이 올라서 左司諫으로 되고 御史로 승직하였으며 起居舍人으로서 서해도 按察使로 나갔다. 한안인 등이 화를 당할 때 인척이며 일당이라는 이유로 高城으로 귀양갔다. 이자겸이 패망한 후 戶部員外郞, 尙州牧 副使로 임명되었다. 그후 吏部郞中起居注로 전임하고 金紫를 받았다. 향년은 58세이다. 천품이 뛰어나게 잘났고 키가 7척이나 되었다. 젊어서부터 문장 솜씨가 탁월하고 장부다운 기개가 있었다. 일을 할 때에는 녹녹하게 남의 뒤나 따르는 것을 달갑게 여기지 않았으니 마침내 영락하여 역경에서 자기의 뜻을 펴지 못하였다.[62]

李侯進(?~?) 尙州牧副使로 있다가 1127년(인종3) 3월 척준경과 함께 유배되었다.[63]

梁元俊(1089~1158) 본관은 忠州, 자는 用章, 인종때 벼슬이 여러번 올라 殿中侍御史로 되었다가 尙州副使로 나갔다. 정사를 청렴하고 근실하

---

61) 『新增東國輿地勝覽』 卷28 尙州 名宦 高麗.
    金富儀, 「尙州宴致語」 『東文選』 卷104 致語.
62) 『高麗史』 卷98 列傳 11 諸臣 崔奇遇, "字正甫 舊名巨鱗 中第 補尙州司錄 以淸勤聞
    睿宗朝 歷齊安·大原二侯僚佐 爲所敬憚 … 及韓安仁等被禍 奇遇以姻黨 竄高城縣 資
    謙敗 召拜戶部員外郞·尙州牧副使 轉吏部郞中·起居注 賜金紫 有疾 王遣內醫視疾 賜
    御藥 奇遇謂其子曰 吾君終始之惠 惟汝目見 吾未得報萬一命也 汝無忝吾志 遂卒 年
    五十八 奇遇天資魁傑 身長七尺 自少有文藻 負氣槩 爲事 不肯碌碌隨人 卒以流落 不
    得展其志 子應淸·應時".
    『高麗史』 卷15 世家 15 仁宗 5年 4月 乙酉, "以文公美爲吏部尙書 韓安中爲尙書右
    丞 韓冲爲禮部侍郞 文公裕爲閤門祗候 李神倚爲千牛衛上將軍 鄭克永爲東京留守使
    林存爲晉州牧副使 崔巨鱗爲尙州牧副使 公美等皆資謙所流 至是召還復職".
63) 『高麗史』 卷15 世家 卷15 仁宗 5年 3月 乙卯, "流拓俊京于嵒墮島 崔湜于草島 尙州
    牧副使李侯進 龜州使邵億 郞將鄭惟晃 西材場判官尹翰等于遠地".

게 처리하여 아전과 백성의 칭송을 받았다. 의종초년에 御史大夫로 임명
받았다가 知門下事로 전임하였다. 10년에 門下侍郎平章事로 올랐으며
이듬해에 치사하고 그 다음해에 죽었다. 성품이 청백 검박하며 순직하여
시종 한결같이 절조를 지켰다. 묘지명에 을묘년(인종 13, 1135) 12월에
殿中侍御史가 되고, 병진년(인종 14, 1136) 12월에 尙州牧副使가 되자 3
년 동안 백성들을 살피고 돌보며 절조 있는 행동이 처음과 같았다고 하
였다. 기미년(인종 17, 1139) 12월에 刑部郞中이 되어 緋魚袋를 하사받
았다.[64]

崔惟淸(1095~1174) 고려의 학자·문신. 본관은 昌原. 자는 直哉. 6대조
俊邕은 태조를 도운 공신이며, 문종·순종·선종 3조를 섬긴 중신 奭의 아
들이다. 예종때 과거에 급제 하였으나 학문을 이루지 못하였다 하여 벼슬
길에 나가지 않았다. 뒤에 直翰林院이 되었다. 인종 초에 이자겸의 간계
로 平章事 韓皦如가 유배될 때 妹婿인 鄭克永과 함께 파직당하였다. 이
자겸이 몰락한 뒤에 내시가 되고 左司諫이 되었고, 尙州守로 나가서 은혜
로운 정사를 하였다. 임기가 다하자 侍御史를 역임하였다. 1144년에는
同知貢擧로서 知貢擧 韓惟忠과 함께 진사 金敦中 등 26인을 선발하였다.
1151년 判兵部事를 겸직하였으나 처남인 內侍郞中 鄭敍와 왕의 동생 大
靈侯 暻이 참소를 입은 사건에 연루되어 남경유수사로 좌천되었다. 1157
년 대령후 경이 천안부로 유배될 때 다시 충주목사·광주목사 등으로 좌천
되었다. 1161년 奉元殿大學士를 받았으나 반대하는 자들이 있어 중서시

---

64) 『高麗史』卷99 列傳 12 諸臣 梁元俊, "字用章 忠州人 起自胥吏 監光州務 妻事姑不
　　謹 黜之 妻與子號哭乞哀 終不許至使其妻獨還 人或譏其不仁 仁宗時 累遷殿中侍御史
　　出爲尙州副使 政尙廉勤 吏民稱之 毅宗初 拜御史大夫 轉知門下事 十年 進門下侍郎
　　平章事 明年致仕 又明年卒 性淸儉淳直 終始一節 不事産業 不通餽謝 門巷蕭然 嘗與
　　諫官論鄭誡 堅執不變 時議重之 子文榮淸直有父風 官至御史中丞".
　　「梁元俊墓誌銘」『韓國金石全文』, 755쪽, "懿親宮錄事丙午秋被召入內侍院戊申三月
　　受都塩院錄事甲寅十二月始受祿 權知監察御史乙卯十二月受殿中侍御史丙辰十二月受
　　尙州牧副使三年撫察節行如初己未十二月受刑部郞中賜緋魚袋".

랑평장사로 致仕하였다. 명종이 즉위하여 다시 중서시랑평장사로 제배하였다. 1172년(명종 2) 守司空集賢殿大學士判禮部事로 치사하였다. 『南都集』·『柳文事實』·『崔文淑公集』·『李翰林集註』 등을 편하였다. 시호는 文淑이다. 묘지명에 禮部員外郎으로서 尙州牧副使가 되어 나가게 되자 덕을 베풀며 다스리니 사람들이 지금까지도 그리워 하고 있다고 새겨져 있다. 임기가 차자 侍御史에 임명되었다가 起居郎 兼 大子▨經이 되고, 세 차례 옮겨서 試御史中丞 兼 東宮侍讀學士가 되었다.[65] 묘지명에 따르면 『고려사』의 상주수는 상주목 부사이다.

崔誠(?~?) 자는 子和이며, 성은 崔氏이다. 12세에 門功으로 良醞丞同正이 되었다. 21세가 되자 睿宗이 儒士를 親試할 때 文章으로 眞乙科의 제5인으로 급제하여 寫經院判官으로 등용되었다가 內侍로 불려 들어갔다. 인종 4년 2월에 朝鮮公 李資謙의 무리인 拓俊京 등이 궁궐을 침범하여 안팎에서 서로 맞서고 있었을 때 척준경 등이 나무를 쌓고 東華門에 불을 놓아 태워버렸다. 임금이 이에 두렵고 당황하여 南宮으로 나갔다. 이 때 최함이 中書省에서 國璽를 받들고 임금이 계신 곳으로 가서 처음부터 끝까지 곁에서 모시면서 지켰다. 일이 평정된 다음 左正言으로 옮겼다. 이듬해 尙州牧의 수령으로 나가니, 치적이 특히 두드러졌다. 임기가 차자 들어와 右司諫이 되었다. 인종 9년 가을과 겨울에는 全羅道 按察使로 나가서 點軍使를 겸하였다. 돌아와서는 殿中侍御로 바뀌었다가 다시 侍御史 起居舍人으로 옮겼으며 大子文學을 겸하였다.[66]

---

65) 『高麗史』 卷99 列傳 12 諸臣 崔惟淸, "仁宗卽位 李資謙謀逆 大臣有不附己者 輒以計誅竄 平章事韓皦如 號剛正 非罪見流 惟淸妹壻鄭克永 爲皦如表弟 連坐貶斥 惟淸亦失職 及資謙敗召入內侍 累遷左司諫 出倅尙州有德政 秩滿 授侍御史".
「崔惟淸墓誌銘」 『韓國金石全文』, 836쪽, "銀魚爲右司諫於左司諫以禮部員外郎出倅尙州牧副使其爲理有德政尙人至今思之秩滿拜侍御史遷起居郎兼太子▨經三遷試御史中丞兼東宮侍讀學士".

66) 「崔誠墓誌銘」 『韓國金石全文』, 775쪽, "仁考卽政之第三年擢授右正言知 制誥五年二月朝鮮公李資謙之黨拓俊京等犯 闕內外相拒俊京等積柴束華門付火連燒 上迺惶遽出

金臣璉(?~?) 1140년에 尙州牧副使가 되었다. 송사를 흐르는 물과 같이 막힘이 없게 해결하여 관청에 일이 밀리지 않게 하니, 서리와 백성들이 부모처럼 사랑하였다. 들어가 右司·工部·太府·軍器의 관직을 맡으면서 직무를 잘 수행한다는 평판을 듣지 않는 적이 없었다. 임금이 공이 나이 들고 늙는 것을 안타깝게 여겨 특별히 試尙書右丞으로 올렸다. 임신년(의종 6, 1152)에 나이 70세가 되자 글을 올려 벼슬에서 물러났다. 집에서 10년 가량 머물러 있으면서도 의기와 기개가 굳고 강하니, 조정에서 國老라고 불렀다.[67]

鄭復卿(?~?) 초계인이고 자는 세귀이다. 祖蔭으로 수직하였으나 예종대 전시에 합격하여 평주의 관원으로 나갔다. 인종대 국학직학을 거쳐 합문지후가 되었다. 의종대 예부낭중으로 상주에 나갔다가 들어와 호예부원외랑을 역임하였다.[68]

崔正份(?~?) 상주목 司錄으로 1195년(명종 25)에 공검지를 중수하였다. 둑의 길이가 860보 둘레가 16,647척이었다. 1206년에는 내시로서 창릉 원찰 효신사 건립을 감독하였다. 고종초에 제도에 찰방사로 나가 吏職者의 淸汚를 정밀하게 고과하였다. 1227년(고종 14) 12월 추밀원사, 이듬해 참지정사가 되었다.[69]

御南宮公時▨中書捧 國璽赴行在始終侍衛事定遷左正言明年出倅尙州牧政績克著秩滿 入爲右司諫九年秋冬出爲全羅路按察使兼點軍使使遷改殿中侍御再遷侍御史起居舍人 兼 大子文學十二年春夏出爲開西路按察使遷拜試禮部郞中明年丁歸城憂去職".

67) 「金臣璉墓誌銘」『韓國金石全文』, 787쪽, "州界士卒編其行伍老幼宜之越庚申年除尙 州牧副使聽訟如流官無留事吏民愛如父母入莅右司工部大府軍".

68) 「鄭復卿墓誌銘」『韓國金石全文』, 723쪽, "公姓鄭諱復卿字世貴草溪人左僕射叅知政 事贈諡貞 簡公諱文之子弘文廣學推誠贊化功臣守大尉門下侍中 光儒侯諱倍傑之孫公 始以祖蔭受職及 睿宗殿試逢得決 耕出佐平州 仁考卽位除知國學直學累遷以閤門祇侯出 知昇 平入除禮賓注簿兼堂後官拜閤門祇侯以尙食奉御出按春州道 今上御宇除試戶部 員外郞以礼部郞中出守尙州入歷戶礼部員外郞除試軍器少監賜紫金魚袋天德四年壬申 十二月晦日 卒年六十六甲戌五月十四日丙寅葬于大法雲山東北麓".

69) 『高麗史』卷57 志 11 地理 2, "顯宗三年 廢節度使 復爲安東大都護府 五年 改爲尙州

崔滋(1188~1260) 본관은 海州, 字는 樹德, 초명은 宗裕 또는 安. 沖의 후손. 康宗때 과거에 급제 尙州司錄으로 임명되었다가 재직 중 치적이 우수하여 內職인 國學 學諭로 보충되었다. 그후 10년동안 승진하지 못했다. 李奎報가 최자의 「虞美人草」와 「水精盃」의 詩를 보고 文翰을 담당할 사람으로 崔怡에게 추천하였다. 최이는 실무능력도 시험하기 위해 給田都監錄事에 임명하였더니 민속하고 근면하게 일을 추진하여 인정받았다. 高宗때 여러번 승진하여 正言으로 있다가 1241년 53세 때 尙州 牧使로 임명되었다. 부임후 3년에 걸쳐 山陽縣에 있는 白蓮社를 60여 간으로 중수하고 道場堂, 祖師殿, 虛白樓, 神淸樓 등의 額을 직접 써서 걸었다. 1244년에 天頙을 초청하여 主法하게 하였다. 상주에서 善政을 편 것으로 유명하다. 『高麗史』에 "訟事 판결을 귀신같이 하여 아전이나 백성이 그를 사랑하고 두려워 하였다."고 하였다. 金之岱도 "善政한다는 名聲이 오히려 上洛에 있고"라 하였다. 1244년에 상주 목사를 파임한다. 1247년 東南路로 鎭守하여 상주를 순력할 때도 상주의 원로라 추정되는 四老가 최자의 상주목사 재임시 선정을 칭송하는 詩를 바쳤다. 安察使의 추천으로 만기전에 소환되어 殿中少監, 寶文閣待制로 임명받았다. 충청·전라도 안찰사로 나가서 명성과 치적을 쌓았다. 1256년 中書平章事가 되었고 다시 守太師 門下侍郞 同中書門下平章事 判吏部事가 더해졌다. 1258년 劉敬, 金俊 등이 崔誼를 죽여서 4대째 내려오는 최씨정권이 무너졌을 때 수상

安撫使 九年 定爲牧 爲八牧之一 別號上洛【成廟所定】 又號商山【諺傳, 州北面林下村人 姓太者 捕賊有功 陞其村 爲永順縣】 有洛東江 又有大堤 名曰恭儉【明宗二十五年 司錄崔正份 因舊址而築之】'.

『高麗史』 卷21 世家 卷21 熙宗 2年 9月 "甲午 謁陽陵 重營陵傍彰信寺 改額曰孝信 以資冥福 內侍崔正份監其役 欲媚於王 窮極侈麗 糜費甚廣".

『高麗史』 卷98 列傳 11 諸臣 金富軾 "君綏 年未弱冠 文學富贍 儕輩推爲巨手 明宗朝 擢魁科 直翰林院 高宗初 拜侍郞 時朝臣出使 或有貪冒侵漁者 民多怨咨 君綏與李宗揆·宋安國·金周鼎·崔正份等十一人 被選爲諸道察訪使 問民疾苦 察吏淸汚 適有契丹兵 未遑廉按 宗揆·安國·周鼎 皆以黜陟不精 見貶 獨正份激揚得宜".

으로 난국을 잘 타개하였다. 퇴직하고 스스로 東山叟라고 하였다. 1260년
(원종 1)에 나이 73세로 죽었다. 諡號는 文淸이라 하였다. 저서로 『家集』
10권과 『續破閑集』 3권이 있다고 한다.70)

金仁鏡(?~1235) 고려시대의 문신. 본관은 경주. 초명은 良鏡. 良愼公
義珍의 4세손이며, 아버지는 합문지후를 지낸 永固이다. 명종때 문과에
차석으로 급제하여 直史官을 거쳐 起居舍人이 되었다. 禮部郞中을 거쳐
樞密院 右承宣이 되었다. 1227년(고종 14)에는 修撰官으로 『명종실록』
을 찬수하였다. 그해에 東眞의 군대가 定州·長州로 쳐들어 오자 지중군
병마사가 되어 宜州에서 싸웠으나 대패하여 尙州牧使로 좌천당하였다.
얼마 뒤 刑部尙書·翰林學士에 오르고 지공거가 되어 인재를 취하였다.
1232년 강화천도 이듬해 王京留守兵馬使가 되고 正堂文學吏部尙書監修
國史를 거쳐 中書侍郞平章事에 이르렀다. 문무를 겸하였으며 일반행정에
도 뛰어나 여러가지 재능을 겸비한 것으로 인정받았다. 특히 詩詞가 청신
하고 당대에 유행하는 詩賦를 잘하여 세상에서 '良鏡詩賦'라 칭송하였다.
서체는 예서에 뛰어났다. 시호는 貞肅이다.71)

---

70) 『高麗史』 卷102 列傳 15 諸臣 崔滋, "字樹德 初名宗裕 又名安 文憲公冲之後 天資淳
訥 不以表表爲能 少力學 能屬文 康宗朝登第 補尙州司錄 以政最聞 入補國學學諭 …
高宗時 累遷正言 出牧尙州 剖決如神 吏民愛畏 按察使薦之 秩未滿 召拜殿中少監·寶
文閣待制 連按忠淸·全羅 有聲績 官累國子大司成·知御史臺事 轉尙書右僕射·翰林學
士承旨 進樞密副使 拜中書平章事 加守太師·門下侍郞同中書門下平章事·判吏部事
蒙古兵大至 令三品以上 各陳降守之策 衆論紛紜 滋與樞密使金寶鼎曰 江都地廣人稀
難以固守 出降便 一日 滋邀金俊諸子 宴其第 時人譏之 上章乞退 自號東山叟 元宗元
年卒 年七十三 諡文淸 家集十卷 續破閑集三卷 行於世".

71) 『高麗史』 卷102 列傳 15 諸臣 金仁鏡, "初名良鏡 慶州人 … 明宗時 中乙科第二人
直史館 累轉起居舍人 … 高宗初 … 十四年 東眞寇定·長二州 仁鏡知中軍兵馬事 與
戰于宜州 敗績 明年 被譖貶尙州牧使 故舊無一人相送者 唯門生餞于郊 仁鏡有詩云
一鞭幾盡掃胡塵 萬里南荒作逐臣 玉筍門生多出餞 感深難禁淚霑巾 又題州壁云 敢向
蒼天有怨情 譸來猶自得專城 何時鈴閣登黃閣 太守行爲宰相行 未幾 拜刑部尙書·翰林
學士 尋知樞密院事尙書左僕射 當時以爲美談 … 二十二年卒 諡貞肅 仁鏡 文武吏材
俱贍 詩詞淸新 尤工近體詩賦 世稱良鏡詩賦".

安珦(1243~1306) 고려시대 학자. 초명은 裕였으나 뒤에 珦으로 고쳤
다. 자는 士蘊, 호는 晦軒이다. 만년에 송나라의 주자를 추모하여 그의
호인 晦庵을 모방한 것이다. 밀직부사 孚의 아들로 興州의 竹溪 上坪里
에서 태어났다. 어머니는 剛州 禹氏이다. 1260년(원종 1) 문과에 급제하
여 校書郞이 되고, 이어 直翰林院으로 자리를 옮겼다. 1270년 삼별초의
난때 강화에 억류되었다가 탈출, 1272년 감찰어사가 되었다. 1275년(충렬 1)
尙州判官으로 나갔을 때 백성들을 현혹시키는 무당을 엄중히 다스려 미
신을 타파, 민풍을 쇄신시키려 노력하였다. 版圖司左郞·監察侍御史를 거
쳐 國子司業에 올랐다. 1289년 2월에 정동행성의 員外郞을 제수받았다.
얼마 뒤 左右司郞中이 되고, 또 高麗儒學提擧가 되었다. 같은 해 11월에
왕과 공주를 호종하여 원나라에 가서 朱子書를 손수 베끼고 공자와 주자
의 화상을 그려서 이듬해 돌아왔다. 3월에 부지밀직사사가 되었다. 1294
년 東南道 兵馬使를 제수받아 합포에 출진하였다. 1296년 三司左使로 옮
기고, 1298년 集賢殿太學士兼參知機務東京留守鷄林府尹이 되었다. 1300
년 匡靖大夫 贊成事에 오르고, 1303년 僉議侍郞贊成事判版圖司監察司
事가 되었다. 1304년 判密直司事都僉議中贊으로 치사하였다. 1306년 9
월 12일 64세로 죽었다. 시호는 文成이다.[72]

尹諧(1231~1307) 고려 문신. 본관은 茂松. 자는 康哉. 무송현 호장 良
庇의 아들이다. 과거에 급제하여 尙州司錄이 되었다. 어떤 사람이 누이
동생을 강간하다가 감옥에 갇히어 있었는데 당시 오래 동안 날씨가 가물
기 때문에 윤해가 "이자를 죽여야 비가 올 것이다."라고 하였으나 장관이
들지 아니하였다. 그 후 어느 날 장관이 윤해와 더불어 시내가에 가서 술

72)『高麗史』卷105 列傳 18 諸臣 安珦, "初名裕 興州人 父孚 本州吏 業醫出身 官至密
直副使致仕 珦少好學 元宗初登第 補校書郞 遷直翰林院 屬內侍 … 忠烈元年 出爲尙
州判官 時有女巫三人 奉妖神惑衆 自陝州 歷行郡縣 所至作人聲呼空中 隱隱若喝道
聞者奔走 設祭莫敢後 雖守令亦然 至尙 珦杖而械之 巫托神言 怵以禍福 尙人皆懼 珦
不爲動 後數日 巫乞哀乃放 其妖遂絶 …".

을 마셨다. 윤해가 도중에서 자기 누이를 강간한 자를 이끌어 내다가 죄
를 일일이 따지고 돌로 그 자의 목을 짓눌러 죽였더니 과연 큰비가 왔다.
뒤에 內侍에 입적한 뒤 충렬왕을 시종하여 원나라에 다녀왔다. 그 뒤 通
禮門祗候가 되었다가, 곧 장흥부의 知事로 나가 일본 정벌을 위한 여몽연
합군의 전함건조를 감독하였다. 興威衛長史가 되고 殿中侍史를 거쳐
1286년(충렬왕 12) 東界의 招軍使로 파견되었으나, 영월수령을 살해한
적괴 康允明을 잡지 못한 책임으로 파면되었다. 복직하여 判秘書寺事에
이르렀으나 사임하고 고향에 돌아갔다. 1298년 충선왕이 즉위하자 곧 田
民辨正都監使에 기용되었다. 얼마 뒤 충렬왕이 복위하자 正獻大夫國學
大司成文翰司學으로 치사하였다. 청렴결백하여 전중시사로 있을 때는 죽
도 먹지 못할 만큼 가난하여 콩으로 배를 채울 정도였으나 강직하여 권세
를 두려워하지 않았고 일에 과단성이 있었다고 한다.[73]

李淑(?~?) 지원 10년(1273) 3월에 상주 목사 이숙이 玉燈을 海印寺에
시납한 사실이 있다. 당시 상주 목사는 이숙이다.[74]

金永煦(1292~1361) 고려말기 문신. 본관은 安東. 호는 筠軒. 할아버지
는 方慶, 아버지는 重大匡上洛君判三司事 恂이다. 1325년 지평이 되고
1327년(충숙왕 14)에 尙州 牧使로서 상주 客館을 중수하였다. 本館 뿐 아
니라 그 서편에 小舘을 하나 더 지어 사신이나 빈객이 많이 오더라도 여
유가 있게 하였다. 이해에 자정국존 임종시 국왕께 올리는 편지를 받아

---

73) 『高麗史』卷106 列傳19 諸臣 尹諧, "字康哉 茂松縣吏 登第調尙州司錄 人有亂其妹
繫獄者 時久旱 諧曰 殺此人 天乃雨 長官不聽 他日長官欲與諧飮溪上 諧於道上 引亂
妹者數罪 以石壓其首殺之 天果大雨 後籍內侍 從忠烈如元 掌行李供用 及還 歸其餘
于國贐 遷通禮門祗候 出知長興府 督造東征戰艦 巡察使洪子藩 薦爲興威衛長史 轉殿
中侍史 淸白自守 家貧饘粥不繼 煎豆充飢而已 爲東界抄軍使 時有康允明者 殺寧越守
橫行州郡 諧坐不能擒捕罷 後累遷判秘書寺事 免歸田里 忠宣受禪 有薦諧者 卽召爲田
民辨正都監使 旣而忠烈復位 拜正獻大夫・國學大司成・文翰司學致仕 卒年七十七 性
抗直 不畏豪勢 臨事果斷 人不敢欺 子守平 守平子澤".
74) 「海印寺玉灯銘」『韓國金石全文』, 1050쪽, "至元十年三月日尙州牧使李淑立".

전달하였다. 1339년(충숙왕 복위 8) 三司右尹으로 원나라에 가서 부처의 화상을 바쳤다. 1341년 曺頔의 亂으로 왕이 원도에 갔을 때 간신들이 변란을 꾸몄으나, 왕을 시종한 공으로 삼사우사로서 일등 공신에 봉해졌다. 1344년 충목왕이 즉위하자 찬성사가 되고 이듬해 정월 정방이 부활하였을 때 찬성사로서 提調官이 되었다. 1346년 원에 사신으로 다녀왔다. 1352년 복창부원군에 봉해지고 書筵에 입시하여 변정도감을 파할 것을 주장하였다가 받아들여지지 않자 병을 칭탁하고 조정에 나가지 않았다. 上洛侯에 봉해졌다. 시호는 貞簡이다.[75]

方得世(?~?) 1311년(충선왕 3) 尙州牧使가 되었다.[76] 아들 방신우는 충렬왕 때 안평 공주를 따라 원에 가서 머물렀고 入省論이 일자 원황후에 말하여 멈추게 하였다. 충숙왕이 우대하여 상락군으로 봉하였고 공신호를 내렸다. 신우의 아버지 득세는 본래 중모현의 이족이다. 아들 덕에 관성령이 되었다가 수년이 되지 않아 상주목사로 배수되었다.

崔得枰(?~?) 상주 목사가 되었는데 백성들이 그 은혜를 생각하였다.[77]

金俊光(?~?) 최충헌은 집권할 때 김준거와 동생 김준광을 의심하여 각기 황주목사와 상주목사로 좌천시켰다. 김준거는 안변부에서 모의하다 최

---

75) 『高麗史』卷104 列傳17 諸臣 金方慶 "永煦 忠肅時累遷 至三司右尹 忠惠以侍從功 賜推誠保節同德翊贊功臣號 除三司左使 忠惠被執于元 侍從群小百官皆走匿 獨永煦 衛王中槊 忠穆卽位 拜贊成事 提調政房 尋拜右政丞 恭愍時 入侍書筵 請罷辨整都監 王曰 予欲聞嘉言 設書筵 卿言實乖予心 遂稱疾入內 永煦初封福昌府院君 後封上洛侯 十年卒 年七十 諡貞簡 性嚴毅沈重 親姻故舊有匱乏者 無不賙給 其孫士安·士衡 年皆 踰冠 或謂永煦曰 盍爲之求官 對曰 子弟果賢與 國家自用之 苟不賢與 雖得之 可保乎 聞者皆服 子蔵 官至密直副使".
「法住寺慈淨國尊碑」,『韓國金石全文』, 1156쪽.
76) 『高麗史』卷122 列傳35 宦者 方臣祐 "小字小公 尙州中牟人 忠烈時 給事宮中 從安 平公主如元 謁裕聖皇后 因留之 賜名忙古台 … 又嘗欲立省本國 臣祐白壽元皇后 事遂止 由是 忠肅亦厚遇之 封上洛府院君 賜推誠敦信亮節功臣號 其父得世 本中牟吏 也 以其子故 起家爲管城令 不數年 拜尙州牧使".
77) 『新增東國興地勝覽』卷28 尙州牧 名臣.

충헌에게 발각되어 죽었다.78)

權萬紀(?~?) 충렬왕 8년에 장군 이영주를 州郡에 순력하게 하여 吏의 賢 不肖를 살피게 하여 보고 받고 상주 사록 권만기를,파직하였다.79)

鄭云敬(?~?) 봉화현인이다. 충숙왕조에 등제하여 상주사록으로 보임되었다. 용궁 감무가 뇌물 받은 것으로 誣告되자 안찰사의 명을 받고 조사하여 진상을 밝혔다.80)

安軸(?~?) 1343년에 檢校評理로 尙州 목사가 되었다. 상주는 福州와 접경하여 있고, 대부인이 고향에 있어서 왕래 문안하면서 효도를 다하였다. 1344년 봄 왕이 새 정치를 하는데 먼저 정승될 사람을 의논하여 密直 副使로 소환하였다. 조금 후 政堂文學으로 승진하게 하고, 이듬해 僉議 評理의 직을 더하였다.81)

---

78) 『高麗史』卷129 列傳 42 叛逆 崔忠獻, "明年 以兵部尙書 知吏部事 朝往兵部 晝入吏 部 注擬文武官 又出入禁闥 以兵自衛 先是 忠獻疑金俊琚兄弟有異志 貶俊琚黃州牧守 弟俊光尙州牧守 俊琚不恤民事 募勇士 恒事遊畋 晉材門客 無慮數百 有神騎指諭李勣 中者 最親昵 勣中密召俊琚 欲作亂 時俊光移守安邊府 俊琚陰與通謀 乃率黃州民驍勇 者 潛入京 俊琚妻父郞將金純并告忠獻 忠獻遣門卒 捕俊琚斬之 分捕其黨 或殺或流 悉籍妻子爲奴婢 俊琚父平章事永存 以老免死 配黃驪縣 遣御史中丞康純義·內侍丁公 弼等 捕俊光于安邊 俊光到白嶺驛 聞事敗乃遣 公弼詐稱祈恩別監 至安邊 俊光備公服 出迎 公弼令抄奴縛之 以來栲問 不服殺之 勣中逃匿 後被執見殺".

79) 『高麗史』卷29 世家 29 忠烈王 8年 12月 戊午, "遣將軍李英柱 巡歷州郡 察吏賢不肖 以聞 罷尙州司錄權萬紀 安東司錄任耘 珍島縣令趙得珠".

80) 『高麗史』卷121 列傳 34 良吏 鄭云敬, "奉化縣人 忠肅朝登第 補尙州司錄 有誣告龍 宮監務贓者 按廉遣云敬鞫之 云敬至龍宮 見監務不問而還曰 吏之貪汚 雖曰惡德 非才 足以弄法 威足以畏人者 不能 今監務老且不勝任 誰肯賂乎 按廉果知其誣 嘆曰 近官 吏尙苛酷 司錄誠長者也 州有宦者 得幸天子奉使來 欲加以非禮 云敬卽棄官去 宦者慚 懼 夜追至龍宮謝之 乃還 入爲典校校勘 累遷弘福都監判官 忠惠時 出知密城 時密人 有貸宰相趙永暉布者 永暉託御香使安祐 移牒徵之 云敬寢不行 祐馳入金海府 以不及 郊迎 笞府使 密之候吏奔告 邑人皆危之 祐至問前有移牒何如 云敬曰 密人貸布者趙 自徵之 非公所宜問 祐怒 令左右辱之 云敬正色曰 今已郊迎天子之命 將何以罪我 公 不布德音惠遠民 敢爲是耶 祐屈而止".

81) 『高麗史』卷109 列傳 22 諸臣 安軸, "字當之 福州興寧縣人 父碩以縣吏登第 隱不仕 軸生而穎悟 力學工文 中第調金州司錄 選補史翰 除司憲糾正 忠肅十一年 中元朝制科

鄭澤(?~?) 『상산지』명환 고려조에 나오는 인명이다. 판목사가 되고
여러 관직을 거쳐 감찰어사대부가 되었다.[82]

朴貫(?~?) 『상산지』명환 고려조에 나온다. 충목조에 상주사록이 되었
다. 길재에 두 번 나아가 논어, 맹자서를 받았다.[83]

慶復興(?~?) 이인임이 경복흥과 나눈 대화에서 "공이 일찍이 상주 상관
시에 해관할 때 민심이 어떠하던가"라는 대화로 미루어 경복흥은 상주목
사를 역임한 듯하다.[84]

趙緖(?~?) 공민왕 10년 홍건적 침입시 왕이 남행할 때 상주 판관 조진
이 군사 1,400을 이끌고 오자 대장군 김득제의 휘하에 소속시켰다.[85]

崔宰(?~?) 완산인이고 아버지는 최득평으로 상주 목사를 역임한 바 있
다. 충숙왕조에 등제하고 중부령을 거쳐 서주 수령이 되었으나 母喪으로

授遼陽路盖州判官 時忠肅被留于元 軸謂同志曰 主憂臣辱 主辱臣死 乃上書訟王無他
王嘉之 超授成均樂正 盖州守遺人禮請 王方嚮用故不能去 累遷右司議大夫 忠惠卽位
命存撫江陵道 有文集曰關東瓦注 入判典校·知典法事 忠肅復位 凡得幸忠惠者 皆斥之
或以軸爲所斥者親 罷之 旣而起爲典法判書 竹內竪用事者 又罷 忠惠復位 又拜典法判
書 轉監察大夫 自樂正至監察大夫 皆帶館職 表箋詞命 多出其手 以檢校評理 出牧尙
州 時母在興寧 軸往來以盡孝 忠穆立 召爲密直副使 累陞僉議贊成事·監春秋館事 與
李齊賢等 增修閔漬所撰編年綱目 又修忠烈·忠宣·忠肅三朝實錄 執事者不喜儒 罷封
興寧君 已而復職 四年 疾作乞致仕 復封興寧君 卒年六十二 謚文貞 處心公正 持家勤
儉 嘗曰 吾平生無可稱 四爲士師 凡民之屈抑爲奴者 必理而良之 碩早沒 軸敎二弟輔·
輯 俱登第 輔·輯事之亦如父 子宗基·宗源.
「謚文貞安公墓誌銘」『稼亭集』卷11, "癸未以檢校評理出牧尙州尙與福接境而大夫人
在桑梓往來起居以盡孝道甲申春王新政首論相召副使密直尋陞政堂文學明年加僉議評
理".

82) 『商山誌』卷1 名宦 高麗.
　　『高麗史』卷16 世家 16 仁宗 11年 九月 甲寅, "遣禮賓少卿鄭澤如金 賀天淸節".
83) 『商山誌』卷1 名宦 高麗.
84) 『高麗史』卷126 列傳 39 姦臣 李仁任, "乃見復興 從容語曰 公曾牧尙州上官時 民心
　　何如解官時 復興曰 解官時 民心不如初 仁任曰 今日之事 殆類此".
85) 『高麗史』卷39 世家 39 恭愍王 10年 11月 戊辰, "尙州判官趙緖以兵千四百來 使大
　　將軍金得齊領之".

부임하지 않았다. 감찰지평으로 보임받았다가 외직으로 나갔다. 공민왕
초에 집의로 승진하고 상서우승이 되었다가 상주목사를 맡았다. 왕이 홍
적을 피하여 남행할 때 상주에서 공판이 소홀하다는 왕 측근의 무고로 파
직당했다. 다시 감찰대부로 복직하고 완산군에 봉해졌다.[86]

崔仲淸(?~?) 공민왕의 남행 공신 2등에 봉해진 명단에 상주 판관 최중
청으로 나온다.[87]

金南得(?~?) 이색이 지은 「풍영루기」에 경진에 진사가 되고 중외에 출
입하여 중명이 있었다고 한다.[88] 洪武 경술년에 牧使 金南得이 公廨를
중건한 다음 그 동북쪽에 菜園을 설치하고 그 가운데에 비로소 정자를 지
었는데, 나의 좌주였던 韓山牧隱相國이 정자 이름을 風詠이라 하고 이어
기문을 지었으며, 星山陶隱은 시를 남겼는데 두 공은 모두 일세의 문장으
로서 큰 솜씨였으니 이 州의 聲價는 그 무게를 더하였다고 하였다.[89]

河允源(?~?) 진주인이고 찬성사로 치사하였다. 충혜왕 말년에 등제하
고 전교교감에 보임되고 공민왕조에 경성 회복 공신 2등에 책록되었다.

---

86) 『高麗史』卷111 列傳 24 諸臣 崔宰, "字宰之 完山人 父得枰 廉正自守 人敬憚之 官
   至選部典書 宰忠肅朝登第 累遷中部令 出知瑞州事 以母憂不赴 明年汰冗官 有薦宰者
   王以有父風 卽除監察持平 宰不獲已就職 忠惠卽位 乃祇其職 王被執如元 凡王所設置
   悉皆更革 立都監 以宰爲判官 宰嘆曰 王之失德 非王自爲 乃左右逢之耳 逢之於前 揚
   之於後 吾實恥之 稱疾不出 忠穆時 轉典法正郎 出知興州事 爲印承旦所忌 罷遷典客
   副令 忠定時 知襄州 有使者降香 凌辱存撫使 宰曰 將及我矣 棄官歸 執政喜白王 除
   監察掌令 恭愍初 陞執義 改尙書右丞 後爲尙州牧使 王避紅賊南幸 駐蹕于尙 宰盡心
   供辦 然不饋遺左右 左右短之遂罷 起爲監察大夫 尋封完山君 移典理判書 辛禑三年
   拜密直副使商議 固辭乞退 復封完山君 四年卒 性剛直不撓 見重於世 子思美·德成·有
   慶".
   『高麗史』卷40 世家 40 恭愍王 11年 2月 癸卯, "駐駕尙州 牧使崔宰 供進無缺 不行
   饋遺 爲左右所短 遂罷之".
87) 『高麗史』卷40 世家 40 恭愍王 12年 閏3月, "又錄收復京城功 … 尙州判官崔仲淸
   … 爲二等".
88) 『商山誌』卷1 名宦 高麗.
89) 權近, 「尙州風詠樓記」『東文選』卷80 記.

일찍이 경상도 등 4도 안찰사를 하고 원주, 상주 목사가 되었다. 이르는 곳 마다 성적이 있었다.[90]

權季容(?~?) 『목은시고』에 상주에서 권계용이 서신을 이색에 보낸 기록이 있다. 당시 권계용은 상주계수관원이었을 수도 있다. 구체적으로 어떤 계수관원인지는 알 수 없다.[91]

鄭良生(?~?) 상주 목사 정공을 전송한 이숭인의 시서에 따르면, 禮儀正郎 安君子玉이 나에게 고하기를 "나의 고모부인 정공이 상주목으로 부임하게 되었으므로 여러 선생들이 전송하는 시를 지었다. 그대는 고모부를 따라 노닌 지 오래되었는데, 한마디 말이 없어서야 되겠는가. 시권의 첫머리에 서문을 써 주지 않겠는가."라 하였다. 내가 저번에 공의 저택을 방문했을 적에, 공이 말하기를 "순흥은 나의 외가가 있는 고을인데, 大夫人이 지금도 거기에 살고 계신다. 대부인은 춘추가 높으신데 甘旨를 받들 다른 형제도 없는 형편이다. 그런데 나까지 멀리 나와 노닐면서 안부도 제때에 여쭙지 못하고 있으니, 내가 마음속으로 어찌 하루라도 잊은 적이 있겠는가. 그럼에도 불구하고 여기에 있는 것은 단지 관직에 얽매였기 때문이다. 그래서 종당에는 그만둘 생각도 하고 있는데, 만약 그곳에 가까운 하나의 고을을 얻어서 대부인을 봉양할 수만 있다면 天幸이라고 하겠다."라 하였다. 그리고 나서 얼마 뒤에 이렇게 임명을 받게 된 것이다. 상주는 순흥과 겨우 며칠 거리밖에 떨어져 있지 않다. 그리고 상주는 공의

---

90) 『高麗史』卷112 列傳 25 諸臣 河允源, "晋州人 父楫 贊成事致仕 封晋川君卒 子僧元 珪火葬 謚元正 允源 忠惠末登第 補典校校勘 恭愍朝 以典理摠郎從諸將 克復京城 策 功爲二等 甞出按慶尙·西海·楊廣·交州四道 牧原·尙二州 所至有聲績 辛旽用事 允源 不諂附 辛禑初 擢拜大司憲 封晋山君 書知非誤斷 皇天降罰 八字於柱 每赴臺 必掛之 然後視事 居母憂廬墓 禑下書徵之曰 三年行喪 雖古今之通制 百日卽吉 因時勢以從宜 可移孝以爲忠 其抑哀而赴召 書未至卒 子有宗·自宗·啓宗".

91) 『高麗史』卷134 列傳 47 禑王 6年 7月, "以典法判書權季容爲楊廣·全羅道察理使 前 判典農寺事黃希碩爲體覆使".
『牧隱詩稿』卷18 詩.

장인인 안축 선생이 過化했던 곳이다. 옛적에 근재가 監察大夫로 있다가
이곳에 목사로 왔었는데, 그때도 노친을 봉양하기 위해서였다. 그러고 보
면 공이 이번에 부임하는 것이 어찌 우연이라고 하겠는가. 하늘이 필시
공의 효성을 도와주려고 해서일 것이다. 나의 돌아가신 조부님도 일찍이
이곳에 부임한 적이 있었는데, 매양 근재의 정사를 입이 마르도록 칭찬하
면서 나를 훈계하기를 "근재는 집에서는 효자였고, 조정에 벼슬해서는 양
신이었고, 외방에 나가서는 循吏였다. 너희들은 그를 본받아야 할 것이
다. 내가 이 고을을 맡은 것이 근재 뒤로 10년이 채 안 되었을 때인데,
당시에도 오직 근재를 본받으려고 노력했었다."라고 하셨다. 그 뒤에 내
가 상주에서 노닐면서 그때의 父老를 찾아보았더니, 근재를 그리워하는
정이 전혀 쇠하지 않고 여전히 애틋하였다. 지금 공으로 말하면, 憲府의
두 번째 자리에 있으면서 말을 강직하게 하고 안색을 엄정하게 하여 조정
을 엄숙하게 단속하고 있는데, 士論은 오히려 공이 더 높이 등용되지 못
하는 것을 걱정하였다. 그런데 갑자기 외방의 위임을 맡게 되었으니, 이
는 실로 대부인을 위한 것이었다. 공이 이번에 가서는 역시 근재가 하던
대로 본받아서, 근재가 대부인을 섬기던 것으로 대부인을 섬길 것이요, 근
재가 백성을 다스리던 것으로 백성을 다스릴 것이니, 이것이 바로 공이
해야 할 일이요, 이것이 바로 여러 선생들이 공에게 기대하는 바라고 하
겠다. 더군다나 지금은 전하가 새로 즉위하여 元臣碩輔가 同寅協恭하는
때인 데야 더 말해 무엇 하겠는가. 그리하여 안으로 百司와 庶府로부터
밖으로 州府와 郡縣에 이르기까지 모두 적임자를 뽑고 있으니, 이는 대개
維新의 정치를 이룩하려고 해서이다. 내가 자격도 없이 侍從 자리를 대신
메우고서 삼가 宣旨를 받들어 읽어본 적이 있었는데, 거기에 守令의 殿最
에는 다섯 가지 일을 적용하라는 분부가 있었다. 공은 상주를 다스리면서
賦斂이 과중하면 공평하게 할 것을 생각하고, 詞訟이 번잡하면 간편히 할
것을 생각하고, 戸口가 줄었으면 불어나게 할 것을 생각하고, 田野가 묵

었으면 개간할 방도를 생각하고, 도적이 일어나면 없어지게 할 것을 생각하여, 밤낮으로 분부에 걸맞게 하려고 강구해야 할 것이다. 이것이 바로 循吏가 되는 길이요, 이것이 바로 효자가 되는 길이니, 신하의 직분을 극진히 하는 것이 바로 자식의 도리를 다하는 것이다. 이로써 서문을 갈음한다. 鄭公은 鄭良生이다.[92]

安思祖(?~?)『유항시집』의 시에서 안사조가 상주목사였다는 사실을 알 수 있다.[93]

田理(?~?) 경신년(1380)에 왜구가 침범하여 官舍와 민가가 병화를 만났다. 이듬해 신유년(1381)에 半子 田理君이 비로소 州城을 쌓고 남은 백성을 불러 모으며 옛 터대로 別舘을 창건하여서 使命을 접대하였다. 반자는 판관이다. 당시 전리는 판관의 보임을 가지고 있었다.[94]

安省(?~?) 임진년(1592) 여름 왜적이 크게 이르자, 巡邊使 李鎰이 서울에서 변고를 듣고 빠른 걸음으로 달려왔으나 고을 사람들이 이미 흩어져서 성을 지킬 수 없었다. 그러므로 북쪽 냇가에 나가 진을 치고 적과 교전했으나 크게 패하여 州城이 드디어 적에게 점령되었는데, 계사년 여름에 비로소 적이 물러났다. 내가 전에 고을에 간직된 옛 문서를 상고해 보았더니, "공민왕 말년에 왜적이 본주를 불태워 함락시켜서 성이 모두 무너졌던 것을 安省이 판관으로 있을 때 다시 쌓았다." 하였다. 그런 지 2백년 뒤에 내가 새로 쌓았는데, 겨우 1년 만에 적에게 함락되고 말았으니, 원통하고 또 원통한 일이다.[95] 앞서 살핀 상주 판관 전리가 여기서는 판

---

92) 李崇仁, 「送尙州牧使鄭公詩序」, 『陶隱集』 卷4 文.

93) 『柳巷先生詩集』 詩, "陽村先生權近批點 尙州牧使安思祖求書學令 人傑由來積德門 三韓民望謹齋孫 遠求書字惠縫掖 知子盡心風化源".

94) 『高麗史』 卷137 列傳 50 禑王 14年 5月, "楊廣道按廉田理馳報 倭寇四十餘郡 留兵單弱 如蹈無人之境 乃遣元帥都興·金湊·趙浚·郭璇·金宗衍等禦之". 權近, 「尙州風詠樓記」, 『東文選』 卷80 記.

95) 尹國馨, 『聞韶漫錄』.

관 안성으로 나온다. 왜구에 의해 상주가 불탄 것은 우왕대 일이므로 위의 기록은 잘못이 있는 것 같다.

李復始(?~?) 경오년(1390)에는 牧使 李復始가 또 廨舍를 창건하였으나 亭榭는 미처 지을 겨를이 없었는데, 지금 목사 宋公이 판관 韓岩과 마음을 합쳐 다스리면서 민폐를 없애고 이로움을 행하니 風敎가 勃興하고 인민이 편하였다.[96] 경오년의 상주 목사는 이복시임을 알 수 있다.

金恂(?~?) 임오년(1342)에 전중시어사가 되고 이듬해 나가서 상주 판관이 되었다. 정적이 우수하여 일년이 안되어 경직으로 돌아와 전법좌랑이 되었다.[97]

庾自惲(?~?) 공의 이름은 自惲이고, 옛 이름은 瑞이다. 1307년에 들어와 朝顯大夫 版圖摠郎 知通禮門事가 되어 자금어대를 하사받았다. 典理摠郎으로 옮겼다가 또 朝奉大夫 三司右尹으로 옮기고, 다시 지통·례문사가 되었다가 中列大夫 判通禮門事가 되었으며, 또 選軍別監使가 되었다. 이듬해에는 通憲大夫檢校選部典書 行都津令에 임명되었다가, 얼마 뒤 檢校僉議評理 行尙州牧使 兼 上洛星山道 田民計點使로 옮겼다. 다음해에는 福州牧使로 바뀌었다. 다음해에는 海州牧使로 옮겼다. 이듬해에 병이 들자 관직에서 물러났다. 1313년 10월 18일에 鶯溪里의 집에서 세상을 떠나니, 54세이다.[98]

趙文瑾(?~?) 奉翊大夫 密直副使 上將軍 抃의 셋째 아들로 지금 尙州 牧判官이다.[99]

---

96) 權近, 「尙州風詠樓記」『東文選』卷80 記.
97) 「金恂墓誌銘」『第四版高麗墓誌銘集成』, 439쪽 ; 김용선 편저『(속)고려묘지명집성』, 한림대출판부, 2016, 184쪽, "扶衛救援之功是公惟專忠孝而奮不顧身者也壬午遷殿中侍史翌年出爲尙州判官政聲登聞未一年而入爲典法佐郎▨知通禮門事考功正郎".
98) 「庾自惲墓誌銘」『高麗墓誌銘集成』, 429쪽, "檢校選部典書行都津令俄遷檢校僉議評理行尙州牧使兼上洛星山道田民計點使明年改爲福州牧使又明年改爲海州牧使明年移病去任至皇慶二年癸丑十月十八日卒于鶯溪里私第春秋五十四歲".
99) 「崔瑞妻朴氏墓誌」『韓國金石全文』, 1128쪽, "文愼公肝之胄嗣也次女適承奉郎摠部散

柳墩(?~?) 이름은 墩이고, 자는 伯丘이며, 성은 柳氏인데, 첫 이름은
仁和이다. 文化縣 사람이다. 13세에 門廕으로 東大悲院錄事에 임명되고,
경자년(1300)에 과거에 오르고, 秘書校書郎으로 옮겼다가 慶尙道의 塩稅
를 감독하러 나갔다. 通憲을 더하고, 尙州牧으로 나갔다. 주에는 옛부터
대나무가 없었는데 공이 말하기를 "고을 사람들에게 俗된 것이 많은데 어
찌 대나무가 없습니까"라고 하여 옮겨 심으니, 읍에 가득 차서 백성들이
그 이로움의 덕을 보았다. 至正 기축년(1349) 5월 무신일에 병이 들어 집
에서 돌아갔다.[100]

이상의 상주계수관원을 표로 만든다.

〈표 2-3〉 상주계수관원

이름	시대	출사	관직
李周佐(?~1040)	목종	급제	尙州牧記室參軍事 監察御使
金富佾(1071~1132)	숙종		拾遺知制誥 原州·尙州 지방관원
鄭克永(1067~1127)	숙종	문과 장원	尙州牧司錄
鄭沆(1080~1136)	숙종	문과급제	尙州司祿
韓冲(?~1129)	예종	급제	尙州司錄 경상도안찰사
李還(?~?)			牧使
金富儀(1079~1136)			尙州判官
崔奇遇(?~?)		급제	尙州司錄
李候進(?~?)			尙州牧副使
梁元俊(1089~1158)	인종		殿中侍御史 尙州副使

郎趙文瑾奉翊大夫密直副使上將軍抃之三子今爲尙州牧判官其後孫".

100) 「柳墩墓誌銘」 『高麗墓誌銘集成』, 642쪽, "登庚子年第移秘書校書郎出監塩稅慶尙道
入福州按廉使先在館迎公不具禮公怒歸別館呼按廉營吏數之曰你使倚官高耶何無礼
乃爾凡士不齒姉妹得高爵豈乏乎笞其吏數十盖其使以妹寵驟登四品故聞而大懟三轉
爲通礼門祗候七遷至選部議郎除密直司左副代言成均祭酒徙司憲府執義讞部典書皆
兼代言逮加通憲出牧尙州州舊無竹公曰鄕人多俗豈無竹耶移栽滿邑民賴其利".
『高麗史』 卷33 世家 33 忠宣王 2年 10月 丙午 "以李公甫知密直司事 朴侶同知密直
司事 金怡爲密直副使 柳墩爲左副代言".
『高麗史』 卷105 列傳 18 諸臣 柳墩 仁和, "後改墩 中第 歷代言·大司憲 出鎭合浦 苛
酷少恩 民甚苦之 忠宣元年 以僉議贊成·始寧君卒 謚章敬 子總 右副代言 總子曼殊".

崔惟淸(1095~1174)			禮部員外郎 尙州牧副使
崔誠(?~?)			左正言 尙州牧
金臣璉(?~?)	1140		尙州牧副使
鄭復卿(?~?)			상주계수관원
崔正份(?~?)			尙州司錄 1195 공검지 중수
崔滋(1188~1260)	康宗	급제	尙州司錄 1241 尙州牧使
金仁鏡(?~1235)	1227		尙州牧使
李淑 1273			尙州牧使
安珦(1243~1306)	1275		尙州判官
尹諧(1231~1307)		급제	尙州司錄
庾自偶(?~?)	충선왕		檢校僉議評理行尙州牧使兼上洛星山道田民計點使
方得世(?~?)	1311		尙州牧使
崔得枰(?~?)			尙州牧使
金俊光(?~?)			상주목사
權萬紀(?~?)			상주사록
鄭云敬(?~?)			상주사록
金永煦(1292~1361)	1327		尙州牧使 客舘 중수
安軸(?~?)	1343		檢校評理 尙州牧使
金恂(?~?)	1343		尙州判官
趙絅(?~?)	1361		尙州判官
崔宰(?~?)	1361		尙書右丞 尙州牧使.
鄭澤(?~?)			상산지 명환 고려조 판목사
朴貫(?~?)			상산지 명환 고려조
慶復興(?~?)			상주목사
金南得(?~?)	1370		상주목사 尙州公廨 중건
河允源(?~?)			牧原·尙二州
權季容(?~?)			상주계수관원
鄭良生(?~?)			상주목사
安思祖(?~?)			尙州牧使
田理(?~?)	1381		상주반자
李復始(?~?)	1390		尙州牧使 尙州廨舍 창건
趙文瑾(?~?)			尙州牧判官
柳墩(?~?)			出牧尙州

역대 상주계수관원을 여러 자료에서 검출하고 그 이력과 활동을 제시
하였다. 상주사록으로 보임되는 것은 과거 등제 후 초임이 되는 경우가
대부분이다. 상주 사록을 역임한 후에는 주로 경직 직한림에 복귀하였다.
또한 상주 사록을 지낸 후 상주 목사로 부임한 예도 다수 있었다. 부자가
상주목사가 된 경우도 보인다. 상주목사는 3품 이상 관인데 4품의 부사가
임명된 사례도 있었다. 상주목사에 대한 평가는 대체로 송사 관련이다.
고려후기에 상주목사의 활동은 관사, 누대의 수리와 읍성 수축 등이었다.

3. 상주계수관원의 활동으로 본 계수관 성격

수관의 영역 대표성을 나타내는 상주계수관원의 활동을 통해 계수관의
의미를 정리한다. 먼저 지역을 대표하여 국왕에 하표를 올리는 사례를 살
핀다. 사록으로 보임되었다가 나중에 목사로 부임하였으며 다시 동남로
순력사를 지낸 최자가 재임한 상주에서 올린 여러 하표와 하장이 『보한집』
에 전한다. 원정과 동지, 팔관회와 국왕탄절에는 계수관에서 국왕에 하표
를 올렸다. 상주목에서 올린 내용이다.

> 원정과 동지 팔관 및 성상의 절일에 양계의 병마영이나 주목이나 도호부에
> 서 하표를 올리면 中書省에 내려 보내어 그 고하의 차례를 매겨 방을 낸다.
> 옛적 상주목에서 올린 팔관표에 이르기를 "葉으로부터 漢殿에 날아 왔으나
> 쌍오리 없음이 부끄럽고 韶樂을 듣고 순임금의 뜰에 거느려 춤추는데 百獸와
> 함께 하기를 원하네" 했다. 그 때에 이걸로 警策이라 했는데 어떤 사람은 '쌍오
> 리를 말한 것은 縣令의 고사인데 牧守에게 이걸 쓴 것은 자못 그릇된 것이다'
> 했다.
> 천도 후 신축년의 팔관표에 이르기를 "衣冠이 雜遝하여 새 서울이 오히려
> 옛 서울보다 낫고 퉁소와 피리가 鏘洋하니 지금의 풍악이 옛 풍악과 다름이
> 없네" 했다. 동지표에 "木德이 성한 때에 있어 다시 松嶽山 기슭의 임금의 터
> 를 연장시켰고 草仁의 깊은 정이 미쳐 이미 花山의 王氣를 和暢케 했네" 했
> 다. 일시에 방이 나오니 두 표가 모두 제일이었다.

또 원정표에 이르기를 "璣衡이 度數를 다시 하니 慶事는 洛水의 새 도읍에 엉키었고 玉帛이 朝會하러 달려가니 禮는 塗山의 옛 모임보다 성하네" 했고 또 "皇風이 和氣를 펼치매 東國에 農桑하는 봄이 이르고 聖日이 멀리 비치매 北蒙의 전쟁이 눈처럼 스러지네" 했다.

절일표에 이르기를 "錦江이 外城을 둘러서 帝王 萬歲의 도읍이 되고 繡嶺에 궁궐을 여니 다시 千秋節을 노래 부르네" 했다. 방이 나오니 모두 제일이었다.[101]

팔관표 옛 것 하나와 천도 후 신축년 것 등 두 건, 그리고 동지표, 원정표, 절일표 등 각 1건이다. 국왕에 올린 하표가 팔관, 동지, 원정, 절일 등으로 각 경우가 소개되었고 모두 중서성 방에서 제일을 차지하였다. 강도로 천도한 이후인 신축년 이후의 것을 거론한다. 그 해는 1242년으로 최자가 상주목사로 있을 때의 하표로 보인다. 최자는 1244년에 상주 목사를 파임하고 동남로 순력사로 나갔으므로 신축년 이후 4건의 하표는 모두 최자가 상주계수관으로서 국왕에 올린 하표이다. 최자는 『보한집』에서 소개하고 그 평가 결과도 기록한다. 지방관의 하표는 선종대에 법제화된 것이다. 태후의 생신을 더하여 원정, 동지, 팔관 등에 하표하는 것을 영원히 정제로 하였다.[102] 문종 때 절일 불교도량이 항식이 됨에 따라 내외관 하표가 성립되었다면 선종대에 이들 하표제가 추가 정제가 된 것이다.

상주목의 하표는 최자가 직접 쓴 것은 아니다. 사록이 쓰고 지표원으로

---

101) 『補閑集』卷下, "元正冬至八關及聖上節日 兩界兵馬諸牧都護府上賀表 下中書 第其
   高下以勝之 舊時尙州牧上八關表云 自葉飛來於漢殿 愧乏雙鳧 聞韶率舞於舜庭 顧
   同百獸 當時以爲警策 或者言雙鳧縣令事也 用之牧守頗謬 遷都後辛丑年八關表云
   衣冠雜還 新都猶勝於舊都 簫管鏘洋 今樂不殊於古樂 冬至表云 在木德盛 更延松麓
   之帝基 及草仁沈 已暢花山之王氣 一時勝出二表皆居第一 又元正表云 璣衡改度 慶
   凝洛水之新都 玉帛趨朝 禮盛塗山之舊會 又皇風布和 東國農桑之春早 聖日燭遠 北
   蒙兵革之雪消 節日表云 錦江繞郭爲帝王萬世之都 繡嶺開宮 復歌吹千秋之節 膀出
   二表 皆居第一".
102) 『高麗史』卷10 世家 10 宣宗 3年 10月 甲辰, "命內外官 表賀太后生辰 且於正·至·
   八關 亦如之 永爲定制".

서 개경으로 와서 국왕에 하표를 올린다. 이규보가 유월 어느 날 서울을 떠나 전주로 갈 때 중도에서 상주의 持表先生을 만났다가 같이 양촌역에서 함께 자고 준 시가 있기 때문이다.[103] '상주지표선생'이라 칭하여서 상주 사록인지는 확실하지 않지만 이규보와 함께 시를 나눌 사이라면 같은 지방 속관일 가능성이 크다. 그리고 지표원의 상경 시기가 유월이라면 원정, 동지, 팔관 하표는 아닌 것으로 보아 국왕 절일 하표를 휴대한 것으로 생각된다.

신축년 팔관표와 동지표는 중서성의 방이 일시에 나왔다. 팔관회, 동지는 시기가 모두 같은 11월에 든다. 원정은 1월 1일이고 절일은 국왕 탄일이다. 국왕마다 절일이 다르다. 신축년 이후의 팔관표와 동지표, 그리고 원정표는 모두 당시 천도한 강도모습이나 풍악, 그리고 왕기의 왕성함, 북몽의 전쟁이 사라지기를 대망하였다. 팔관회, 동지, 원정 등은 한 해의 마무리와 새로운 시작 시기와 거의 같은 시기에 해당하므로 신년을 맞는 하례와 함께 현재의 국왕에 대한 충성을 다짐한다. 절일의 하표에도 국왕만세의 도움이 될 것을 기원하였다.

원정하표는 고대 중국사회에서 그 기원을 찾을 수 있다. 元會는 지방 대표자가 원정때 상경하여 충성을 매년 갱신하는 의례이다.[104] 이 하표는 계수관에서 지역을 대표하여 중앙 권력 곧 국왕에 충성을 매년 갱신하는 의례의 하나다.

지방 팔관하표에 대해서는 『고려사』 예지 가례 잡의 중동팔관회의에도 상세히 나온다. 10월 서경, 11월 개경 팔관회가 있다. 11월 개경 팔관회가 중요시된다. 소회일과 대회일로 나뉘어 2일간 설행되었다. 관인들이 참석

---

103) 『東國李相國集』 卷9, 古律詩, "六月日 早發長安指全州 中路遇尙州持表先生 同至 楊材驛 共宿贈之".

104) 와타나베 신이치로 지음 문정희 임대희 옮김, 『천공의 옥좌: 중국고대제국의 조정과 의례』, 신서원, 2002.

하도록 관리 급가가 11월 15일 전후 3일간 있었다. 소회일에는 예조진작
헌과 좌전조하 등이 중심이다. 좌전조하중에 종실과 중앙관리, 그리고 지
방관이 보낸 지표원의 봉표조하를 행하였다. 대회일은 외국인조하의식이
중심을 이룬다. 지방관의 봉표조하는 정종대부터 상례화되었다.[105] 지방
에서 중앙으로 충성심을 수렴하는 의식으로 성립하였다. 대회일의 외국인
조하의식에는 송상, 동서번, 탐라국에서 방물을 올리는 예를 받고 있다.
대내외로 나뉘었지만 지방관에게도 하나의 영역 대표성을 인정한 의례로
해석할 수 있다.

국왕 절일에 관련하여서는 문종 즉위년에 불교식 의례가 상례화 된다.
"성평절은 王의 생일인데, 매년 이 날을 맞아 국가에서는 祈祥迎福道場을
外帝釋院에서 7일간 하고 문무백료들은 興國寺에서, 東西兩京과 4都護
8牧은 각기 所在佛寺에서 행하도록 하는 것을 恒式으로 삼는다."[106] 라
하였다. 개경의 외제석원에서 7일간 도량을 열었다. 중앙의 문무백료들은
따로 興國寺에서, 계수관급 지방관은 각기 소재불사에서 축수도량을 열
었다. 문종 때 상례화 곧 법제화된다. 국가, 중앙관, 지방관 등 3개 주체를
설정하고 있다. 『보한집』기사와는 다른 점은 양계 병마영에 대한 언급이
빠져 있다. 단순히 기록 누락인지 서경이 양계를 대표하는 것인지는 미상
이다. 계수관에서는 하표를 올린 것이다. 지표원이 외제석원 행사 때 국
왕이 친임한 가운데 의례에 참석하여 하표한 것으로 짐작되나 자세한 사
실은 알 수 없다.

정기적인 국왕 상표진하 외에도 부정기적인 사례로는 예종 12년 상주

---

105) 『高麗史』卷6 世家 靖宗 即位年 11月 庚子, "設八關會 御神鳳樓 賜百官酺 夕幸法
王寺 翌日大會又賜酺觀樂 東西二京東北兩路兵馬使四都護八牧各上表陳賀 宋商東
西蕃耽羅國 亦獻方物 賜坐觀禮 後以爲常".
106) 『高麗史』卷7, 世家, 文宗 即位年 12月 丙午, "百官詣乾德殿 賀成平節宴 宰樞給舍
中丞 以上侍臣于宣政殿 成平節王生日也 每遇節日 國家設祈祥迎福道場於外帝釋院
七日 文武百 僚於興國寺 東西兩京四都護八牧各於所在佛寺行之 以爲恒式".

에서 서맥을 올린 것이 있다. 양 줄기에 세 이삭이 있는 것이어서 표를 올려 하례하였다.[107] 상서로운 동식물을 국왕에 올린 것은 신라시기에도 보인다. 계수관의 상표진하는 그 영역내의 여러 상서로운 현상도 국왕에게 하례하는 관행이 있었음을 보여준다.

최씨 무인정권하에서는 최우의 진양부에도 국왕에 올린 하표와는 격을 달리하여 각 계수관에서 하장을 올렸다. 상주계수관에서 올린 내용을『보한집』에서 인용한다.

원정과 동지에 여러 목과 도호부에서는 전례에 따라 상부에 서장을 올려 하례하였다. 상주에서 진양부에 올린 글월에서는 "글씨의 묘함은 은 갈구리 같고 감식이 밝으심은 기경 같네. 오랑캐가 침입하는 요충을 맡아 접해의 풍도를 안정시켰네. 서쪽 물가로 와서 어니 오궁의 해와 달이 떠오르네." 했다.

"묘금의 중흥을 돕고 고월의 외모를 물리쳤네. 건곤이 문하에서 걷어 들이니 백천만승의 집이 많지 않고 도성과 궁궐을 해중에 봉안하니 삼십육동천이 딴 세상이네." 했고, 또 "북산에서 구름을 쓸고 동해에서 해를 씻겼네. 하늘이 장차 풍악을 제공하려고 노래하고 춤추는 작은 계집아이를 내려 보냈네. 땅도 또한 상서를 바치니 은단의 대보를 솟아내었네." 하였고, 또 "대대로 전해오는 화극의 가문이요. 문하에는 온 세상 잠영들이네. 도읍을 옮겨 험고함을 등지니 따로 일이 없는 천하를 열었고 학교를 세워 인재를 육성하니 태평 세월에 기여하네." 했다.

공이 여러 주목부의 하장을 모아 문하에 있는 문인들에게 등급을 매기게 하니 상주목이 모두 제일이었다. 그것은 사실을 기록하였기 때문이다.[108]

정당 金敞은 금방 제삼인으로 진양공 문하 상객이 되어 날마다 어진이를 천거하여 나라를 돕는 것으로 일을 삼았다. 얼마 아니 되어 정승의 자리에 제

---

107)『高麗史』卷14 世家 睿宗 12年 6月 丙寅, "尙州獻瑞麥 兩岐三穗 上表以賀".

108)『補閑集』卷中, "元正冬至 諸牧都護府 例修狀賀相府 尙州牧上晉陽府狀云 書妙銀鉤 鑑明璣鏡 當北水之至鎭 安鰈海之風濤 率西澝而來開 出鰲宮之日月 又佐卯金之中興 攘古月之外侮 乾坤卷入於門下 百千萬乘家不多 城闕奉安於海中 三十六洞天別一 又掃雲北山 洗日東海 天將供樂 降生歌舞之小娥 地亦薦祥 湧出銀丹之大寶 又傳家畫載之門 擧世玉簪之客 遷都負險 別開無事之乾坤 創學育才 付與大平之日月 公摠諸州牧府賀狀 使門下文人科第之 尙牧皆爲第一 以其實錄".

수되고 해마다 고시를 관장하니 동년진사 韓惟善이 문하에서 급제하였다. 이
해 동지에 상주에서 올린 하장에는 "백의로 이름이 성균시에 올라 방은 같은
방인데 어찌 지금은 문생인가 청삼으로 진양공의 손이 되었는데 공은 공과 더
불어 같은 때 상국이었네" 하였다. 지금 여러 주목의 하표나 하장에는 옛적 본
을 따는 것이 많은데 이 상주목의 표장에는 한 두 장도 모양을 본뜬 것이 없이
모두 실제 일 그대로나 다만 말이 원숙하지 못할 뿐이다.[109]

원정과 동지에 목과 도호부에서 최우의 진양부에 올리는 하장이다. 4
종의 하장을 소개하였다. 모두 진양공이 천도를 통해 나라를 안정시킨 사
실, 강화 천도지 기반 시설 건설, 음악 인재와 보배를 얻은 상서로움, 학
교를 열고 인재를 육성한 것을 찬양한다. 진양공의 업적을 찬양하여 상주
목의 충성을 보여 준다. 국왕 하표와 다른 것은 형식이 '표'가 아닌 '장'이
며 팔관회와 절일의 하장은 없다는 점이다. 여러 주목의 하장을 모아 등
급을 매기되 중서성이 아닌 최우 문하의 문인들에게 매기게 하였다. 상주
목의 것이 제일이었다고 한다. 제일은 최자가 상주목사 재임시 상주목에
서 진양부에 보낸 하장이다.

김창과 동년인 한유선이 김창의 문하로 급제한 사실도 하장에 올렸다.
당시 하장은 단순히 진양부에 대한 칭송만이 아니라 실제의 상황을 표현
하는 통로로서의 의미도 있다. 함축적 시의 형식을 빌린 것이지만 당시
지방과 중앙의 실상을 공유하여 유대감을 가지는 계기도 된 듯하다.

각 주목 곧 계수관에서는 총재 곧 중서문하시중에게도 동지 하장을 올
리고 총재가 답하는 관행이 있었다. 『보한집』에 인용된 사례이다.

　　　宣肅公 崔宗峻은 천성이 맑고 곧았다. … 시중으로 冢宰로 된지 십오년

---

109) 『補閑集』 卷下, "金政堂敏 以金牓第三人 爲晉陽門下上客 日以薦賢助國爲務 無幾
　　何拜相位 連年掌試 同年進士韓惟善登第於門下 是年冬至尙牧賀狀云 白布登名於成
　　均 牓同牓奈今門生 靑衫爲客於晉陽 公與公並時相國 今諸州牧賀表狀 類多模奪舊
　　本 此尙牧表狀 無一二章畵葫蘆 皆卽事 但辭不圓熟耳".

> 동안 문정이 물처럼 맑았다. 나이가 들어 물러갈 것을 청하니 임금은 궤장을 주고 조회는 하지 않고 전처럼 정사를 돕도록 하였다. 상주목에서 동지하장에 이르기를 "… 끝까지 한 절조를 지극히 하여 오조를 보필하였다. … 십년 총재라는 말도 들은 일이 드물거니와 하물며 평생의 구장을 내려 주신 것이리오"라 했다. 공은 특명으로 답장하였는데 이르기를 "염정무사하고 충정을 자허하였네. 자포로 남포의 끼친 사랑을 이었고 영각으로 황각의 앞 자취를 찾았네. … 상락의 꽃다운 매화는 사자를 따라 녹야당의 늙은이에게 오고 중서성의 붉은 작약은 주인이 없어 자미성의 사인을 기다리네. 고을을 다스리는 공을 거두어 윤음을 부연하는 곳으로 바로 오름이 마땅하네" 하였다. 무릇 재상으로 하장에 답하는 것은 짧은 편지로서 글이 한 두 줄에 불과하였던 것이 통례인데 지금 이 답장은 지극히 자세하여 보통과 다르니 다른 주목에서도 귀 기울여 듣고 영화롭게 여기지 않은 이가 없었다.[110]

상주목 동지 하장이라 하였지만 상주목사 최자가 총재 최종준에 보낸 동지하장이다. 그러나 형식과 답장은 모두 '尙牧賀冬至狀', '宰相答賀狀', '例以短簡'이라 하였다. 최종준의 개인적 관력과 성향에 대한 칭송이다. 상주목에 내린 답장도 상주목사 최자에 대한 내용이 들어 있다. '자포로 남포의 끼친 사랑을 이었고'라 한 것이나 '영각으로 황각의 앞 자취를 찾았다'는 구절 등은 바로 최자가 상주 사록을 역임하고 목사가 된 사실과 덕통역에서 김인경의 시참을 말한 것 등을 언급한 것이다. 이 하장은 공개되어 다른 주목에서도 귀 기울여 듣고 영화롭게 여겼다. 내용은 사적 사실을 통한 칭송이지만 형식은 상주목에서 총재에 올린 공식적 하장이다. 원정에도 올리는 것이 통례인지는 알 수 없다.

계수관에서는 원정, 팔관, 동지, 절일에 국왕에 하표를 올리고, 동지에

---

110) 『補閑集』 卷下, "崔宣肅公宗峻 天性淸介 … 位侍中爲冢宰十五年 門庭水淨 年方乞退 上賜几杖不朝 輔政如故 尙牧賀冬至狀云 … 終至一節 弼諧五朝 … 十年冢宰之罕聞 況賜平生之鳩杖云云 公特命狀答云 廉正無私 忠貞自許 紫袍繼藍袍之遺愛 鈴閣尋黃閣之前蹤 … 上洛芳梅隨使 來綠野堂老 中書紅藥無主 待紫薇舍人 宜收製錦之功 直躡演綸之地 凡宰相答賀狀 例以短簡 文不過一兩行 今此答至悉異常 他州牧莫不聳聽榮之".

는 중서성의 총재에게도 하장을 올렸다. 최우 정권기에는 진양부에 원정과 동지에 하장을 올렸다. 이처럼 상주목 영역을 대표하여 매년 국왕과 총재 등에 축하 전문을 올려 그 충성심을 표하는 의례가 법제로 정비되었다. 고려 지방제도가 지역세력을 인정한 바탕위에 마련되었다는 배경에서 성립된 관행이다.

1327년 사례이지만 자정국존 彌授가 法住寺에 머물면서 그해 12월 임종시에 국왕에 올리는 편지를 상주목사 金永煦를 통해 왕께 보낸 사실이 있다.[111] 미수가 머문 법주사는 상주 영지사부 경산부 속군 보령군에 있었다. 지리적으로 가까운 측면도 있겠지만 법주사가 위치한 보령군의 계수관인 상주 목사 김영후를 통해 국왕에게 편지를 올린다. 상주 목사는 영지사부를 포괄한 계내 수관으로서 영역을 대표하고 있다.

계수관은 국왕이 파견한 사신관을 영송하는 역할도 하였다. 성종대 십도제를 마련할 때 영남도로 상주를 위시한 12주현을 포함한 곳에서 상주 계수관이 시작하였으므로 감찰 구역의 단위이기도 하다. 파견된 사신관에 대해 지역을 대표한 영송의식도 주관하였다. 김부의가 상주 사록으로서 쓴 「상주연치어」를 인용하여 그 내용을 살펴본다.

> 삼가 생각하건대, 牧帥相公께서는 학식은 幾微를 뚫어보시고, 덕망은 軍國에 높으시와, 수레를 타고 西垣의 법부 종사로부터 나오시어 上洛의 守臣이 되시었다. 五袴를 이미 베풂에 가난이 바뀌어 부자가 되었고 二天이 사랑하는 바 되어 아직 봄철이 아닌데도 따뜻하옵니다. 點軍學士께서 內官의 엄함으로서 王程의 먼 길에 올라 인심으로 하여금 불과 같이 열렬하게 하시고, 물망이 뛰어났으며, 조행이 얼음과 같이 깨끗하옵니다. 말없이 군사의 기밀을 돌리시니 스스로 기특함을 토하는 묘가 있으시고, 병사를 크게 검열함에 貫耳의 수고로움을 하지 아니하셨습니다. 知府學士가 잠깐 禁門에 나매, 멀리 임금의 근심을 나누어 맡았고 龔黃과 같이 정사 아름다움에 이미 循吏의 이름과 맞았습

---

111) 「法住寺慈淨國尊碑」『韓國金石全文』, 1156쪽, "乙丑復住法住寺 至丁卯十二月吉旦 命入室修書 上主上封印付尙州牧使金永煦重封".

니다. 한퇴지와 柳宗元같이 문장이 높으심에 더욱 皇華의 사절에 뽑히었습니
다. [홍약의가 송 나라로 갈 사신의 임무를 받았다.] 꿈이 먼저 汴水에 날매,
수레가 永嘉에 움직이고자 합니다. 이제 마침 사신의 軺軒을 만나 잠깐 行色
을 머무르게 하였습니다. … 진실로 官守에 구애되어 높으신 놀이에 멀리 떨
어져 못 가게 되니 분하고 한스러운 정성을 글로 펴내고 옅고 옹졸한 생각으로
문득 옛 현인을 사모하와, 감히 광대를 대신하여 구호를 드리나이다.[112]

『동문선』 尙州宴致語 제목에 '牧使李還 點軍使韓柱 安東知府洪若伊
同宴'이라는 주가 붙어 있다. 저자 金富儀에 대해서도 '時爲倅'라는 원주
가 있다. 김부의가 상주 속관 곧 사록으로서 상주 목사 이환과 점군사 한
주, 그리고 안동부지주 홍약이 등이 함께 잔치하는데 쓴 치어이다. 상주
목사 이환이 군사를 점검하러 나온 국왕의 사신을 위해 환영 잔치를 연
다. 안동지사부 홍약이가 송으로 가는 사신 임무를 맡아 상주를 경유하여
가는데 마침 점군사를 만나게 되어 함께 잔치한다. 김부의는 마침 관수로
멀리 있어 같이하지 못하여 사모하는 마음으로 치어를 드린다.

김부의가 관수로 멀리 있게 된 것은 아마도 지표원으로 개경에 머문
일을 말하는 것은 아닌가 한다. 잔치가 열린 시기는 김부의가 상주사록으
로 있던 때로 추측된다. 『신증동국여지승람』에는 근거를 제시하지 않고
상주 判官을 지낸 것으로 기록하였다. 1097년 과거에 급제하고 1111년에
감찰어사가 된 이력으로 보아 숙종연간에 상주 사록이 되었을 가능성이
높다.

치어내용에서 상주 목사 이환이 서열상 위가 되고 다음이 점군사 한주,

---

112) 金富儀, 「尙州宴致語」 『東文選』 卷104 致語, "伏惟牧帥相公 識洞幾微 望崇軍國
    輟自西垣之法從 出爲上洛之守臣 五袴旣施 易貧以富 二天所愛 未春而溫 點軍學士
    以內官之嚴 陟王程之遠 使人心而火烈 聳物望 以冰淸 黙轉軍機 自有吐奇之妙 大
    搞兵士 不爲貫耳之勞 知府學士 趯出禁門 遠分憂寄 龔黃政美 已符循吏之名 韓柳文
    高 況被皇華之選 洪有使宋之命 夢先飛於汴水 車欲動於永嘉 今者適遇使軺 少留行色
    淸歡屢接 某適拘官守 敻阻高遊 憤恨之誠 發爲章句 淺拙之筆 輒慕古賢 敢代優人".

그리고 안동지부사 홍약이가 그 아래가 된다. 홍약이가 송 사신으로 발탁되면서 안동지부를 떠나게 되어 우연히 상주에서 점군사를 만난다. 안동은 당시 상주계수관의 영지부사이므로 상주에 들러 계수관에 보고를 하고 개경으로 떠나는 것인지도 모르겠다. 상주 목사는 안동 지부사에게서 예를 받는 관계가 된다.

최자가 동남로 진무사가 되어 상주를 순력하였을 때 상주 목사와 향교제유가 歌詩引啓를 바치는데 나란히 가로를 메웠다. 네 큰 늙은이가 있어 나이 칠팔십 남짓 되었는데 스스로 尙原四老라고 하면서 短引과 절구시 4수를 바쳤다.[113] 이 때의 진무사는 삼품관이었다. 장원 김지대가 형부시랑으로서 동남로 안렴사겸부행이 되었다.[114] 상주 목사가 상주 향교 대노 4인 및 향교제유와 함께 환영하고 시를 바쳤다. 상주 목사와 당시 진무사는 같은 삼품관이지만 후자가 국왕을 대리한 사신관이므로 이 같은 환영행사를 연 것으로 보인다.

상주 목사가 새로 임명되어 온 안찰사를 맞는 환영연을 열고 있는 모습도 시로 전한다.

비온 뒤의 강 빛은 남청으로 물들고	雨餘江色染藍靑
십리 기암절벽은 수묵화의 병풍일세	十里奇巖水墨屛
자사가 새로 부임한 안부를 환영해	刺史歡迎新按部
목란의 배 위에 띠로 이은 정자를 얽었네	木蘭舟上構茅亭

차일 친 배를 낙강에 띄우고 상주 목사가 새로 부임한 안찰사를 위해 환영연을 연다. 자사가 '신안부'를 환영한다는 시구가 이를 말해 준다. 안찰사 백문보가 둘러 본 경상도를 지역의 제생들이 東南八景으로[115] 읊은

---

113) 『補閑集』卷下, "及瓜代第四年丁未春 帶玉出鎭東南路巡歷上洛 自牧守至于鄕校諸儒 呈歌詩引啓駢塡街路 有四大老年七八十餘 自號尙原四老 呈短引幷絶句四首".
114) 『補閑集』卷下, "丁未春 國家因胡寇備禦 以三品官爲鎭撫使 分遣三方 時金壯元之岱以刑部侍郎 爲東南路安廉使兼副行".

것 중의 하나로 시제는 '商山洛東江'이다. 백문보가 1344년 경상도 제찰
사로 나가면서 먼저 상주에 들러 상주 목사 안축으로부터 환영을 받은 모
습이다. 이 시는 안축의 시문집『謹齋集』에 전해 온다. 안축은 1343년에
상주 목사로 부임하였다. 그가 1344년 새로 부임한 경상도 안찰사 백문보
를 환영하면서 향선생의 문도들이 지은 시에 서문을 붙이고 자신의 고향
홍주 영구산 숙수루 승경이 빠진 것을 알고 덧붙인다.116) 상주지역 諸生
들이 경상도 승경의 시를 지어 안찰사에 올린다. 국왕을 대리한 사신관에
게 지역 지식인들이 동남지역의 모습을 賦로 보고하는 형식을 취하는 것
은 지역의 문화공동체적 영역성을 보여주는 것이라 해석된다. 상주가 경
상도지역의 대표성을 보여주는 것이기도 하다.

상주 목사가 국왕이 파견한 사신관인 계점사, 순력사, 안찰사 등에게
베푸는 환영 의례를 보았다. 동남로 곧 경상도 일대를 순력하는 사신관이
지만 영내로 들어오는 길목에 위치한 상주계수관은 사신관을 맞는 첫 번
째 계수관이다. 영송에서 동남로를 대표하는 지역으로서 위치를 가진다.
상주계수관은 상주계수관 뿐만 아니라 동남로 전체를 대표한다. 인종대
宋使가 서해안로를 따라 개경으로 들어 올 때 접반사가 나가지만, 계수관
영역으로 이동하면 반드시 계수관이 환영하러 나갔다.117)

상주계수관에서의 불사를 살펴본다. 국가불교의례 부분과 사원 중수,
건비 등의 행정 부분으로 나누어 정리한다. 지방에서 행하여진 것은 연등
회와 국왕 축수도량, 봄 가을의 경행, 백고좌인왕도량에 수반하는 반승,
국가 변란시의 진병법석 등이다. 이중 국왕 축수는 계수관 단위 중심 사

---

115) 東南八景은『謹齋集』에 따르면 商山洛東江, 永嘉文華山, 月城瞻星臺, 寧海觀魚臺,
    東萊積翠軒, 金海七點山, 洙浦月影臺, 晉陽矗石樓 등이다. 東南은 지금 嶺南地域
    을 의미한다.
116)『謹齋集』卷2, 詩, 白文寶按部上謠 八首幷序引, 商山洛東江.
117)『高麗圖經』卷36 군산도에 이르렀을 때 전주 목사가, 권37 마도에 이르렀을 때는
    청주 목사가, 권39 자연도에 이르렀을 때는 광주 목사가 영접하였다.

원, 백고좌인왕 도량은 州府 단위까지 행한다. 縣 단위까지 국가 정기 행
사가 행하여진 것은 연등회, 경행, 진병법석 등이다. 계수관 단위에서 진
병법석은 국가 변란시에 열리므로 부정기적이라 할 수 있지만 나머지 4종
은 정기적 의례이다. 인왕도량에 따른 반승은 3년 1회이다. 연등회, 국왕
축수, 경행 등은 매년 정기불교의례이다. 계수관단위의 소재불사에서만
열리는 의례는 절일하표를 올리는 국왕축수도량의례뿐이다. 상주계수관
지역을 대표한 국왕 축수이다. 소재불사는 상주계수관 자복사일 것이다.

상주계수관의 영지사부 단위까지 행하여진 인왕도량 반승에 관한 사례
는 『법화영험전』에 전하는 기록이 주목된다. 상주계수관에 상주 관내 사
원 관계자의 모임이 있었다. 모임은 상주 관청 법석에 참여하여 이루어졌
다. 고려후기 了圓의 『法華靈驗傳』에서 인용한다.

> 승 亡名이 尙州 小寺에 머물렀다. 항상 음양점복으로 閭里에 출입하였으
> 데 남녀가 모두 환영하였다. 화복을 묻고 댓가로 의식을 제공하였다. 하루는
> 官廳에서 연 法席에 상주내 諸寺의 典香者가 모두 모였다. 망명은 비록 참여
> 하였지만 다만 음양승으로 말석에 있었다. 모두 소홀하기를 풀과 같이 하였다.
> 야반에 이르자 등촉이 꺼지고 거의 잠든 무렵에 홀연히 광명이 燈火와 같았다.
> 무리가 모두 놀라 일어나 찾으니 망명의 입에서 나온 것이었다. 이유를 물으니
> 답하기를 黑業을 부끄러이 여겨 내면으로 懺悔하고 단지 蓮經을 외우기를 여
> 러 해 하였다고 하였다. 여러 승이 모두 탄복하고 공경하였다. 海東傳弘錄에
> 나온다.[118]

망명의 법화경 영험 사례를 말한다. 구체적으로 상주가 명시되고 이 지

---

118) 「光明出於口角」 『法華靈驗傳』 卷下(『韓國佛教全書』第6册(東國大學校 出版部,
1984), 568~569쪽), "僧亡名 寓尙州小寺 常以陰陽占卜 出入里間 男女皆迎之 問禍
福 以此資衣食 一日官廳設法席 州內諸寺典香者 咸會焉 亡名雖預 只是陰陽僧居衆
末 皆忽之如草 比及夜半 燈燭已息 昏昏假中 忽見光明如燈火 衆皆驚起 試尋之 乃
從亡名口中出也 因委問其由 答曰予失身術數 反愧黑業 內自懺悔 但誦課蓮經有年
矣 諸僧皆歎伏修敬焉 出海東傳弘錄".

역을 다녀간 天頤의 저술로 지금은 전하지 않는『해동전홍록』에서 뽑았
다. 영험 사례 자체를 제외한 상황 설명은 사실로 보아도 될 것이다. 관청
주관 법회는 아마도 인왕도량에 따른 飯僧이었을 가능성이 높다. 법회에
상주내의 諸寺 典香者들이 참여한 것으로 생각된다.

계수관내 사원 관련 불사 중 상주 관련 사례는 다음과 같다. 먼저 상주
목사 최자가 상주 속현 산양현에 소재한 동백련사를 중수한 것을 통해 사
원 행정 절차와 과정을 본다. 자료는 최자의『보한집』과 천책의「유사불
산기」에 있다.『보한집』기사는 최자가 직접 일인칭으로 자신의 일을 정
리한 것이다.「유사불산기」는 천책이 동백련사를 방문하여 듣거나 기록
에서 확인한 내용을 서술한 것이다. 천책은 일연과 비슷한 시기에 활동한
천태종 승려였다. 보다 자세한 내용은 후자의 기록이므로 관련 부분을 인
용한다.

> 高宗 28年 辛丑年에 少卿 崔滋가 尙州牧使로 부임하여 그 기이함을 듣고
> 시험삼아 방문하였다. … 崔公이 마음으로 기이하게 생각하여 이에 法曹 王公
> 에 명하여 役을 감독하여 새롭게 하였다. 佛宇, 祖堂, 僧寮, 客室로 부터 虛白
> 樓에 이르기 까지 무려 60餘間이었다. … 3년이 경과하여 완성되었다. 功德山
> 白蓮社라는 글씨를 曹溪山人 卓然을 청하여 써서 걸었다. 또한 公이 道場堂,
> 祖師殿, 虛白樓, 神淸樓 등의 額도 써서 걸었다. 萬德山이 湖南에 있고 功德
> 山이 江東에 있는 까닭으로 東 南白蓮으로 불러서 구별하였다. 癸卯 秋月에
> 公이 임금에게 알려 山野에서 法席을 主盟하도록 하니 甲辰 8月에 이르러 내
> 가 비로소 이곳에 이르렀다.[119]

---

119)「遊四佛山記」,『湖山錄』, "高宗二十八年 越歲在辛丑 少卿崔滋 出守尙州 聞其奇異
試尋訪焉 … 崔公心奇之 迺命法曹王公 督役而鼎新 自佛宇祖堂僧寮客室 以至虛白
樓 無慮六十餘間 … 比及三年有成 仍以功德山白蓮社 請曹溪山人卓然書 而榜之 又
使然公書道場堂祖師殿虛白樓神淸樓等額 以懸之 以萬德山在湖南 功德山在江東 故
以東南白蓮 呼以別之 癸卯秋月 公以狀聞于上 使山野主盟梵席 至甲辰八月 予始抵
此隅".

최자는 상주로 부임한 1241년부터 백련사를 총규모 60여 간으로 새롭게 하였다. 冷泉亭 아래 神淸樓를 새로 만들고 3년의 공사 기간을 소요하였다. 공사를 法曹王公에 명하였다. 관 주도로 진행했다. 법조 왕공은 법조직의 왕모로 볼 수 있다. 법조는 判官, 司錄과 함께 목사를 보좌한 속관의 하나이다. 법조는 법률관련 보좌 속관으로 추측되지만 확실한 근거는 없다. 백련사 중수 주무부서로 한 것으로 보아 불교 사원 중수의 주무관으로서 역할을 한다. 고려시대에는 지방수령이 사원의 중수에 관여하고 있는 사례는 다수 있다. 사원의 중수나 창건은 반드시 界首官을 통해 국왕의 공인을 얻어야 하는 절차를 밟는다. 사원의 중수 창건은 공적인 측면이 강하다.[120] 또한 완공 후에도 국왕에게 보고하여 법석을 열도록 하였다. 중수 행정절차는 목사가 결정하여 법조가 주무를 맡아 완공 후 국왕에 보고 승인을 받는 형식으로 진행한다. 적어도 상주 속군현지역에는 상주 목사가 계수관으로서 불사 행정에 관여한다.

영지사부 영역에 대해서는 어떠했는지 살펴본다. 현종 22년 약목군 정도사 오층석탑 조성 불사에는 지방관이나 국가가 어떠한 관여도 하지 않았다. 군백성 광현과 동생 품유가 조탑 발기인이다. 거란 침입 이후 불교를 매개로 지방민을 단결하고 공동체 의식을 고취하기 위한 지역 사회에서 자발적 불사를 인정한 것이다. 다만 조성형지기 첫머리에 '高麗國尙州界知京山府事任若木郡內巽方淨兜寺'라 함에 정도사가 고려국내의 상주계에 있음을 표시한다.

인종 15년에 세워진 선봉사 대각국사비의 건비에는 '京山府事 判官兼勸農使文林郎禮賓主簿 金表民 立石 監督'이라 하여 경산부사가 이 불사를 감독하였다. 상주계라는 영역 표시나 상주 목사의 지원은 없다.

1174년(명종 4) 원각국사 덕소가 입적하자 같은 상주 영지사부 경산부

---

120) 韓基汶 「高麗時代 寺院의 統制와 編制」『伽山 李智冠스님 華甲紀念論叢 韓國佛敎文化思想史』, 1992.

에 영속된 양산현에 있는 지륵산 영국사에 유골을 안치하고, 1180년(명종 10)에 비문을 세운다.[121] 비문 결락이 있지만 건비에 상주계수관은 물론 영지사부인 경산부가 개입한 기록은 확인되지 않는다.

태조대에 '奉敎撰'으로 세워진 보주 경청선원자적선사비문은 '尙州'라는 영역표시가 있지만[122] 현종 1년의 開心寺石塔 불사에는 지방관의 개입이 보이지 않는다. 현종 이후 계수관 영속관계가 정리된 뒤에는 보주가 안동부에 속하게 된다. 명종대 「중수용문사기」는 국왕의 명을 받은 '奉宣述'의 건비임에도 지방관이 관여하지 않는다. 그 내용에 이 지역명을 언급함에도 '安東府甫州', '甫州在安東管內'라 하여 안동부의 속현임을 표현할 뿐 '尙州界'라는 영역 표기가 사라진다. 상주계수관의 불사는 속군현에 한정하여 관여하였을 것이다.

상주계수관의 향공과 출판에서의 역할을 살펴본다. 계수관체제의 지방제도 정비가 끝난 뒤인 현종 15년 12월 판문을 인용한다.

> 제주현의 천정 이상 매년 3인, 오백정 이상 2인, 그 이하 1인을 제술업은 五言六韻詩 1수로, 명경은 五經 각 1궤로 계수관이 시선 誦經하여 국자감에서 다시 시험 보아 입격한 자는 최종 고시에 응하게 하고 나머지는 돌려보내 학습한다. 만약 계수관이 자질이 안 된 자를 貢擧할 경우 국자감에서 考覈하여 죄를 묻는다.[123]

계수관이 향공을 시선하는 책임을 지고 있다. 향교의 설치는 성종대 12목을 설치하고 경학박사와 의학박사를 각 1명씩 파견한다. 지방에 학교를

---

121) 「寧國寺圓覺國師碑」, 『韓國金石全文』, 850쪽, "安于陽山管內智勒山寧國寺".
122) 「境淸禪院慈寂禪師碑」, 『韓國金石全文』, 313쪽.
123) 『高麗史』 卷73 志 卷27 選擧1 科目1 顯宗 15年 2月 判 "諸州縣 千丁以上 歲貢三人 五百丁以上二人 以下一人 令界首官試選 製述業則試以五言六韻詩一首 明經則試五經各一机 依例送京 國子監更試 入格者 許赴擧 餘並任還本處學習 如界首官 貢非其人 國子監考覈 科罪".

설치하여 생도를 권과하여 문예를 경쟁하는 장으로 삼는다. 상주에 향교
가 이 때 설치되었을 것이다. 현종대 계수관 체제가 성립되던 당시이므로
향공은 상주계수관에서 총괄하는 중심지로서 역할을 하였을 것이다. 상주
에 영속된 2지사부와 7속군, 17속현의 향공을 총괄한 것으로 보인다.

이후 예종대에도 향공은 팔목 등 계수관에서 전의 법식에 의거하여 시
선하여 보고하라는 판문이 있다.124) 향공 체계가 계속된 것으로 보인다.
문종대에는 외직제를 개정하여 지주군에도 문학과 의학을 각각 1인씩 둔
다. 지방교육과 치병을 담당하게 함으로써 향교가 설치된 것으로 짐작된
다. 예종대와 인종대에 감무 파견이 계속되어 이들 지역에도 향교가 설치
되었을 가능성이 있다. 상주계수관내에서는 경산부, 안동부, 그리고 일선
군, 관성현, 순안현, 의성현 등에 향교가 성립된다.

이에 따른 조치로서 인종 20년 판문에는 동당감시에 부거제생은 반드
시 겨울 여름도회에 이름을 올리고, 재외 생도의 경우는 각 계수관의 향
교도회에서 장을 지급하여 시험에 응하도록 하였다.125) 2지사부와 감무
이상 향교가 있는 곳에서 교육 받은 제생이 계수관 향교 곧 상주 향교에
모두 모여 여기서 발급된 장을 가지고 동당감시에 응하였다. 현종대는 주
현 크기에 따라 공거 인원을 제한하였다. 인종대 규정을 완화하여 재능이
뛰어난 사람이 더 있으면 숫자에 한정하지 않도록126) 바꾸었다. 계수관내
에 각지 향교가 설립되고 많은 제생이 있음에 따라 상주 향교 도회에서
일정한 재능이 확인되면 이들에게 증서를 주어 동당감시에 응시하게 한

---

124) 『高麗史』 卷73 志 27 選擧1 科目1 睿宗 5年 九月 判, "製述·明經諸業新擧者 屬國
子監三年 仕滿三百日者 各業監試 許赴 西京則留守官選上 鄕貢則東·南京·八牧·三
都護等界首官 依前式 試選申省".

125) 『高麗史』 卷73 志 27 選擧1 科目1 仁宗 22年 2月 判, "東堂監試 赴擧諸生 須赴冬
夏天都會 許錄姓名 在外生徒 各於界首官·鄕校都會 給狀赴試".

126) 『高麗史』 卷73 志 27 科目1 仁宗 14年 11月 判 "凡諸州貢士 依前定額數 若有才堪
貢選 不限其數 所貢之人將申送日 行鄕飮酒禮 牲用小牢 以官物充".

다. 뽑힌 貢士를 개경으로 보낼 때 小牢로 잔치를 하는데 관물로 충당하
였다. 공사를 보내는 잔치는 상주계수관에서 했다.

상주 향교는 상주계수관내에서 도회소 역할을 한다. 상주계수관 향교
는 향공 선발의 중심적 지위를 계속한다. 계수관원으로 상주 목사, 판관,
사록 등은 거의 모두 급제자이다. 속관 중 文師도 향교 교육과 깊은 관계
가 있다. 지방관은 儒臣이 맡고 學事의 管句를 겸하였다.[127] 그러므로 상
주 향교 도회는 계수관원이 주관하였다. 순무사, 안렴사를 상주목사가 환
영할 때 목사 주제하에 제생들이 참여하여 시를 올리고 있었다.

상주계수관은 향교제유의 교육과 공사 선발의 도회로서 역할을 하였
다. 지방 지식인들이 모이고 교육하여 관판 도서를 출판하는 인적 기반도
있었다. 상주에서의 출판 사례는 고종 19년 이전에 『東坡文集』이 번각되
었으나 몽고침입으로 소실되었다. 崔址가 국왕의 허락을 얻어 고종 23년
경에 全州牧에서 중간하였다.[128] 공양왕 3년에는 상주목에서 『禮記集說』
이 판각되었다. 이숭인이 간행의 위촉을 받고 상주목사 李始復에게 移文
하여 중간하였다.[129] 권말에는 "洪武貳拾肆年 玖月 慶尙道都觀察黜陟使
安翊進重刊陳澔集說禮記箋"이라는 간기가 전한다.[130] 현존하지 않지만
이인영이 잔본을 보고 권말을 인용하여 전한 것이다.

---

127) 『高麗史』 卷74 志 28 選擧2 學校 毅宗 22年 3月 詔曰, "化民成俗 必由學校 自祖宗
　　以來 於外官 差遣文師一員 又有儒臣爲守 則兼管句學事 以勸學".

128) 「全州牧新雕東坡文集跋」 『東國李相國集』 卷21, "其摹本舊在尙州 不幸爲虜兵所焚
　　滅 了無子遺矣 完山守禮部郎中崔君址 好學樂善君子人也 聞之慨然 方有重刻之志
　　時胡騎倏來忽往 間不容毫 州郡騷然 略無寧歲 則似若未遑於文事 而太守以爲古之
　　人 尙有臨戎雅歌 投戈講藝者 文之不可廢如此 以是邑之大也 此一段幺麽事 咄嗟可
　　辦 而若以彼區區戎醜之故 將姑息以俟太平 庸詎知後之來者又因循姑息 便不成吾志
　　耶 遂直斷聞于上 上亦好文 欣然允可".

129) 「進重刊陳澔集說禮記箋」 『陶隱先生文集』 卷5, "項臣受命南來 臣金子粹 閔安仁體
　　國家美意 以陳澔集說一部 囑臣刊行 移文尙州 俾之鋟梓 牧使臣李復始等董事惟謹
　　閱五月而功告成".

130) 李仁榮, 『淸芬室書目』, 寶蓮閣影印, 1968, 134쪽.

지방 관판본은 중앙의 秘書省 또는 典校署가 주관하여 지방관서가 판 각 진상하게 하고 秘閣, 書籍鋪, 書籍店 등이 책판을 관리하면서 인쇄 보급하였다. 이들 관판본은 대체로 과거와 면학에 필요한 서적이고 중국에서 수입한 전적을 飜刻한 것이 많다.[131] 상주의 예는 이상의 두 사례이다. 전주, 안동, 동경 등의 계수관에는 사례가 다수 보인다. 계수관 이하의 사례가 보이지 않으므로 계수관이 관판 전적 간행을 주관하였다.

계수관원의 계내 토목, 군사, 형옥, 도량형 검수, 수세 등의 활동에 대해 정리한다. 명종 때 함창현에 소재한 공검지를 상주 사록 최정분이 주관하여 수리하였다.[132] 사록은 행정실무를 맡은 호장층을 지휘하는 직임이다. 호장을 지휘하고 노동역을 담당한 일품군을 동원하여 진행하였을 것이다. 외관은 호장을 추천하여 급첩을 받게 하는 거망권을 가지고 있다.[133] 『고려사』 병지 주현군조에서는 상주목도내에 보승 665인, 정용 1,307인, 일품 1,241인이 파악된다.[134] 파악시기는 명확하지 않지만 대략 문종대로 이해된다. 사록이 호장을 지휘한 예는 이규보가 전주 사록으로 호장 최대유와 함께 전주 관내지역의 벌목작업을 수행한 사실에서[135] 추측된다. 대규모 노동력이 드는 공검지 수리를 지휘하였기 때문에 노동부대인 일품군도 동원·지휘하였을 것이다. 호장층이 별장 등의 주현군 장교직을 겸직하는 예가 많기 때문이다. 홍건적 침입기의 비상사태이긴 하지만 공민왕대 상주 판관 趙緝이 兵 1,400을 이끌고 와서 대장군 金得濟에게 지휘를 맡긴 일이 있다.[136] 상주 판관이 주현군을 동원하였다. 이로

131) 南權熙, 『高麗時代 記錄文化 研究』, 淸州古印刷博物館, 2002, 69쪽.

132) 『高麗史』 卷57 志 15 地理2, 尙州牧.

133) 『高麗史』 卷75 志 29 選擧3 銓注, "判 諸道外官 戶長擧望時 考其差年久近 坺典行 公年數 具錄申省 方許給貼".

134) 『高麗史』 卷80 志37 兵3 州縣軍, "尙州牧道內 保勝六百六十五人 精勇一千三百七人 一品一千二百四十一人".

135) 김호동, 「고려 무신정권시대 지방통치의 일단면 – 이규보의 전주목 '사록겸장서기' 의 활동을 중심으로 –」 『교남사학』 3, 1987.

보아 상주 판관, 사록 등이 호장층과 주현군 장교 등을 동원하여 상주계
내에서 토목활동이나 군사활동을 하였다.

계내 외옥수에 대한 추검은 계수관 판관 이상이 무시로 감행한다. 가벼
운 죄는 판결하고 중죄수는 간힌 연월을 보고하고 연체한 관리의 죄를 부
과하여 보고하였다.137) 계내의 도량형도 검수하였다.『고려사』형법지에
따르면 정종 12년 판에 매년 춘추에 公私의 秤, 斛, 斗, 升, 平木, 長木
등을 平校한다. 외관은 동서경, 사도호, 팔목에서 그것을 맡았다.138) 동서
경, 사도호, 팔목은 곧 계수관 단위를 의미한다. 상주목은 계수관내 공사
의 도량형을 검수한다. 계내의 경제적 유통 질서를 관리한다. 副使, 司錄
이 수결한 명문이 있는 청주 사뇌사지에서 발견된 기름말[油斗]에서139)
확인된다. 청주 역시 계수관에 해당되므로 상주목에도 적용된다.

계수관은 권농사를 겸한다.140) 권농을 위해 부역이나 옥송 등으로 해
서 농시를 놓지지 않도록 유의한다.141) 농업에 도움이 되는 수차와 같은
새로운 기계의 제작도 맡았다.142) 숙종대 김부의 치어에 따르면 고려 전

---

136)『高麗史』卷39 世家 恭愍王 10年 11月 戊辰, "尙州判官趙縉 以兵千四百來 使大將
軍金得濟領之".
137)『高麗史』卷84 志 38 刑法1 職制 判, "外獄囚 西京則分臺 東西州鎮則各界兵馬使
關內西道則按察使 東南海則都部署 其餘各界首官·判官以上 無時監行推檢 輕罪量
決 重囚則所囚年月 具錄申奏 如有滯獄官吏 科罪論奏".
138)『高麗史』卷84 志 38 刑法1 職制, 靖宗 12年, 判, "每年春秋 平校公私秤·斛·斗·
升·平木·長木 外官則令東西京·四都護·八牧 掌之".
139)『고려공예전』, 국립청주박물관, 1999, 51쪽, "淸州牧官平校思惱寺傳受油斗印 住持
重大師 宗常 可成 監 副使 (手決) 判官 司錄 (手決)".
140)『高麗史』卷79 志 33 食貨2 農桑, 文宗 20年 4月, "制曰 書哉惟時 一夫不耕
必有受其飢者 郡牧之職 農桑爲急 諸道外官之長 皆令帶勸農使".
141)『高麗史』卷79 志 33 食貨2 農桑, 靖宗 2年 正月, "御史臺言 諸道外官 使民不時
有妨農事 請遣使 審察黜陟 從之".
『高麗史』卷79 志 33 食貨2 農桑, 靖宗 3年 正月, "判 立春後 諸道外官 並停獄訟
專務農事 勿擾百姓 如有違者 按察使糾理".
142)『高麗史』卷79 志 33 食貨2 農桑, 密直提學白文寶上箚子, "… 宜命界首官 造水車
使效工取樣 可傳於民間 此備旱墾荒第一策也".

기에는 토지와 민호의 현황 파악과 관련된 전민계점에 대해서는 상주 목
사가 겸하지 않고 별사를 파견하였다. 원간섭기에는 「유자우묘지명」에
따르면 상주 목사가 겸직하고 있었다. 상주 목사는 관내 전민계점의 임무
도 수행하였다. 계수관은 공역의 다소 등 계내의 실제 상황도 관리하였
다. 외옥수, 도량형 등을 추검, 감리하는 것과 함께 공역 현황도 파악하는
의무를 지고 있었다. 연세액을 외관원료들에게 부과하였다. 정종 7년 정
월 삼사에서 올린 주문에 "諸道外官員僚들은 그 관할하는 州府稅貢은 한
해에 米 300석, 租 400곡, 黃金 10냥, 白銀 2근, 布 50필, 白赤銅 50근,
鐵 300근, 鹽 300석, 絲綿 40근, 油蜜 1석인데 미납자는 현임에서 파임하
기를 청합니다"고 하자 국왕이 이에 따랐다.[143] 이 기사에 대해 세액의
증가분이라는 견해와 그대로 일년 세액일 것이라는 견해 등이 있지
만,[144] 주부 즉 외관이 파견된 주현에는 외관원료들이 관할지역 세액 할
당을 책임지고 있다. 농상만이 아닌 소수공업품의 세액도 함께 책임을
부과 받았다.

계수관은 계내를 대표하여 원정, 팔관, 국왕절일에 국왕에 충성을 다짐
하는 하표를 올렸다. 총재에게도 하장을 올렸다. 이는 공개적이며 품평까
지 하였다. 국왕이 파견한 사신관 계점사, 진무관, 정기적인 안찰사도 영
송하였다. 사신관은 몇 개의 계수관을 합한 경상도를 순력하지만 상주가
도계의 입구에 해당하므로 그 영송을 대표로서 수행하였다. 계수관은 속
현의 속관을 동원하여 사원 중수를 진행하였다. 영지사부는 관할지역의
비문 건립 등의 불사를 감독하였다. 계수관내 속군현에 관여하여 하표를
올리는 등 영역 대표성을 표방하는 것과는 달랐다. 계수관은 영역내의 유

---

143)『高麗史』卷78 志 32 食貨1 田制 靖宗 7年 正月 "三司奏 諸道外官員僚 所管州府
　　稅貢 一歲 米三百碩 租四百斛 黃金一十兩 白銀二斤 布五十匹 白赤銅五十斤 鐵三
　　百斤 塩三百碩 絲綿四十斤 油蜜一碩 未納者 請罷見任 從之".
144)『譯註『高麗史』食貨志』, 韓國精神文化研究院, 1996, 213~214쪽.

생 교육과 향공 선발의 중심 역할을 하였다. 이러한 기반으로 관관출판도 주관하였다. 계수관은 속군의 범위를 넘어서는 토목, 군사, 형옥, 도량형, 권농, 전민조사 등 계내의 활동과 연관된 부분도 관리하였다.

제3절 경상도 안찰사와 상주계수관

안찰사제도는 국왕의 사신관으로서 순찰지역의 민생이 겪는 질고와 수령의 득실을 감찰하는 역할을 하였다. 안찰사가 제도적으로 성립 운용되는 과정에서 계수관의 상위 중간 기구로서 조선시기 관찰사제도로 성립되었다는 견해가 제출되었다.[145] 이에 대한 반론으로 고려말의 사례를 소급한 부분이 있어 실상이 아닐 것이라는 비판도 있다.[146] 중간 기구로서 수령 업무에 간여하는 정도가 점차 강해진다는 논고도 있다.[147] 이와는 방향을 달리하여 계수관을 견제하는 역할로서 안찰사를 주목한 연구가 있다.[148] 경상도 안찰사의 기원은 동남해도부서사에서 시작하며 안찰사는 군사, 사법부분에서 계수관의 기능을 보완한다는 견해도[149] 발표된 바 있다.

본고는 경상도 按察使와 상주계수관의 관계를 통해 중앙과 계수관의

---

145) 변태섭, 「高麗按察使考」『역사학보』 40, 1968.

146) 하현강, 「고려지방제도의 일연구 - 도제를 중심으로 -」『한국중세사연구』, 일조각, 1988.

147) 박종진, 「고려시기 안찰사의 기능과 위상」『동방학지』 122, 2003.

148) 김윤곤, 「麗代의 按察使制度 成立과 그 背景」『嶠南史學』 창간호 - 東峰 金成俊先生 停年記念 史學論叢, 영남대학교 국사학과, 1985 ; 김호동, 「고려 무신정권시대 지방통치의 일단면 - 이규보의 전주목 '사록겸장서기'의 활동을 중심으로 -」『교남사학』 3, 1987 ; 김호동, 「桂陽都護府使 李奎報의 활동을 통해 본 고려 군현통치의 실상」『한국중세사연구』 14, 2003.

149) 윤경진, 「고려 按察使의 연원과 '五道按察使'의 성립」『한국문화』 61, 2013 ; 윤경진, 「고려시대 按察使의 기능에 대한 재검토 - 군사 및 사법 기능을 중심으로 -」『한국문화』 65, 2014.

관계를 고찰한다. 안찰사는 계수관 단위가 아닌 도 단위로 파견된 사신관
이다. 고려시기에는 대개 상주, 경주, 진주 등 3개 계수관을 포함하여 경
상도로 칭하였다. 경상도 안찰사는 이 3개 계수관을 순찰하는 임무를 수
행하였다. 경상도에 파견된 안찰사는『경상도영주제명기』에 그 명단이
전한다. 안찰사명단의 자료적 가치를 검토하고, 인명의 이력과 활동을 추
적하면, 안찰사 제도의 운용을 이해할 수 있다. 나아가 국왕을 대신하여
계수관을 순찰 견제하는 등의 기능도 알아 볼 수 있다.

1.『경상도영주제명기』자료의 검토

경상도 안찰사 명단은 조선 초 하연과 김지남 등이 정리하여 전한『경
상도영주제명기』에150) 나와 있다. 1425년 경상도 도관찰출척사로 부임한
河演이 主簿 孫熙의 家藏本에 의거하여『慶尙道營主題名記』두 책을 제
작하여 경주와 상주에 보관한 것이 경상도선생안으로는 처음이었다. 1622
년 감사 金止男이 경주 향리 崔洛이 소장한 하연본을 토대로 증보하여
경주, 상주, 안동, 대구에 보관하였으나 경주하연본과 상주김지남본만 남
았다(〈사진 2-1〉). 경주본은 1718년까지만 기록되었고, 상주본은 1886년
까지 계속 기록하여 자료적 가치가 높다.

상주본은 상주향교에 보관되어 왔다. 1970년 姜周鎭의 주선으로 일제
시기와 1970년까지 경상도 도지사 명단을 추가하여 해제와 서를 붙이고
인명색인을 작성하여『도선생안』이라는 책제로 영인하였다.151) 1997년
에는 상주문화원에서 필사본의 인명을 판독 상주본만 다시 영인 정리하여
『경상도선생안』이라는 책제로 출판하였다.152)

---

150) 이하 서술의 편의를 위해 '경상도선생안' 혹은 '도선생안' 등으로 칭한다.
151) 강주진 편,『도선생안』, 1970.
152) 상주문화원,『경상도선생안』, 1997.

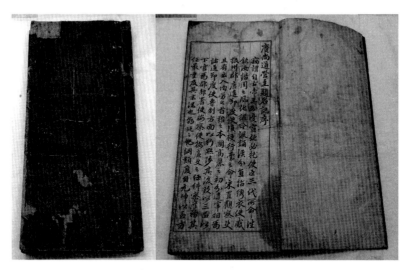

〈사진 2-1〉 김지남본 경상도영주제명기(상주박물관 소장)

　국학진흥원은 『고려사』, 『고려사절요』에서 그 이력을 일부 정리하여 첨부하고 인명을 일부 교정하여 『증보경상도선생안 상·하』라는 책제로 소개하였다.[153] 이들을 참고하면서 문집, 묘지명, 『고려사』, 『고려사절요』 등의 자료를 검출하여 자료의 신빙성, 정확성 등을 검증하고 그 성격을 밝혀 본다.

　『경상도영주제명기』는 종서로 쓸 수 있는 8간을 지운 용지에 하연의 「경상도영주제명서」 다음에 '尙州牧置'라 쓰고 있다. 그 다음에 김지남의 서문을 붙였다. 다음 차례로 '경상도영주제명기'라 제목을 붙이고 첫 장은 7간을 지워 매 간을 한해로 한다. 연간지를 붙이고 춘하등과 추동등 6삭 갱대 인명을 적어 나간다. 두주를 붙일 공간을 2단으로 나누어 첫째 단은 중국 연호를 기재하고 아랫단은 각 왕의 즉위와 죽음, 그리고 안찰사 이름이 개정된 사정을 두주하였다. 이러한 방식의 기재는 고려말까지 고수

---

153) 국학진흥원, 『증보경상도선생안 상·하』, 2002.

한다. 김지남이 필사 정리할 때 미리 만들어진 용지에 한 사람의 필치로 기재한 것 같다.

『도선생안』에서 안찰사는 1078년 문종 32년 춘하부터 1391년 공양왕 3년까지 춘하, 추동 등으로 1년 2회 파견 모두 637명이 부임하였다. 이중 인명을 적지 않았거나 성씨만 기재한 예를 들면 다음과 같다.

인명	연대	육삭	왕대	안찰사직명
○ ○ ○	1078	秋冬	文宗32	都部署使
○ ○ ○	1093	秋冬	宣宗10	都部署使
○ ○ ○	1103	春夏	肅宗08	都部署使
○ ○ ○	1165	秋冬	毅宗19	按察使
李○ ○	1221	秋冬	高宗08	按察使
李○ ○	1223	秋冬	高宗10	按察使
趙○ ○	1229	秋冬	高宗16	按察使
田○ ○	1230	春夏	高宗17	按察使
盧○ ○	1240	春夏	高宗27	按察使
朴○ ○	1241	春夏	高宗28	按察使
朴○ ○	1241	秋冬	高宗28	按察使
○ ○ ○	1242	春夏	高宗29	按察使
○ ○ ○	1242	秋冬	高宗29	按察使
○ ○ ○	1243	春夏	高宗30	按察使
○ ○ ○	1243	秋冬	高宗30	按察使
崔○ ○	1244	秋冬	高宗31	按察使
田○ ○	1251	秋冬	高宗38	按察使
李○ ○	1257	秋冬	高宗44	按察使
李○ ○	1258	春夏	高宗45	按察使
金○ ○	1258	秋冬	高宗45	按察使
金○ ○	1259	春夏	高宗46	按察使
王○ ○	1260	春夏	元宗01	按察使
○ ○ ○	1261	春夏	元宗02	按察使
○ ○ ○	1261	秋冬	元宗02	按察使
張○ ○	1263	春夏	元宗04	按察使
張○ ○	1263	秋冬	元宗04	按察使
李○ ○	1264	春夏	元宗05	按察使
李○ ○	1264	秋冬	元宗05	按察使
郭○ ○	1265	秋冬	元宗06	按察使

金○○	1267	秋冬	元宗08	按察使
盧○○	1272	春夏	元宗13	按察使
呂○○	1273	春夏	元宗14	按察使
嚴○○	1273	秋冬	元宗14	按察使
金○○	1275	秋冬	忠烈01	按察使
○○○	1280	春夏	忠烈06	按察使
薛○○	1286	春夏	忠烈12	按察使
薛○○	1286	秋冬	忠烈12	按察使
○○○	1290	春夏	忠烈16	按察使
○○○	1290	秋冬	忠烈16	按察使
○○○	1291	春夏	忠烈17	按察使
○○○	1291	秋冬	忠烈17	按察使
○○○	1292	秋冬	忠烈18	按察使
柳○○	1293	春夏	忠烈19	按察使
李○○	1304	春夏	忠烈30	按察使
○○○	1335	春夏	肅復04	提察使
○○○	1343	春夏	惠復04	提察使
○○○	1385	秋冬	禑王11	按廉使
○○○	1386	春夏	禑王12	按廉使
○○○	1386	秋冬	禑王12	按廉使
○○○	1387	春夏	禑王13	按廉使

성명이 없는 예가 28이고 성씨만 기재된 것도 28이다. 모두 56예가 인명 파악이 안 된다. 인명을 미기재한 경우 안찰사가 파견되지 않은 예인지 단순히 인명을 기록하지 않은 것인지 혹은 불명예와 관련하여 적지 않은 것이지는 판단하기 어렵다. 역시 성씨만 써놓은 경우도 왜 그런지 알 수 없다. 고종 연간 17예가 보이고 원종대에도 12사례가 보인다. 충렬왕대 11예, 우왕대 4예가 있다. 재위연간이 긴 점도 있지만 고종 연간의 예가 가장 많다. 이는 몽고와의 항쟁 기간에는 파견이 잘 이루어지지 않았거나 항쟁과 관련된 사신관과 겹쳐짐에 따라 불분명하게 된 점도 있었을 것이다. 무인 정권이 끝나고 원 간섭기로 이행하면서 원종, 충렬왕대에도 경상도 안찰사 파견이 엄밀히 시행되지 못한 사정이 있었을 것으로 짐작된다.

『고려사』세가에 따르면 경상도 안찰사 이홍정이 청알하여 형부원외랑 김녹연으로 대신하였는데 녹연은 홍정보다 배로 심하였다는 기사가 있다.[154] 이로 보아 고종 44년 추동, 고종 45년 춘하 시기의 李○○은 李洪靖으로, 고종 45년 추동, 고종 46년 춘하 시기의 金○○ 은 金祿延으로 밝혀진다.『파한집』발문에 따르면 원종 1년 춘하의 王○○는 太原王公으로[155] 밝혀진다. 원종 4년 춘하에 안찰사로 나오는 張○○은『고려사』에 나온 張鎰로 보인다.[156]『고려사』세가 기사에 따르면 충렬왕 19년에 경상도 안찰사 柳元開가 나온다.[157] 충렬왕 19년 춘하 시기에 柳○○은 곧 류원개임을 알 수 있다. 이처럼 성만 기재하고 이름을 다 쓰지 못한 경우는 조선초 필사하면서 구본의 자료가 낡아 잘 판독이 되지 않았던 것이 아닌가 한다. 이 외의 미기재 인명도 필사시 구본 자료의 문제점 때문도 있었던 것으로 짐작된다.

『도선생안』에 성명이 전혀 언급되지 않은 예도 불전 간기에서 더러 찾아진다. 충숙왕 복위 4년 을해년 춘하의 ○○○은『달마대사관심론』간기에 따르면 을해의 경상도안렴사 金㒶이[158] 틀림없다. 충숙왕 복위 3년 추동에 김경으로 나오나 잉번으로 표시하지 않고 성명을 적지 않았다. 필사자의 실수로 보인다.

『도선생안』의 인명이『고려사』에서 같은 시기에 전혀 다르게 확인되는 예도 있다. 충선왕 즉위년 추동의 안찰사는 鄭肅文으로 나오나『고려사』세가 기사에는 摠郎 姜用丁을 경상도 안렴사로 삼고 正郎 柳謙으로

---

154)『高麗史』卷24 世家 高宗 45年 5月, "西海道按察使任睦荒于酒色 以員外郎李惟信代之 慶尙州道按察使李洪靖公行請謁 以刑部員外郎金祿延代之 祿延掊克 倍於洪靖".

155)『破閑集』跋, "于時按廉使太原王公".

156)『高麗史』卷106 列傳 19 諸臣 張鎰, "元宗初 與侍郎金祗錫 迭爲全羅·忠淸·慶尙三道按察 人以爲 威重不及祗錫 而決斷過之."

157)『高麗史』卷30 世家 忠烈王 19年 11月, "甲寅 慶尙道按廉使柳元開 獻二十升麻布三十匹".

158)『達磨大師觀心論』刊記, "慶尙道按廉使中顯大夫監察執義金㒶".

부사로 하였다.[159] 필사시 오기로 보인다. 이 점은『도선생안』자료의 정확성을 의심하게 하는 예이다.『도선생안』에는 우왕 8년 춘하에 朴德祥이 안렴사로 나오나『고려사』에는 동왕 8년 5월에 경상도 합주에서 사노들이 장군을 칭하고 무리를 모아 그 주인과 수령을 죽여서 난을 일으키자 안렴사 安景恭이 州軍을 보내 잡아 참하였다는 기사가 있다.[160] 안렴사 안경공은『도선생안』의 박덕상과 다르다. 그 전후에도 비슷한 인명은 보이지 않아『도선생안』자료에 의문이 있다.

『고려사』열전에는 보이지만『도선생안』자료에는 전혀 나타나지 않은 인명도 있다. 무인 정권기로 추정되는 시기 경주인 李義旼이 그의 형과 함께 완력으로 고향에 횡행함에 안렴사 金子陽이 잡아 고문하여 두 형은 죽었으나 이의민만은 죽지 않아 김자양이 그를 京軍으로 발탁하였다는 내용이다.[161] 안렴사 김자양은 경상도 안렴사로서 활동한 인물이지만 다른 기록에서는 확인되지 않고『도선생안』에도 추정시기를 중심으로 폭을 넓게 보아도 나타나지 않는다.『도선생안』기록의 문제점일 수 있고 아니면 손변의 경우와 같이 초명이 기록된 것일 수도 있다.

『도선생안』자료에 오기된 사례도 있다. 신종 3년 추동의 안찰사 田乙均은『고려사』에 따르면 田元均의[162] 오기임이 분명하다. 원종 11년 추동의 李淑貞은『고려사』세가와 열전 기록에 따르면 李淑眞이 잘못 적힌

---

159) 『高麗史』卷33 世家 忠宣王 卽位年 2月, "甲戌 以摠郞姜用丁爲慶尙道按廉使 正郞柳謙副之 國學司藝許有全爲全羅道按廉使 直講鄭珩副之 摠郞李源爲忠淸道按廉郞將白應龍副之".

160) 『高麗史』卷134 列傳 47 禑王 8年 4月, "西海道按廉使李茂獻所獲禾尺三十餘人 馬百匹 諸道按廉守令 各獻所獲 下巡軍鞫之 斬其首謀者 沒入妻孥馬匹 餘皆釋之 都評議使司牒諸道按廉 分置諸州 比平民差役 有不從令者 斬之".

161) 『高麗史』卷128 列傳41 叛逆 李義旼, "慶州人 父善以販塩鬻篩爲業 母延日縣玉靈寺婢也 義旼少時 善夢見義旼衣靑衣 登黃龍寺九層塔 以爲 此兒必大貴 及壯 身長八尺 膂力絶人 與兄二人 橫於鄕曲 爲人患 按廉使金子陽收掠栲問 二兄瘦死獄中 獨義旼不死 子陽壯其爲人 選補京軍".

162) 『高麗史』卷21 世家 神宗 3年 8月 癸巳, "時按察使田元均入州".

것이다.163) 고종 12년 추동의 안찰사 崔崇操는 『고려사』에 따르면 崔宗操가164) 맞다. 고종 35년 춘하와 추동 시기 金光宰 안찰사는 『남명천중도가사실』 권3 간기에 따르면 '慶尙晉安東道按察副使都官郎中 全光宰'로 나온다. 全光宰를 金光宰로 오기한 것이다. 고종 40년 추동의 任絪은 『고려사』에 따르면 任柱가165) 맞다. 충숙왕 16년 추동의 제찰사 趙邦珇은 『고려사』에 따르면 趙方珇으로166) 나온다. 후자를 잘못 옮긴 것이다.

『도선생안』에 초명을 기재한 예도 보인다. 고종 20년 춘하부터 21년 추동까지 4임한 孫襲卿은 『고려사』 열전에 孫抃이다. 손변의 초명이 손습경이다.167) 『도선생안』에는 명종 21년 추동 시기 庾元義는 '後改資諒'이라 주기하였다. 공민왕 10년 추동 시기 李綱도 '後改岡'이라 주기를 붙였다. 각기 『고려사』 열전에서 확인된다. 공식 政案 등에는 초명이 기재되고 이에 따라 『도선생안』에도 그렇게 된 것인지도 모른다.

『도선생안』은 중도에 불명예로 교체된 안렴사는 대신한 안렴사 인명만 기록하기도 하였다. 명종 17년 춘하에 교체된 박충은 중서성에서 가혹한 안찰로 이민을 침어하고 뇌물을 많이 받은 것으로 탄핵을 받은 경상주도안찰사 崔嚴威가 명종 17년 춘하에 교체된 朴冲으로 대신하였다.168) 최엄위는 『도선생안』에 기록되지 않았다. 충정왕 2년 춘하의 안렴사는 崔龍生이었다. 그가 환시를 질시하여 상국의 총애를 거슬러서 그 이름이 올라 국인에 보여주게 되고 어향사가 왕과 공주에게 제소하여 金有謙으

---

163) 『高麗史』 卷27 世家 元宗 12年 1月, "按察使李敖[一作 李淑眞]".
    『高麗史』 卷106 列傳19 諸臣 金晅, "按廉使李淑眞".
164) 『高麗史』 卷22 世家 高宗 12年 7月 戊辰, "郞將崔宗操爲慶尙道按察副使".
165) 『高麗史』 卷24 世家 高宗 40年 12月, "是歲慶尙道按察副使任柱".
166) 『高麗史』 卷36 世家 忠惠王 卽位 6月 丙申, "慶尙道按廉使趙方珇".
167) 『高麗史』 卷102 列傳 諸臣 孫抃, "初名襲卿 樹州人 登第 調天安府判官 政最 超拜供驛署丞 高宗朝 累遷禮部侍郎 非罪流海島 尋授慶尙道按察副使".
168) 『高麗史』 卷12 世家 明宗 17年 6月 丙申, "中書省劾奏 慶尙州道按察使崔嚴 苛察侵魚吏民 受賂無厭 命以郞將朴冲代之".

로 대신하게 하였다.169) 그런데 『도선생안』에는 김유겸만 기록하였고 최
용생은 언급하지 않았다. 이러한 예는 공양왕 4년에도 있다. 경상도안렴
崔咸이 僕長壽 인척으로 연좌되어 파직되고 좌사간 崔云嗣로 대신하였
다.170) 『도선생안』에는 최운사만 기록되었다.

　『도선생안』에는 6삭 시기에 바뀐 경우 주기를 붙여 그 이유를 밝혔다.
인종 즉위년 추동에 林存이 ‘停職’이라 주기되고 인종 1년 춘하에 박경린
에 ‘仍番’ 주기가 붙어 있다. 임존이 정직되고 박경인이 그 잔여 임기를
채우고 다음 춘하 갱대에 잉번된 것이다.

　인종 15년 춘하에는 李元美가 ‘散’이라 주기되고 李仁實이 대신한다.
‘散’은 산직으로 보임이 해제된 것을 의미한다. 이러한 예는 명종 17년 춘
하에 최충헌이 散去하고 朴冲으로 대신하였다. 고종 20년 춘하에 尹復珪
에서 孫襲卿으로 교체된 것도 그러하다.

　명종 4년 춘하에 田臣永은 ‘故’라 주기되고 玄利候가 대신한다. ‘故’는
개인적 사퇴나 사망한 것을 의미한다. 희종 7년 추동에 林光柱가 宋安國
으로 바뀐 이유도 같다. 고종 36년 춘하에는 권제가 ‘丁憂’ 이유로 이응으
로 교체되었다. ‘丁憂’는 곧 부모상을 입은 것이다. 고종 42년 춘하에는
朴隨가 ‘仍番遞’라는 주기가 있고 洪凞로 바뀌었다. 충렬왕 19년 추동에
는 黃瓊이 ‘遞’라는 주기가 있고 朴洪秀로 변경되었다. 충혜왕 2년 춘하
에도 朴松生에서 金昭으로 교체되었다. 충숙왕 복위 8년 춘하에도 朴良
桂에서 尹딙으로 대신한 예가 보인다.

　한 사람이 여러 번 경상도 안찰사로 임명된 예를 정리한다.

---

169) 『高麗史』 卷37 世家 忠定王 2年 2月, “壬辰 以持平崔龍生爲慶尙道按廉使 龍生疾
　　宦寺恃寵上國 流毒東民 膀其惡 以示國人 御香使宦者朱完之帖木兒 訴龍生于王及
　　公主 以金有謙代之”.
170) 『高麗史』 卷46 世家 恭讓王 4年 5月, “庚子 慶尙道按廉崔咸 坐僕長壽姻親罷 以左
　　司議崔云嗣 代之”.

인명	연대	육삭	왕대	안찰사직명
梁永	1115	秋冬	睿宗10	按察使
梁永	1119	春夏	睿宗14	按察使
金輔臣	1116	春夏	睿宗11	按察使
金輔臣	1117	秋冬	睿宗12	按察使
崔弘略	1120	秋冬	睿宗15	按察使
崔弘略	1125	春夏	仁宗03	按察使
皇甫讓	1126	秋冬	仁宗04	按察使
皇甫讓	1133	春夏	仁宗11	按察使
李仁實	1134	春夏	仁宗12	按察使
李仁實	1137	春夏	仁宗15	按察使
金咸	1137	秋冬	仁宗15	按察使
金咸	1139	秋冬	仁宗17	按察使
高瑩夫	1143	秋冬	仁宗21	按察使
高瑩夫	1150	春夏	毅宗04	按察使
申叔	1148	秋冬	毅宗02	按察使
申叔	1149	秋冬	毅宗03	按察使
尹鱗瞻	1152	秋冬	毅宗06	按察使
尹鱗瞻	1161	春夏	毅宗15	按察使
徐公	1153	秋冬	毅宗07	按察使
徐恭	1157	春夏	毅宗11	按察使
吳中正	1157	秋冬	毅宗11	按察使
吳中正	1159	秋冬	毅宗13	按察使
金存夫	1158	春夏	毅宗12	按察使
金存夫	1162	秋冬	毅宗16	按察使
李文著	1161	秋冬	毅宗15	按察使
李文著	1169	春夏	毅宗23	按察使
李璋	1174	秋冬	明宗04	按察使
李章	1181	春夏	明宗11	按察使
宋安國	1211	秋冬	熙宗07	按察使
宋安國	1212	春夏	康宗01	按察使
金叔龍	1216	秋冬	高宗03	按察使
金叔龍	1217	春夏	高宗04	按察使
李勣	1218	春夏	高宗05	按察使
李勣	1218	秋冬	高宗05	按察使
李公老	1220	春夏	高宗07	按察使
李公老	1220	秋冬	高宗07	按察使
白敦賁	1227	春夏	高宗14	按察使
白敦賁	1227	秋冬	高宗14	按察使

孫襲卿	1233	春夏	高宗20	按察使
孫襲卿	1233	秋冬	高宗20	按察使
孫襲卿	1234	春夏	高宗21	按察使
孫襲卿	1234	秋冬	高宗21	按察使
薛模	1237	春夏	高宗24	按察使
薛模	1237	秋冬	高宗24	按察使
申宣	1238	春夏	高宗25	按察使
申宣	1238	秋冬	高宗25	按察使
崔椿命	1239	春夏	高宗26	按察使
崔椿命	1239	秋冬	高宗26	按察使
李堯瞻	1246	春夏	高宗33	按察使
李堯瞻	1246	秋冬	高宗33	按察使
金之岱	1247	春夏	高宗34	按察使
金之岱	1247	秋冬	高宗34	按察使
金光宰	1248	春夏	高宗35	按察使
金光宰	1248	秋冬	高宗35	按察使
李凝	1249	春夏	高宗36	按察使
李凝	1249	秋冬	高宗36	按察使
韓竑	1252	春夏	高宗39	按察使
韓竑	1252	秋冬	高宗39	按察使
任絪	1253	春夏	高宗40	按察使
任絪	1253	秋冬	高宗40	按察使
朴隨	1254	春夏	高宗41	按察使
朴隨	1254	秋冬	高宗41	按察使
朴隨	1255	春夏	高宗42	按察使
洪凞	1255	春夏	高宗42	按察使
洪凞	1255	秋冬	高宗42	按察使
宋彦庠	1256	秋冬	高宗43	按察使
宋彦庠	1257	春夏	高宗44	按察使
朱悅	1266	春夏	元宗07	按察使
朱悅	1266	秋冬	元宗07	按察使
朴恒	1268	春夏	元宗09	按察使
朴恒	1268	秋冬	元宗09	按察使
閔萱	1280	秋冬	忠烈06	按察使
閔萱	1281	春夏	忠烈07	按察使
閔萱	1281	秋冬	忠烈07	按察使
閔萱	1282	春夏	忠烈08	按察使
閔萱	1282	秋冬	忠烈08	按察使
崔崇	1285	春夏	忠烈11	按察使

崔崇	1285	秋冬	忠烈11	按察使
鞠成允	1287	春夏	忠烈13	按察使
鞠成允	1287	秋冬	忠烈13	按察使
朴璘	1288	秋冬	忠烈14	按察使
朴璘	1289	春夏	忠烈15	按察使
劉顥	1289	秋冬	忠烈15	按察使
劉顥	1292	春夏	忠烈18	按察使
黃瓊	1293	秋冬	忠烈19	按察使
黃瓊	1295	秋冬	忠烈21	按察使
朴至公	1297	春夏	忠烈23	按察使
朴至公	1297	秋冬	忠烈23	按察使
宋克連	1300	春夏	忠烈26	按察使
宋克連	1300	秋冬	忠烈26	按察使
李堅幹	1302	秋冬	忠烈28	按察使
李堅幹	1303	春夏	忠烈29	按察使
崔白倫	1307	春夏	忠烈33	按察使
崔白倫	1307	秋冬	忠烈33	按察使
鄭肅文	1308	春夏	忠烈34	按察使
鄭肅文	1308	秋冬	忠宣卽	按察使
陳希瑣	1309	春夏	忠宣01	提察使
陳希瑣	1309	秋冬	忠宣01	提察使
姜瑗	1310	春夏	忠宣02	提察使
姜瑗	1310	秋冬	忠宣02	提察使
李訥	1311	春夏	忠宣03	提察使
李訥	1311	秋冬	忠宣03	提察使
吳方祐	1312	春夏	忠宣04	提察使
吳方祐	1312	秋冬	忠宣04	提察使
韓沖熙	1314	秋冬	忠肅01	提察使
韓沖熙	1315	春夏	忠肅02	提察使
韓沖熙	1315	秋冬	忠肅02	提察使
朴孝修	1316	春夏	忠肅03	提察使
朴孝修	1316	秋冬	忠肅03	提察使
李晛	1317	秋冬	忠肅04	提察使
李晛	1318	春夏	忠肅05	提察使
李晛	1318	秋冬	忠肅05	提察使
朴叔貞	1319	春夏	忠肅06	提察使
朴叔貞	1319	秋冬	忠肅06	提察使
崔咸一	1320	春夏	忠肅07	提察使
崔咸一	1320	秋冬	忠肅07	提察使

許頏	1321	春夏	忠肅08	提察使
許頏	1321	秋冬	忠肅08	提察使
安庇	1322	春夏	忠肅09	提察使
安庇	1322	秋冬	忠肅09	提察使
安庇	1323	春夏	忠肅10	提察使
安庇	1323	秋冬	忠肅10	提察使
薛文遇	1324	春夏	忠肅11	提察使
薛文遇	1324	秋冬	忠肅11	提察使
薛文遇	1325	春夏	忠肅12	提察使
薛文遇	1325	秋冬	忠肅12	提察使
尹堯瞻	1326	春夏	忠肅13	提察使
尹堯瞻	1326	秋冬	忠肅13	提察使
李景安	1327	春夏	忠肅14	提察使
李景安	1327	秋冬	忠肅14	提察使
李景安	1328	春夏	忠肅15	提察使
趙邦珇	1328	秋冬	忠肅15	提察使
趙邦珇	1329	春夏	忠肅16	提察使
趙邦珇	1329	秋冬	忠肅16	提察使
李元幹	1330	秋冬	忠惠卽	提察使
李元幹	1331	春夏	忠惠01	提察使
金㒺	1332	春夏	肅復01	提察使
金㒺	1332	秋冬	肅復01	提察使
金㒺	1333	春夏	肅復02	提察使
金㒺	1333	秋冬	肅復02	提察使
金㒺	1334	春夏	肅復03	提察使
金㒺	1334	秋冬	肅復03	提察使
閔祥伯	1336	春夏	肅復05	提察使
閔祥伯	1336	秋冬	肅復05	提察使
張耳	1337	春夏	肅復06	提察使
張耳	1337	秋冬	肅復06	提察使
全啓	1338	春夏	肅復07	提察使
全啓	1338	秋冬	肅復07	提察使
沈文湜	1340	秋冬	惠復01	提察使
沈文湜	1341	春夏	惠復02	提察使
崔宰	1348	春夏	忠穆04	提察使
崔宰	1348	秋冬	忠穆04	提察使
崔漢龍	1352	秋冬	恭愍01	提察使
崔漢龍	1353	春夏	恭愍02	提察使
郭忠守	1353	秋冬	恭愍02	提察使

郭忠守	1354	春夏	恭愍03	提察使
鄭光道	1355	春夏	恭愍04	提察使
鄭光道	1355	秋冬	恭愍04	提察使
金達祥	1356	秋冬	恭愍05	提察使
金達祥	1357	春夏	恭愍06	提察使
李寶林	1362	秋冬	恭愍11	提察使
李寶林	1363	春夏	恭愍12	提察使
朴東貴	1372	秋冬	恭愍21	按廉使
朴東貴	1373	春夏	恭愍22	按廉使
柳珣	1373	秋冬	恭愍22	按廉使
柳珣	1374	春夏	恭愍23	按廉使
河忠國	1379	春夏	禑王05	按廉使
河忠國	1379	秋冬	禑王05	按廉使
全五倫	1380	秋冬	禑王06	按廉使
全五倫	1381	春夏	禑王07	按廉使
朴德祥	1381	秋冬	禑王07	按廉使
朴德祥	1382	春夏	禑王08	按廉使
呂克煙	1382	秋冬	禑王08	按廉使
呂克煙	1383	春夏	禑王09	按廉使

『도선생안』의 기재 방식은 춘하, 추동으로 연중 2회 임명하는 안찰사의 명단을 작성하는 것이다. 춘하에서 추동으로 임기가 이어질 때도 仍番으로 표시한다. 이러한 기재 방식은 문종대에서 공양왕대까지 일관된다. 임기를 춘하, 추동으로 1년 2번 갱대함에 따라 여러 번 임명된 경우가 모두 79예이다. 재임된 예는 도합 69예이다. 삼임이 朴隨, 韓沖熙, 李晛, 李景安, 趙邦珇 등 5예이며 사임은 孫襲卿, 安庇, 薛文遇 등 3예, 오임은 憫萱 1예, 육임은 金㘽 1예가 있다. 637대수 중 인명 파악이 안 되는 56예와 여러 번 임명된 100예를 제외하면 481명이 1078년 춘하부터 1391년 추동까지 경상도 안찰사를 지냈다.

예종 10년부터 명종 11년까지 양영 등부터 중임되어도 연속한 잉번이 아니다. 3번 건너 뛰거나 6번 혹은 12번 등 3년 6년 뒤에 임명된 예가 있다. 하지만 희종말부터는 잉번 형태로 연속해서 임기를 중임한다. 아마

도 안찰사 임기가 1년으로 법제화된 것을 반영한 것으로 보인다. 하지만
안찰사 임기 1년으로의 연장은 『고려사』 선거지에 우왕 4년에 법제화된
것으로 나온다.[171] 『도선생안』에 따르면 대체로 희종 이후 1년으로 한차
례 잉번되는 경우가 대부분이다. 실제 임기가 늘어났다. 삼임의 경우는
1년 6월, 사임은 만 2년이다. 최장의 경우인 육임의 김경은 만 3년을 재임
하였다. 삼임 이상이 나타난 시기는 고종 20년 1233년 강화도로 천도한
이후부터이다. 이 때 손습경은 만 2년을 재임하였다.

　『도선생안』에 따르면 도부서사의 직임을 가진 시기는 1078년 문종 32
년부터 1111년 예종 6년까지이다. 이후 안찰사 직명을 사용하는데 충선
왕 즉위년 추동 곧 1308년까지이다. 예종 7년 임진년에 두주를 붙여 '是
年改都部署使爲按察使'라 하였다. 충선왕 1년부터는 제찰사 직명으로 바
꾸어 1363년 공민왕 12년 추동까지 사용하였다. 충렬왕 34년 무신년 두주
에는 '是年改按察使爲提察使'라 하였다. 공민왕 13년 춘하부터는 안렴사
직명을 띠고 1388년 우왕 14년까지 지속하였다. 공민왕 13년 갑진년 두주
에 '是年改提察使爲按廉'이라 하였다. 창왕 즉위년부터는 도관찰출척사
로 바꾸어 조선왕조로 이어졌다. 도부서사 직임은 33년 정도, 안찰사 직
명은 187년간, 제찰사는 60여 년, 안렴사는 20여 년 정도, 도관찰출척사는
2년 여 썼다. 안찰사 직명을 가장 긴 시간 사용하였다.

　『고려사』 백관지 외직조의 설명은 다음과 같다. 국초에 절도사 직임이
있었는데 현종 3년에 파하고 후에 안찰사를 두었다. 문종 18년에 도부서
로 고쳤다. 예종 8년에 다시 고쳐 안찰사로 하였다. 충렬왕 2년에 안렴사
로 바꾸었다. 충선왕 즉위년에는 경상, 전라, 충청 3도는 땅이 크고 일이
많아 안렴부사를 더하고 교주, 서해 양도는 땅이 작으므로 부사를 두지

---

[171] 『高麗史』 卷75 志29 選擧3 銓注, "辛禑四年十二月 憲司上言 各道按廉 軍國重事
民生疾苦 守令得失 刑獄爭訟 皆委統察 所任至重 今六朔更代 故凡行公事 未畢見遞
以至廢弛 且一年兩度送迎 有弊 願自今 滿一歲 方許遞代".

않았다. 창왕 때 안렴이 관질이 낮으므로 도관찰출척사로 하고 양부 대신으로 맡게 하였다. 공양왕 4년에 도관찰출척사를 파하고 안렴사로 복구하였다.172)

이 내용을 『도선생안』과 비교하면 다음과 같다. 『도선생안』에는 예종 6년에 도부서사에서 안찰사로 바뀌었지만 『고려사』에는 예종 7년에 고친 것으로 나온다. 1년의 차이가 보인다. 오히려 『도선생안』 자료가 당대 기록 형태를 반영한 것이다. 『도선생안』 자료가 즉위년 칭원법에 따른 것이기 때문이다. 『도선생안』에는 안렴부사제가 더해진 사실이 보이지 않지만, 『고려사』 외직조에는 충선왕 즉위년에 시행된 기사가 있다. 『도선생안』에는 안찰사가 제찰사로 바뀐 시기는 충선왕 즉위년부터이고 다시 안렴사로 고친 시기는 공민왕 13년부터라 하였다. 『고려사』 외직조에는 제찰사로 바뀐 사실이 보이지 않고 안렴사로 명한 시기를 충렬왕 2년부터라고 하였다. 『도선생안』과 『고려사』 공히 도관찰출척사로 바뀐 시기는 창왕 때라 하였다. 『도선생안』에는 안찰사-제찰사-안렴사로 변천 사실을 자세히 보여주지만 『고려사』 외직조는 제찰사로 변동된 사실이 보이지 않는다. 『도선생안』 자료가 더 자세하고 사실을 반영한다.173) 『고려사』 세가 충선왕 3년 7월 기사에 '慶尙道提察使 姜瑗'으로 나오기 때문이다. 그외 많은 자료에는 안렴사를 많이 사용하고 그 용례로 고종 34년 '東南路

---

172) 『高麗史』 卷77 志31 百官2 外職, "按廉使 專制方面 以行黜陟 卽國初節度使之任 顯宗三年 罷節度使 後置按察使 文宗十八年 改爲都部署 睿宗八年 復改爲按察使 忠烈王二年 改按察使爲按廉使 二十四年 忠宣王卽位 以慶尙·全羅·忠淸三道 地大事劇 加置按廉副使 交州·西海兩道,地小 不置副使 又罷東界安集使 以交州按廉兼之 辛昌八月 以按廉秩卑 改爲都觀察黜陟使 以兩府大臣爲之 賜敎書斧鉞 以遣之 恭讓王元年 始革京官口傳 別用除授 以專其任 二年 置各道觀察使·經歷司 四年 罷諸道觀察使 復按廉使".

173) 윤경진은 고려사 백관지 외직 안찰사에 대한 설명이 부실함을 지적한 바 있다. 「고려시대 按察使의 기능에 대한 재검토-군사 및 사법 기능을 중심으로-」 『한국문화』 65, 2014 참조.

按廉使金之岱'가 있다. '按廉' 목적이 강조된 안찰사 임무를 중시하면서 다수 혼용하여 사용된 것으로 보인다.

　묘지명, 문집, 『고려사』, 『고려사절요』 등에서 보이는 안찰사 자료와 『도선생안』 임명자료를 대비하여 자료의 신빙성을 확인한다. 『도선생안』 과 다른 자료에서 검출되는 사례를 대비한다.

인명	연대	육삭	왕대	안찰사 직명	비　고
智祿延	1107	春夏	睿宗02	都部署使	侍御史智祿延于慶尙·晋州道 고12세 예종 2년 2월
朴景麟	1123	春夏	仁宗01	按察使	東南海都部署使朴景麟 고15세 인종원년 6월 을유
尹彦頤	1129	秋冬	仁宗07	按察使	東南海按察副使起居舍人知製誥尹彦頤 동문64
郭東珣	1141	秋冬	仁宗19	按察使	東萊客館…按廉使郭東珣留詩 보한집상
李桂長	1186	秋冬	明宗16	按察使	慶尙道按察使李桂長 세실지 경상도
崔忠獻	1187	春夏	明宗17	按察使	丁未春出按慶尙晉州道 최충헌묘지명
朴　冲	1187	春夏	明宗17	按察使	慶尙州道按察使崔嚴威苛察　命以郞將朴冲代之 고12세명17년6월
周惟氐	1190	春夏	明宗20	按察使	按察副使周惟氐率兵欲襲賊 고20세 명종20년1월
金光齊	1193	春夏	明宗23	按察使	東南路按察副使金光濟 절13 명종23년 2월
崔孝思	1197	秋冬	神宗卽	按察使	出爲慶尙州道按察兼蔚金梁州點軍使 최효사묘지명
孫公禮	1200	春夏	神宗03	按察使	按察副使孫公禮 고128열41 반역 정방의
田元均	1200	秋冬	神宗03	按察使	按察使田元均 고21세 신종3년 8월 계사
池資深	1202	秋冬	神宗05	按察使	慶尙道按察使池資深奏 고100열13제신 정언진
盧　軾	1203	春夏	神宗06	按察使	今按部盧公軾 동국21
朴仁碩	1204	春夏	神宗07	按察使	宜留中軍判官朴仁碩爲按察使 고100열13제신 정언진
金仲龜	1210	秋冬	熙宗06	按察使	秩滿爲慶尙晋安東道按察副使 김중구묘지명
金君綏	1217	秋冬	高宗04	按察使	及爲東南路按廉 過聊城驛留詩 보한집상
李　勣	1218	春夏	高宗05	按察使	出爲慶尙道按察使 이공묘지명 동국36
李　勣	1218	秋冬	高宗05	按察使	
李公老	1220	春夏	高宗07	按察使	出爲慶尙道按察使 고102열15 제신 이공로
李公老	1220	秋冬	高宗07	按察使	
崔崇操	1225	秋冬	高宗12	按察使	郞將崔宗操爲慶尙道按察副使, 고22세 고종12년 7월 무진

李世華	1231	秋冬	高宗18	按察使	明年秋出按慶尙州道 이공묘지명 동국12
庚 碩	1236	春夏	高宗23	按察使	東南道都指揮副使　고121열34 양리 유석
孫襲卿	1233	春夏	高宗20	按察使	尋授慶尙道按察副使 고102열15제신 손변
王 諧	1240	秋冬	高宗27	按察使	出按慶尙　　　　고121열34 양리 왕해
金之岱	1247	春夏	高宗34	按察使	丁未春 東南路按廉使 보한집 하
金之岱	1247	秋冬	高宗34	按察使	
金光宰	1248	春夏	高宗35	按察使	慶尙晉州安東道按察副使都官郞中全光宰　南明泉證道歌事實卷3 誌
金光宰	1248	秋冬	高宗35	按察使	
韓 就	1252	春夏	高宗39	按察使	寄慶尙按部韓侍郞就 동문선14 칠언율시 김지대
韓 就	1252	秋冬	高宗39	按察使	
任 柱	1253	春夏	高宗40	按察使	是歲, 慶尙州道按察副使任柱 고24세 고종40년 12월
任 柱	1253	秋冬	高宗40	按察使	
宋彦庠	1256	秋冬	高宗43	按察使	按察使宋彦庠劾報都兵馬使 고122열35 혹리 송길유
宋彦庠	1257	春夏	高宗44	按察使	
李洪靖	1257	秋冬	高宗44	按察使	慶尙州道按察使李洪靖公行請謁 고24세 고종45년 5월
李洪靖	1258	春夏	高宗45	按察使	
金祿延	1258	秋冬	高宗45	按察使	以刑部員外郞金祿延代之 고24세 고종45년 5월
金祿延	1259	春夏	高宗46	按察使	
王○○	1260	春夏	元宗01	按察使	于時按廉使太原王公 파한집발
張 鎰	1263	春夏	元宗04	按察使	迭爲全羅·忠淸·慶尙三道按察 고106열19 제신 장일
張 鎰	1263	秋冬	元宗04	按察使	
朱 悅	1266	春夏	元宗07	按察使	元宗朝 以兵部郞中 連按忠淸·慶尙·全羅 고106열19 제신 주열
朱 悅	1266	秋冬	元宗07	按察使	
朴 恒	1268	春夏	元宗09	按察使	按慶尙·全羅二道, 有聲績 고106열19 제신 박항
朴 恒	1268	秋冬	元宗09	按察使	
李淑眞	1270	秋冬	元宗11	按察使	按察使李敖一作 李淑眞] 고27세 원종12년 1월
李德孫	1278	秋冬	忠烈04	按察使	累歷監察雜端, 按慶尙
權 誼	1279	春夏	忠烈05	按察使	承益薦爲慶尙道按廉使 고123열36 폐행 권의
閔 萱	1280	秋冬	忠烈06	按察使	慶尙道按廉使閔萱 고29세충렬 7년8월
閔 萱	1281	春夏	忠烈07	按察使	
閔 萱	1281	秋冬	忠烈07	按察使	
閔 萱	1282	春夏	忠烈08	按察使	
閔 萱	1282	秋冬	忠烈08	按察使	

劉 顯	1289	秋冬	忠烈15	按察使	
劉 顯	1292	春夏	忠烈18	按察使	慶尙道按廉使劉顯 고30세 충렬19년 정월
柳元開	1293	春夏	忠烈19	按察使	慶尙道按廉使柳元開 고30세 충렬19 11월
趙 簡	1295	春夏	忠烈21	按察使	由僉議舍人, 出爲慶尙按廉 고106열19 제신 조간
朱印遠	1301	春夏	忠烈27	按察使	以慶尙道按廉朱印遠兼當道勸農使. 고32세 충렬 27년 9월
姜 瑷	1310	春夏	忠宣02	提察使	慶尙道提察使姜瑷 고34세 충선3년 7월
姜 瑷	1310	秋冬	忠宣02	提察使	
崔咸一	1320	春夏	忠肅07	提察使	送崔咸一直郞出按慶尙 동문4 오언고시
崔咸一	1320	秋冬	忠肅07	提察使	
趙方珚	1328	秋冬	忠肅15	提察使	慶尙道按廉趙方珚 貪汚不法 流于島 고36세 충혜즉 6월
趙方珚	1329	春夏	忠肅16	提察使	
趙方珚	1329	秋冬	忠肅16	提察使	
金 岡	1335	春夏	肅復04	提察使	慶尙道按廉使中顯大夫監察執義 金岡 達磨大師 觀心論 간기
朴忠佐	1340	春夏	惠復01	提察使	按部如今有恥菴 가정집15
白文寶	1344	春夏	惠復05	提察使	白文寶按部上謠 八首 근재집2 시
李培中	1347	春夏	忠穆03	提察使	南宮敏李培中于慶尙…幷按廉存撫使 고37세충목3년 2월
崔 宰	1348	春夏	忠穆04	提察使	歲戊子按察慶尙道 최재묘지명
崔 宰	1348	秋冬	忠穆04	提察使	
金有謙	1350	春夏	忠定02	提察使	以持平崔龍生爲慶尙道按廉使 以金有謙代之 고37세충정2 2월
河允源	1351	春夏	忠定03	提察使	嘗出按慶尙 고112열25 제신 하윤원
郭忠守	1354	春夏	恭愍03	提察使	按廉使奉善大夫內書舍人藝文應教知製教兼春秋館編修官郭忠守
李 岡	1361	秋冬	恭愍10	提察使	出爲慶尙道按廉使 고111열24 제신 이암
成元揆	1362	春夏	恭愍11	提察使	按廉成元揆 고113열26 제신 안우
宋明誼	1368	春夏	恭愍17	按廉使	送慶尙道按廉宋都官序 明誼 목은문고7 서
金 湊	1372	春夏	恭愍21	按廉使	壬子濫承按部之選 신증26 경상도 밀양 영남루 김주기
康得和	1378	春夏	禑王04	按廉使	送康得和副令出按慶尙道 목은시고8
朴可興	1378	秋冬	禑王04	按廉使	送慶尙道按廉使朴可興 목은시고9
李文和	1384	秋冬	禑王10	按廉使	慶尙道按廉使李文和 고135열18 우왕11년 1월

* 고: 『고려사』, 동문: 『동문선』, 절: 『고려사절요』, 신증: 『신증동국여지승람』,
　세실지: 『세종실록지리지』

『도선생안』의 자료는 조선초에 다시 필사된 것이지만 『고려사』, 『고려사절요』보다 앞서 이루어졌다는 점에서 가치가 있다. 『도선생안』과 묘지명, 문집, 『고려사』등에서 확인 되는 것과 대비하면 시기까지도 일치되는 자료가 있고 명단에 성만 있고 이름이 미기재된 자료도 찾아낼 수도 있다. 문종, 숙종, 예종대에 일치되는 자료가 보이지 않아 아쉬움이 있지만 그 외는 거의 모든 시기에서 합치되는 자료가 나온다.

고려시기 인명은 주로 『고려사』열전에 집중적으로 실려 있으나 부전까지 합해도 500여 명이다. 묘지명의 경우도 300여 개가 확인되지만 열전 자료와 겹치는 부분도 상당하다. 고승비는 60여 개가 확인될 뿐이다. 그 외 『고려사절요』에서도 나오고 있지만 거의 『고려사』기록과 비슷하다. 안찰사 명단은 주로 과거 급제자로서 국왕 측근 곧 내시, 어사대 등을 역임하고 경관을 겸대한 채 6월 정도의 기간에 순찰사로서의 직임을 수행한다. 때문에 각 인물 기록에 특기 사항이 없거나 대부분 생략되는 때가 많다. 『도선생안』의 안찰사 명단을 각종 인물 자료에서 확인하기는 어렵다.

묘지명의 경우는 대부분 보다 자세하게 관력을 소개한다. 문집에는 공식 직함을 모두 쓰는 예가 있어 당시 실상을 알 수 있다. 안렴사가 된 사람을 송별할 때 쓴 시의 서문이 남은 경우가 더러 있다. 지역에 대한 내용까지 소개된다. 하지만 이러한 자료의 사례는 극히 적다.

경상도를 관칭한 안찰사 직함을 많이 사용한다. 인종대는 동남해도부서사, 동남해안찰부사 등의 명칭도 썼다. 『도선생안』에는 모두 안찰사라 칭하였다. 명종대에는 경상도, 경상진주도안찰사, 동남로안찰사 등을 사용하였다. 고종 34년에도 동남로안찰사라 한 예가 있다. 그 이후는 거의 경상도안찰사 혹은 경상 등으로 사용하고 있다. 도부서사 제도가 존속할 때까지는 동남해를 사용한다. 동남로는 경상도 혹은 경상진주도 등과 병칭된다.

『도선생안』에는 모두 안찰사로 칭하였지만 안찰부사로 나온 경우도 있다. 인종 7년 안찰부사 윤언이, 명종 23년 동남로안찰부사 김광제, 고종 12년 최종조가 경상도안찰부사가 된 예가 있다. 안찰사 정 부사가 같이 파견된 것이나 부사가 파견되면 정사는 보내지 않은 것으로 생각된다. 계수관사의 경우 목사가 파견된 곳에는 부사가 파견되지 않고 부사가 파견된 곳에는 목사가 파견되지 않은 것과 같다.

위의 『도선생안』과 여러 자료에서 적출한 사례와 대비한 가운데 『도선생안』의 강원은 충선왕 2년 춘하조에 기재되어 있지만 『고려사』에는 충선왕 3년 7월조에 적혀 있다. 고려시기에는 즉위년 칭원법을 사용하였던 사실을 반영한다. 『고려사』는 유년 칭원법을 사용하여 고려시기 실제 보다 1년씩 더한다. 『도선생안』 자료가 고려 당대 문서 기록이다.

안찰사는 6삭 갱대의 국왕 사신관인 만큼 경직을 겸대하고 파견된다. 그 사실을 위 『도선생안』과 각종 자료와 대비한 표에서 뽑아 제시한다.

왕대	관직	전 거	출전
仁宗07	按察使	東南海按察副使起居舍人知製誥尹彦頤	동문선 권64
高宗34	按察使	丁未春 … 時金壯元之岱以刑部侍郞爲東南路按廉使	보한집 하
高宗35	按察使	慶尙晉州安東道按察副使都官郞中全光宰	南明泉證道歌事實 卷3 誌
肅復04	提察使	慶尙道按廉使中顯大夫監察執義 金㑇	達磨大師觀心論 간기
恭愍03	提察使	按廉使奉善大夫內書舍人藝文應敎知制敎兼春秋館編修官郭忠守	拙稿千百 간기
恭愍17	按廉使	送慶尙道按廉宋都官序 明誼	목은문고7 서

안찰사직은 기거사인, 형부시랑, 도관낭중, 감찰집의, 내서사인, 도관 등 중서문하성 낭사직과 형부, 어사대의 경관직을 겸대한다. 위의 한 예는 고려전기 인종대, 고종대와 원지배기, 공민왕대의 것이다. 근거 자료 역시 당대 문집과 당대 간행 불전의 간기이다. 당시의 정식 직함을 반영한다.

『도선생안』은 고려시기에 정리된 일차 자료이다. 다만 1425년 하연에 의해, 1622년 김지남에 의해 몇 차례 필사되었다. 6삭 갱대의 춘하, 추동으로 나누어 문종 32년부터 고려말까지 경상도 안찰사를 정리하였다. 미기재 성명이나 성만 기재된 인명은 원본 필사 과정에서 구본의 상태가 문제된 것으로 보인다. 임기중 불명예로 교체된 경우는 바뀐 인명만 기재하였다. 희종대까지는 중임되어도 번을 건너서 하였지만 이후는 연속 잉번의 형태였다. 『도선생안』과 연대기, 문집, 묘지명 등의 자료에서 일치된 60여 예가 확인되어 자료의 신빙성이 입증된다. 대체로 경상도 안찰사는 대간과 형부 등의 경직을 겸대하고 파견되었다.

2. 경상도 안찰사 파견과 상주계수관

『도선생안』 자료를 토대로 파악된 사례를 중심으로 경상도에 보임한 안찰사의 역할을 정리하고 계수관과의 관계를 이해한다. 국왕과 계수관과의 관계의 성격을 고찰한다.

『도선생안』에 따르면 문종 32년 춘하에 이제원이 도부서사로 파견된 사실을 첫 번째로 기록하였다. 이제원은 자료에서 확인되지 않는다. 『고려사』 세가에 문종 3년 11월 일본 대마도에 표류한 김효 등 20인을 송환하자 동남해선병도부서사에서 예물을 내려 주었다고 보고한 내용이 전한다. 문종 14년과 27년에도 비슷한 사실이 보인다. 『고려사』 백관지 외직조에 안찰사를 두었는데 문종 18년에 도부서로 고쳤다고 한다. 동남해도부서가 경상도지방의 안찰사 기능을 대행한 것으로 이해하였다.[174]

『도선생안』에 인종 1년 춘하에 박경인이 안찰사로 나온다. 『고려사』에는 동남해도부서사 박경인이 여진병선이 도래함을 보고한 기사가 있다. 인종 7년 추동에 윤언이가 안찰사로 나오는데 『동문선』 「지이산수정사기」에 동남해안찰부사로 나온다. 동남해도부서사가 안찰사를 겸한 사실로 이해되며 경상도 안찰사는 동남해도부서사에서 시작되었다고 할 수 있

---

174) 변태섭, 앞의 논문, 1968.

다.175)

『도선생안』의 안찰사 인명이 확인되는 첫 인물은 지녹연이다. 예종 2
년 춘하에 재임한 것으로 나온다.『고려사』에는 같은 시기 안무사를 제도
에 나누어 보냈는데 시어사 지녹연을 경상진주도에 보냈다고 하였다.176)
안찰사를 안무사로 잘못 기록한 것인지 안무사가 안찰사를 겸한 것인지는
모르지만『도선생안』자료의 인명으로『고려사』에 확인되는 첫 예이다.
인종 19년 추동에 안찰사 곽동순이 나온다.『보한집』에서 확인한 바 동래
객사 뒤편에 있는 적취정에 안렴사 곽동순이 시를 남겼다. 최자는 고종
34년 정미년에 동남로 진무사로 순력하면서 적취정의 현판을 보고 시, 서,
기 모두 빼어나서 삼절로 평하였다.177)

『도선생안』과 일치하는 시기와 성명은 여러 자료에서 찾아진다. 안찰
사 인명은 모두 60명이다. 예종대부터 우왕대까지 골고루 검출된다. 문집
자료에서 15건, 묘지명 자료 4건, 전적 간기 3건, 지리지 1건 등이다. 나
머지 37건은『고려사』자료에서 뽑을 수 있다.

안찰사를 둔 이유에 대해서는 숙종대 예부에서 올린 주문에서 알 수
있다.

> 예부에서 아뢰기를 "상서의 소를 삼가 살피면 왕자가 순수를 함은 제후가
> 스스로 일국을 오로지하고 위복이 자신에 있으므로 상명이 막히고 은택이 아
> 래로 흐르지 못할까 하여 스스로 순수하여 민을 위해 폐단을 제거하는 것입니
> 다. 마땅히 서경유수와 선배사, 안찰사에 명하여 먼저 민간의 질고를 덜어 주
> 고 위무하고 긍휼히 여기며 전에 내린 사은이 아직 봉행하지 않은 것은 유사에
> 보내 시행하도록 하십시오" 하니 제가하였다.178)

---

175) 윤경진, 앞의 논문, 2014.
176)『高麗史』卷12 世家 睿宗 2年 2月, "分遣諸道按撫使 … 侍御使智祿延于慶尙晉州
　　道".
177)『補閑集』卷中.
178)『高麗史』卷11 世家 肅宗 7年 7月, "壬子 禮部奏 謹按尙書疏 王者所爲巡守者 以諸

국왕의 순수가 상명이 막히지 않게 하고 국왕의 은택이 흐르게 한다. 왕을 대신하여 안찰사로 하여금 그 역할을 하게 한다는 것을 보여 준다. 안찰사는 국왕을 대리하여 민간의 질고를 살피고 국왕의 상명과 은택이 널리 행하도록 하였다.

고려말 이색은 동년인 李由가 경상도 안렴사로 가게 된 것을 축하하기 위한 모임에서 조사대부들이 지은 시에 대해 서문을 썼다. 이유는『도선생안』자료에 보이지 않는다. 우왕 11년 추동에서 우왕 13년 춘하까지에는 성명이 기재되고 있지 않다.

　　국가에서 東韓의 영토를 專制하게 된 뒤로부터, 祀典에 들어 있는 경내의 모든 산과 강에 대해서는 매년 두 차례씩 조정의 신하를 뽑아 임금 대신 제사를 올리게 하였으니, 그 사신을 이름하여 祭告라고 하였다. 그리고 이와 함께 수령의 賢否를 살피고 풍속의 美惡을 관찰하게 함은 물론 貢賦를 상고하고 제도를 동일하게 하는 가운데 널리 찾아다니며 자문을 구하고 형벌과 시상을 행하면서 상의 하문에 대비하게 하였으니, 그 사신의 이름을 또 按廉이라고 하였다. 그리하여 이 두 사신의 임무를 한 몸에 아우르고서 郡邑을 두루 按察하며 巡行하게 하였으니, 이는 실로 사방을 순행하며 살폈던 고대의 遺法이라고 하겠다. 임금을 대신해서 일을 행하게 된 만큼 그 존귀하고 영광스러움은 다른 사신들이 감히 비교할 수도 없었지만, 일단 그 신분이 존귀하고 영광스럽게 되었고 보면 그 책임의 막중함이 또 어떠했다고 하겠는가. 신하가 되어서 조정의 반열에 선 이상에는 품계의 높고 낮음을 굳이 따질 것 없이 권세가 있는 지위에 올라서서 자신의 뜻을 행할 수 있어야 마땅하리라고 여겨진다. 물론 인사 행정을 주관하는 吏部라든가 학문을 논하고 건의를 올리는 館職과 같은 곳도, 淸望의 요직이요 화려한 侍從의 직책이라고 말할 수는 있다. 비록 그렇긴 하지만, 풍속과 기강을 담당하는 관아에 몸을 담고서 손에 簡册을 쥐고 얼굴색을 엄숙히 한 가운데 御殿과 섬돌 사이에 서서 기필코 말과 행동으로 直諫하여 임금이 받아들이게끔 하는 직책과 어찌 비교할 수 있겠는가. 그리고 보면 이런 두 가지 중책을 한 몸에 아우른다는 것은 또 쉽게 얻을 수 있는 것이 아니라고 하겠다.[179)]

侯自專一國 威福在己 恐其壅遏上命 澤不下流 故自巡守 爲民除弊 宜命西京留守及 先排按察使 先訪民間疾苦 蠲除撫恤 及前降赦恩 未盡奉行者 付有司施行 制可".

고려가 통일하고 東韓 곧 경상도지역을 전제하고 난 뒤에 경내의 산과 강에 대한 제사를 매년 두 차례씩 지내기 위해 보낸 사신을 祭告라 하고, 또한 수령의 현부를 살피고, 풍속의 미악 관찰, 공부 상고, 제도의 동일, 형벌과 시상, 국왕의 하문에 대비하는 것 등의 임무를 맡은 사신을 안렴이라 하였다. 이 둘의 임무를 겸한 것을 안렴사라 하였다.

매년 두 차례 제사와 관련하여 6삭 갱대의 임기가 정해진다. 『경상도 영주제명기』에 잘 반영된다. 제고사는 안렴사를 겸직한다. 『고려사』에 따르면 문종 18년에 10도에 춘추로 외산제고사를 보내되 양계와 패서도 등에 대해서는 감창사와 안찰사가 겸하게 하고 산남의 여러 도에는 겸하지 않고 제고사를 따로 보내는 것을 恒式으로 하였다.[180] 경상도 안찰사가 제고사를 겸한 기사는 보이지 않는다. 안찰사제가 정착되면서 겸해진 것이다.

안렴사 임무로 『고려사절요』 명종 18년 3월 제서에는 咨訪民間利病, 黜陟守令賢否, 審治冤滯, 勸課農桑, 撫恤軍士, 摧抑豪强, 공헌지물 금지 등을 든다.[181] 察守令賢否, 觀風俗媺惡, 考貢賦, 同制度, 廣詢訪, 以行刑

---

179) 「送慶尙道按廉李持平詩序」 『牧隱文藁』 卷9, “國家專制東韓 境內山川 凡在祀典者 歲二次選廷臣代祀 其使之名曰祭告 因以察守令賢否 觀風俗媺惡 考貢賦 同制度 廣詢訪 以行刑賞 以待上問 其使之名曰按廉 兼是二使 按行郡邑 實古者省方之遺法也 代君行事 故其尊且榮 他使者莫敢比焉 旣曰尊榮 其責任之重 又何如也 夫人臣立朝班 資崇庫 未暇論也 特其權勢有足以行其志 斯可矣 抑揚銓品如吏部 論思獻納如館職 清要華近則有之矣 豈如風紀之司執簡正色 立殿陛間 必欲言行諫聽者哉 一身而兼是二任 又不易得也”.

180) 『高麗史』 卷8 世家 文宗 18年 2月, “癸酉 制曰, “准舊例 發遣春秋外山祭告使一十餘道 使命煩多 驛路凋弊 自今 東北兩界監倉使 浿西道按察使 皆兼祭告使 其山南諸道 依舊遣使 以爲恒式”.

181) 『高麗史節要』 卷18 明宗 18年 3月, “制曰 百姓 乃國家根本 朕欲其安土樂業 故遣朝臣 分憂宣化 近聞守令 因公事不急之務 侵漁勞擾 民不堪弊 流移逃散 轉于溝壑 朕甚愍之 其令兩界兵馬使 五道按察使 咨訪民間利病 黜陟守令賢否 審治冤滯 勸課農桑 撫恤軍士 摧抑豪强 除歲貢外貢獻之物 一切罷之”.

賞 등과 대략 비슷하다. 후자에는 권과농상, 군사부분, 호강억제 등에 대한 부분이 없다. 더 있는 것은 동제도와 행형상 등이다. 안렴사가 권농사를 겸하게 된 것은 명종 3년인데 후에 권농사를 별도로 다시 두었다. 충렬왕 때 다시 안렴사로 하여금 겸하게 하였다.[182] 이색은 안렴사 기능을 언급하고 마무리는 '以行刑賞'으로 하였다. 곧 여러 부분으로 감찰한다는 의미이지 여러 부분에 대한 실제 집행은 아니다.

안렴사는 군읍을 두루 안찰하면서 순행하고 국왕을 대신하여 일하여 존귀하다. 인사 행정의 吏部, 학문을 논하고 건의하는 館職보다도 더 중요한 풍속과 기강을 담당한다. 국왕에 直諫하여 국왕이 받아들이게 하는 중책을 또한 겸한다. 경상도 안렴사는 경상도의 경내 산천 제사와 안찰의 임무를 맡고 국왕에 대한 직간의 중책도 겸하는 성격을 지녔다.

『도선생안』의 사례에서 보듯 안찰사가 대간직을 겸대한 사례가 있다. 안찰사로 나오기 전과 다시 복귀한 직이 낭사직이거나 어사대직인 예가 대부분이다. 안렴사는 대간임무의 지방 경내로의 확대라고 할 수 있다. 대간제도는 중서문하성의 낭사와 어사대로 구성된다. 낭사는 국왕간쟁, 어사대는 주로 관료에 대한 감찰이 핵심 임무이나 낭사와 어사대의 임무가 구분되지는 않았다.[183] 안찰사는 구전관으로 임명되었다.[184] 때문에 외관직에 대한 감찰 업무가 주된 것일 수 밖에 없다. 이러한 점을 이색은 위의 글에서 지적한다.

이색은 안찰사가 형상의 권한을 가지기 때문에 그에 선발된 자는 장자

---

182) 『高麗史』卷77 志31 百官2 外職, "勸農使五道兩界 皆有之 明宗三年 七道按察使[慶尙州道·晉陜州道·全羅州道·忠淸州道·楊廣州道·西海道·春州道] 五道監倉使[北界雲中道·興化道 東界 溟州道·朔方道·沿海道] 皆兼勸農使 後別置勸農使 忠烈王十三年 以各道勸農使聚斂傷民 罷之 以按廉使兼其任".

183) 대간제도에 대한 연구는 박용운, 『고려시대대간제도연구』, 일지사, 1980 ; 박재우, 『고려전기 대간제도연구』, 새문사, 2014 참조.

184) 변태섭, 앞의 논문, 1968 참조.

여야 한다는 글도 남겼다.

> 백성을 길러 주는 사람으로는 長者만한 이가 없다. 조정에 있는 사람들에
> 대해서야 내가 어떻게 흠잡을 수가 없다고 하겠지만, 使節을 받들고 가서 사방
> 을 巡視하는 사람이야말로 장자를 엄하게 가려 뽑아서 보내야만 할 것이다. 그
> 는 풍속의 美惡을 살펴서 표창하고 규탄함은 물론이요 수령의 賢否를 심사해
> 서 권장하고 징계를 행할 수가 있으니, 그러고 보면 형벌을 내리고 상을 주는
> 권한이 그의 손 안에 들어 있다고 하겠다. 그러니 형벌을 내리고 상을 주는 권
> 한을 어떻게 하루라도 자격이 없는 사람에게 내줄 수가 있겠는가. 국가에서 京
> 畿 바깥으로 八道를 세우고는, 府와 州와 郡과 縣이 마치 바둑판처럼 그 주위
> 를 에워싸게 하였다. 그리고 매년 봄가을이 되면 朝臣 8인을 가려 뽑아 팔도에
> 나누어 보냈는데, 그 사람이 이름만을 좋아하다 보면 백성들이 으레 불행하게
> 되고, 그 사람이 관대하게 포용하는 정사를 펼치게 되면 백성들이 그 은택을
> 입게 마련이었으므로, 조정에서도 그러한 사실을 잘 알고서 선발해 보내는 일
> 을 매번 중하게 여겼다. 그래서 그 직책에 합당한 사람이 아니면 여기에 선발
> 되는 경우가 매우 드물었다.185)

이색이 지적한 감찰 사항 내용을 통해 안찰사가 형벌과 상에 대한 권한
을 한 손에 쥐고 있고 매년 춘추로 갱대된다는 사실도 다시 확인할 수
있다.

안찰사는 국왕을 대리하여 지방을 안찰하고 경내 산천 제사를 행하면
서, 대간으로서 수령을 출척하고 공부, 법집행 등을 감찰하였다.

경상도 안찰사의 역할 사례를 통해 안찰사의 기능을 확인하였다. 신종
3년 경주 이의민 족인이 방환되자 주의 吏와 틈이 생겨 서로 죽이는 사태

---

185) 「送慶尙道按廉宋都官序 明誼」『牧隱文藁』卷7 序, "長民者莫如長者 朝廷之上 吾
　　無間然 立使節咨諏四方 其人不可不重也 風俗之美惡 得按而彰癉之 守令之賢否 得
　　廉而勸懲之 是刑賞之所在也 夫刑賞之柄 豈可一日畀之非其人乎 國家自京畿外立八
　　道 府州郡縣 棋布環拱 歲春秋 選朝臣八人者分遣之 其人近名 民必戚 其人寬裕有容
　　民必受其賜 朝廷知其如此也 每重玆選 非其人 罕有得者 曩余嘗參兩府 與義是選者
　　非一再矣".

가 발생하였다. 당시 안찰사 田元均이 경주에 들어가 조정하였으나 실패하고 다른 읍으로 피신하였다.[186] 안찰사가 吏族을 감시하는 역할도 하였다. 충렬왕 19년 경상도 안렴사 劉灝가 營庫를 검열하여 營吏 許頒, 金彦이 죄를 얻었다. 이들이 丁吏 林大와 모의하여 안찰사를 살해하였다.[187] 역시 안찰사의 임무가 吏의 회계를 감찰하는 것임을 보여 준다. 도평의사사의 상언에 따라 공민왕 7년 안찰사는 향리의 가렴주구를 어사대와 함께 조사하여 처벌할 수 있는 권한을 받았다.[188] 향리의 비리는 點兵이 부호에 미치지 못한 것, 收租의 부정 등이다. 원악자는 車裂, 가벼운 자는 杖流로 처벌하였다.

안찰사는 토착 비리를 고발하는 역할도 담당하였다. 안찰사 기능과 관련하여 제시된 '摧抑豪强'과 관계된다. 문종 11년 판에 따르면 事審官으로서 귀향하여 폐단을 짓는 자는 안렴사가 京師로 추송하게 하여 과죄토록 한다. 이어 사심을 주장사로 하여금 교체하여 파견하도록 하였다.[189] 사심관의 귀향 폐단은 지역 이족과의 유착을 말한다.

명종 20년 1월 도적이 동경에서 일어나자 안찰부사 周惟氐가 兵을 이끌고 적을 습격하고자 하였다.[190] 명종 23년 2월 동남로 안찰부사 金光濟가 적을 이기지 못하자 京兵을 보내 줄 것을 요청하였다.[191] 안찰사가 국왕을 대신하여 관내의 군사를 동원하여 동경 반란 사건을 일차적으로 진압하는 것을 맡아 상황을 보고하고 중앙군의 도움을 요청하고 있다.

안찰사가 도내 군사 지휘권을 행사한 사례가 있다. 원종 11년 밀성군

---

186)『高麗史』卷21 世家 神宗 3年 8月 癸巳.
187)『高麗史』卷30 世家 忠烈王 19年 1月 癸未.
188)『高麗史』卷85 志 39 刑法2 禁令, "七年四月 都評議使上言 比來 按廉・守令 紀綱不立 諸道鄕吏 縱逞其欲 點兵則不及富戶 收租則私作大斗 匿京丁爲其田 聚良人爲其隷 誅求於民 靡有紀極 宜令御史臺 及諸道按廉使 究其元惡者車裂 輕者杖流 從之".
189)『高麗史』卷75 志 29 選擧3 銓注.
190)『高麗史』卷20 世家 明宗 20年 1月.
191)『高麗史』卷20 世家 明宗 23年 2月.

인 鄭方甫가 반란을 일으키자 金州防禦使 金暄과 경주 판관 嚴守安이 함
께 경상도 안렴사 이숙진에 보고하여 적을 토벌할 계획을 만들었다. 안렴
사 이숙진이 술승을 불러 점치게 하는 등 토벌을 미루었다. 김훤이 칼을
뽑아 그 승을 죽이자 숙진이 두려워 따르게 되었다. 적도 이 소문을 듣고
거수를 참하여 항복하였다.[192] 우왕 8년 경상도 합주의 사노가 작난하자
안렴사 安景恭이 州軍을 보내 잡아 참하였다.[193] 경상도 안찰사는 도내
의 반란이 발생하면 주변 수령과 계수관의 판관 등을 지휘하여 州軍의 군
사권을 행사하였다. 국왕을 대리하여 군사권을 위임받은 것이다.

안찰사는 경군을 선발하기도 하였다. 慶州人 李義旼이 장성하자 신장
8척에 힘이 다른 사람에 빼어나서 두 형과 함께 鄕曲에서 횡포를 부렸다.
안렴사 金子陽이 체포하여 고문하였는데 두 형은 옥사하고 이의민이 죽
지 않았다. 안렴사가 그 사람됨을 장하게 여겨 京軍에 뽑았다.[194] 안렴사
는 군사 지휘권, 경군 선발권, 반란 상황보고, 경군 요청 등 군사활동을
하였다. 반란 등의 군사 상황은 계수관 단위를 넘어서는 광역의 군사 동
원 및 국왕권과 직결된다. 안찰사가 군사권을 장악하였다.

고종 때 경상도 안찰부사 孫抃은 그 전까지 해결하지 못한 남매의 재
산 상속 송사를 현명하게 처리한 일화를 남겼다.[195] 안찰부사가 재심을
담당하였다.[196] 송사 담당은 수령이 하였지만 과정에 문제가 생겨 재심을

---

192) 『高麗史』 卷106 列傳 19 諸臣 金暄, "字用晦 義城縣人 元宗元年登第 … 十一年
　　出爲金州防禦 密城人殺其宰以叛 移牒郡縣 皆隨風而靡 暄出勝兵 先斷賊路 召慶州
　　判官嚴守安至則 相與勒兵 告按廉使李淑眞 爲討賊計 淑眞怯怯 喚術僧卜吉凶 故爲
　　遷延 暄手劍擊其僧 淑眞懼而從 賊聞之 斬渠魁以降".
193) 『高麗史』 卷134 列傳47 禑王 8年 5月, "慶尙道陜州 有一私奴 自稱劍大將軍 其徒
　　一人 稱抄軍將軍 一人稱散軍將軍 聚徒衆 群行剽掠 將殺其主及守令 以作亂 按廉使
　　安景恭遣州軍 捕斬之".
194) 『高麗史』 卷128 列傳41 叛逆李義旼, "慶州人 … 及壯 身長八尺 膂力絶人 與兄二
　　人 橫於鄕曲 爲人患 按廉使金子陽收掠栲問 二兄瘦死獄中 獨義旼不死 子陽壯其爲
　　人 選補京軍".
195) 『高麗史』 卷102 列傳 15 孫抃.

할 경우 개입한다. 법집행의 담당은 수령이고 안찰사는 감찰 역할을 하였
다. 안찰사의 임무 중 하나로 적시된 '審治冤滯'는 안찰사가 사법 행정을
감독하는 것이다.[197]

국왕 순수의 대행자로서 안찰사는 권농사를 겸한다. 충렬왕 27년 경상
도 안렴사 朱印遠은 당도 권농사를 겸하였다.[198] 국왕이 안찰지역으로
행차할 때 수행하였다. 충렬왕 7년 국왕이 順安縣에 행차하자 경상도 안
렴사 閔萱이 新院에서 연회를 열었다.[199] 공민왕이 경상도에 행재소를
두었을 때 안렴 成元揆가 수행하였다.[200] 李岡도 경상도 안렴사로서 공
민왕이 남행하였을 때 공역을 성하게 하였다.[201]

국왕의 사신관으로서 국왕이 파견하는 근시와 함께 불사도 주관하였
다. 1289년 일연이 입적하였을 때 충렬왕은 判觀候署事를 보내 마치는
예를 잘 하게 하고, 按廉使로 하여금 喪事를 監護하게 하였다.[202] 안렴사
는 경상도 안렴사일 것이다. 『도선생안』에 기축년 7월의 안렴사 명단으
로 朴璘이 보인다. 국왕의 관할지역 파견 사신으로 안찰사에게 그러한 임
무를 맡긴 것이다.

안찰사는 수령을 고과, 전보하는 출척을 맡았다. 고종시 상주 목사를
재임한 崔滋가 상주에 지방관으로 나갔다가 안찰사의 천거로 그 직급의
연한이 차지 않았는데 경직으로 배수되었다.[203] 수령의 비행 사실도 고발
받고 조사하였다. 충숙왕 때 龍宮 감무가 뇌물 받은 것으로 무고 당했다.

---

196) 박종진, 「고려시기 안찰사의 기능과 위상」『동방학지』122, 2003.
197) 박종진 앞의 논문, 2003.
198) 『高麗史』卷32 世家 忠烈王 27年 9月.
199) 『高麗史』卷29 世家 忠烈王 7年 8月 丙子.
200) 『高麗史』卷113 列傳 26 安祐.
201) 『高麗史』卷111 列傳 24 李嵓.
202) 「麟角寺普覺國尊碑」『韓國金石全文』, 1072쪽, "上震悼遣判觀候署事令倜展飾終之
禮 又命按廉事監護喪事".
203) 『高麗史』卷102 列傳 15 崔滋.

안렴사가 당시 尙州 司錄 鄭云敬을 보내 조사하였고 무고임을 보고 받았다.[204] 안렴사의 역할이 관내 수령의 비리를 감찰하는 것임을 보여준다.

안찰사는 전적의 개판을 주관하는 역할을 하였다. 고종 35년 춘하에 경상진주안동도안찰부사도관낭중 全光宰가 『남명천증도가사실』을 출판하였다. 불교서적 출판은 義學者와 전문적 개판 공인들의 동원이 필요하다. 계수관 단위를 넘어 협조가 필요한 부분이며 중앙의 승인 등이 요구되는 사항이다. 이를 아울러 시행할 수 있는 자는 수령보다는 안찰사일 것이다. 경상도안렴사중현대부감찰집의 金冏이 『달마대사관심논』을 간행한 것이다. 김경은 『도선생안』 충숙 복위 4년 춘하에 보인다. 공민왕 3년에는 안렴사 郭忠守가 『졸고천백』의 개판을 주관하였다.

안찰사는 조세의 안정적 수납과 관련하여 사적 횡포를 막았다. 고종 때 최이의 자 만종과 만전이 오십여만 석의 쌀을 축적하여 민에게 그 이식을 거두어 이익을 취하였다. 문도를 나누어 보내어 독촉하여 징수함이 심하였다. 민이 소유한 모두를 주게 되어 조세가 여러 번 비게 되었다. 경상도 안렴사 왕해는 민이 납세하지 않았는데 먼저 사채를 독촉하는 자는 과죄하겠다는 영을 내려 만종, 만전이 마음대로 하지 못하게 되고 기한에 맞게 조세를 수송하였다.[205] 안찰사는 일도의 조세 수납에 문제가 되는 부분을 살펴 원활하게 진행되도록 조치를 취하는 권한을 행사하였다.

경상도 안찰사는 도로 파견되는 3품관 이상의 임시 사신관의 부사로서 보좌하였다. 최자가 상주목사를 파임하고 바로 동남로진무사로서 부임하게 되자 그 때 경상도 안찰사였던 김지대가 동남로진무사의 부사로 활동하고 최자에게 하장도 보낸 사실이 있다.[206] 안찰사의 직품 보다 높은 임

---

204) 『高麗史』 卷121 列傳 34 良吏 鄭云敬.

205) 『高麗史』 卷121 列傳 34 良吏 王諧, "高宗朝 由少府少監 出按慶尙 激揚淸濁 一道畏服 崔怡子僧萬宗·萬全 蓄米五十餘萬石 取息於民 分遣門徒 催徵甚酷 民盡輸所有 租稅屢闕 諧令曰 民未納稅 先督私債者罪之 於是 二僧之徒不敢肆 租稅得以時輸".

시 사신관이 파견되면 그 부사로서의 역할도 하였다.

경상도 안찰사는 국왕을 대리하여 일도의 군사적 중대사를 지휘하고, 계수관 및 그 이하 수령과 이속의 비리를 감시 처벌하며, 출판 등 국가 관련 사업을 주관하였다. 국왕 측근의 관직과 대간직을 겸대하고 국왕을 대리 6삭 갱대의 번을 정해서 순행하는 제도적 형태가 고려말까지 안정적으로 운영되었다. 실제 맡은 일도 수령이 하던 본래 직을 중첩·간여한 것이 아니라 비리를 바로 잡는 감찰이었다.207)

안찰사와 상주계수관원과의 관계를 살핀다. 안찰사는 안찰사영에서 주로 머문다. 『경상도지리지』에는 경주와 금주에 동남해도부서사의 본영이 있었다는 기록과 慶州와 金州 간에 번갈아 파환된 사실이 있다. 경상도의 경우는 경주가 안찰사의 본영으로 기능한 것이다.208)

경상도에서 상주가 위치한 지리적 환경에 따라 본도 안찰사가 도계하는 첫 계수관지는 상주였다. 경상도 안찰사의 부임 경로는 상주를 거쳐간다. 김군수가 동남로 안렴이 되어 요성역을 지나면서 시를 남긴다. 최자가 동남로진무사가 되어 상주에서 환영받는다. 경상도 안찰사가 부임하면 상주계수관이 환영 행사를 주관하고, 상주 향선생의 문도들이 시계를 올리는 행사를 하였다. 충혜왕 복위 4년 춘하에 부임한 경상도 안렴사 백문보는 상주 향선생의 문도로부터 헌시를 받고, 낙동강에서 당시 상주 목사

---

206) 『補閑集』卷下, "丁未春 國家因胡寇備禦 以三品官爲鎭撫使 分遣三方 時金壯元之 岱以刑部侍郎 爲東南路按廉使兼副行 及正朝狀賀鎭撫使云".

207) 안찰사가 고려 중기 이후 몇 개의 계수관 상위에 있는 중간 기구적 성격이 농후하다는 견해가 있다(변태섭). 고려말에 이르러 그러한 경향이 보이기는 하지만 안찰사가 감찰 역할을 벗어난 것은 아니라는 주장도 있다(하현강). 박종진은 안찰사가 수령 고유의 일을 유지하지만 무인 집권기부터 군사권을 가지거나 원간섭기 수령과 함께 조세 징수 책임자로 사안에 따라 수령을 지휘하거나 행사, 국왕 접대 등 계수관의 기능이 안찰사의 기능으로 계승된 것으로 보고 계수관의 중간기능은 상실된 것으로 보아 변태섭의 견해를 보강하였다.

208) 변태섭, 앞의 논문, 1968.

였던 안축으로부터 환영연을 받았다.

> 按部의 행차를 우리나라에서 중시하여, 경내로 들어올 때 향선생이 생도들
> 을 이끌고 와서 시를 지어 바친 일은 유래가 오래되었다. … 우리들이 삼가
> 그 체제를 본떠 각자 東南지역의 八景을 노래하고 짧은 引을 덧붙여서 엎드려
> 안부께 올린다.[209]

상산 낙동강(商山洛東江)
비 그친 뒤 강물 빛 푸르게 물들었고　　　　　　　雨餘江色染藍靑
십 리의 기암 수묵병풍 같네　　　　　　　　　　十里奇巖水墨屛
자사는 새 안렴사 환영하려고　　　　　　　　　　刺史歡迎新按部
목란배 위에 모정을 지었구나　　　　　　　　　　木蘭舟上構茅亭

경상도 안찰사가 경내로 들어 올 때 지역 향선생의 문도들로부터 헌시
를 받는 것은 오래된 전통이다. 상주 목사가 이들 시에 대해 引을 붙여
안찰사에 올린다. 직급이 낮은 안찰사이지만 국왕을 대리하였기 때문에
지역 유생과 상주계수관의 환영 예우를 받은 것으로 보인다. 상주 낙동강
누선에서 상주 목사가 새로 부임한 안찰사를 환영하는 연회를 연 모습을
시로 그려 낸다. 동남 8경시는 商山洛東江, 永嘉文華山, 月城瞻星臺, 寧
海觀魚臺, 東萊積翠軒, 金海七點山, 珠浦月影臺, 晉陽矗石樓 등이다. 상
주, 안동, 경주, 영해, 동래, 김해, 합포, 진주 등지의 승경이다. 상주에서
동남지역을 대표한 환영행사를 열었다. 임기를 마친 안찰사의 환송에 관
한 기사는 보이지 않는다. 역시 상주에서 행해진 것은 아닐까. 이제현도
상주가 사명을 받은 자가 경유하는 중요지역임을 말한다.[210]
　안찰사와 계수관원과의 관계는 어떠했는가. 안찰사는 반란과 같은 비

---

209) 「白文寶按部上謠 八首幷序引」『謹齋集』 卷2, "按部之行東韓重臨境也 鄕先生 率生
　　 徒 述獻詩啓者尙矣 … 僕等謹效其體 各賦東南八景一絶幷短引 拜呈行軒".
210) 李齊賢,「送謹齋安大夫尙州牧使序」『益齋集』 卷5.

상 사태를 수습하거나 수령의 비리를 조사하고, 전국적 사원 현황을 조사
하는 등에 경상도내의 계수관원을 차사원으로 지휘할 수 있었다.

> 원종 11년에 나가 금주방어사가 되었다. 밀성인이 수령을 죽이고 반란을
> 일으켜 첩문을 군현에 돌리자 모두 가담하였다. 김훤이 병사를 출동하고 먼저
> 적의 길을 끊었다. 경주 관관 엄수안을 불러 이르자 서로 병을 단속하고 안렴
> 사 이숙진에 고하고 적을 토벌할 계획을 세웠다. 숙진이 두려워하고 술승을 불
> 러 길흉을 점치게 하여 고의로 천연하였다. 김훤이 그 승을 손수 칼로 치니 숙
> 진이 두려워 따랐다. 적이 듣고 두목을 참하여 항복하였다.[211)

경인년 진양부에서 오도안찰사에 첩문을 보내 각도 선교사원의 시창연
월과 형지를 조사 검토하여 문서를 만들 때 동경장서기 이선이 차사원으
로 심검하여 기재하였다.[212)

> 정운경은 충숙조에 등제하여 상주사록으로 보임하였다. 용궁감무를 뇌물
> 받은 것으로 무고한 자가 있자 안렴이 운경을 보내 조사하였다.[213)

위의 3건의 사례는 반란 진압 군사활동, 전국 사원조사, 감무 비리 조
사 등의 경우에 경상도 안찰사가 경상도내의 계수관원을 차사원으로 동원
한 예를 보여 준다. '差使員 東京掌書記'라 한 것은 안찰사의 속원으로
동원된 것을 표현한 것으로 볼 수 있다. 첫 번째는 방보 등이 진도의 삼별
초에 호응하려고 한 밀성 반란 사건이다.[214) 금주 방어사, 경주 관관 등이

---

211) 『高麗史』卷106 列傳 19 諸臣 金暄, "十一年 出爲金州防禦 密城人殺其宰以叛 移
　　牒郡縣 皆隨風而靡 暄出勝兵 先斷賊路 召慶州判官嚴守安至則 相與勒兵 告按廉使
　　李淑眞 爲討賊計 淑眞怯怯 喚術僧卜吉凶 故爲遷延 暄手劍擊其僧 淑眞懼而從 賊聞
　　之 斬渠魁以降".
212) 『三國遺事』卷4 義解 寶壤梨木, "又庚寅年 晉陽府貼五道按察使 各道禪敎寺院始創
　　年月形止 審檢成籍時 差使員東京掌書記李儒審檢成籍".
213) 『高麗史』卷121 列傳 34 良吏 鄭云敬, "奉化縣人 忠肅朝登第 補尙州司錄 有誣告
　　龍宮監務贓者 按廉遣云敬鞫之".

안찰사의 지휘를 받는다. 밀성군은 동경유수관의 영군에 속하므로 동경
유수관이 밀성의 반란을 진압하기 위해 출동한다. 금주 역시 동경 영읍이
다. 따라서 밀성 방보 반란 사건은 동경 계수관원이 안찰사의 차사원으로
동원되어 지휘를 받은 것이고 동경 유수관의 역할은 보이지 않는다.

경인년 1230년 고종 17년 진양부에서 전국 선교사원 조사를 경상도 안
찰사에 하달한다. 안찰사는 동경 계수관원 사록 이선으로 차사원을 삼아
그 임무를 수행하도록 한 것이다. 이 기사는 운문사의 내력과 관련된 자
료를 「청도군사적」, 「주첩공문」, 「운문산선원표탑공문」, 「경인년 각도선
교사원시창연월형지기」 등의 순으로 나열하는 가운데 사원조사문서의 작
성 경위를 보여 준다. 운문사 내력을 정리하는 여러 문서 중의 하나이다.
조사 역시 계수관원 곧 동경장서기 이선을 안찰사의 차사원으로 하여 실
행하였다. 운문사가 소재한 청도는 동경관내 밀성군 속현이다.

충숙왕 때 상주계수관내 용궁현 감무 무고 사건을 접수한 안렴사가 상
주계수관원인 사록 정운경으로 하여금 조사하게 하였다. 경상도 각 계수
관내 사건은 안찰사가 지역의 판관이나 사록을 차사원으로 하여 진압하거
나 조사하였다.215)

경상도 안찰사 직임을 거친 후 도내 계수관원으로 보임되는 예가 있다.
『도선생안』에서 韓冲은 예종 7년 춘하에 안찰사를 역임하는데 그 이전에
과거에 등제한 후 상주 사록으로 보임되었다.216) 충목왕 4년 춘하, 추동
에 제찰사를 했던 崔宰는 공민왕 10년에 상주 목사를 지냈다. 충정왕 3년
춘하에 제찰사를 맡은 河允源도 상주목사를217) 지냈다. 우왕 6년 춘하에

---

214) 『高麗史』 卷27 世家 元宗 12年 1月.
215) 이규보가 전주 사록으로 있을 때 안렴사의 명을 받아 변산의 착목사가 되었다.
　　　변산은 전주 관내였다. 이규보에 명을 내린 안렴사는 전라도 안렴사이다("文順公
　　　爲完山幕參軍時 承按廉符爲邊山斫木使"『補閑集』 卷中).
216) 『高麗史』 卷97 列傳 10 諸臣 韓冲.
217) 『高麗史』 卷112 列傳 25 諸臣 河允源.

안렴사를 한 李復始는 공양왕 2년 경에 상주 목사로서 廨舍를 수리하고
있다.[218) 이상의 예로 보아 상주사록을 역임한 후 경상도 안렴사가 된 한
충이 있고, 경상도 안찰사를 지낸 후 상주 목사로 나간 최재, 하윤원, 이
복시 등이 있다. 이로 보아 안찰사는 신진 기예의 장자풍을 지닌 감찰의
자질이 있는 자이다. 다시 상주 목사로 나아간 것은 계수관의 삼품직 이
상의 위상을 보여 준다. 안찰사를 계수관의 상위 직으로 혹은 계수관직을
중복하여 수행한 것으로 보기는 어렵다.

　수령과 안렴사의 역할을 잘 보여 주는 것은 문종대 흉년시 감면 판문
이다.

> 　판하기를 모든 주현에서 水旱虫霜이 생겨 田疇에 禾穀이 열매 맺지 못하
> 면 村典은 수령에 보고하고 수령이 親驗하고 호부에 보고한다. 호부는 삼사에
> 보낸다. 삼사는 이첩된 자료를 허실이 있는 지 검핵한 후 또 그 계내의 안찰사
> 로 하여금 別員을 보내 審檢하여 災傷이 맞으면 조세를 鎰減한다.[219)

　수령이 흉년이 발생한 지역을 친험을 하고 호부에 보고한다. 호부는 그
문서의 허실을 조사하고 지역의 안찰사로 하여금 별원을 보내 검증하여
문제가 없으면 조세 감면을 시행한다. 수령은 흉년 상황과 감면 정도를
실사·보고한다. 계내 안찰사는 검증하는 역할을 하여 수령과 안찰사의 역
할이 구분된다. 역할 차이는 고려말에 이행이 올린 상소에도 보인다. 토
지 겸병에 대해 수령은 일읍을 고찰하여 그 사실을 覈實하고 안렴은 일도
를 통찰하여 수령의 전최를 출척한다.[220) 공민왕 22년 교서에도 제도의
안렴은 수령의 종상과 간전 다소를 살펴 명목을 갖추어 보고하여 출척의

---

218) 權近, 「尙州風詠樓記」 『東文選』 卷80 記.
219) 『高麗史』 卷78 志 32 食貨1 田制, "文宗四年十一月 判 凡州縣 水旱虫霜 禾穀不實
　　田疇 村典告守令 守令親驗 申戶部 戶部送三司 三司移牒 撿覈虛實後 又令其界按察
　　使 差別員審檢 果災傷 租稅蠲減".
220) 『高麗史』 卷78 志 32 食貨 田制, "諫官李行等 又上疏曰…".

근거로 하게 하였다.[221] 수령은 집행, 안찰사는 실사 보고 등으로 그 역할이 구분된다.

경상도 안찰사는 경내로 들어오면 상주계수관과 향선생의 문도로부터 헌시를 받는 환영을 받았다. 상주가 안찰사의 행영으로서 위상을 지녔다. 안찰사는 수령의 비리, 전국 사원 현황 조사 등에 대해서는 계수관별로 사록을 차사원으로 지휘하였다. 경상도 안찰사를 역임하고 경상도 계수관으로 보임된 예가 있다. 고려말까지 안찰사가 계수관의 상위직이나 중간 기구의 역할을 한 것으로 보기는 어려웠다. 크게 보아 수령은 집행, 안찰사는 감찰의 역할을 하였다.

---

221) 『高麗史』卷79 志 33 食貨 農桑.

제3장
상주계수관의 문화

제1절 나말려초 상주지역 선종산문의 동향과 성격

상주지역 문화 현상 중에서 신라말 고려초에 선종 산문의 양상을 정리하고 특색을 찾아본다. 禪宗 승려들은 그 독특한 교화력으로 지방 사회에 자리 잡는데 유리하다. 기존 승려와 다른 강한 사자상승과 집단화, 독자적 유력 수행, 우상 파괴적 태도, 경전과 의례를 강조하지 않는 방식 등이다. 상주지역 신라말과 고려초에 이들 선사들이 자리 잡고 활동한 배경을이 지역과 연관 지어 의미를 탐색한다. 선종 산문 혹은 그 약어로서 禪門이라 함은 산파의 계보와 관련된 사자상승 인맥과 특정 사원을 포함한 의미로 사용한다. 인맥관계가 잘 드러난 경우도 있지만 그렇지 않은 경우도있다. 당시 산파들이 특정 경향으로 정리될 수 없는 경우도 있다.

특정지역에 나타나는 선종 산문의 형성 문제는 나말려초 사회변혁기사상적 기반의 변모와 기능을 이해하는 데 유효하다. 선행 연구는 김해지역과 서남지역을 대상으로 한 분석 논고가 있다.[1] 선행의 연구를 참조하면서 상주지역을 둘러싼 선종 산문의 사상적 동향과 그 기반을 이해한다.

신라말 상주지역에서는 장백사에 진감선사, 봉암사에 지증대사, 심묘사에 낭혜화상, 영각산사에 심광화상, 삼랑사에 융체선사 등이 산문을 형성하였다. 고려초에는 봉암사에 정진대사, 용문사에 두운선사, 경청선원에 자적선사, 소백산사에 대경대사, 진공대사, 태자사에 본정 등이 그렇게한 바 있다. 산문의 위치와 선사들의 출신과 행적을 검토하여 상주지역에서의 활동 배경과 특징을 찾아낸다. 선승 탑비문에 보이는 나말려초 상주

---

1) 崔柄憲, 「新羅末 金海地方의 豪族勢力과 禪宗」『韓國史論』4, 1978.
曺凡煥, 「新羅 下代 西南地域의 禪宗山門 形成과 發展」『震檀學報』100, 2005.
구산우, 「신라말 고려초 김해 창원지역의 호족과 鳳林山門」『한국중세사연구』25, 2008.

지명이 나타내는 의미는 신라말에서 고려초에 이르기까지 상주가 하나의
지역적 구심체로서 역할이 있었음을 반영한다.

1. 신라말 상주지역 산문의 동향

1) 尙州 長栢寺와 眞鑑禪師

상주 장백사는 지금 상주 연원동에 폐사지로 있다. 남은 석재나 기와편
등으로 보아 통일신라기 사원지이다. 830년 慧昭가 주석하기 전부터 사
원이 존재했다. 유적이 있는 일원은 지형상으로 북천 북쪽인 노악산과 천
봉산 사이의 계곡 평지에 해당한다. 노악산 지맥의 하나가 유적지가 있는
구서원 마을을 U자상으로 감싸고 있다. 유적지는 계곡 평지와 노악산의
지맥이 접하는 곳이다.「북장사사적기」에는 장백사 破後에 南長寺로 이
건되었다고 기록하였다. 통일신라 삼층석탑 초층 옥개석은 258cm로
180cm가 일반적인 것에 비하면 대형의 부재이다. 석탑은 8세기 작품일
가능성이 높다. 1967년 정영호 교수가 발견한 이상화씨 집 뒤뜰에 있었다
는 길이 58cm, 폭 41cm 크기의 석조주악천인상편은 현재 도난당하고 없
다. 역시 통일신라기의 작품으로 추정한다. 석등하대석, 계단난간석, 문지
두리홈석 등과 기와편이 발견된다.[2] 석탑 옥개석 일부가 興巖書院 사당
기단석으로 사용되었다.

혜소는[3] 774년(혜공왕 10)에 태어나 850년(문성왕 12)에 입적하였다.

---

2) 『古代沙伐國關聯文化遺蹟地表調査報告書』, 尙州市·尙州大 尙州文化硏究所, 1996,
   324~331쪽.
3) 혜소에 관해서는 다음의 논고가 참고된다.
   金楨權,「新羅 下代 眞鑑禪師 慧昭의 身分과 活動－雙谿山門의 成立과 관련하여－」
   『호서사학』27, 1999.
   金福順,「眞鑑禪師의 생애와 불교사상에 관한 연구」『韓國民族文化』15, 2000(『한
   국 고대불교사연구』, 民族社, 2002 재수록).

崔氏이고 선대는 漢族이며 전주 金馬로 徙民된 고구려 후예다. 804년(애장왕 5)에 입당하여 馬祖道一의 문하인 滄州神鑑에서 낙발하고 崇山 少林寺에서 구족계를 받았다. 道義를 만나 참학하고 終南山과 紫閣에 나와 廣施하였다. 혜소는 830년 귀국하였다. 804년 중국으로 떠난 지 26년만이며 나이 56세 때이다. 그는 홍덕왕의 예우를 받았다. 홍덕왕은 즉위한 지 5년 되는 시점에서 혜소를 누더기 영웅으로 추앙하고 그가 지닌 자비의 위력에 의지하여 계림을 길상의 집으로 만들려 하였다. 홍덕왕이 혜소를 이와 같이 예우한 배경 역시 홍척의 예와 다르지 않다. 남원 소경의 실상사는 초기 선종 수용시 중요한 지리적 위치를 차지한다. 羅州 會津을 통해 귀국하여 왕경으로 이어지는 신라 대당 교통로의 요충지이다. 혜소가 머문 상주 장백사 역시 신라 왕경에서 대당 교통로의 하나인 唐恩浦로 가는 중요한 거점이다.

김헌창의 난때 상주도 가담하였다. 더구나 당시 양측 군사 대결은 『삼국사기』 헌덕왕 14년 기사에 "張雄이 道冬峴에서 적병을 만나 쳐부수었다. 衛恭과 悌凌은 장웅의 군사와 합쳐 三年山城을 공격하여 이긴 다음 俗離山으로 진격하여 적의 잔병을 섬멸하였다"라 하였다. 삼년산성과 속리산은 사벌주 인근지역이다. 여기서 벌어진 전투에서 희생된 군사들은 사벌주지역과 무관하지 않다. 바로 이와 같은 배경 하에서 홍덕왕이 실상사의 홍척에 이어, 혜소를 예우하고, 김헌창 난의 후유증에 따라 상주지역민을 위무하는 것이 필요했다. 혜소는 남종선을 전한 초기 선승이다. 그의 선 전래는 신라 전통의 탄불의식을 바탕으로 한다. 혜소의 범패 교화는 선승으로서 별다른 무리 없이 비문의 표현처럼 병자가 명의를 찾듯 인파를 구름처럼 모이게 하였다. 그의 교화력은 상주지역민이 김헌창 난 이

金杜珍,「眞鑑禪師塔碑와 慧昭의 선종사상」『금석문을 통한 신라사 연구』, 한국학중앙연구원, 2005(『신라하대 선종사상사 연구』, 일조각, 2007 재수록).
韓基汶,「新羅下代 眞鑑禪師의 活動과 梵唄 敎化의 意義」『大丘史學』89, 2007.

후 겪은 고통을 덜어주는 위무의 효험이 있었다.

혜소의 상주 장백사에서의 교화활동은 "방장은 비록 넓었으나, 물정이 자연 군색했다"라는 이유로 상주에서 머문 지 6년여 만에 지리산으로 떠난다. 이유는 흥덕왕 이후 왕위계승전과 기존의 화엄 밀교 교단의 대응과 연관된다. 추측이 가능하다면 상주 중심부의 지역 세력은 중앙과 연계성이 크고 그 영향력을 받고 있었다. 상주 중심부에서의 산문 정착이 쉽지 않았을 것으로 짐작된다.

2) 聞慶 鳳巖寺와 智證大師

曦陽山 鳳巖寺는 心忠이 봉암용곡을 道憲에 희사하여 성립하고 헌강왕이 봉암으로 사액한다. 陽山寺, 曦陽院으로 불리기도 한다. 전자는 지리지에, 후자는 금석자료에 보인다. 산명을 사명으로 혼용하던 관행에서 그렇게 된 것이다.

864년(경문왕 4)에 경문왕의 女弟 端儀長翁主가 賢溪山 安樂寺를 희사한다. 도헌이 그곳에 주석하였다. 안락사에 옹주의 농장과 노비문서가 예속되었고 도헌 자신의 私家 소유 莊 12區와 田 500結을 시주하고 왕의 허락을 얻었다. 그 뒤 심충이 衲僧의 터가 아니면 도적의 굴이 될 것이라 하고 희양산 용암봉곡을 희사함에 瓦簷 4柱를 세워 지세를 누르고 鐵佛 2구를 주조하여 지키게 하였다. 헌강왕은 南川郡統 訓弼로 하여금 別墅로 표지를 하게 하고 금살표를 구획하였다. 도헌이 심충이 희사한 희양산 중턱 봉암용곡 터에 절을 완성한다. 881년(헌강왕 7)에 전안륜사의 僧統 俊恭과 肅正臺의 史 裵聿文을 보내 강역을 표시하여 정하고 사액을 내리기를 鳳巖이라 하였다.

왕의 부름에 응한 뒤 현계산에 돌아가 입적하였다. 그의 탑비는 봉암사에 세워졌다. 지증대사비 음기에 비의 건립에 관여한 승려들의 직임을 나열한다. 그중 '院主 大德 能善 通俊 都唯那等 玄逸 長解 鳴善'은[4] 봉암사 자체 조직이 아닌가 한다. 여기에 원주, 도유나는 각각 직임을 가지고 있었다. 원주는 사원 내부 조직의 책임자로 생각된다. 도유나는 사원 내 승려들의 일상 생활에 필요한 잡다한 일을 처리해 주는 한편 대중의 규율을 단속하고 통솔하는 임무를 맡았다. 음기의 단월에 대해서는 "成碣西□ 大將軍着紫金魚袋蘇判阿叱彌 加恩縣將軍熙弼"로 나와 있다. 비문이 제작된 924년(경애왕 1) 당시 가은현 장군 희필은 봉암사가 있는 이 지역 호족 세력으로 추정된다.

도헌은 824년(헌덕왕 16)에 태어나 882년(헌강왕 8)에 입적하였다. 김씨로 왕경인이었다. 부석사 梵體大德에게 화엄을 배우고 瓊儀律師에게서 구족계를 받는다. 입당하지 않고 慧隱으로부터 玄旨를 탐구했다. 도헌의 비문에 적힌 법맥은 志空-神行-遵範-慧隱-道憲-楊孚로 이어진다. 그의 법맥은 북종선계이다.[5]

도헌의 제자 양부는 康州 伯嚴寺를 수리하여 주석한다. 도헌 사후 곧 924년 이후 봉암사는 전란의 위기에 처했다. 긍양이 이곳을 다시 찾았을 때는 폐허가 되어 있었다.

3) 永同 深妙寺와 朗慧和尙

심묘사 소재지는 충청북도 영동군 황간면 원촌리이다. 황간면 원촌리 서원말의 송천 동쪽 구릉상에 있는 고사지다. 현재는 마을의 민가가 들어서고 경작지가 되어 원형을 찾을 수 없다. 「聖住寺 朗慧和尙塔碑」 비문 속에 尙州 심묘사에 대한 기록이 있다. 9세기 또는 그 이전에 창건되었다.

---

4) 「鳳巖寺 智證大師碑」 『韓國金石全文』, 255~256쪽.
5) 조범환은 도헌이 북종선을 택한 것은 범체에 수학한 것과 관련되고 북종선 맥을 이은 혜은을 찾아 간 것이 계기가 되었다고 보았다. 그는 신분상 남종선보다 북종선을 고집하였을 것으로 보았다(「신라 하대 도헌 선사와 희영산문의 개창」 『나말려초 선종산문 개창 연구』, 경인문화사, 2008).

폐사시기는 정확하지 않다. 조선 초기의 기록인『신증동국여지승람』에 절 주변에 있는 寒泉八景을 소개한다. 심묘사가 당시까지는 존속하였다.

16세기 이후 언제 폐사되었는지는 알 수 없다. 조선 후기의 각종 지리지에는 나타나지 않고 있다. 절터에 송시열을 봉향하는 寒泉書院을 세운 것으로 보인다. 현재 절터 주변에는 다량의 기와편과 치미, 무문전, 와당편이 산재해 있다. 민가 주변에서 장대석, 초석, 석조편이 발견된다. 마을 앞에 있는 송시열유허비 대석은 이 심묘사지의 석탑 옥신석이다. 남성리에 있는 黃澗鄕校의 주초석 가운데 4기의 연화대석과 1기의 석탑 옥개석도 이 절터에서 옮겨진 것으로 보인다.6)

「낭혜화상비」에서 경문왕은 성주사의 무염을 왕경으로 불러 스승으로 예우하고 왕경에서 멀지 않은 상주 深妙寺를 禪那別館으로 할 것을 청하였다. 무염이 이곳으로 와서 머물렀다.

심묘사는 수리하여 엄연하게 훌륭한 절이 되었다고 한 것으로 보아7) 대대적인 중창이 있었다. 憲康王이 손수 쓴 「深妙寺碑」가 있었다.8) 사원은 선나별관으로 칭해진 것을 보아 성주사가 선나본관이 되고 심묘사는 말사격인 별관이 아닌가 한다. 심묘사는 국왕이 지정하여 마련한 선종사원이다.

낭혜화상 무염은 속성은 김씨이고 무열왕이 8대조가 된다. 아버지 範淸은 득난이 되었다. 12세에 출가하여 五色石寺에서 法性의 가르침을 받고 부석사 釋登에게 화엄을 배웠다. 822년 중국에 유학 麻谷寶澈에 법을 받고 845년 법난으로 귀국하였다. 웅천주 서남지역 임해공 김인문의 봉지에 사원을 세워 산문을 열었다. 문성왕대 성주사로 사액되었다. 명성이 높아 사류들이 대사의 선문 곧 성주산문을 알지 못하는 것을 일세의 수치

---

6) 淸州大學校 博物館,『永同郡 文化遺蹟』, 1992, 62쪽.
7) 「聖住寺 朗慧和尙碑」『韓國金石全文』, 218쪽.
8) 「聖住寺 朗慧和尙碑」『韓國金石全文』, 214쪽.

로 여겼다. 성주 산문은 왕경과 좀더 가까운 상주 심묘사에 그 거점을 마련한다.9)

4) 永同 靈覺山寺와 深光和尙

靈覺山寺는 永同郡 南의 靈覺山에 있는 사원이다. 『신증동국여지승람』 영동군에는 영각산명이 없다. 금석자료에 의하면 영각산은 상주와 가까운 영동군 남쪽에 있었다. 利嚴의 행적에 따르면 沙火 곧 상주를 지나 영동군 남의 영각산 북으로 이동하여 머물렀다는 것으로 보아10) 그렇게 추정된다.11)

麗嚴은 스승 무염이 입적하자 사형 深光이 머물고 있음을 알고 887년에 찾아가 참선 수행하다가 중국에 유학 雲居禪師에게 나아갔다. 영각산에는 玄暉도 찾아와 심광의 가르침을 받았다. 영각산사도 성주산문의 계열 사원이었다.

심광은 '人中의 사자'라고 존숭되었다. 무염의 제자가 되어 모든 학자가 우러러 보았다. 부르지 않아도 스스로 찾아와 문하가 마치 저자거리와 같이 붐볐다.12) 심광은 崇嚴 곧 무염의 제자이며 마곡의 법손으로 족히 성도를 알았다. 그의 전한 바는 조계 6祖를 존조로 하여 대대로 서로 마음이 계합하여 법경대사 현훈까지 이르렀다. 강서의 법통이 동국의 해우까지 전파하여 옴에 성주사 무염화상은 천하에 비길 바가 없었다. 무염

---

9) 조범환은 무염이 심묘사에 머문 시기는 3년여 정도이고 심묘사비에 있다는 "鎭俗降魔之威力"이라는 구절을 들어 상주 재지세력과 농민의 불만을 위무하였을 것으로 보았다. 상주지역과 관련된 김헌창난 후유증 위무와 관련 지웠다(「성주산문과 신라왕실」『신라선종연구 - 낭혜무염과 성주산문을 중심으로 -』, 일조각, 2001, 121~122쪽).

10) 「廣照寺 眞澈大師碑」『韓國金石全文』, 282쪽, "途出沙火得到邊岑永同郡南靈覺山北尋謀駐".

11) 조범환은 덕유산 영각사로 추정하였다(앞의 책, 2001, 155쪽).

12) 「菩提寺 大鏡大師碑」『韓國金石全文』, 292쪽.

사후 심광이 성주산문의 제자로서[13] 영각산사에서 선문을 이끌었고 크게
번성하였다.

심광의 가르침을 받은 여엄, 현훈의 가계는 다음과 같다. 여엄의 속성
은 金氏이고 그의 선조는 鷄林 사람이었다. 관직의 임지에 따라 서쪽으로
藍浦(보령)에 살게 되었다. 어머니는 朴氏이다. 현훈은 속성이 李氏이다.
선조는 노자의 후손이다. 당의 요동 정벌시 먼 조상이 종군하여 왔다가
정착하였는데 南原이었다. 어머니는 傅氏이다.

5) 公山 三朗寺와 融諦禪師

尙州 공산 三朗寺의 위치에 대해서는 구체적으로 알 수 없다. 공산이
오늘날 대구 팔공산이라는 전제하에 상주 권역에 포함할 수 있다. 융체선
사의 이력은 확인되지 않는다. 찬유는 비문에 속성은 金氏이고 계림의 河
南 출신이다. 대대손손 명문호족이었다. 조의 휘는 淸規, 부의 휘는 容인
데 長沙縣 현령을 역임하였다. 모는 李氏이다.[14]

원종대사 璨幽가 헌강왕대에 상주 공산 三郎寺 융체 선사에 가서 출가
하였다. 융체선사는 혜목산에 있는 심희에게 나아가 배울 것을 권하였다.
審希가 광주 松溪禪院으로 옮겨가자 중국으로 유학할 것을 허락받았다.
유학후 鳳林寺로 심희를 찾아보았다. 이때 삼랑사에 가서 禪伯 자리를 맡
을 것을 말하였다.[15] 이후 찬유는 혜목산 고달사를 종언지소로 삼고 비도
거기에 세워졌다. 洪俊이 출가의 길을 떠나 태령을 지나 黑巖禪院에서 심
희를 만난다. 유학을 권유받고 중국 유학을 하였다. 삼랑사는 원감대사
현욱, 심희, 융체선사, 찬유, 홍준으로 이어지는 법맥과 더불어 고달사, 송

---

13) 「淨土寺 法鏡大師碑」, 『韓國金石全文』, 320쪽.
14) 「高達寺 元宗大師碑」, 『韓國金石全文』, 391~392쪽.
15) 「高達院 元宗大師碑」, 『韓國金石全文』, 394쪽, "… 宜住三郎寺爲禪伯矣 大師應奉而
住".

계선원, 흑암선원, 봉림사, 경청선원과 함께 그 계열사원이었다.[16]

특히 찬유에게 삼랑사의 선백 자리를 맡기를 권하는 봉림사 심희의 말은 바로 이러한 계열 사원에서 僧政이 이루어졌음을 보여주는 좋은 예가 된다. 태조에 의해 주지하기를 요청 받은 광주 天王寺도 계열 사원에 포함된다. 高達寺를 終焉地로 삼는다. 찬유에게 와서는 중심 사원이 혜목산 고달사가 되었다. 고달사는 광종대 3대 부동사원의 하나인 고달원이다.[17] 고려시대에 와서 이 산파는 찬유로 인해 왕조의 엄호를 받았다. 봉림산파라 한 것은 심희의 비가 경명왕의 친찬이고 신라 왕실에서 건립한 것이기 때문이다. 선종은 법맥이 중요시되므로 중심 사원은 변동이 있었다.

2. 고려초 상주지역 산문의 경향

1) 聞慶 鳳巖寺와 靜眞大師

康州 伯嚴寺에 있던 兢讓이 935년(태조 18) 문경 鳳巖寺에 도착하였다. 당시 봉암사는 폐허화 된 상태였다. 긍양비에 따르면 적들의 불지름으로 재만 날고 있었지만, 겹겹 산봉우리와 산 개울은 그 모양을 바꾸지 않았고, 절 마당과 승방 등은 반쯤 타 가시밭과 같았다. 불을 지른 적의 실체는 후백제군이 아닌가 한다.

작성 연대를 알 수 없는 봉암사의 시설에 대한 자료로「봉암사사실약록」이 있다.

清泰二年 高麗 太祖時 靜眞國師自康州白嚴寺來至 重建是寺 … 當時殿宇之排鋪 像設之崇飾 則大雄光明寶殿及藥師殿 說法殿 觀音殿 應眞殿 金色殿 地藏殿 十王殿 極樂殿 凡九位 皆佛宇之大者也 … 東上室 西上室 內僧堂 外僧堂 內禪堂 外禪堂 東方丈 西方丈 左侍事 右侍事 涵虛堂 侍者寮

---

16) 韓基汶,「新羅末 禪宗 寺院의 形成과 構造」『韓國禪學』2, 2001.
17)「高達院 元宗大師碑」『韓國金石全文』, 399쪽.

中位堂 海會堂 省行堂 延壽堂 皆寮也 凡17所 … 太陽門 梵鐘閣 萬歲樓 洗
耳樓 曦陽院 左慶樓 右慶樓 東行廊 西行廊 棲雲樓 棲石樓 安養門 解脫門
及曲樓 沐浴室 皆樓觀廊廡之類也 凡15處 大者二三十間 小者七八九間

兢讓이 중창하고 난 뒤의 봉암사 모습으로 볼 수 있다. 불전이 9개소,
승려 거주 공간이 17개소, 누관낭무가 15처인데 큰 곳은 20~30간이고 작
은 것은 7·8·9간이다. 특히 요사가 17개소로 많다. 거주하는 인원이 많았
음을 보여준다.

태조와 관련된 시설로 태조진전이 있었다. 양산사는 '加恩陽山'이라는
금석문 기록으로 보아[18] 봉암사의 다른 사명이다. 현재 봉암사 극락전은,
아미타삼존불을 봉안할 만한 공간이 없고 기단, 초석의 수법이 9세기까지
소급되므로, 원래 태조진전 건물로 추정된다.[19] 이 태조진은 고려말 왜구
의 침입 때 풍기군 龍泉寺로 옮겨졌다.[20]

봉암사는 태조와의 관련성이 매우 깊었다. 태조진전은 일종의 군국묘
이다. 태조와의 관련성을 통해 그 지역의 중요성을 강조하여 충성을 유도
하고 반란을 미연에 방지하는 의의가 있다.[21] 태조의 통일 과정에 봉암사
가 차지하는 위상과 중요성이 매우 컸던 것을 반영한다.

긍양은 속성이 王氏이고 公州人이다. 고조, 증조, 조, 부에 이르기까지
州里의 長者, 군읍의 豪戶였다. 어머니는 김씨였다. 긍양은 충주 세력 예
백의 소개로 고려 태조를 만나 '歸僧崇佛'의 방책을 논의하였는데 구체적

---

18) 「太古寺圓證國師塔碑」『韓國金石全文』, 1232쪽.
19) 홍병화, 김성우, 「희양산 봉암사 극락전의 연구」『건축역사연구』제16권5호(통권
    54호), 2007.
20) 『新增東國輿地勝覽』卷25 豊基 佛宇 龍泉寺.
    『高麗史』卷134 列傳47, 辛禑 6年 7月, "倭寇錦沃二州 又寇咸悅豊堤等縣 奉加恩縣
    陽山寺太祖眞 移安于順興避倭寇也".
21) 韓基汶, 「高麗時代 開京 奉恩寺의 創建과 太祖眞殿」『韓國史學報』33, 2008, 222~
    224쪽.

으로는 新譯大藏經의 寫經과 개경·서경 양도분치였다. 태조의 대장경 연구 요청을 받아 15년간 봉암사에서 진행하였다.[22] 긍양은 선승으로서 태조가 사신을 閩과 甌에 보내 수입한 대장경 완본을 다시 한 본을 베껴 양도에 두려고 의향을 물었을 때 공덕이 있고 無上한 깨달음을 방해하지 않으며 佛恩과 王化가 오랠 것이라고 하였다. 고려 定宗이 義熙本 華嚴經을 사경하여 보낸 것은 그가 色과 空이 다르지 않고 語와 默이 동일하여 항상 경전을 열람했기 때문이다.[23] 긍양은 선종에서 교종으로 접근해 가는 경향을 보인다.

긍양은 봉암사에 오기 전에 康州 伯嚴寺에 있었다. 절은 西穴故師가 修刱 移住한 곳이다.[24] 서혈고사는 楊浮이다. 긍양은 楊孚의 법을 이었다. 『삼국유사』에 인용된 古傳에 따르면[25] 925년 희양산 긍양화상이 와서 10년을 머물다가 935년 희양산으로 되돌아 갔다.[26] 긍양은 백엄사에 오기 전에 희양산에 있었다. 긍양은 도헌의 주석 사원 희양산에 머물렀다가 백엄사로 이동한다. 그는 사상적으로 도헌을 추모한다.

긍양은 강주의 해상세력 王逢規와 연결되었을 가능성이 있다. 신라 경명왕으로부터 '奉宗大師'로 존숭된 선승이었다. 그는 강주지역이 더 이상 안전한 곳이 되지 못함을 알고 통일의 대세를 잡은 태조와 연결을 맺고자 폐허로 변한 봉암사를 찾았다. 中原府 鍊珠院 院主 芮帛의 지원을 받고

22) 李仁在,「선사(禪師) 긍양(兢讓:878~956)의 생애와 대장경(大藏經)」『韓國史研究』 131, 2005.

23)「鳳巖寺 靜眞大師碑」『韓國金石全文』, 384쪽, "定宗繼明御宇 … 以新寫義熙本華嚴經八帙送之 盖爲大師色空無異 語默猶同 每蟄金言 常披玉軸故也".

24)「鳳巖寺 靜眞大師碑」『韓國金石全文』, 381쪽, "遷徙康州伯嚴寺 是西穴故師所修刱 移住也".

25) 추만호는(『나말려초 선종사상사 연구』, 이론과실천, 1992, 137쪽)『삼국유사』의 고기 기록을 후대인의 착오로 보아 신뢰하지 않았다.

26)『三國遺事』卷3 塔像4, 伯嚴寺石塔舍利, "古傳云 前代新羅時 北宅廳基捨置玆寺 中間又廢 去丙寅年中 沙木谷陽孚和尙 改造住持 丁丑遷化 乙酉年曦陽山兢讓和尙 來住十年 又乙未年却返曦陽".

태조와 연결되었다. 예백은 늘 楞迦를 외웠다는 것으로 보아 北宗禪僧일 가능성이 높다.[27] 긍양이 북종선 경향의 예백을 찾았다. 그 자신도 그러한 사상적 경향이 있었다.[28] 긍양은 백엄사에 오기 전에 이미 희양산에 있었다는 점과 色과 空이 다르지 않고 語와 默이 동일하여 항상 경전을 열람했다는 것을 고려하면 그는 북종선 사상을 견지하였을 것이다. 만년까지 긍양은 사상적으로 남종선의 강조보다 오히려 북종선 혹은 선교융합적 경향을 견지했다.[29]

혜소와 긍양의 사상적 공유는 敎禪을 겸한 것에서 찾을 수 있다. 혜소의 불경 강의와 강경을 통한 범패와 긍양의 태조 요청에 따른 대장경 연구가 그러하다. 긍양은 혜소와 같이 호랑이를 조복하는 이적이 상통하고 혜소의 옥천사, 그리고 북종선의 신행비가 있는 단속사와 가까운 백엄사에서 활동한 공유점이 있다. 긍양은 혜소 문도의 사상 경향에 북종선풍도 있음을 확인하였을 것이다. 혜소에 내린 賜號 풀이에 나타난 "色과 空이 雙泯이고 定과 慧가 俱圓이다"라는 구절에서 성상융회적 경향이 있음을 들때 긍양과 맥락이 닿는다.[30] 따라서 긍양은 혜소와 도헌의 연결 고리로서 사상적 위치에 서게 된다.[31] 이후 광종이 선·교일치적 경향을 보인 법안종을 강조한 분위기에서 봉암사는 曦陽院이라는 이름으로 3대 부동사원의 하나가 되었다.

---

27) 楞伽經이 北宗禪 소의경전이라는 주장은 呂聖九, 「神行의 生涯와 思想」『수촌박영석교수화갑기념 한국사학논총』上, 1992 참조.

28) 반면 조범환은 도헌이 북종선을 꽃피우고자 하였으나 긍양이 법계마저 바꾸어 북종선이 설자리를 없게 하였다고 하였다(「신라하대 도헌선사와 희양산문의 개창」『나말려초 선종산문 개창 연구』, 경인문화사, 2008).

29) 김두진은 긍양은 교종 특히 화엄사상을 이해하고 또한 교선일치 사상경향을 가졌으며 선종사상 또한 性相融會 경향을 지녔다고 하였다(「고려 광종대 법안종의 등장과 성격」『고려전기 교종과 선종의 교섭사상사 연구』, 일조각, 2006, 210~211쪽).

30) 김두진, 「고려 광종대 법안종의 등장과 그 성격」『고려전기 교종과 선종의 교섭사상사 연구』, 일조각, 2006, 212쪽.

31) 한기문, 앞의 논문, 2007.

2) 醴泉 龍門寺와 杜雲禪師

예천군 직할지 일대는 후삼국시기 고려에 우호적인 동향을 보였다. 예천군 직할지와 가까운 龍門寺重修記 비문에 고려 태조가 후삼국 정벌 중 용문사에 들러 杜雲 선사를 만난 사실을 전한다. 선사는 梵日과 함께 唐에 들어가 불법을 전수하고 돌아와 868년(경문왕 7)에 이곳 예천 용문사에 자리잡는다. 가시덤불을 치고 터를 닦아 초암을 짓고 수행하였다. 태조가 여기를 지나다가 천하를 평정할 방책을 물었다. 가만히 도움을 주어 통일 후 두운이 머무는 곳을 용문사로 賜額한다. 30간의 집을 짓도록 하였다. 주현의 稅租를 매년 150석씩 제공하도록 하여 사원 유지 경비를 지원하였다. 法孫이 계승하여 住持하도록 배려하였다.

두운선사와 태조의 밀약은 두운선사가 태조를 사상적으로 지원하면서 예천군 직할지 일대에 고려에 우호적인 분위기를 만드는데 도움을 준 것을 의미한다. 용문사가 고려와 후백제와의 싸움에 중요한 전략적 요충지였음을 말한다. 사원이 포괄한 지역의 사상적, 사회적 영향력이 중요했음을 의미한다. 통일 후 예천이 甫州로 승격되는 계기가 되었다. 이 사원은 고려 중기 굴산문이 사상적으로 주도하게 되는 중요한 도량이 되었다.32)

3) 醴泉 境淸禪院과 慈寂禪師

예천 境淸禪院은 洪俊의 탑비가 세워진 곳이다. 홍준은 두운보다 뒤에 활동한 승려이다. 이력과 활동은 비문에 자세하다. 홍준은 그의 法諱이고 속성은 김씨이다. 선조는 진한의 茂族이었다. 882년(헌강왕 8)에 태어나 수학하고 출가한다. 黑巖禪院의 眞鏡大師를 스승으로 모셨다. 918년 경명왕의 초청을 받은 스승 審希를 따라 경주를 방문한다. 예천에 이르러

---

32) 韓基汶,「醴泉 重修龍門寺記 碑文으로 본 高麗中期 禪宗界의 動向」『文化史學』24, 2005.

단월 正匡□□를 만나 몇 년간 절에 머물렀다. 이 절이 경청선원의 전신인 加知谷寺가 아닌가 한다. 정광□□는 四事 즉 공양하는데 필요한 물건 일체를 홍준에 제공하였다. 태조가 소문을 듣고 선사가 계신 곳에 사신을 보내 무리를 거느리고 대궐로 오게 하여 龜山禪院에 머물게 하였다. 939년(태조 22)에 세상을 떠났다. 속세 나이 58세이고 승랍은 48이었다. 시호를 慈寂禪師, 탑호를 凌雲之塔이라 예우하였다. 傳法弟子로 綽麟, 承湛 등 100여 인이 있다.

법맥은 진경대사 심희를 이었고 鳳林山派로 정리된다. 활동은 경명왕대 경주를 방문하여 國師로 책봉된 심희를 따라 경주 東泉寺에 머물렀다. 예천의 정광□□이라는 단월을 만나 머물고 있다가 고려 태조와 연결되었다. 후삼국 시기 통일전쟁에 총력을 기울이던 상황에서 신라의 국사로 책봉된 바 있는 심희의 제자인 홍준을 초빙한다는 사실은, 고려가 통일하는데 사상적으로나 명분면에서 주도권을 잡게 하였다. 홍준의 위상은 통일 후 비문의 건립으로 나타났다. 경청선원 창건에도 都評省의 帖文을 통해 확고히 하였다. 홍준을 태조에 연결하는 데 중요한 역할을 한 정광□□가 활동한 예천이 비문과 사원의 건립지로 선정된 것이다. 다른 비문의 예와는 달리 비음기에 태조를 '國主神聖大王'이라는 재가제자의 이름으로 올리기까지 하였다. 홍준에 대한 우대를 극진히 하였던 것이다.[33] 예천은 고려 건국에 전략적으로도 중요했을 뿐만 아니라 사상적으로도 중요한 지역이다.

---

[33] 하일식은 음기에 국주신성대왕 이라는 시호를 쓴 만큼 그 작성 시기는 태조 사후가 타당하며 비양에 입비 시기는 941년으로 나오므로 음기는 태조 사후 추각된 것이 순리라 하였다(「고려초기 지방사회의 주관과 관반-금석문 자료분석을 통한 시론적 해석-」『역사와 현실』34, 1999, 57~59쪽).

4) 榮州 小白山寺와 大鏡大師, 眞空大師

소백산사는 비로사로 소개되고 있다. 진공대사비 음기에 소백산사라 명기하고 있어서 후대에 불린 비로사보다 소백산사가 당대 사명으로 더 타당하다. 이곳에는 진공대사비보다 더 앞서 성립된 유물 곧 礎石, 幢竿支柱, 石造毘盧遮那佛坐像, 石造阿彌陀如來坐像 등이 있다.[34] 석조 유물의 편년으로 보아 8세기 후반이 사원의 창건시기 하한이 될 수 있다.

소백산사에는 대경대사 麗嚴이 한 때 머물렀다. 성주산문의 무염과 그 제자 심광의 법을 받고 운거의 법을 이어 909년(효공왕 13) 귀국한다. 충주 월악산을 거쳐 영주 소백산으로 가서 지내면서 基州諸軍事 康萱을 만나 귀의를 받았다. 강훤이 태조에 알려 개경에 나아가 왕을 만났다.[35] 본사로 돌아와 사찰을 중수하다가 입조를 요청받고 나아갔다. 소백산사가 개경과 멀다하여 지평 보리사를 수리하여 머물게 하였다. 마침내 종언지소가 되었다. 여엄은 929년(태조 12)에 입적하였다.

小白山寺에는 □運이 태조의 배려로 머물렀고 그의 사후 비문이 세워졌다. □운은 속성은 金氏이고 鷄林 사람이다. 선조는 星漢에서 시작하여 나물왕 때 크게 일어났다. 가야산 善融和尙에 출가한 후 陳田寺를 거쳐 왕경에 있었다. 김해를 거쳐 930년에 소백산사에 머물 때 태조와 접촉한다. 930년(태조 13)은 태조가 고창 전투에서 견훤에 승리를 거두어 통일의 대세를 잡은 시기다. 소백산사가 古昌(안동)과 인접한 지역임을 감안하면 이 때 태조와 접촉했을 가능성이 높다.

비문에 王能長과 崔善弼의 공경을 받은 기록이 있다. 왕능장은 영천군인 金剛 장군 皇甫能長과 동일인이고, 최선필은 載岩城主 선필과 같은 인물로 추정된다.[36] 선필은 930년 태조에 귀부한다. 영천과 재암성(청송

---

34) 秦弘燮,「新羅北岳太白山調査報告 三」『韓國文化硏究院論叢』36, 1980.
35)「菩提寺 大鏡大師碑」『韓國金石全文』, 293쪽.
36) 尹熙勉,「新羅下代의 城主 將軍－眞寶城主 洪術과 載岩城主 善弼을 中心으로－」

진보)은 당시 신라 영역 내이다. □운은 이들 호족 세력과 연계되어 있었
다. 태조는 이들 호족세력 및 신라 왕실과 관련된 □운을 예우하고 그 머
물 사원을 배려함으로써 친 신라 세력을 포용하였다. 태조가 진공대사를
매개로 최선필의 귀부를 받고 견훤과의 고창 전투에서 승리를 거두고[37)
후삼국 통일의 대세를 잡았다.

소백산사는 성주산문의 법계를 가진 여엄이 먼저 머물러 선문으로 발
전시켰다. 여엄 사후 가지산문의 □運이 태조의 배려로 머물렀다. 妙識
說을 강조한 비문에 따르면 □運의 법계는 道義-廉居-體澄으로 이어지는
체징계(寶林寺)와 도의-眞空大師로 이어지는 북산계(陳田寺)의 분화에
따른 적통문제가 표현된 것이다.[38) 소백산사가 930년에는 어느 특정의
산파의 계열 사원으로 존재하지는 않았다. 다만 산사가 태조의 영향권내
의 한 사원으로 된 것일 뿐이다. 하지만 진공대사비가 세워지던 939년에
는 소백산사가 태조에 의해 가지산문의 사상적 중심사원으로 강조함으로
써 가지산파 세력을 수렴하려 한 것으로 생각된다.

이 지역은 봉암사의 경우와 같이 태조진전이 있을 정도로 중요하였다.
이규보가 동경초토병마로 가면서 基州의 태조진에 제사한 제문이 전한
다.[39) 기주 어디인지는 분명하지 않지만, 소백산사에 있었을 가능성이 크
다. 통일전쟁을 치를 때 태조는 소백산사를 거점으로 기주지역 전체를 중
요시하였다.

그 중요성은 죽령의 전략적 가치 때문이다. 아울러 영주와 신라 왕실과
의 관계가 밀접한 것도 태조가 기주를 중시한 이유가 된다. 『삼국사기』에
영주는 소지왕이 벽화라는 처녀에 반해 여러 차례 방문하였다. 궁예가 부

『韓國史硏究』 39, 1982.

37) 정동락, 「眞空(855~937)의 생애와 사상」 『한국중세사연구』 26, 2009.

38) 정동락, 앞의 논문, 2009.

39) 『東國李相國集』 卷38 道場齋醮疏祭文, 基州太祖眞前祭文.
   한기문, 앞의 논문, 2008.

석사를 찾았을 때 신라왕의 초상이 걸려 있어 그것을 칼로 찢은 일이 있
었다. 후대 기록이긴 하나 소백산사에는 경순왕의 사적비도 있었다. 신라
왕실은 영주가 신라 김씨 족단의 발상지라 하여 영주에 신궁을 설치하는
등 그곳을 중시하였다.[40]

5) 尙州 龍潭寺와 式照, 奉化 太子寺와 本定

사굴산문의 행적이 열반한 후 제자 9師가 있었다. 각기 사원에 주석하
였다. 비음기에서 뽑아 보면 "曰龍潭式照 乾聖讓景 鶖?惠希 宥襟允正 淸
龍善觀 靈長玄甫 石南迥閑 嵩山可言 太子本定"이다.[41] 앞의 두자는 사
명을 말하고 뒤 두자는 법명을 의미한다. 용담사, 건성원, 연?사, 유금사,
청용사, 영장사, 석남사, 숭산사, 태자사 등의 사원은 사굴산파의 사원이
다. 위치를 추측할 수 있는 사원은 식조가 주석한 상주 장천부곡 용담사,
본정이 주석한 봉화 태자사 등이다.

行寂은 사굴산파의 개조 梵日의 문인이다. 속성은 崔氏이다. 선조는
周 尙父의 먼 후예이고 齊 丁公의 후손이다. 兎郡에 사신으로 와서 鷄林
에 머물렀다. 지금 河南人이다. 어머니는 薛氏이다. 福泉寺에서 구족계
를 받고 崛山 通曉大師를 친견하고 입당 유학하였다. 885년(헌강왕 11)
에 귀국하였다. 天柱寺, 水精寺에 머물기도 하였으나 翔州 建子蘭若에서
산문을 열어 많은 문도를 모았다. 孝恭王이 보위에 오르고 僧正 法賢 등
을 보내 鳳筆을 전달하자 907년(효공왕 11) 溟州를 떠나 京邑에 도착하
여 國師의 예를 받았다. 다음해 김해부에 이르러 소율희의 요청을 받아
이름난 절에 주석하였다. 915년 경주에 이르러 신덕왕의 청에 따라 實際
寺에 있었다. 여제자 明瑤夫人의 요청을 받아 石南山寺에 이르러 열반할
곳으로 삼았다. 행적은 여기서 916년에 열반하였다. 비문은 954년(광종

---

40) 노대환, 「비로사 진공대사보법탑비편 발굴과 그 내용」『목간과 문자』2, 2008.
41) 「太子寺 朗空大師碑」『韓國金石全文』, 364쪽.

5)에 제자들에 의해 太子寺에 건립되었다. 태자사는 행적의 제자에 의해 그의 사상적 본거로서 강조되었다.

6) 永同郡南 靈覺山北 利嚴

영동군남 영각산 북쪽에 923년 경 이엄이 머물렀다. 승려와 신도들이 도풍을 듣고 찾아와 귀심하는 이가 많았다.[42] 이 곳 선문의 이름이나 후대 사원으로 된 기록은 전하지 않아 알 수 없지만 태조가 서신을 보내 초청할 정도의 규모를 가진 선문이었다.

이엄은 911년(효공왕 15) 나주 회진으로 귀국 김해에 이르러 蘇律熙의 귀의를 받아 勝光山에 터 잡아 절을 짓고 있었으나 적굴에 가까워 이곳으로 옮겨와서 선문을 이룬다. 태조가 자주 편지를 보내 뵙고자 청하여 개경으로 초치하였다. 이후 이 곳 선문의 동향은 알 수 없지만 한 때 선문이 형성된 곳이었다.

이엄은 속성이 金氏이고 그의 선조는 鷄林 사람이었다. 星漢의 후손이나 먼 조상때부터 세도가 쇠락하고 가세가 몰락하여 떠돌다 熊川에 이르렀다. 부의 휘는 章이다. 대사는 蘇泰에서 태어났다. 海東四無畏大師의 한 사람으로 중국의 조동종풍을 이어 왔고[43] 이후 해주 수미산문의 개창자로 알려졌다.

7) 宿水禪院과 釋超

홍주 곧 영주 숙수선원에 정종대 석초가 주지한다. 그 이전부터 선문이 되었다. 숙수사에서는 25구의 불상이 발굴되었다. 모두 600년대의 것이다.[44] 이 절은 신라시기부터 있었다.

---

42)「廣照寺 眞澈大師碑」『韓國金石全文』, 282쪽, "永同郡南靈覺山北 尋謀駐足乍此跡躅 緇素聞風 歸心者 衆矣".
43)「廣照寺 眞澈大師碑」『韓國金石全文』, 281쪽.

석초는 속성이 安氏, 中原府人이다. 父 安尼藻는 攝司馬였다. 母는 劉氏이다. 출가하여 구족계를 받은 다음 유학하여 浙西의 龍冊을 계승하였다. 龍冊은 法眼文益의 법손 曉榮으로 추측된다. 석초는 법안종풍을 수용한 인물로 평가된다.[45] 946년(정종 1)에 중국에서 돌아와 국왕에 인사후 바로 숙수선원에 주지하였다. 사생에 교화를 베풀어 고질병을 낫게 하고 중생을 모두 정도로 돌아가게 하였다. 이곳의 선문이 번성했다. 949년(정종 4) 광종이 즉위하자 지곡사로 옮겨 가도록 하였다. 석초가 떠난 이후의 상황은 알 수 없다.

3. 나말려초 상주지역 산문의 성격

신라말기와 고려초기의 상주지역에 보이는 여러 선종 사원과 선사들의 동향은 물론 경향도 살펴보았다.

〈표 3-1〉 나말려초 상주지역 선종 산문

사명	산명	위치	관련기사	단월	선풍	전거
長栢寺	露岳山	상주	혜소 주석	홍덕왕	남종	쌍계사 진감선사비
鳳巖寺	曦陽山	상주	도헌 주석	헌강왕, 희필	북종	봉암사 지증대사비
深妙寺		상주	선나별관	경문왕, 헌강왕	성주	성주사 낭혜화상비

---

44) 金載元,「宿水寺出土의 佛像에 대하여」『震檀學報』19, 1958.

45) 許興植,「智谷寺 眞觀禪師碑」『高麗佛教史研究』, 一潮閣, 1986. 석초가 940년 유학할 때 나이가 29세이고 曉榮은 21세로 출가한지 6년이 지난 때이므로 너무 어리다는 점과 『景德傳燈錄』26의 永明延壽가 翠岩令參이 931년 龍冊寺로 옮겨 오므로 연수가 제자가 되었다는 기록이 있으므로 석초가 940년 유학시 찾은 용책은 바로 취암영참을 말하므로 석초를 법안종으로 보는 것은 재고되어야 한다는 견해가 있다(金龍善,「高麗前期의 法眼宗과 智宗」『江原佛教史研究』, 小花, 1996). 하지만 석초가 하산한 智谷寺가 義天의 천태종 성립시에 합류한 것으로 보아 석초의 사상적 경향을 법안종과 무관한 것으로 볼 수는 없다.

靈覺山寺	靈覺山	영동군	여엄, 현훈 심광대사에 사사		성주	정토사 대경대사비
三郎寺	公山	상주	찬유 출가, 융체선사 주석		봉림	고달원 원종대사비
鳳巖寺	曦陽山	상주	긍양 주석	태조	북종	봉암사 정진대사비
龍門寺		상주	두운 주석	태조	굴산	용문사 중수비
境淸禪院 鳴鳳山		상주	홍준 주석	태조, 正匡□□	봉림	경청선원 자적선사비
小白山寺		영주	여엄, 진공대사	태조, 강훤	성주, 가지	비로암 진공대사비
太子寺		봉화	본정 주석	효공왕, 태조	굴산	태자사 낭공대사비
龍潭寺		상주	식조 주석	태조	굴산	태자사 낭공대사비
?		永同郡南 靈覺山北	利嚴 주석	태조	수미	광조사 진철대사비
宿水禪院		홍주	석초 주지	정종	법안	지곡사 진관선사비

　　신라말의 상주지역 산문은 장백사, 봉암사, 심묘사, 영각산사, 삼랑사 등이다. 장백사는 남종선 계통에 유학하고 범패를 익힌 혜소가 830년 처음 자리한 사원이다. 홍덕왕이 상주 주치지역에 위치한 장백사로 혜소를 초치한 배경은 김헌창난 후 이 지역을 위무하기 위한 것이다. 6여 년 후 혜소가 떠난 것은 홍덕왕 사후 왕위계승전에 따른 후폭풍일 것으로 짐작된다. 이후 산문으로서의 기능은 알 수 없다.

　　뒤를 이은 산문은 봉암사이다. 이 지역세력 심충의 희사와 헌강왕의 사액으로 성립되었다. 도헌의 법계로 보아 이 산문의 선풍은 북종선계통이다. 도헌의 제자 양부가 강주로 이동하였다. 「긍양비」에 불탄 봉암사의 모습이 묘사된다. 후백제의 공격으로 폐허로 변한 것이다. 신라 왕실의 사액을 받아 성립된 사원으로서 후삼국 혼란기에 신라에 충성한 산문이다.

　　영동군 심묘사는 경문왕과 헌강왕에 의해 낭혜화상의 별관으로 성립하였다. 낭혜화상은 무열왕의 8세손이다. 성주사가 김인문의 봉지에 성립한

다. 신라 왕실과 친밀도가 높았다. 각별히 왕실에서 위호하였다. 낭혜화
상 사후 상주권역의 영동군 영각산사가 성주산문의 중심으로서 역할을 한
듯하다. 심광이 주석하면서 여엄과 현훈 등에 가르침을 내렸다. 공산 삼
랑사는 융체선사가 주석하면서 혜목산문 현욱의 제자 심희, 찬유 등을 연
결시켰다. 후에 봉림산문으로 지칭되는 선풍을 잇는다.

신라말 선문과 관련하여 상주지역에는 상주 주치지역 최초 남종계통
선풍을 이은 혜소가 주석한 장백사, 북종선계의 봉암사, 성주산문의 심묘
사, 영각산사 그리고 혜목산문 후에 봉림산문의 선풍을 지닌 삼랑사 등의
선문이 있었다. 홍덕왕, 경문왕, 헌강왕의 관심과 지원 속에 존재할 수 있
었다. 상주는 9주의 하나였고 당은포로상의 교통 요지이다. 군사적으로
읍리화정이 설치되어 있었고 신라말 사화진이 개설되는 등 군사요충지였
다. 상주 주치의 관반이 광역의 행정망을 가지고 그 기능을 작동하였다.

고려초에는 봉암사, 용문사, 경청선원, 소백산사, 영각산사, 용담사, 태
자사, 숙수선원 등에 선문이 열렸다. 숙수선원을 제외한 사원은 모두 고
려 태조의 후원으로 성립하였다. 봉암사 선문을 연 긍양은 935년 중원부
연주원 예백의 지원으로 태조와 연결되었다. 긍양은 927년부터 강주 백엄
사에 있었다. 경명왕으로부터 봉종대사로 존숭되었다. 강주지역의 해상세
력 왕봉규와도 연결 가능성이 있다. 봉암사 정착후 몰두한 대장경 연구에
서도 짐작되듯이 긍양의 사상적 경향은 도헌 이래의 북종선풍을 이어 교
선일치적 성향을 띠었다.

긍양이 봉암사로 이동한 계기는 도를 넓히고자 하는 생각이 들어 산을
가려야겠다는 결심이었다고 비문에서 전한다. 거주한 봉암사는 적의 불지
름으로 폐허가 된 상태였다. '산을 가려야겠다'라는 생각은 새로운 단월을
찾을 것을 결심한 것이다. 봉암사를 복구하는데 태조의 지원이 컸다. 여
기에 태조진전이 존재한데서 잘 알 수 있다.

두운이 용문사에서 선문을 연 사실과 번창하게 된 것에 대해서는 고려

중기에 세워진 용문사 중수기에 전한다. 이 일대에서 태조의 후삼국 평정 방책을 자문하면서 반대 급부로 태조의 지원을 받고 산문으로 발전한다. 두운은 범일과 같이 당에서 불법을 전수 받았다. 용문사가 굴산문의 사상적 법계를 계속하였다. 때문에 굴산문의 선풍을 지녔다. 두운이 예천지역 세력과 연계되었는지는 잘 알 수 없다. 그의 자문에 의해 태조는 이 지역 세력을 포섭하는데 도움을 받았다고 생각한다. 당시 예천 일대는 여러 세력으로 나뉘어 있었다. 태조는 고려에 항복했다가 다시 후백제에 귀복한 下枝城과 近巖城을 공격했다.[46] 태조가 두운과 만난 시기는 후백제와 이지역을 둘러싸고 치열한 격전이 있은 920년대일 것이다.

예천 경천선원은 918년 경 이 지역의 정광□□을 매개로 태조에 연결된 홍준이 연 산문이다. 정광□□의 세력 실체에 대해 자세한 것은 전하지 않는다. 당시 예천에 통일된 세력이 존재하지 않은 상황으로 보아 태조에 귀부한 예천 세력의 하나로 생각된다. 홍준은 경명왕이 국사로 임명하여 봉림산파를 연 심희를 따라 경주까지 방문하고 동천사에 머문 적도 있는 친신라 선승이었다. 홍준이 입적한 후 세운 그의 비 음기에 단월로 "國主神聖大王"이라 하여 다른 비문에는 없는 예우를 하고 있다. 도평성의 첩문에 따라 비를 세우게 하고 상주 관반을 통해 14개 현의 공부를 동원하는 특례도 내렸다. 태조가 경청선원 선문을 통해 상주 광역주를 성립하고 다기한 세력이 존재한 예천지역을 이념적으로 지배하려는 의미를 담았다.

소백산사의 선문은 910년대 基州諸軍事의 귀의를 받은 성주산파의 여엄에 의해 시작되었다. 그 후 가지산파의 진공대사가 왕경에 있다가 김해지역을 거쳐 930년 경에 소백산으로 와서 이 산문을 유지하였다. 후백제와 이 지역을 두고 벌인 각축에서 고려의 우세로 기운 분기점이 된 古昌

---

46) 서성희,「高麗 初 예천지역세력과 開心寺 석탑 건립」『釜大史學』25·26합집, 2002.

전투지의 배후이다. 진공대사는 이미 신라에 충성한 영천과 청송지역의
장군 皇甫能長, 崔善弼의 귀의를 받고 있었다. 태조는 친신라적 선승을
영입하여 그 선문을 계속하게 하였다.

소백산사가 있는 영주지역은 죽령과 가까운 전략적 요충지이고 신라와
연고가 많다. 신라 왕의 초상이 있은 부석사나 신라 왕족인 김씨 족단의
발상지였다는 추측도 있다. 그러한 점이 반영된 것인지 太祖의 肖像이 이
지역에 있었다. 구체적 위치는 소백산사가 아닌가 한다.

태자사는 봉화지역에 소재한 산문이다. 사굴산문 출신 행적의 9제자
중 본정이 주석한 사원이다. 비록 광종연간이지만 행적의 탑비가 태자사
에 세워진다. 태조와 접촉하지 않은 채 입적하였지만 제자들은 태조와 연
결된 듯하다. 행적은 사굴산파 선풍을 지니고 907년 효공왕으로부터 국사
의 예를 받고 김해부와 경주 실제사, 석남사에 주석하였던 친신라 선승이
다. 제자 역시 이러한 경향이었다. 본정이 주석한 태자사는 상주 권역인
봉화에 있고, 式照가 주지한 용담사는 바로 상주 주치지역에 위치한다.
용담사는 개경 부근에도 있지만 이규보가 다녀간 長川 부곡에 터잡은 용
담사가 아닌가 한다. 이규보가 남긴 시에도 선종 사원으로 나온다.[47) 상
주 주치지역은 918년에 이미 태조에 귀부하였기 때문에 식조는 태조와 연
결되어 산문을 열었을 것이다.

사명이 알려지지 않았지만 영동군 남쪽에도 이엄이 923년 경 이곳에
주석하여 선문을 열었다. 이엄은 김해 蘇律熙의 지원을 받아 활동하다가
적굴이 가깝다는 이유로 이곳으로 이동하였다. 태조의 귀의를 받고 그 지
원 하에 활동한 듯하다. 숙수선원은 소백산사와 가깝기 때문에 태조대부
터 선문으로 존재했던 것은 아닌가 한다.

고려초 상주 권역의 선문은 918년 경 여엄의 소백산사, 홍준의 경청선

---

47) 韓基汶, 「高麗時代 尙州 龍潭寺의 景觀과 機能 -李奎報의 南遊詩를 중심으로-」
    『尙州文化硏究』 18, 2008.

원, 그리고 식조의 용담사, 본정의 태자사 등이 있었다. 920년 경 두운의 용문사, 923년 경 이엄의 영동군 남의 선문 등도 있었다. 930년 경에는 진공대사의 소백산사, 935년 경 긍양의 봉암사 등도 자리 잡았다. 홍준과 식조, 본정은 신라의 국사로 책봉된 심희와 행적의 제자로서 태조의 후원으로 선문을 열었다. 긍양은 경명왕으로부터 봉종대사로 우대 받았으며 역시 태조의 지원으로 산문을 중창하였다. 이엄과 진공대사는 신라 왕족으로 추측되는 세력이 지배한 김해지역에서 활동하다가 상주권역으로 이동한다. 상주 권역에서 태조의 지지로 성립된 선문의 선승들은 모두 신라의 후원을 받던 선승이었다.

고려 태조는 친신라 정책으로 후백제를 고립시켜 나갔고 이에 견훤은 927년 경주를 침공하였다. 신라의 위급을 구하고자 출병한 고려 태조는 공산에서 후백제에 크게 패하였다. 태조의 대외 정책 기조는 신라와 연대하여 후백제를 고립시키는 것이었고[48] 그에 따라 산문의 개설과 선승과 결연을 추진하였다. 유치한 주된 지역은 신라시기 교통, 군사 거점지이다. 선종 수용 초기 선승이 기반을 잡았던 장백사, 성주산문 심묘사, 영각산사, 봉암사, 삼랑사 등은 상주 권역이었다.

이 과정에서 선풍으로 본다면 신라말의 성주산파 심묘사, 영각산사, 그리고 북종선계의 봉암사, 봉림산파의 삼랑사 등의 선문들이 있었다. 고려 초 태조의 후원으로 성립된 선문들의 선풍은 봉림산파의 경청선원, 굴산파의 용담사와 태자사, 그리고 용문사 등이 있었다. 가지산파의 소백산사, 북종선계의 봉암사 등이 자리잡은 것을 살필 수 있다. 신라말 위세를 보였던 성주산문이 현존 비문 자료에 보이지 않는다. 대신 굴산파와 가지산파가 두드러진다. 북종계의 봉암사도 존속하였다. 봉림산파는 삼랑사를 대신하여 경청선원으로 맥을 잇는다.

---

48) 박한설, 『고려건국의 연구』, 고려대 박사학위논문, 1985.

제2절 상주계수관내 사원의 분포 양상과 성격

고려시기 사원은 신라 이래의 사원을 계승하고 새로이 창설된다. 국가 지배와 향촌, 일상생활에서 불가결하였다. 사원은 고려의 문화 집결 장소이다. 계수관내 사원의 분포와 성격을 파악하는 것은 문화단위로서 계수관을 이해하는 것에 주요하다.

사원은 계수관내 행정단위의 신앙과 교단 양상 그리고 중앙과 지방의 관계를 개관하는 데 중요하다. 고려시기의 행정편제와 운영은 신라시기와 조선시기와는 크게 다르고 실상을 파악하는 것은 어렵다. 사원에 대해서는『고려사』지리지에는 전혀 반영하지 않았다.『新增東國輿地勝覽』은 佛宇조와 古蹟조에서 실상을 반영하였어도 조선초기의 양상뿐이다. 당대 금석 자료와 고문서, 문집을 적극 활용 복원하여 일단을 추적할 수밖에 없다.

1. 상주계수관내 사원의 분포 양상

상주계수관내 행정단위는『고려사』지리지 尙州 조를 정리하고, 그 단위별로 사원의 분포를 파악한다.『신증동국여지승람』불우조와 고적조를 기본으로 고려한다. 행정단위는 조선초에 달라졌다. 그대로 고려시기의 상황으로 적용할 수는 없다. 팔도체제가 되면서 보령, 황간, 영동, 청산, 관성 등은 충청도로 이관되었다. 공성, 청리, 산양, 단밀 등은 상주에, 호계는 문경에, 해평은 선주에, 임하, 일직, 풍산은 안동부에, 감천은 예천에, 안덕은 청송 등으로 합속되었다. 따라서 고려시기의 행정단위를 고려한 분포양상으로 재조정한다.

특히 행정단위 邑內의 邑司와 가까이 존재한 사원은 資福寺로서 교권적 지배의 축을 형성한다. 분포 상황을 기술하는데 자복사에 초점을 둔다. 읍사가 위치한 곳을 추정하는 것은 극히 어렵다.『신증동국여지승람』
에는 治所와 상호 거리가 반영된 건물, 사원, 산천 등이 일부 나타나 있어
이를 통해 읍내의 사원을 추정할 수 있다. 조선초 특히 태종대에 대폭 정리
된다.『신증동국여지승람』은 정리 이전의 상황을 반영하지 않는다. 하지만
驛院 조에 5里 이내에 보이는 院은 교통 기능을 하지만 고려시기에는 사원
으로서 역할을 하였을 가능성이 높아 읍내 자복사로 추정할 수가 있다.

　1196년 상주로 남유한 李奎報가 남긴 시와 시서에 보이는 사원들,『보
한집』에 실린 시 비평문에 보이는 사찰, 천책의『호산록』에 보이는 사원
관련 기록, 현종대의「정도사오층석탑조성형지기」에 보이는 사원, 상주계
수관내 사원으로 下山한 고승의 비문 등을 해석하여 각 고려시기 행정편
제를 추정하여 고찰한다. 조선 태종대 각관 읍내 자복사를 대체한 명산
88寺도 참고한다.

　행정단위에 남아 있는 불교미술 자료 곧 석탑, 석불상, 당간지주석 등
을 바탕으로 그 위치와 寺址 여부를 가늠한다. 문화공보부에서 행정단위
별로 종합하여 발간한『문화유적총람』의[49] 사지, 불적 자료도 활용한다.
문화재청에서 주관한 각 시도별 사지조사 보고서『韓國의 寺址』도[50] 참
조할 수 있다. 대체로 석조미술 자료는 장소성을 담보하는 경우가 많다.
상주계수관내의 사원 분포를 표로 제시한다.

〈표 3-2〉 상주계수관내 사원 분포

지역	사명	종파	연대·유물·전거	출전	기능
尙州(8)					
복룡동	東方寺		1196명종26 이규보 남유시 당간지주	이상6	자복
봉두리	鳳頭寺		1196명종26 이규보 남유시	이상6	자복
화개동	花開寺		1196명종26 이규보 남유시	이상6	

49) 문화공보부문화재관리국,『文化遺蹟總覽』中, 1972.
50) 문화재청·불교문화재연구소,『韓國의 寺址』대구광역시·경상북도Ⅰ·Ⅱ·Ⅲ, 2012.

	廻浦寺		1251고종38 鐘銘	미술49	
	安水寺		안수사 銅鐘銘	전1283	
	新興寺		1196명종26 이규보 남유시	이상6	
長川部曲	勝長寺	화엄	玄如 一乘法界圖圓通記譯	신증	
長川部曲	龍潭寺		1196명종26 이규보 남유시	신증, 이상6	
聞慶郡(6)					
남4리	華封院			신증역원, 이상6, 보한	자복
갈평리	?		오층석탑	총람	
관음리	?		삼층석탑 석불입상	총람	
鳳鳴山	金鶴寺			신증	
禪岩山	烏井寺			신증	
	?		고려오층석탑(보물580)	국보6	
龍宮郡(5)					
동5리	石峴院			신증역원	자복
향석리	?		삼층석탑 석불입상	총람	
향석리	長安寺		1196명종26 이규보남유시	이상6	
天德山	白華禪院		白華禪院政堂樓記	익재6, 신증	
南20里	興泉寺			신증	
開寧郡(7)					
서4리 동3리	西院 東院			신증역원	자복
서	獅子寺			신증학교, 실 자복대체	
金烏山西	葛項寺		羅僧勝詮創	신증	
金烏山	大兜利寺			신증	
甘文山	鷄林寺			신증	
甘文山北 大陽寺신증					
伏牛山	文殊寺			신증	
報令郡(3)					
남1리	南院			신증역원	자복
俗離山西	法住寺	유가	導生僧統 學一 之印 慈淨碑	전543, 525, 661,763	하산
法住寺東	福泉寺			신증	
咸昌郡(7)					
증촌리	龍華寺		藥師如來像 석불입상 탑재석	보물, 총람	자복
宰岳山	開元寺			신증	
宰岳山	普提寺			신증	
宰岳山	上元寺			신증	
宰岳山	詳安寺			신증	
宰岳山	安龍寺			신증	
西黃嶺山	黃嶺寺		1254고종41 洪之 蒙兵격퇴 住持觀謚(서하집)	신증, 사24	
永同郡(6)					
서1리	會德院			신증역원	자복
靈覺山	靈覺山寺		신라말 深光大師	전320	

摩尼山	摩尼寺		신증	
朴達山	朴達羅寺		신증	
南角山	龍化寺		신증	
縣北25里	赤化寺		신증	
海平郡(2)				
낙산동	?	삼층석탑	총람	
海平縣東		文殊寺	신증	
靑山縣(6)				
서8리	吾昆院		신증역원	자복
德義山	忘日菴		신증	
文殊山	文殊寺		신증	
文殊山	新岩寺		신증	
道家山	須彌寺		신증	
千芚山	淸凉寺		신증	
山陽縣(4)				
四佛山	大乘寺		호산록	고장
四佛山(功德山)米麵社(白蓮社) 천태崔滋重修 天頙住			보한하, 湖山錄	결사
四佛山	彌勒菴	四佛山彌勒庵重創記(양촌집11)	신증	
四佛山	潤筆菴	1380·우왕6覺寬 金得培부인 金氏 창건	목은3	원당
化寧郡(3)				
화북상오리	?	고려칠층석탑(보물683)	국보6	
화서신봉리	?	석조보살입상	총람	
화서상룡리	?	석조보살입상	총람	
功城縣(1)				
西北	小林寺	1177명종7金令義重修 林椿記 초오리사지	동문65, 총람	자복
單密縣(1)				
萬嶽山	龍岩寺	黃甫卓記	신증, 이상6	태조
比屋縣(5)				
자락동	?	삼층석탑 석조여래좌상	총람	
북5리	長足院		신증역원	자복
鳳尾山	彌屹山		신증	
無居山	安長寺		신증	
飛鳳山	龍泉寺		신증	
安定縣(0)				
中牟縣(1)				
용호리	?	삼층석탑	총람	

虎溪縣(2)					
봉서리	?		삼층석탑	총람	
	龍源寺		1196명종26 이규보남유시	이상6	
禦侮縣(0)					
多仁縣(1)					
飛鳳山	大谷寺		1196명종26 이규보 남유시	이상6, 신증	
加恩縣(1)					
曦陽山	鳳巖寺(陽山寺)선종		智證碑 靜眞碑 普愚住	전377, 전1231	하산대장
一善縣 (余次尼津東1里) 신증 고적(16)					
東1里	彌羅院			신증역원	자복
桃李寺北	金堂菴			신증	
冷山	桃李寺		고려석탑(보물470)	신증	
金烏山北	大穴寺			신증	
金烏山北	道詵窟			신증	
伏牛山	得益寺		1379우왕5藏歷代實錄及經史諸書	사47, 신증	
飛鳳山東	彌峯寺			신증	
府南10里	石泉寺			신증	
淵嶽山	水多寺	화엄		신증	
桃李寺南	龍水菴			신증	
桃李寺南	井池菴			신증	
大皇堂山南	接聖寺			신증	
冷山西	朱勒寺	화엄	慧覺碑	신증	하산
飛鳳山	竹林寺			신증	자복
飛鳳山	竹伏寺		鐘銘	전1261, 신증	
	集据院		1031현종22	정도탑지	
加德部曲	元興寺	유가	1196명종26 이규보 남유시 彌授出家	전1154, 신증고, 이상6, 실 자복대체	
軍威縣(5)					
북5리	天寶院			신증역원	자복
馬井山	馬井寺			신증	
迎邦山	月影寺			신증	
상곡리	持寶寺		고려삼층석탑(보물682)	국보6	
소보면	法住寺			실 자복대체	
孝靈縣(1)					
거해동	사지			총람	
缶溪縣(1)					
대율동	?		석조여래입상 석탑재	총람	
京山府(23)					

					신증	자복
州城北門外	龍興寺				신증	자복
예산동	?		동방사지오층석탑(고려)			자복
伽耶山南	法水寺	화엄	樂眞 體元華嚴敎分記圓通抄 (불전4-368)		전570동84, 신증	
伽耶山南	深源寺				신증	
伽耶山	新興寺		1129인종7住持 重大師 慧觀		고54	
州西北10里	安峯寺				신증	
琵瑟山北	龍淵寺				신증	
琵瑟山北	仁興寺		恭愍王題額仁弘社에서1274 년改額		전1076, 신증출판	
包山	寶幢庵	조계	1227고종14 一然住		전1068	
包山	妙門庵	조계	1227고종14 一然住		전1069	
包山	無住庵	조계	1228고종15 一然住		전1069	
積山	積山寺		李稷故宅		신증	
	金剛寺		1031현종22 寺主 大德 釋令		정도탑지	
	金莫寺		1031현종22 寺主 元慶		정도탑지	
	金安寺		1031현종22 寺主 法眞		정도탑지	
	大乘寺		1031현종22 寺主 彦融		정도탑지	
	道俗寺		1031현종22 寺主 賢朗		정도탑지	
	芳允寺		1031현종22 寺主 重職 匡祚		정도탑지	
	普沙寺		1031현종22 寺主 讓賢		정도탑지	
	蓮長寺		1031현종22 寺主 智善		정도탑지	
	處藏寺		1031현종22 主 彦承長老		정도탑지	
	天原寺		1031현종22 寺主 大師靑允		정도탑지	
	葛頸寺		1031현종22		정도탑지	
高靈郡(3)						
남5리	安性院				신증역원	
지산동	勿山寺		물산사명문기와편, 당간지주		총람	
美崇山	盤龍社	화엄	元世祖榜文 日幢法界圖圓通 記詳校, 千熙出家		전1236, 신증	결사
若木縣						
	淨兜寺		1031현종22 고려오층석탑(보 물357)		국보6	
	禪院		1031현종22		정도탑지	자복
仁同縣(3)						
서2리 북3리	種子院 草院				신증역원	자복
金烏山東	僊鳳寺	천태	義天碑 전594		신증	
	嘉林寺				실 자복대체	
知禮縣(4)						
북1리	禪院				신증역원	자복
沙件岾山	弓谷寺				신증	
南山	南山寺				신증	

文岩山	鳳谷寺			신증	
加利縣(0)					
八莒縣(1)					
公山	松林寺	混丘	오층전탑 당간지주	익재7	하산
金山縣(6)					
남3리	南院			신증역원	자복
黑雲山	卵菴			신증	
直旨寺西	能如菴		新羅僧能如	신증	
黑雲山	伏龍寺			신증	
黃嶽山東	直旨寺		大藏堂記大藏殿碑	전879, 신증	대장
餠岾	眞興寺			신증	
黃澗縣(6)					
서3리	李申院			신증역원	자복
黃嶽山	乾川寺			신증	
黃嶽山	大平寺			신증	
黃嶽山	雙林寺			신증	
白華山	般若寺			신증	
白華山	深妙寺		심묘사비	신증	
管城縣(7)					
남5리	金川院			신증역원	자복
增若驛北	甘露寺			신증	
東林山	乾川寺			신증	
東林山	大聖寺			신증	
環山	安養寺			신증	
三城山	月庵			신증	
北	黃丁菴			신증	
安邑縣(0)					
陽山縣(2)					
가곡리	?		삼층석탑(고려)	총람	
智勒山	寧國寺 (智勒寺)		圓覺國師碑, 고려삼층석탑(보물535)	신증, 실 자복대체	하산 대장
利山縣(0)					
大丘縣(12)					
부남3리	洛中院			신증역원	자복
公山	桐華寺	유가	弘眞碑惠永	전1079, 신증	하산
公山	菩提寺			신증	
公山	符仁寺(夫人寺)	화엄	충숙왕시 千熙, 大藏經所藏	전1236, 이상25, 신증	대장
公山	慈華寺			신증	
公山	把溪寺			신증	
公山	新房		1031현종22	정도사탑지	
公山	念佛寺	선종	희종시 承逈住	전997	
公山	三郎寺	선종	신라말 融體禪師, 璨幽출가	전392	

壽城縣	地藏寺		金黃元記	신증	자복
馬川山菴傍	仙槎菴			신증	
解顏縣	美理寺		華嚴十刹	신증고	자복
花園縣(0)					
河濱縣(0)					
安東府(8)					
城南	法林寺			신증	자복
城西	法龍寺			신증	자복
府東	法興寺			신증	자복
下柯山	廣興寺		1527 妙法蓮華經刊行	기림복묘법	
下柯山	普門寺		知訥住	보조비문	
開目山	開目寺			신증	
盧山	白蓮寺			신증	
淸凉山	淸凉寺			신증	
臨河郡(2)					
임하동	?		삼층석탑	총람	
安東府西	臨河寺			신증	
禮安郡(4)					
서1리	大寺院			신증역원	자복
靈芝山	骨乃寺			신증	
邀聖山	聖泉寺			신증	
龍頭山	龍壽寺		崔詵記	신증	태장
義興郡(6)					
읍내동	?		오층석탑	총람	
남2리	南院			신증역원	자복
國通山	成佛寺			신증	
船巖山	水泰寺			신증	
到鳳山	新興寺			신증	
고노면	麟角寺		一然碑(보물428)	전1067, 신증, 실 자복대체	하산
一直縣(1)					
조탑동	?		오층전탑	총람	
殷豊縣(0)					
甘泉縣(1)					
증거동	寒天寺		증거동 삼층석탑	총람	
奉化縣(7)					
	?				자복
石南山	太子寺	선종	954광종5 朗空碑(崔仁渷),通眞塔銘(金審言)	전357, 신증, 실 자복대체	하산
太白山	覺頓院	선종	고려초 釋超弟子 彦國住	전426	
太白山	鷲栖寺		대각문집18 시불	전4-560	
太白山	覺華寺	화엄	戒膺創建 法海龍門칭함	파한집중, 별행소말, 신증	결사
文殊山	金鼎菴			신증	

文殊山	智林寺			신증	
安德縣(0)					
豊山縣(3)					
안교동	?		사지	총람	
하리동	?		삼층석탑	총람	
죽전동	?		삼층석탑	총람	
基州縣(풍기)(8)					
남2리	南院			신증역원	자복
풍기읍삼가동	毘蘆庵	선종	939태조22眞空大師碑 당간지주	전296	하산
小白山	慶元寺			신증	
小白山	聖穴寺			신증	
小白山	草菴			신증	
警淸山	雙岳寺			신증	
竹嶺下	陽地寺			신증	
北7	里龍泉寺		태조진	신증	태조
興州(순흥)(2)					
읍내리	?		당간지주	총람	
내죽리	宿水寺		釋超徵住　林景軾次子惟勝住持	전425,790, 신증	
順安縣(영주)(7)					
영주읍휴천리	동방사지			총람	
남3리 서3리	德山院		鐵鉗院 無信塔	신증역원, 사	자복
북지리	浮石寺	화엄	宗璘碑 決凝碑 想師影	전479,875, 대각18시	하산
	浮石寺	화엄	1330충숙17 堂主 靑銅觀音, 觀音鑄成結緣文	전1138, 고144, 신증	
鳳凰山	凝石寺			신증	
鳳凰山	淨佛寺			신증	
西20里	行依寺			신증	
南15里	黑石寺			신증	
義城縣(5)					
치선동(읍)	?		삼층석탑	총람	
남2리	南院			신증역원	자복
飛鳳山	白丈寺			신증	
氷山	氷山寺		趙氏次子 堂頭了眞 고려오층석탑(보물327)	전978, 신증	
金鶴山	修量菴			신증	
基陽縣(10)					
서5리	黃利院			신증역원	자복?
남본동	開心寺		1010현종1開心寺石塔記	전433	자복?
동본동	?		삼층석탑 석조여래입상	총람	
龍門山	龍門寺		改昌期寺	신증	담선회 태장

鳴鳳山	境淸禪院	선종	941태조24慈寂禪師碑(洪俊)	전313		하산
	鳴鳳寺 (延鳳寺)	선종	명종시 祖膺住	전872,874		
	頭川院	명종시	祖膺重修	전874		
하리면	탑동사지		삼층석탑 석불좌상	총람		
하리면	부초 동사지		오층석탑	총람		
하리면	시항 동사지		석불입상	총람		
보문면	普門寺		삼층석탑 知訥	총람		

* 행정단위 ( ) 안의 수는 추정된 사지 숫자.
　신증:『신증동국여지승람』, 이상:『동국이상국집』, 총람:『문화유적총람』, 전:『한국금
　석전문』, 대각:『대국국사문집』, 익재:『익재집』, 실:『조선왕조실록』, 사:『고려사』, 보
　한:『보한집』, 고:『한국상대고문서자료집성』

　　상주계수관내 실제 사원 수의 완벽한 파악은 불가능하다. 사지와 문헌
자료에서 정리가 가능한 것만 작성한다. 새로운 자료가 추가됨에 따라 그
수가 늘어나거나 오류가 수정될 수 있다. 대략 상주계수관내 주현별 사원
분포 수의 총합은 222개소이다. 주현은 상주, 경산부, 안동부 등 3개소,
속군현은 24개소 부곡 17개소 등 34개소의 행정단위로 한다. 공간의 大小
가 있지만 행정단위당 평균적으로 대략 6개소의 사원이 분포한다. 주현단
위는 평균보다 상회한다. 문경, 기양, 일선 등 교통 요지는 보다 많은 사
원이 위치한다.
　　주현 경산부의 현종대 실제 사원 수 일단을 보여주는 것은 「정도사탑
조성형지기」이다. 각각 곡식 1섬을 시주한 11개소의 사원명을 나열하고
京山府土에 있다고 하였다.[51] 시주하지 않은 사원도 있으므로 사원 수는
경산부 내 사원 모두를 의미하지는 않는다. 적어도 11개소 이상이다.
1185년(명종 15)에 작성된 「중수용문사기」에는 1171년(명종 1)에 음양관
이 황태자의 胎藏地를 용문사 좌벽 峰頭에 설치한다. 이 절에 축성수법회

---

51) 『韓國古代中世古文書硏究(上) 校勘譯註 篇』, 서울대학교출판부, 2000.

를 열도록 恒規를 둔다. 朝旨를 내려 安東府甫州 10小寺의 藏獲 각 2口
를 시납하여 도량의 여러 쓰임에 담당하도록 하였으나 선사 祖膺이 민폐
가 많을 것으로 우려하여 제외할 것을 청하였다는 내용에서[52] 보면 보주
내에 10개소 소사가 있었다. 10소사는 보주내의 사원 수 모두를 의미하는
것으로 보인다. 경산부내 적어도 11개소 사원, 보주 내 10개소 사원 등은
고문서와 금석 자료로 확인된다. 주현과 속현단위 사원 수를 짐작할 수
있지만 표준이 되지는 않는다.

이들 사원이 유지되는 것은 시기에 따라 유동적일 것이다. 앞의 「중수
용문사기」에 보면 이미 명종 연간에도 용문사 가까이 주현의 亡寺가 있
다. 같은 왕대 黃甫卓의 「용암사기」에도[53] 태조시에 창건된 용암사가 거
의 폐사지경에 있음을 말하고 있다. 망사전을 조지로 이급하고 있어서 조
정에서 이미 망사전을 파악하고 있었다. 주현단위로 일정 사원이 있고 사
원전은 파악 관리되고 있었다.

행정단위 읍사 가까이 존재한 자복사는 상주의 경우 3개소, 경산부 2개
소, 안동부 3개소가 있다. 행정단위 치소에서 5리 이내에 원명이 있어 자
복사로 추정된다. 읍외 사원의 분포는 주로 명산을 중심으로 산재하거나
육로와 수로의 교통로와 관련하여 자리한다. 교통 요지에 해당한 문경,
용궁, 일선 등의 경우에서 알 수 있다. 문경의 화봉원, 갈평리, 관음리 등
의 사원은 충주로 향하는 육로 교통상에 있다. 용궁의 장안사는 하풍진과
연계된 수로 교통과 관련된다. 일선의 元興寺도 낙동강 수로상의 중간 기
착지이다.[54]

國師, 王師의 下山所도 상주계수관내에 지정되고 있다. 각 종단의 중

---

52) 「龍門寺重修碑」『韓國金石全文』, 873쪽 ; 한기문 편저, 『한국금석문집성(34)』, 한
   국국학진흥원 청명문화재단, 2013, 20쪽.
53) 『新增東國輿地勝覽』 卷28, 尙州 佛宇 龍岩寺.
54) 한기문, 「高麗時期 善山 元興寺의 立地와 役割－元興寺 銘文瓦의 發見」『文化史學』
   26, 2006.

요 근거지가 되며, 지역성을 알 수 있는 지표가 된다. 봉암사, 법주사, 주
륵사, 지륵사, 동화사, 송림사, 부석사, 비로사, 경청선원 등 9개소 사원이
하산소로 지정되었다. 고려초 태조와 관련하여 지정한 봉암사, 비로사, 경
청선원 등 3개소를 제외하면 6개소 사원이 지정되는데 종파별로는 유가
종 2개소, 화엄종 2개소, 천태종 1개소, 선종 1개소 등이다. 부석사를 제
외하면 모두 고려 후기에 하산소로 지정되었다.

2. 상주계수관내 사원의 성격

상주계수관내 주현의 읍내 자복사 기능을 살펴서 그 성격을 고찰한다.
읍내는 邑外와 상대되는 개념으로 치소가 있는 고을의 중심부를 의미한
다. 읍의 행정을 전담한 호장층의 집무소인 邑司가 있고, 이 호장층을 감
찰하는 수령이 파견 집무하는 外官廳이 존재한다. 사상적 결속 기능을 하
는 神祠와 儒生層이 공부하는 鄕校가 있다. 그리고 행정관내 신앙 조직
이 되기도 하는 香徒가 연관되고 국가불교의례의 지방 행정단위 거점이
되는 資福寺가 존재한다.[55] 자복사는 읍내에 있으면서 외관층, 읍사, 그
리고 신사, 향교 등과 함께하면서 지역 행정단위의 불교의례와 신앙 결속
처로서의 기능을 한다.

먼저 자복사에서는 국왕 祝壽道場, 百座仁王道場, 輪經會, 燃燈會, 八
關會 등과 관련하는 국가불교의례를 계수관, 주현, 속현 단위별로 정기적
으로 시행하였다.[56] 이외에도 개인적인 연중 불교 관련 기념일에 의례를
하거나 사원에 나아가는 일이 있었다. 2월 8일 부처님 출가일, 2월 15일

---

55) 본서 제1장 ; 한기문, 「고려시대 州縣 資福寺와 香徒의 역할」 『東國史學』 59, 2015
　　참조.

56) 정기국가불교의례에 대해서는 본서 제1장 3절 ; 한기문, 「高麗時期 定期 佛敎 儀禮
　　의 成立과 性格」 『民族文化論叢』 27, 2003 참조.

열반일, 3월 3일 중삼일, 4월 8일 불탄절, 7월 15일 우란분재일, 9월 9일 중구일, 12월 8일 부처님 성도일, 개인의 친인척 기일재 등이다.

불탄일, 출가일, 성도일, 열반일 등 부처님 일대기와 관련된 의례는 구체적으로 알 수 없다. 출가일에서 열반일까지 곧 2월 8일에서 2월 15일까지는 『삼국유사』에 전하는 신라시기 탑돌이 형태의 福會가 있었다는 내용이 전한다. 고려시기에도 행하여졌는지는 알 수 없다. 불탄일에는 연등과 呼旗가 있었다는 사실이 『고려사』에 나온다. 성도일 관련 행사는 알려진 바 없지만 사원 방문은 있었을 것이다.

우란분재는 백중이라고도 한다. 『불설우란분경』에 따르면 지옥에 빠진 영혼을 구제하도록 가르친 말씀에 따른 의식이다. 『용재총화』에 따르면 조상 천도재이다. 백가지 꽃과 과일을 부처님께 공양한다고 하여 百種이라는 말이 생겼다. 이 때는 전국적으로 각 개인이 조상 천도재를 위해 사원으로 갔다. 7월 15일을 전후한 官吏給暇 규정이 있다. 관인층에 천도재가 있었다면 민의 경우도 사원에 나아가 재에 참석하였을 것이다. 지역민은 지역 사원에서 조상 천도재를 열었을 것이다.

중삼일에 대해서는 『삼국유사』에 충담사가 삼화령의 미륵세존에 獻茶한 사례가 있다. 上巳로 9대 속절 중 하나로 기록된 만큼 고려시대에도 중시되었다. 이날에 사원에 헌다 예불이 있었을 것이다. 중구일에 대해서도 고려시대 9대 속절로서 사원 방문을 하였다. 이날 이규보가 山寺에 들러 행향하고 국화를 감상한 시를 남겼다. 사원을 통한 예불 등으로 속절을 보냈다.

개인의 기일재를 지내기 위해서도 사찰에 나아갔다. 일족의 기일을 위한 재단을 功德寶 혹은 忌日寶라 하여 사원에 기탁한다. 그것을 재원으로 사원에서 기일에 추모를 위한 의례를 준비하는데 이를 忌日齋라 하였다.[57] 관인층의 경우 기일을 위한 사원의 운영을 독점하여 願堂化하는 경우도 있다. 사원에서는 여러 기일재를 대행 준비하였다. 사원 운영의 중요 재원으로 삼았다.

부처님 일대기 중에 중요한 시기를 기념하거나, 속절과 관련하거나 개인의 조상천도, 일족의 기일재 등으로 사원과 연중 정기적으로 연관을 맺었다. 지역사회의 사원은 개인의 특별한 불사만이 아니라 연중 국가적, 혹은 개인적 정기 의례와 관련되어 있었다. 사원은 많이 존재하고 유지되었다.

국가불교의례 중 국왕축수도량과 백고좌도량 등은 원간섭기에는 시행되지 않았다. 연등회도 시행이 되지 않았다. 부처님의 일대기 관련 기념일 및 속절과 연관되거나 개인 천도 혹은 기일과 연계된 연중 정기 사원 관련 불사는 지속되었다. 상주계수관내 사원의 기능은 이어졌다.

상주계수관내 사원에는 大藏經을 갖춘 사원이 있었다. 상주의 신앙적 배경이 된 공덕산에 소재한 大乘寺는 신라시기부터 유래가 있던 만큼 古藏을 보유하였다. 고려 고종시 이곳을 방문한 천책이 고장에서 삼본화엄경이나 다수의 장소를 발견하였다. 鳳巖寺의 경우는 긍양이 태종의 대장경을 구입하여 서경에도 나누어 두려는 사업을 돕고 있어서 상당한 경전을 보유하였다. 浮石寺는 화엄종 고찰로서 문종대 원융국사가 자신의 고향에 창건한 안국사에 운장할 대장경을 이곳에서 인본과 사본으로 만들었다. 현전하는 삼본화엄경판은 문종시 조조된 것이다.[58] 부석사는 경판과 경전을 다수 소장하였다.

부인사는 신라이래 學藪라 하여 많은 불전을 소유하였다. 인종 무렵 흥왕사에서 이운된 것으로 추정된 초조대장경판이 소장되었다가 몽고 병난에 소실되었다. 명종이 화재로 소실된 의종의 태장소 嚮福寺를 대신하여 창건을 지원한 龍壽寺에도 經律論藏을 갖추었다.[59]

---

57) 한기문, 「高麗時代 寺院寶의 設置와 運營」『歷史敎育論集』13·14, 1990.
58) 한기문, 「고려시대 사원의 출판 인쇄 배경과 성격」『石堂論叢』61, 2015.
59) 許興植, 「龍壽寺 開刱記」『高麗佛敎史硏究』, 一潮閣, 1986.

혜조국사의 제자인 之印은 의종연간에 양산현 智勒寺에 전륜대장을
시설하였다. 대장경을 갖추고 대중에 전장의례를 위한 시설을 한 것이다.
혜조국사의 법손인 祖膺이 명종대에 중수한 기양현의 龍門寺에도 대장당
3간 건물과 윤대장 2좌를 건립하였다. 여기도 대장경이 갖추어진 사원으
로 유명했다. 지륵사의 예와 같이 대장경을 유지하고 대중화를 위한 의례
도 하였다. 김산 직지사에도 명종대에 윤대장 시설과 대장경 오천여 권을
소장하였으며 금자사경도 있었다.[60] 균여의 저술이 발견된 상주 勝長寺,
고령 盤龍寺 등지의 사원도 많은 경전을 소장하였다.

상주계수관내에는 봉암사, 대승사, 부석사, 부인사 등 신라 이래의 고
찰은 많은 경전과 장소류를 보유하였다. 고려중기 혜조국사 법손 지인과
조응이 활동한 지륵사, 용문사도 대장경과 대중화 시설인 윤대장도 갖춘
곳이었다. 고려 중기 상주계수관내의 화엄종 계열 사원과 혜조국사 제자
들이 활동한 굴산문 계열 사원은 대장경을 소장하고 윤대장을 통하여 대
중화도 하였다. 고려 중기 왕실에서는 개경 사원이 문벌에 장악되어 갔
다. 태조의 개국시기 협조 받은 사원을 왕실이 새로이 지원하면서 그 기
반을 확장하고자 하는 의도를 반영한다.

상주계수관내 사원의 종단에서의 동향을 정리하여 성격을 살펴본다.
종단의 국사, 왕사의 하산소 지정 현황이다. 하산소는 초기 고승의 終焉
之所 의미에서 사후에는 생애를 追慕하는 碑銘이 국왕의 명으로 입비된
다. 국사, 왕사제도의 정착에 따라 국사, 왕사로서 하산하거나 사후 국사,
왕사로 追贈되어 입비되는 곳이기도 하였다.[61] 국왕에 의해 입비된 만큼
추모와 추숭은 국가적 예우를 받는다. 입비는 문도들이 행장을 갖추어 소
청하고 관계기관에서 검토하여 국왕의 명을 받아 당대 문한관이 찬술하여

---

60) 韓基汶, 「高麗時代 寺院 轉藏儀禮의 成立과 性格」『한국중세사연구』 35, 2013.
61) 韓基汶, 「高麗 歷代 國師 王師의 下山所의 存在樣相과 그 機能」『歷史敎育論集』
    16, 1991.

이루어졌다. 소속 종단이나 문도들은 종단의 위상과 기반을 국가로부터 확고하게 보장받는 의미가 있었다.

상주계수관내 하산소 총수는 10개소이다. 고려초기 홍주 소백산사의 진공대사, 기양현 경청선원의 자적선사, 문경 봉암사 정진대사의 하산소는 태조가 우대한 고승으로서 입비된 경우이다. 모두 선종 계열 고승이다. 진공대사는 가지산파, 자적선사는 봉림산파, 정진대사는 희양산파 등으로 산파를 달리 한다. 太祖가 경상도지역을 경략할 때 도움을 받거나 중요시한 지역적 연고가 모두 있었다.

고려전기에는 하산소가 대체로 근기지역에 설치되는 경향이 있었다. 상주계수관내 사원 부석사로 하산한 결응의 비문이 세워진 시기는 1054년(문종 8)이다. 결응은 화엄종 승려로서 1041년(정종 7)에 왕사가 되었다. 문종대에 국사로 책봉되었다가 1053년(문종 7)에 사거하였다. 신라시기 의상의 華嚴淨土 사상을 계승, 화엄종을 진작하여 浮石寺에 하산한다. 여기에 그의 비명이 입비된다. 의상의 화엄정토 사상을 계승한 것에 대해서는 비명에 부석사 본전 아미타상에 보처상이 없고 본전 앞에 影塔이 없는 것은 열반에 들지 않고 시방정토를 體로 삼기 때문이라는 智儼의 말을 義湘이 전하고 있는 내용이 실려 있다.[62]

1136년(인종 14)에는 義天의 천태종 계열 법손 順善, 敎雄, 流淸 등이 중심이 되어 南崇山門으로 결집한다. 상주계수관 경산부 임내 인동현의 僊鳳寺를 근거로 의천의 비명을 세워 海東天台始祖로 추모하였다.[63] 의천 문제의 자립과 결속의 상징지로서 그의 하산소가 된다. 의천을 해동천태시조로 강조한다. 비음기에 의천의 法子, 法孫, 法曾孫까지 수직적 계보와 법명을 정리하여 문도를 결집하였다.[64]

---

62) 「浮石寺圓融國師碑」『韓國金石全文』, 482~483쪽.
63) 「僊鳳寺 大覺國師碑」『韓國金石全文』, 595쪽.
64) 韓基汶, 「高麗時期 天台宗 南嵩山門의 成立과 思想的 傾向」『歷史敎育論集』50,

교웅의 제자 德素가 경산부 임내 陽山縣 智勒山 寧國寺에 하산하고
비명이 세워졌다. 비명에 따르면 덕소는 겸학과 법화신앙의 사상경향을
가졌다. 의종시에 宗碩學으로 천태종 승직에 영향력을 행사하였다. 1171
년(명종 1)에 왕사로 책봉되었다. 1175년(명종 5)에 몰하였는데 국사로
추증되었다.[65] 1180년(명종 10)에 비명이 입비되었다. 의천의 법손 교웅
과 법증손 덕소가 각기 경산부내 인동현 선봉사와 양산현 영국사에 하산
소를 마련한다. 상주계수관내 사원에 천태종단의 기반을 마련한다. 선봉
사 의천비명 건립은 경산부사가 감독하였다. 덕소 비명의 건립과정에 대
해서는 결락이 있어 확인되지는 않는다.

1283년(충렬왕 9) 일연은 국존으로 책봉된다. 노모 묘소가 있는 군위
麟角寺로 하산소를 신청 하산하였다.[66] 인각사에서 九山門都會를 열고
구산의 領袖로서 사상계를 주도하였다. 비명 음기에 나오는 문도들의 소
속 선파나 종파에서 잘 알 수 있다. 문도에 사법제자, 집사제자가 구분되
는지는 알 수 없다. 가지산문 외 굴산문, 성주산문, 그리고 천태종, 유가
종으로 추정되는 문도도 확인된다. 구산선파는 물론 이를 넘어선 사상통
합운동과 교류의 중심에 일연이 위치하였다.[67]

混丘의 비문에 따르면 속성은 金氏이고 자는 丘乙, 구명은 淸玢이다.
『삼국유사』에 無極이 쓴 글이 있는데, 무극 또한 혼구의 다른 이름이다.
1313년(충선왕 5)에 충렬왕이 왕위를 물려 주고 永安宮에 거처할 때, 맞
이하여 조용히 도를 담론하였다. 충선왕과 의론하여 왕사로 책명하였다.
두 대의 임금이 함께 제자가 된다. 전례가 없던 일이다. 국사가 물러나기
를 청하므로 윤허하고 瑩原寺에 머물게 하였다. 절은 본래 禪院이었다.

2013.
65) 「寧國寺圓覺國師碑」『韓國金石全文』, 849쪽.
66) 「麟覺寺普覺國尊碑」『韓國金石全文』, 1067쪽.
67) 한기문, 「고려후기 일연 주관 인각사 구산문도회의 성격」『일연과 삼국유사』, 신서
원, 2007.

元貞 무렵(1295~1296) 智者宗의 소유가 되었다가 국사 때문에 비로소 전대로 복구하였다. 1322년(충숙왕 9) 10월에 감기를 앓았다. 松林寺로 옮겨가 유서를 써서 봉인하여 시자에게 주었다. 30일 째 목욕하고 설법하여 그들과 고별하였다.[68]

혼구는 최후로 종언할 장소를 송림사로 지정한다. 비문에 적힌 바와 같이 혼구는 영원사가 천태종과 소속 분쟁이 있던 것을 가지산문의 사원으로 되돌린 것이다. 이처럼 사원 소속에 대해 민감한 시기에 송림사에 하산한 것으로 보아, 가지산파에서의 위상과 중요성이 있었다. 대개 종언한 사원에 탑비가 세워져 추모되는 것이 상례인데, 혼구의 비문을 천태종과 분쟁이 있던 영원사에 세운 것은 혼구가 속한 종단이 천태종과의 소속 분쟁을 종식하려는 강한 의지 때문으로 해석된다. 아무튼 송림사는 혼구가 종언한 곳으로서, 그의 제자들에 의해 종풍이 계속되는 사원이 되었다.

一然의 하산소 인각사와 일연의 제자 혼구의 하산소 송림사는 가지산문의 부각과 그 기반을 유지하는데 중요한 사원이었다. 각기 의흥군과 대구현인데 안동부와 경산부로 주현이 다르다.

朱勒寺는 善山 冷山에 있는데 安震이 찬한 慧覺碑가 있었다.[69] 『華嚴經觀音知識品』 忍源의 後誌에 따르면,[70] 화엄종 普應大師 인원이 7~8세의 어릴 때 스승이 慧覺國尊이었다. 스승은 곧 세상을 떠났다. 인원은 體元의 家兄이며 체원은 1280년대 초반에 출생한 것으로 추정되므로[71] 혜각은 1290년대 초반에 사거한 인물이다.

혜각비를 지은 安震은 1313년(충숙왕 즉위)에 과거에 급제하고 1318년

---

68) 李齊賢, 「慈氏山瑩源寺寶鑑國師碑銘」 『東文選』 卷118.
69) 『新增東國輿地勝覽』 卷29, 善山 佛宇 朱勒寺, "在冷山西 有高麗安震所撰僧慧覺碑銘".
70) 體元 抄, 『華嚴經觀音知識品』 後誌(『韓國佛敎全書』 6, 603쪽), "予於齠齔時 先人早逝 就先師慧覺國 尊 院內日侍甁錫 未幾師又棄世".
71) 蔡尚植, 「體元의 저술과 사상적 경향」 『高麗後期佛敎史硏究』, 一潮閣, 1991.

에 원의 제과에 급제한다. 혜각비를 찬한 시기는 적어도 1313년 이후이
다. 선산의 주륵사에 비문이 새겨진 것 역시 그 뒤일 것이다. 문도가 활발
히 활동한 결과로 주륵사에 추증비문이 세워졌을 것이다. 비문을 찬한 안
진이 원나라에서 제과에 합격한 후 귀국한 시기를 고려하면 비문 건립시
기는 1320년대로 추정된다. 이때 화엄종 문도가 일선 주륵사를 중심으로
활동하였을 것이다.

유가종단에는 惠永, 彌授가 비슷한 시기에 활약하고 국존에 올랐다.
혜영은 문경군 출신으로 1228년(고종 15)에 출생하였다. 1285년(충렬왕
11) 瑜伽寺 주지가 되었다. 1290년(충렬왕 16) 寫經僧 100여 명을 거느리
고 원에 건너가 世祖에게 금자법화경을 바쳤다. 원의 慶壽寺에 거주하면
서 萬安寺에서 인왕경을 강연하기도 하였다. 금자대장경의 필사 작업은
1291년에 완성되었고 세조는 가상히 여겼다. 1292년(충렬왕 18) 귀국하
여 유가사에 있다가 숭교사 별원으로 영입되었다. 국존에 책봉되었다가
桐華寺 주지로 임명되었다. 1294년(충렬왕 20) 입적하였다. 1298년(충렬
왕 24) 탑비가 동화사에 세워졌다.[72] 비문에 八祖로 칭해지고 그 嫡嗣로
서 부끄러움이 없다고 하였다. 고려전기 海東六祖像이 현화사에 그려졌
다는 것으로 미루어 혜영이 팔조가 되었다는 것은 고려후기 유가종단에서
차지하는 그의 위상을 말해준다. 7조를 고려전기의 소현으로 비정하면 그
는 고려후기에 들어 전기의 소현을 계승한 유가종승이 된다.

慈淨國尊으로 추증된 彌授(1239~1327)는 고려후기 유가종단이 중앙에
서 대두하는데 기여하여 國師에 오른 세 명 중 한 고승이다. 13세에 元興
寺 宗然 堂下에 나아가 머리 깎고 구족계를 받아 경론을 익혔다.[73] 이
절은 일선 원흥사일 것이다. 미수의 속성은 김씨이고 一善郡에서 系出하

---

72) 「桐華寺弘眞國尊眞應塔碑」 『韓國金石全文』, 1078쪽.
73) 「法住寺慈淨國尊普明塔碑」 『韓國金石全文』, 1154쪽, “十三投 元興寺宗然堂下 剃度
受具習經論”.

였다. 출가는 본관지인 一善이었을 것이다. 출가 사찰인 원홍사는 미수의 본관지에 있었다. 元興寺에 출가하고 승과 합격후 國寧寺, 熊神寺, 莊義寺, 俗離山 法住寺, 重興寺, 瑜伽寺, 桐華寺 등의 사원에 주지한다. 역시 崇敎院에서 敎學으로도 있었다. 1315년(충숙왕 2) 內殿 懺悔師로 봉해진다. 懺悔府를 세우고 僧政을 전관하여 五敎二宗의 共議寺舍의 주지를 차견하였다. 1321년(충숙왕 8) 법주사를 하산할 곳으로 삼았다가 다시 동화사로 이주하였다. 1324년(충숙왕 11)에 국존으로 책봉되고, 1325년(충숙왕 12)에 법주사로 이주하였다. 1327년(충숙왕 14) 국왕에 올릴 편지와 국존 직인을 상주목사 金永煦에 부탁하여 전달하고 입적하였다. 1330년(충혜왕 1) 문인 314인이 행장을 갖추어 비석을 세우도록 소청한다. 1342년(충혜왕 복위 3) 탑비가 세워졌다.

　상주계수관내 10여 하산소의 성립을 살펴본 결과, 문종대는 화엄종 결응이 안동부 홍주 부석사로 하산하여 의상의 사상을 계승하는 기반을 강화하였다. 인종대부터 경산부 인동 선봉사에 의천의 법손 교웅을 중심으로 천태종단의 남숭산문이 형성되었다. 명종대 교웅의 제자 덕소는 경산부 양산현 지륵산 영국사에 하산하여 천태종단의 기반을 다졌다. 충렬왕대에서 충숙왕대에는 일연과 제자 혼구가 의홍 인각사, 대구 송림사에 하산하여 가지산문의 기반을 다졌다. 비슷한 시기에 혜영과 미수는 각기 동화사와 속리사에 하산소를 지정하여 종단의 기반을 확고히 하였다. 일선 주륵사에 하산한 화엄종 혜각의 비문이 안진에 의해 찬진 건립된다. 화엄종단의 기반이 일선에도 하산소로 존재하였다. 상주 관내 국사, 왕사의 하산소로만 본다면 4대 종단이 모두 보이는데 선종의 경우는 가지산문의 하산소만 있었다.

　다음은 불교계의 혁신 정화운동이라 할 수 있는 결사운동이 상주계수관내 사원에서 있어난 상황을 고찰한다. 정치세력에 교단이 휩쓸리면서 법상종 내에서는 이자겸의 아들 義莊과 德謙의 대립, 화엄종단 내에서는 이자의 난 때 홍왕사의 智炤와 의천의 갈등 그리고 이자겸 난 때도 澄儼이 홍왕사를 떠나 있었던 사실은 화엄종단 내의 분파를 암시한다. 선종 내에서도 천태종에 흡수된 분파와 그렇지 않은 분파로 나뉘었다. 천태종에 흡수되지 않은 선종은 慧照國師, 坦然 등의 굴산문 계열과 學一 등의 가지산문 계열이 서로 사상적 경향을 달리하였다.

이러한 현상은 불교교단과 문벌귀족의 관련 및 불교계의 정치 현실에 대한 간여, 그에 따른 승려의 세속적 가치의 추구를 반영한다. 반발로서 중앙 교단에 실망한 각 종파의 승려들이 지방으로 퇴거하여 새로운 기반을 잡거나 새로운 사상운동을 벌였다. 주로 상주계수관내 지역이었다는 점이 주목된다. 신라 불교의 기반이 있던 지역적 특성 때문으로 보인다. 새로운 사상 혁신은 그 출발점으로부터 사상을 재점검하려는 경향의 반영이다.

천태종 내의 혁신운동으로 추정되는 功德山 東白蓮社의 성립이 1199년(신종 2) 경 精通師, 承座上에 의해 이루어졌다. 이규보가 普光禪師에 보낸 시에서 알 수 있다.[74] "부럽구려 그대는 일찍이 백련장을 짓고 / 산수의 경치가 어디보다도 좋다 했지 / 동산에 과일이 익으면 원숭이 살림살이 넉넉하고 / 소나무 우거진 골짜기는 온통 학의 세상일세 / 조화옹이 꾸며 놓은 석벽은 천길이나 높고 / 용은 한줄기 永泉을 토해 내누나 / 불공을 끝내고 대에 올라 조용히 앉았으니 / 띠끌 한점인들 깨끗한 마음 더럽힐 손가"[75]

시에 보이는 영천, 석대는 天頤의 「遊四佛山記」에도 언급되므로 동백련사가 분명하다. 시 내용으로 보아 불교 본연의 자세로 돌아가자는 결사

---

74) 韓基汶, 「高麗後期 尙州 功德山 東白蓮社의 成立」 『尙州文化硏究』 3, 1993.

75) 李奎報, 「又寄題白蓮社石臺」 『東國李相國集』 卷8, 古律詩, "羨君曾結白蓮莊 自說溪山甲四方 果熟空園猿活計 松深幽谷鶴家鄕 天開古壁千尋直 龍吐靈泉一派長 齋罷登臺嘗燕坐 一塵那得汚氷腸".

의 정신이 보인다. 40여 년 뒤 崔滋에 의해 중수되고 천책이 주맹으로 초청되었다. 원간섭기 丁午도 이 곳에서 머문 적이 있다.[76] 상주 공덕산은 四佛山이라 불리기도 한다. 신라시기 법화신앙의 연원으로 보인 大乘寺가 있는 곳이다.

화엄종의 경우 의천의 嫡嗣로 알려진 戒膺은 태백산에 돌아가 覺華寺를 창건하고 법시를 연다. 사방의 학자가 폭주하여 날마다 천명은 되어 法海龍門이라 하였다.[77] 당시 불교계에 대한 계응의 비판 정신은 그의 제자 智勝에게 준 시에서 짐작된다. "好學하는 이가 이 세상에 별로 없고 / 忘形하는 것도 예로부터 드물다 / 돌아보건댄 내가 무슨 앎이 있으리오마는 / 자네가 와서 의지하면서 / 窮谷에서 三冬을 함께 지내었더니 / 春風 오늘에 돌아가네 그려 / 가고 머무는 것이 모두 세상 밖의 것이니 / 눈물 흘릴 것 없네"라[78] 하였다. 계응은 명리를 버리고 태백산에서 화엄학을 연구하여 명성이 높았다.

계응의 비가 있었으리라 추측되는 公山 夫人寺와 명종대 개창된 龍壽寺는 계응의 법손이 경영하였다. 의천에 의해 주도된 大藏經 조조 사업 결과로 조판된 대장경판이 계응이 하산한 것으로 추정되는 부인사에 보관되었다가 몽고의 침입으로 불타버렸다.[79] 예종대 퇴거한 계응이 의천의 적사였다는 점을 고려하면 의천의 화엄사상은 계응에 의해 주도되고 그 중심지는 상주계수관내 태백산과 공산이었다.

『圓宗文類集解』는 의천이 편집한 원종문류에 대해서 의천의 계승자가

---

76) 丁午, 「庵居日月記」, 『東文選』 卷68.

77) 『破閑集』 卷中, "太白山人戒膺 大覺國師嫡嗣也 … 累請歸太白山 手創覺華寺 大開 法施 四方學者輻湊 日不減千百人 號爲法海龍門".

78) 『破閑集』 卷中, "好學今應少 忘形古亦稀 顧余何所有 而子乃來依 窮谷三冬共 春風 一日歸 去留俱世外 不用淚霑衣".

79) 한기문, 「고려전기 부인사의 위상과 初彫大藏經板 소장 배경」 『한국중세사연구』 28, 2010.

집행한 주석서이다. 이 책의 저자는 廓心이다. 의천의 대표적 문도였던 계응의 계승자이다. 스승인 계응의 뜻을 받들어 태백산 일대에서 활동하였다. 화엄사상의 이론을 다지는데 심력을 기울인 인물이다. 확심은 용수사의 3대 주지로서 빨라도 개창비를 세웠던 1181년(명종 11) 여름까지 생존하였다.[80) 집해를 편집한 시기는 이 무렵일 가능성이 크다.

1197년(명종 27) 홍왕사에 주석했던 寥一이 경산부 高靈의 盤龍寺에 내려와 결사를 주도한다. 學佛者가 자포자기하지 않도록 화엄신앙을 진작한다. 무인정권기 교종 탄압이 점증하자 지방으로 퇴거하여 화엄종풍을 유지한다.

慧照國師의 제자 英甫의 문하에 출가한 祖膺이 기양현 龍門寺에 1171년(명종 1) 명종의 태자 胎藏所를 설치하여 명종과 연결되었다. 1179년(명종 9) 용문사 중수 공사를 마치고 낙성 기념으로 九山學徒 500인 50일 談禪會를 개최하였다. 단속사 선사 孝惇을 초청하여『傳燈錄』,『楞嚴經』,『仁岳集』,『雪竇拈頌』을 교습하였다.[81) 효돈은 관승과 교유하고 이자현으로부터 선에 대한 영향을 받은 윤언이의 넷째 아들이다. 그는 낙성 의식에 혜조국사가 송에서 전해 온 坐禪儀軌, 서적 등을 받아들여 준수하였다. 조응은 이자현, 혜조국사, 탄연으로 이어지는 선풍 곧 능엄경을 인식하고 송대 임제종과 교류한 선풍을 이었다. 1173년(명종 3) 輪大藏 낙성 시에는 開泰寺 僧統 潁緇를 초청하여 강연을 들었다. 문도에 수미산문, 천태종, 소자종, 화엄종 출신이 참여한다. 선풍은 탄력적이며 선교융합적이다. 당시 불교계를 주도하였다.[82) 12세기 후반 한 시기 예천 용문사는 혜조국사의 선풍을 중심으로 여러 불교 종파가 교류하는 중심지였다.

80) 許興植,「義天의 圓宗文類와 廓心의 集解」『季刊書誌學報』 5, 1991.
81)「龍門寺重修碑」『韓國金石全文』, 873쪽.
82) 韓基汶,「醴泉 "重修龍門寺記" 碑文으로 본 高麗中期 禪宗界의 動向 -陰記의 紹介를 중심으로-」『文化史學』 24, 2005.

굴산파의 선풍은 知訥에 의해 계승되었다. 지눌은 1185년(명종 15) 下
柯山에서 놀 때 普門寺에 몸을 붙여 대장경을 읽다가 李通玄 장자의 華
嚴論을 얻어 더욱 신심을 내었다. 하가산이 예천 하가산과 동일하다면 예
천 보문면의 보문사가 곧 지눌이 머물면서 대장경을 읽은 보문사이다.
"柯山에서 길을 열고 松社에서 멍에를 벗었도다"라[83] 하여 보문사에서의
수행이 사상적 전기를 맞은 것이라는 의미이다. 보문사는 용문사와 같이
예천지역에 있고 1185년은 용문사중수비가 세워지던 시기이므로 조응이
주도한 선풍과 무관하지 않을 것이다.

지눌은 1188년(명종 18) 마침 일찍부터 알던 노장 선객 得才가 공산
居祖寺에서 와서 머물기를 바란다는 요청을 간절히 받았다. 지눌은 1182
년(명종 12) 정월 普濟寺 담선법회 참석후 동학 십여 인과 함께 약속한
명예와 이익을 버리고 산속에서 결사하여 수행하자는 약속을 실행하고자
하였다. 원을 같이 했던 사람을 불러 모았으나 3·4인 밖에 모이지 못했지
만 법회를 열어 옛날의 소원을 이루려고 하였다. 1190년(명종 20) 늦봄에
「勸修定慧結社文」을 지어 내외에 알렸다. 결사문에서 지눌은 '名聞利養'
하는 세속적 풍토에 환멸을 느끼고 정혜 계발에 헌신하는 은둔 결사를 천
명하였다. 말법시대에 아미타불이나 부르면서 쉽게 살아가자는 정토신앙
을 지닌 사람들을 비판하며, 부처가 이 세상에 나고 입멸하였다는 역사적
사실을 초월한 절대적 객관적 진리로서의 불법을 믿고 三學을 정수하도
록 권면하였다. 1198년(신종 1) 지리산 上無住庵으로 떠나기까지 비문에
는 "명예와 이익을 버린 여러 종파의 높은 선비들을 널리 맞이하여 정성
껏 권하고 청하여 게으르지 않고 밤과 낮으로 선정을 익히며 지혜를 고루
면서 여러 해를 지냈다"라 하였다.

고려의 체제화된 불교에 대한 반성으로서 고려 중기 이후 나타난 결사

---

83) 「曹溪山修禪社佛日普炤國師碑銘」 『東文選』 卷117, "柯山兮啓途 松社兮稅駕".

운동은 상주계수관내 공덕산, 태백산, 공산, 용문산 등지에서 활발히 일어났다. 이 지역은 신라로 불교가 수용되던 도상이기도 하다. 공산은 신라시기 중악으로 지칭된 만큼 신라 불교의 번성지였다. 이러한 기반을 통해 불교 사상을 혁신하려는 운동이 일어났다.

제3절 이규보의 남유시로 본 상주계수관의 현황

1196년 이규보가 黃驪에서 尙州로 왔다가 돌아가면서 남긴 이른바 남유시를 분석한다. 이규보의 문집에는 전주 사록으로 출사하여 호남지역의 당시 상황을 남긴 「南行月日記」가 있는데 대해 영남지역에 관한 기록으로는 紀行詩인 「南遊詩」가 남겨져 있다. 남유시와 詩序에 반영된 단편적인 地名, 寺名, 人名, 交通에 관한 기록 및 자연 風光 등은 1196년 상주의 현황과 구조를 이해하는데 중요한 실마리를 준다. 1196년이라는 시점에서 본 상주라는 지방도시의 일면이다. 전후 시기의 변화를 이해하는 기준점이 될 수 있다.

여기서는 이규보의 생애와 남유시의 내용을 분석하려고 한다. 남유시는 92편이 있었다. 상주와 직접 관련된 시는 반이 좀 넘는다. 그리고 시에 반영된 자료를 바탕으로 기타 문집과 연대기의 자료도 종합하여 당시 상주의 제 현황을 정리한다. 이러한 사례의 분석 작업은 지방도시구조의 구체적 현황을 파악하는데 필요하다. 나아가 중앙과 지방과의 관계, 계수관의 구조, 당시 지방도시의 생활상을 복원하는데도 도움이 된다.

1. 이규보와 남유시

이규보는 무인정권기를 살다간 인물이다. 1168년 출생하여 1241년에 사거하였다. 이 시기는 1170년 무신정권이 성립되어 崔瑀 정권기에 이른 시기였다. 이규보의 字는 春卿이요 그전 이름은 仁氐이며 黃驪縣 사람이다.

年譜와 『高麗史』列傳을 바탕으로 연령별로 행적을 일별하면 다음과 같다.[84] 어려서부터 총명하여 9세부터 글을 지었다. 22세에 司馬試에 일위로 합격하였다. 시험보기 전 꿈에 奎星이 나타나 장원을 알렸기 때문에 규보란 이름으로 고쳤다. 23세에 진사에 말석으로 합격하였다. 24세에 부친상을 당하고 天磨山에 우거하면서 스스로 白雲居士라 하고 천마산시를 지었다. 25세에는 白雲居士語錄과 傳을 지었다. 26세때는 百韻詩를 짓고 舊三國史를 얻어 東明王事를 보고 古詩를 지어 그 異蹟을 엮었다. 27세에는 天寶詠史詩 43수를 짓고 理小園記를 지었다. 28세에는 和吳東閣三百韻詩를 저술하였다. 29세 4월에 京師에 난이 있었다. 姉夫는 황려에 유배되어 있었다. 5월에 누님을 모시고 황려로 갔다. 이해 봄 어머니의 後壻가 상주수령으로 나가 있었다.[85] 6월에 황려에서 상주로 가서 문안하였는데 寒熱病을 얻어 여러 달 낫지 않았다. 10월에 드디어 돌아왔는데 시집 중 南遊詩 92수가 있다. 황려와 상주에서 지은 것이다. 32세에 全州司錄으로 임명되었다.

이규보가 남유시를 남기기까지의 연보를 일별해 보았다. 상주를 방문하여 남긴 시의 수로 볼 때 생애 어느 연령때 보다 시작이 왕성하였다. 29세 때는 1196년으로 최충헌 정권이 시작된 해이다. 崔忠獻 정권이 들어서는 시기에 京師를 떠나 황려로 다시 상주로 떠난다. 새로운 무신정권에 대한 복잡하고 착잡한 감정을 떨쳐버리려는 그의 심사에서 수 많은 시를 남기게 된다.

---

84) 『東國李相國集』 年譜.
   『高麗史』 卷102 列傳 15 李奎報.
   朴宗基, 「李奎報의 생애와 著述 傾向」 『韓國學論叢』 19, 1996.
85) 국역본에는 後壻는 둘째사위로 번역하였다(『국역동국이상국집』Ⅰ, 민족문화추진회, 1985, 43쪽). 이 때의 상주 수령이 누구인지 미상이다.

29세는 당시로는 어느 정도 완숙한 나이이다. 23세 진사에 합격한 후 24세 부친상을 당하고 白雲居士로 자칭하면서 남긴 語錄, 百韻詩, 詠史詩, 吳東閣三百韻詩 등에서 그의 왕성한 시작과 역사의식을 볼 수 있다. 이러한 작품활동과 축적이 5개월여의 여행으로 많은 일련의 시작으로 나타났다.

남유시는 일정한 기간 안에 집중적으로 지은 일종의 紀行詩이다.[86] 남유시는 출발, 노정, 목적지, 귀로라는 여행 단계에 입각하여 창작되었다. 그리고 앞에서 연보를 통해 살펴보았지만, 하나의 작가로서 자기세계를 구축했다고 보여지는 20대 후반의 작품이라는 점도 있다. 또한 32세로 전주 사록으로 나가기 전의 불우한 방랑기에 현실인식이 날카로운 때의 작품들이라는 성격이 있다. 대표적인 예로 龍潭寺에서 '8월 5일 도적 떼가 치성한다는 소식을 듣고'라는 시를 들 수 있다.

그가 남긴 남유시 중 상주 상황을 보여주는 시의 제목과 시형식, 내용을 간추려 본다.

〈표 3-3〉 상주와 관련된 남유시의 내용

제목	내용	시형식	전거
1. 六月 十四日初入尙州	상주의 내력과 형세	고율시 1수	전집 권 6
2. 題鳳頭寺봉두사의 경치	고율시 1수		전집 권 6
3. 次韻崔書記正份	최정분의 환대에 답함	고율시 1수	전집 권 6
4. 寓花開寺贈堂頭	한열병을 치료해준 화개사 주지에게 감사	고율시 1수	전집 권 6
5. 自花開到故人惠雲師所住龍潭寺留題	용담사의 경치	고율시 1수	전집 권 6
6. 八月一日示堂頭二首	용담사에서 감회	고율시 2수	전집 권 6
7. 八月二日	용담사에서 감회	고율시 1수	전집 권 6
8. 八月三日	용담사에서 감회	고율시 1수	전집 권 6
9. 漫成次古人韻	용담사에서 병약함을 술회	고율시 1수	전집 권 6
10. 八月五日聞群盜漸熾	용담사에서 도적 떼에 대한 느낌	고율시 1수	전집 권 6
11. 八月八日…過洛東江…二首	용포에서 견탄에 이르는 길의 소회	고율시 1수	전집 권 6

86) 孫政仁, 「南遊詩에 나타난 李奎報의 隱顯觀」 『高麗中期 漢詩硏究』, 文昌社, 1998.

12. 舟行	배를 타면서 상쾌함	고율시 1수	전집 권 6
13. …夜迫元興寺前寄宿船中…二首	원흥사 앞 船中에서 밤 풍광	고율시 2수	전집 권 6
14. 舟中又吟	원흥사 앞 선중에서 느낌	고율시 1수	전집 권 6
15. 睡次移船	원흥사 앞 선중에서 느낌	고율시 1수	전집 권 6
16. 又泛舟	원흥사 앞 선중에서 느낌	고율시 1수	전집 권 6
17. 又吟廻文	원흥사 앞 선중에서 느낌	고율시 1수	전집 권 6
18. 江中鸕鷀石	노자석에 대해 읊음	고율시 1수	전집 권 6
19. 是日入元興寺見故人珪師贈之	원흥사에서 친구 珪師를 만난 심정	고율시 1수	전집 권 6
20. 紅榴始熟珪公乞詩	원흥사에서 석류에 대해 읊음	고율시 1수	전집 권 6
21. 月夜聞子規	원흥사에서 子規 소리를 듣고 자신의 곤궁심정	고율시 1수	전집 권 6
22. 八月十日珪公請題其院爲賦一首	珪公의 院에 대한 風光과 소회	고율시 1수	전집 권 6
23. 十一日早發元興到靈山部曲	靈山部曲의 상황	고율시 1수	전집 권 6
24. 行過洛東江	낙동강을 지나면서의 풍광과 느낌	고율시 1수	전집 권 6
25. 到龍巖寺書壁上	용암사의 龜井과 느낌	고율시 1수	전집 권 6
26. 十六日次中庸子詩韻	용암사에 머물면서 느낌	고율시 1수	전집 권 6
27. 十七日入大谷寺	대곡사에 들어 가면서 느낌	고율시 1수	전집 권 6
28. 初入龍宮郡	용궁군의 풍광	고율시 1수	전집 권 6
29. 縣宰邀宴口占一首	용궁현 수령의 환대에 답함	고율시 1수	전집 권 6
30. 十九日寓長安寺有作	장안사에 머물며 풍광과 느낌	고율시 1수	전집 권 6
31. 二十一日泛舟河豊江	하풍강에서의 느낌	고율시 1수	전집 권 6
32. 是日迷路夜到脇村宿	협촌에서 숙박하면서 느낌	고율시 1수	전집 권 6
33. 入尙州寓東方寺…	朴君文老, 崔秀才, 金秀才가 찾아와 한 수 口占함	고율시 1수	전집 권 6
34. 朴崔二君見和復次韻答之	박군과 최군의 시에 화답	고율시 1수	전집 권 6
35. 九月二日書記開筵公舍…	서기가 연회를 열어 주어 한 수 지음	고율시 1수	전집 권 6
36. 憶二兒二首	두고 온 딸과 아들을 생각하며 지음	고율시 2수	전집 권 6
37. 一十五日旅舍書懷	여사에서 회포	고율시 1수	전집 권 6
38. 南窓熟睡夢到長安覺而志之	꿈에 장안에 이르런 일을 지음	고율시 1수	전집 권 6
39. 憶長安	장안을 생각함	고율시 1수	전집 권 6
40. 旅舍有感次古人韻	장안에 돌아 가기를 바람	고율시 1수	전집 권 6
41. 九日訪資福寺住老留飮	자복사 주지를 만나	고율시 1수	전집 권 6
42. 思家	두고 온 집을 생각함	고율시 1수	전집 권 6
43. 九月十三日會客旅舍示諸先輩	여사에 손님을 모아 놓고 지어 보임	고율시 1수	전집 권 6
44. 聞官妓彈琵琶	관기의 비파 소리를 들으며 이별을 생각	고율시 1수	전집 권 6
45. 再遊鳳頭寺	봉두사에 두 번째 놀면서 지음	고율시 1수	전집 권 6
46. 九月十五日發尙州	상주를 떠나면서 아쉬움	고율시 1수	전집 권 6
47. 是日書記出餞新興寺…	신흥사에서 서기의 전송을 받으며 지음	고율시 1수	전집 권 6
48. 書記使名妓第一紅奉簡乞詩走筆贈之	이별을 아쉬워 함	고율시 1수	전집 권 6

위에서 제시한 이규보의 남유시는 1196년 6월 14일 상주에 들어 와서 그 해 9월 15일 상주를 떠날 때까지 3개월 사이에 지은 시들이다. 남유시 92수 중 51수가 상주에 들어 와서 남긴 시로서 목적지 상주에 관한 시가 반 이상을 넘는다. 이 시들에는 상주일원을 돌아보면서 느낀 경치와 방문한 사찰, 주지, 서기를 비롯한 지역 사람과의 만남과 시를 통한 화답, 그리고 두고 온 가족과 집 생각, 서울로 돌아가고 싶은 심정이 나타나 있다.

상주의 내력과 지방제의 상황은 靈山 部曲, 龍宮縣에 관한 시에 나타나 있다. 그가 만난 사람은 상주목 書記 崔正份, 花開寺 住持, 龍潭寺 住持 惠雲, 元興寺의 珪師, 資福寺 住持, 龍宮縣 수령, 朴文老, 崔秀才, 金秀才 등이다. 찾았던 사원은 鳳頭寺, 花開寺, 龍潭寺, 龍源寺, 元興寺, 龍嚴寺, 大谷寺, 長安寺, 東方寺, 資福寺, 新興寺 등 11 개소의 사원이다. 龍浦에서 犬灘, 그리고 낙동강을 지나면서 所懷와 風光이 나타나 있다. 상주를 떠나기 전 시에는 두고 온 딸과 아들, 집에 대한 그리움, 장안으로 돌아간 뒤 벼슬길에 대한 바람 등이 나타나 있다.

이규보는 6월 14일 처음 상주에 들어 와서 鳳頭寺를 방문하고 서기 崔正份을 만났다. 그후 花開寺에서 한열병을 치료하기 위해 한 달 가량 머물렀다. 7월말 용담사로 옮겨 머문다. 8월 8일 용담사를 출발하여 견탄을 지나 원흥사에 이르러 친구 규사를 만났다. 8월 11일 원흥사를 출발 영산부곡에 도착하였다. 이후 낙동강을 지나 용암사에 도착하였다. 8월 17일 대곡사에 들렀다가 용궁군에 들어가 수령의 환대를 받았다. 8월 19일 장안사에 머물면서 시를 짓고, 8월 20일 河豊江에 배를 띄웠다. 이날 밤에 脇村에서 잠을 잤다. 그후 상주 동방사에 들어와 박문노, 최수재 등과 시로 화답하였다. 9월 2일 서기가 공사에서 연 연회에 참석한다. 9월 9일 資福寺 主老를 방문하고 술을 마셨다. 9월 13일 여사에 손님을 모아놓고 시를 지어 보였다. 다시 봉두사를 방문하였다. 9월 15일 상주를 출발하였다. 서기가 신흥사에서 전송하여 주었다. 이규보는 상주에 도착하자 한열병을 앓았고 8월 초에야 회복되어 상주 일원을 다녔다. 상주에 있기는 3개월이나 실제는 그 절반인 한달 보름 정도 상주지역을 다닌다.

2. 남유시에 나타난 상주목

『동국이상국집』의 남유시와 시서는 이규보가 다닌 일정에 따라 편집되어 있다. 시 제목에 보이는 지명, 역명 혹은 사명 등을 통해 그 위치를 파악하여 이규보의 행적을 재구성한다.

상주 권역 요성역 경유

聊城 驛樓 위에 쓰다[書聊城驛樓上]

흥이 나면 말을 몰고 피곤하면 편히 쉬니	興來命駕困來安
나를 한가하게 놓아준 천지에게 감사드린다오	多謝乾坤放我閑
애석해라 우정의 머리 흰 아전	可惜郵亭白頭吏
일생을 모두 말굽에 바쳤구나	一生都擲馬蹄間

(때에 늙은 아전이 말에서 떨어져 앓고 있었다.)

6월 14일 尙州 도착

남유시에 따르면 이규보는 요성역루에서 바로 상주로 들어온다. 그 사이 시를 지은 것이 없어 중간 경유지는 알 수 없다. 조선시기 역원망을 찾아보면 요성역 - 견탄원 - 유곡역 - 덕통역 - 목가리원 - 낙양역으로 구성된다. 고려시기에도 이 길이 사용되었다. 최자의 『보한집』에 요성역, 견탄원, 덕통역에 관한 기록이 있다. 목가리원 터에는 고려시기 작으로 보이는 석조미륵상이 남아 있다.

덕통역은 낙상동 낙원역으로 연결되어 안빈원을 거쳐 낙동진으로 이어진다. 이른바 '영남대로'이다. 유곡역에서 덕통역에 이르는 상주쪽 낙양역

과 낙상동의 낙원역으로 갈라지는 갈림길이다. 낙상동 낙원역에는 민속자
료로 유일했던 말에 대한 제사 시설인 馬堂이 발견되었다. 고속도로가 나
면서 사라졌다. 병성동 안빈원, 낙상동 낙원역, 덕통역으로 이어지는 길은
경부고속도로에서 갈라져 여주로 가는 중부내륙고속도로 노선과 대체로
일치한다.

이규보가 덕통을 통해 목가리원 터를 경유 상주로 들어갔다면 공검지
는 보지 못했을 것이다. 공검지를 경유했다면 시 한수는 있었을 것이다.
공검지는 애써 찾지 않으면 들릴 수 없는 곳이다. 공검지 제방쪽을 헐고
철도와 도로를 내면서 공검지의 위용은 사라졌다. 접근성이 좋아지면서
공검지 옛 모습은 없어지고 말았다.

공검지는 최근 제방 일부에 트렌치를 넣는 부분 해부해 본 결과 판축이
정교하게 된 둑임이 밝혀졌지만 축조 시기나 이와 관련 유물을 찾을 수
없었다. 보다 넓은 지역을 발굴 조사하는 것이 필요하다. 공검지는 이규
보가 방문한 시기 상주 사록으로 있던 최정빈이 주도하여 1195년에 옛터
를 따라 수축한 것이다. 주현과 속현의 차별 사례로 주목될 수 있다. 즉
공검지는 함창에 있지만 수리의 혜택은 상주에서 본다. 당시 상주는 주현
이고 함창은 속현이다. 현장을 보면 지형적으로 물을 가둘 수 있는 제방
은 상주들을 향한 곳에 둘 수밖에 없다. 때문에 수리의 혜택이 자연 상주
에 있다.

홍귀달이 쓴 「공검지기」에는 "주민에 관개의 이익을 줄 뿐만 아니라
관광에도 크게 기여한다. 그러나 이 관개의 이익은 상주의 주민이 덕을
보고 함창은 그 넓은 땅을 물에 잠겨 손해를 보고 있으니 이렇게 손익이
편재함은 또 무슨 이치인가. 그러나 자세히 못을 관찰하면 함창의 衆山이
서북에서 달려 와서 물에 와 멈춰서니 마치 長蛇가 장강에 구비치는 것
같고 말이 물을 마시는 형상과도 같다. 또 형형 물물이 기이하게 나열되
어 遊人으로 완상하게 하니 아마 이 天設과 地出로 함창의 주민에게 보답

하는 것이 아닌가 한다. 그 중 가장 기특하게 여겨지는 것은 제일 서쪽
鰲山에 있는데"라 하였다. 자연 지세상 수리의 혜택은 상주 주민이 보지
만 勝景은 함창 주민이 본다는 요지이다.

　물이 가득할 때는 정종로가 찬한 정경세 신도비 귀부 가까이까지 이르
렀다. 그 규모가 짐작된다. 여기서 나온 물줄기가 동천인데 상주들을 가
로질러 사벌의 이부곡토성 주변을 통해 북천에 합류하여 낙동강으로 빠져
나간다. 동천의 물줄기가 넓은 들판에 관개의 혜택을 준다.

　　　유월 십사일 처음으로 상주에 들어가다[六月十四日初　入尙州]

상주는 옛날의 사벌국인데	尙州古者沙伐國
왕후의 저택 터도 남지 않았네	王侯第宅無餘基
수많은 전쟁 있었던 곳인데	干戈百戰生死地
오직 강산만이 성쇠를 알리라	唯有江山閱盛衰
나라가 망하여 고을이 되고 고을이 다시 나라가 되니	國破爲州州作國
예나 지금이나 한 번만이 아니라오	古往今來非一時
지형은 참으로 기복하는 호랑이인듯	地形眞似虎起伏
천리를 담처럼 둘렀으니 어이 그리 멀던가	繚垣千里何逶迤
빨리 오느라 곤하여 눕자 해저무니	揭來困臥日正暮
눈을 붙여 기이한 것 구경할 겨를 없네	未暇着眼窮搜奇
날이 새자 나가 자세히 보니	天明出遊試觀縷
비늘같이 많은 집들 용이 주두에 얽혔네	魚鱗萬屋龍纏栭
기생이 일제히 절하니 옥패 소리 울리누나	蛾眉齊拜瑤佩鳴
자운이 있다더니 누구인지	聞有紫雲知是誰

　이규보는 상주가 소국 시기 사벌국이었다는 사실을 알고 있었다. 사벌
국은『삼국사기』에도 나오고 기원전 2세기에서 4세기에 걸쳐 존재한 소
국이다. 이중환은『택리지』경상도조에서 '百里之國'이 많은데 신라가 나
타나 통일하였다고 하였다. 사벌국은 경상도의 많은 백리지국 중 하나이
다. 백리는 40km 정도이다. 요즘 직경 40km 정도의 지방 기초 자치단체

규모이다. 『삼국사기』 기록에 따르면 신라에 가장 늦게 복속한 소국으로 비교적 큰 세력이었다. '나라가 망하여 고을이 되고'라 하여 복속 사실을 함축한다. '왕후의 저택 터도 남지 않았네'라 하여 사벌국의 흔적은 없다고 하였다. 그리고 '천리를 담처럼 둘렀으니 어이 그리 멀던가'라 하여 상주가 남북으로 긴 분지형 지형임을 묘사하였다. '수많은 전쟁 있었던 곳인데'라 하여 전략적 요충지임을 말하였다. 사실 신라가 북진할 때 법흥왕대 上州를 설치한 곳이다. 이 때의 주는 군관구적 성격이고 군사주둔지 停과 같은 의미이다. 18세기 『상산지』 기록에는 그 古基가 주의 북 45 리의 은성촌에 있다 하였다. 은성촌은 지금 은척면으로 생각된다. 남한강 수계로 연결된 요충일 것이다. 그리고 신라가 백제로 진공할 때 상주 백화산 금돌성에 진을 치고 진출한 바 있고 후삼국 시기 왕건과 견훤이 충돌한 지역도 상주를 둘러싼 주변이었다. 이처럼 시의 함축적 구절에서 이규보는 상주에 대한 역사 지식을 상당히 알고 있었던 듯하다. 『구삼국사』를 읽고 서사시를 쓴 이력에서 능력을 짐작할 수 있다.

상주의 모습을 '비늘같이 많은 집들 용이 주두에 얽혔네'라 하여 상주 시가 모습을 묘사하였다. 이규보가 방문할 당시 상주는 통일신라 신문왕대에 자리한 곳이다. 그 이전은 사벌면의 이부곡토성이 사벌국 중심부이고 그 남쪽 병성산 일대가 신라 복속기의 중심부로 고고학적 자료에서 추정한다. 현재의 상주 시가지도 남천과 북천으로 둘러싼 충적지이다. 조선 시기 북천물을 막기 위해 이공제가 수축된 바 있다. 북천과 남천이 합류하는 지점에서 시가쪽에 조공제가 시설된 적이 있다. 강으로 둘러싸인 충적지이므로 많은 인구가 살 수 있는 평지에다 가장 중요한 식수가 우물을 통해 조달될 수 있었다. 복룡동 사적지에서 다수의 우물이 발굴된 바 있다. 지적도를 통한 연구에서 통일기 상주는 주례의 '九緯九經'에 따른 9里 81坊의 규모로 추정된다. 최근 도심 개발에 따라 고고학적 발굴 자료가 나오면서 이러한 사실이 입증되고 있다. 대읍의 모습은 이규보 방문 당시까지 계속되어 시가지가 바둑판식으로 정연하게 발달하였을 것이다. 요즘의 상주 시가지 항공 사진상에도 읍성지나 도로망이 계획되었던 흔적이 보인다.

'기생이 일제히 절하니 옥패 소리 울리누나 자운이 있다더니 누구인지'라 하여 이규보는 상주 기생 중 자운의 미색을 듣고 있었다. 29세의 활력 있는 나이임을 나타내 준다. 이규보 연보에는 어머니가 상주 수령 후서를 따라 상주에 와 있어 문안하기 위해서이다. 이규보가 기생을 점고하고 자운의 미색을 언급한다. 이규보의 상주 방문은 상주 수령 자형의 배경이 컸다. 상주에 도착하여 잠을 잔 곳은 객사, 내아를 포함한 관아였을 것이다.

鳳頭寺 방문

상주에 도착한 후 기행시를 남긴 첫 번째는 봉두사이다. 관아지에서 남쪽 오리 남산에 위치한다. 지금 상주 시가지는 읍성의 남문지를 통하여 북문지로 난 길이 가장 오랜 중심 도로이다. 1970년대 시청 남성 청사와 읍성 서문지를 통과 하여 북천교로 이어지는 길이 나면서 중심로가 되었다. 1980년대 지금의 시청 낙양 청사와 버스 종합터미널로 이어지는 확장된 길이 형성되었다. 현재는 이 길이 가장 넓은 남북 시가지 관통도로이다. 세 길 중 첫 번째와 두 번째 길이 합류하여 남으로 조금 가면 상주고등학교에 이른다. 서편 언덕에 그 유지로 추정되는 봉강서원이 있다.

鳳頭寺에 쓰다[題鳳頭寺]

절은 오래지만 산은 지금도 푸르고	寺古山猶碧
스님 고명하니 경치 더욱 맑아라	僧高地更淸
들 구름은 비 올 징조 보이는데	野雲含雨意
소나무에 부는 바람 가을인가 의심하네	松籟僭秋聲
지는 해는 까마귀 떼에 반짝거리고	落日鴉邊耿

지는 놀은 해오라기 위에 밝구나	殘霞鷺外明
시인의 기습이 남아서	詩人餘習氣
잎을 따서 그윽한 정을 쓴다오	摘葉寫幽情

이규보가 저녁 무렵의 봉두사 경치를 읊은 것이다. 향교 즉 州學을 방문하면서 찾은 것은 아닐까. 봉두사는 지금 향교 앞 봉강서원 일대로 추정된다. 1915년 제작 지형도에 '鳳頭里' 지명이 나온다.[87] 봉강서원은 진주 강씨 세거지에 1817년에 세운 강씨들의 세덕사인 景德祠에서 유래한다. 고종시 대원군의 서원 훼철령에 따라 없어졌다가 1977년 사림의 결의로 서원으로 승격되어 이름을 鳳崗으로 하였다. 이 일대는 진주 강씨의 기와집이 즐비하였으나 동학난시에 봉대일대의 세거지는 전소하였다.

바로 북쪽 건너편에는 향교가 자리하고 있다. 대성전 안에 위패와 차서 등을 볼 수 있다. 원래는 132현을 모신 대설위이나 지금은 5성위, 송조 2현, 우리나라 18현 모두 25위의 위패를 모시고 있다. 향교 동서무의 주초석에 불교 관련 석물이 있는데 이는 봉두사의 석재일 가능성이 있다.

상주향교는 고려시기 향공 선발 주관의 계수관 향교 위상을 지녔다. 조선시기에는 성균관의 규모와 같은 위상을 지닌 대설위 향교이다. 대성전을 중심으로 좌우 낭무의 배치는 엄숙함과 권위를 잘 보여준다. 현재의 건물은 임난 후 중건한 것이다. 봉황이 몸쪽으로 목을 길게 늘여 감은 곳에 향교가 입지하였다는 말이 전한다. 이 일대의 지명에는 鳳자가 들어가는 지명이 많다. 지금도 이 일대 동명은 신봉동이다. 鳳臺라는 지명도 있다. 하지만 鳳頭라는 명칭은 1915년 지형도에만 나온다. 따라서 지명의 지속성을 감안하면 봉두로 지목된 곳이 봉두사가 있었다는 추정이 가능하다. 봉황이 감싼 향교는 목부분이고 남쪽의 언덕이 봉두가 된다.

고려시기에도 향교가 이 곳에 입지했는지는 미상이다. 고려초 성종대

---

87) 『近世韓國五萬分之一地形圖』 上, 尙州, 1915, 景仁文化社影印.

부터 12목에 경학 박사를 파견한 바 있다. 상주는 12목의 하나였기에 이 무렵 향교가 성립되었을 것이다. 인종대에는 향교가 전국적으로 널리 설치되었다. 고려 충혜왕때 안축이 상주목 읍치에 밀집한 공공 건물로 廨宇, 州學, 神祠, 佛寺를 거론한 바 있다. 주학은 바로 향교를 말한다. 고려시기에도 향교의 입지가 현재 향교와 같다면 이규보의 봉두사 방문은 향교의 文廟 방문을 겸했을 가능성도 있다. 고려말 성주 향교의 사례이지만 문묘는 조선시기 위판과 달리 5성 10철을 塑像으로 만들었다. 상주향교 문묘의 상은 소상이었을 것이다.

書記 崔正份의 운에 차하다[次韻崔書記正份]

지난날 자리에서 누가 나를 알랴	舊日筵中誰識我
세 명의 기생들 아직까지 돌아가지 않았네	三行粉面不曾廻
왕랑이 임공(臨邛)에 노는 손을 그릇 공경하여	王郞謬敬遊邛客
과연 문군이 밤에 따라왔네	果有文君夜出來

이규보는 당시의 상주 사록 최정분과 시를 통해 교류하였다.

花開寺 우거

화개사는 봉두사에서 보아 동쪽으로 상주 시가를 건너 화개동에 위치한 것으로 추정된다. 사원에서 요양하기 위해 화개사를 찾은 것이다. 사원에는 고도의 의료 능력을 지닌 승려들이 있어 병원 역할도 한다.

花開寺에 寓居하면서 堂頭에게 주다(이때에 병으로 우거하고 있었다).[寓花開寺 贈堂頭]

| 잠깐 한가한 즐거움을 얻어 | 暫得休休樂 |
| 고생스러웠던 수고를 갚으려 하오 | 聊償役役勞 |

샘은 급하게 멀리 흘러가고	石泉飛趁遠
솔 덩굴은 뻗어서 높은 데로 오른다	松蔓走緣高
풀가에 매미는 허물을 남기고	草際蟬遺蛻
숲 속의 새는 털을 떨어뜨렸네	林間鳥墮毛
선사가 복축하는 것을 용납해 준다면	憑師容卜築
잠시 여기에 은둔하여 쑥대로 비녀하겠네	小隱此簪蒿

이규보가 한열병으로 화개사 주지에게 여기서 요양할 수 있도록 청원한다. '선사가 복축하는 것을 용납해 준다면 잠시 여기에 은둔하여 쑥대로 비녀하겠네'라 한 것에서 알 수 있다.

화개사 역시 상주읍성 가까이 있었을 가능성이 높다. 현재 더 이상 기록은 없다. 다만 지금도 현 상주시에서 대구로 가는 25번 국도 오른쪽에 화개동이 있다. 이 지역이 화개사가 있었던 곳이 아닌가 추정한다. 1915년 지형도에 화개동이 나온다. 서곡동과 인접하는데 이곳에 사지가 발견되었다. 상주시 書谷洞에서 출토된 일괄 유물 중 고려범종의 '辛亥三月日尙州牧廻浦寺金鐘入重四十五斤前典香大師玄寂鑄成'이라는 명문에서 범종 제작 시기는 1251년(고종 38)이다. 廻浦寺는 상주관내 書谷洞 혹은 중동면 回上里 부근의 사찰로 추정한다. 몽고 침입을 당하여 청동제 불구는 모두 땅에 묻고 피난 갔을 것이다. 청주 사뇌사 반자, 백련사 반자 등도 모두 제작 시기 등으로 보아 몽골 침입과 함께 땅 속에 매몰하고 피난 갔다가 오늘날에야 발견된 예들로 보인다.

화개사지로 추정되는 곳의 입지는 서향하여 息山 자락에 있고 앞은 남천이 흐른다. 이곳에는 녹청자편이 더러 보인다. 경작지를 만들면서 곳곳에 기와편 무더기가 있어 그 흔적을 알 수 있다. 서쪽으로 건너다보면 봉두사로 추정되는 곳을 볼 수 있다. 이규보는 봉두사에 들렀다가 서편의 화개사를 보고 찾아갔을 것이다.

8월 1일 龍潭寺 방문

이규보가 화개사에서 이곳으로 이동한 경로는 지금 양진당, 오작당을 지나 오는 길이 하나 있을 수 있다. 화개사에서 남쪽 김천 방향 청리에서 동쪽으로 고개를 넘어가거나 용흥사에서 바로 갑장산을 넘어가는 길도 가능성이 있다. 이규보가 양진당으로 넘어오는 길을 택했다면 승장사를 지나쳤다. 승장사에 연고 있는 스님이 없었을 것이다. 지금 용담사지 앞에서 서쪽으로 옛길이 있었다. 한편 화개사에서 남천을 따라 북천과 동천이 합수되는 곳을 지나 병성산을 돌아 장천을 거슬러 올라 용포에서 내려 용담사로 이동했을 가능성도 있다.

장천 일대에 풍양조씨의 산판, 종택 등이 산재한다. 양진당과 오작당은 물론 운평리 의암고택, 승곡리 추원당 등도 풍양 조씨 상주 문중 소유이다. 조선 중기 조씨가 장천 부곡을 농장화하면서 자리 잡은 것이다. 이 일대의 승장사, 용담사가 폐사된 것도 土族이 자리 잡은 것과 무관하지는 않을 것이다.

장천부곡은 상주 읍치에서 확장 개발된 곳이다. 이곳에 위치한 용담사나 승장사의 지배를 받았다. 풍양 조씨 문중이 조선 중기에 이곳에 자리하면서 농장화된다. 그 이전의 지배적 위치에 있던 사원들은 폐사된 것이 아닌가 한다. 왕조 교체와 지배 이념의 변화에 따라 이 지역에 지배 문중이 등장함에 따라 일어난 것이다.

양진당은 선조 때 임난이 있자 상주에서 의병을 창의하고 일기를 남긴 黔澗 趙靖(1555~1636)이 안동 임하면 천전동 처가의 건물을 이축한 것이다. 1980년 수리시 발견된 상량문에서 1626년 건립하고 1807년 중수한 건물임이 밝혀졌다. 최근 부속 사당 건물을 복원하기 위해 조사 중 건물 앞 쪽 초석이 발견되어 집이 입구자형으로 구성되었다는 사실도 밝혀졌다. 이 건물의 큰 특징은 습지형 건물이다. 이 일대가 長川이 흘러 낙동강으로 들어가는 곳임을 감안하면 그 특징을 이해할 수 있다. 오작당은 본디 1601년 조정이 양진당 자리에 지었다. 그 손자 稜이 조부의 산소를 아침 저녁으로 우러르기 위하여 아들 조대윤에게 명하여 1661년 현재 위치로 옮겼고, 1781년에 중수한 것이다. 풍양 조씨 상주 문중의 세거지를 상징하는 고건축이다. 장천으로 낙동강에 연결된다. 낙동강 지류에 위치한 조선시기 사족의 거주 취향 즉 江居와 溪居의 한 사례이다.

화개사에서 故人 惠雲師가 머무는 龍潭寺에 이르러 쓰다[自花開到故人惠雲師所住龍潭寺 留題]

빈 골짜기는 바람이 오히려 소리를 내고	空谷風猶響
찬 시내에는 물이 스스로 방아찧는구려	寒溪水自舂
지둔은 말을 사랑하여 기르고	養憐支遁馬
섭공은 용을 축원하여 내리네	呪下涉公龍
작은 채전의 영출을 물주고	小圃流靈朮
그윽한 뜰의 어린 솔을 보호하네	幽庭護稚松
맑은 밤 한 번의 경쇠 소리에	一聲淸夜磬
반달이 먼 봉우리에 떨어지누나	半月落遙峰

팔월 일일에 당두에게 보이다[八月一日 示堂頭二首]

가느다란 길은 꾸불꾸불하여 푸른 산비탈로 들어가고	細路縈紆入翠崖
높은 누대는 우뚝하게 서서 푸른 무지개를 굽어보네	危樓突兀俯靑霓
서늘한 새벽에 누른 송아지는 평평한 들로 나가고	曉涼黃犢歸平野
한낮에 그윽한 새는 얕은 시내에 미역감누나	日午幽禽浴淺溪
집에 가득한 댕댕이는 벽에 얽히어 컴컴하고	滿院薜蘿纏壁暗
창 곁에 있는 버들은 처마를 눌러 나직하구려	傍窓楊柳壓簷低
땅이 외져 오는 사람이 없다는 것을 알려면	欲知地僻無人到
문 밖의 진흙 위에 사슴 발자국이 있네	門外泥深鹿印蹄

청수한 모습 선과 유의 본색인데	癯形本是列仙儒
또 산중의 늙은 필추에게 배우네	又學山中老苾蒭

금압에 향을 불태워 불전에 추창하고	金鴨焚香趨佛殿
목어로 죽먹으라 하기에 중의 사발 빌었네	木魚催粥借僧盂
솔바람 소슬하니 줄 없는 곡조요	松風瑟瑟無絃曲
안개 낀 묏부리 층층하니 색칠한 그림이로다	煙峀層層著色圖
세상의 영화와 고락 모두가 꿈이다	世上榮枯都是夢
한단에서 푸른 망아지 타는 것을 탄식하지 말라	邯鄲休歎駕靑駒

팔월 이일[八月二日]

선방에서 밥을 먹고 잠깐 차를 마시었는데	食罷禪房暫啜茶
산 중턱의 붉은 햇살이 벌써 서쪽으로 비끼었네	半山紅日已西斜
앉아서 뜰가의 사람에게 길든 학을 부르고	坐呼階畔馴人鶴
누워서 문 앞의 도적을 경계하는 거위 소리를 듣네	臥聽門前警盜鵝
수많은 버들 그림자 속에는 남북으로 길이 갈라지고	萬柳影中南北路
한 시내 건너편엔 두세 집이로다	一溪聲外兩三家
갑자기 시구를 얻으면 벽에 쓰련다	卒然得句聊題壁
사리에게 말을 전하노니 사로 덮지 마소	寄語闍梨莫羃紗

팔월 삼일[八月三日]

근심을 없애는 것은 진한 술에 의지하고	陶愁憑釅醋
병을 부축하는 것은 지팡이에 힘입는구려	扶病賴枯藤
돌은 둔한 거북처럼 쭈그렸고	伏石頑龜縮
봉우리는 성낸 말처럼 달리네	奔峰怒馬騰
바람이 없어도 소나무는 스스로 소리를 내고	無風松自籟
개려고 하자 안개가 먼저 오르네	欲霽霧先蒸
본래 구름과 물을 사랑하니	素習愛雲水
전생이 중이 아닌가	前身莫是僧

옛사람의 운을 차하여 부질없이 짓다[漫成次古人韻]

병으로 누워 노선의 집에 우거해 있으니	臥痾聊寄老禪居
머리 위에는 부질없이 세월이 가는 것을 놀래누나	頭上空驚歲月徂
다리 아파 남여(籃輿)를 타니 도공의 병이요	脚待昇籃陶令病

허리는 띠를 이기기 어려우니 심약(沈約)의 야윔이로다	腰難勝帶沈郞瘽
빈 산에 비 오고 컴컴하니 외로운 원숭이 휘파람 불고	空山雨暗孤猿嘯
고죽에 연기 깊으니 새가 우네	苦竹烟深一鳥呼
창 밑에 책을 베고 바야흐로 깊이 잠들었는데	窓下枕書方熟睡
사미가 불러 깨워 고우를 권하네	沙彌喚起勸皐虞

팔월 오일에 도적 떼가 점점 치성한다는 소식을 듣고[八月五日 聞羣盜漸熾]

도적떼가 고슴도치 털처럼 모여	群盜如蝟毛
생민이 비린 피를 뿌리누나	生民灑腥血
군수는 한갓 융의만 입고서	郡守徒戎衣
적을 바라보곤 기가 먼저 꺾이네	望敵氣先奪
벌의 독도 아직 소탕하지 못했는데	尙未掃蜂毒
하물며 호랑이 굴을 더듬을 수 있으랴	況堪探虎穴
슬프다 이런 때에 훌륭한 사람 없으니	嗟哉時無人
누가 대신하여 와서 쇠를 씹을꼬	誰繼來嚼鐵
적의 팔은 원숭이보다 빨라	賊臂捷於猿
활쏘기를 별이 반짝이듯 하고	放箭若星瞥
적의 정강이는 사슴보다 빨라	賊脛迅於鹿
산 넘기를 번갯불 사라지듯 하는구려	越山如電滅
사졸들이 추격하여도 미치지 못하여	士卒追不及
머리를 모아 부질없이 입만 벌리고 탄식하네	聚首空呀咄
어쩌다가 그 칼날에 부닥치면	幸能觸其鋒
열에 칠팔은 죽는구려	物故十七八
부녀자가 죽은 남편을 곡하며	婦女哭夫婿
머리에 삼베 두르고 마른 뼈를 조상하네	鬌首吊枯骨
황량한 촌락에 일찍 문 닫으니	荒村早關門
대낮에도 길가는 나그네 전연 없구나	白日行旅絶
금년에는 더군다나 다시 가물어서	今年況復旱
비 기다리는 것이 목마른 것보다 심하구려	望雨甚於渴
논밭은 모두 붉게 타서	田野皆赤土
곡식 싹이 무성한 것을 볼 수 없네	未見苗芽苗
부잣집도 벌써 식량을 걱정하는데	富屋已憂飢
가난한 사람이야 어떻게 살 수 있으랴	貧者何由活

주문에서는 날마다 자리에 술을 토하고	朱門日吐茵
백 잔을 마시니 귀가 저절로 더워지네	百爵耳自熱
고당에는 옥비녀가 늘어서 있고	高堂森玉簪
빽빽한 자리에는 비단 버선을 끼고 있네	密席擁羅襪
문호의 융성한 것만 알고	但識門燻灼
국가가 불안한 것은 근심하지 않누나	不憂國 机
썩은 선비 비록 아는 것은 없으나	腐儒雖無知
눈물을 흘리며 매양 목메어 흐느끼네	流涕每鳴咽
슬프다 고기 먹는 무리 아니라	嗟非肉食徒
직언하는 혀 내두르지 못하였네	未掉直言舌
할 수 없다 어찌하면 진달하랴	已矣若爲陳
천폐를 뵈올 길이 없구나	天陛無由謁

이규보가 화개사에서 요양하고 회복한 후 첫 방문지 용담사에서 지은 것이다. 용담사 주지를 '故人 惠雲師'라 한 것으로 보아 京師에서 연고를 맺은 스님이다. 용담사를 방문한 것은 1196년 8월 1일이었다. 8월 7일 용 포를 거쳐 건탄으로 떠날 때까지 6일 정도 머물면서 7수의 시를 남겼다.

〈사진 3-1〉 용담사지 석물

용담사지는 상용담 마을의 동편 경작지 일대이다. 갑장산의 남단에 해
당한다. 계단식 논 북단에 사지 흔적으로 보이는 길이 40m의 석축이 잘
남아 있다. 주변에 와편이 산재한다. 석등 하대석으로 추정되는 석물이
1점 있다(〈사진 3-1〉).

상용담지역은 용포에서 청리 수선서당으로 넘어 가는 길과 양촌 용흥
사 쪽을 지나 연악서당으로 가는 갈림 길목에 위치한다. 옛길의 길목이
다. 그런 흔적으로 사지 동편 아래쪽에 원통형 적석이 있다. 하단 4~5m,
상단 2m, 높이 5~6m의 규모이다. 절 입구를 알리는 것은 아닌가 한다.

용담사지 위쪽에 있는 묘는 흥양 이씨 합장묘이다. 사족의 위세에 의해
분묘가 성립되고 사원의 기능이 더 이상 지속할 수 없게 된다. 사원지의
분묘 성립 시기는 폐사시기를 의미한다. 고려시기 존재했던 많은 사원이
소멸되는 원인이 되거나 혹은 사라진 결과라 하겠다.

이곳의 지명은 '龍'자가 들어가는 것이 많다. 상용담, 아랫용담, 용포 등
이 그것이다. 물길과 연관되는 것은 아닌가 한다. 갑장산을 용의 머리로,
용담은 그 꼬리가 담긴 못이라는 뜻에서 유래하였다. 동쪽 고속도로상에서
용담사지와 갑장산을 바라보면 갑장산 능선의 모습이 못에서 용이 승천하
는 모양으로 여겨진다. 『상주지명총람』에도 상용담은 용이 하늘로 올랐다
는 上龍池에서 유래한다고 하였다.[88] 용포의 정확한 위치는 알 수 없다.

사원에서 지은 시 중에서 원흥사 앞의 것을 제외하고는 이규보가 가장
많은 용담사 시를 지었다. 갑장산 아래에서 경치가 빼어난 곳이다. 상주
를 떠난 뒤에 다시 용담사를 찾아 시를 남겼다. 상주를 지나면서 가장 인
상 깊었던 곳을 다시 기억하고 찾은 것이다. 1202년 경주 패좌의 난을 진
압하기 위해 구성된 토벌군 서기로 출진하면서 이곳을 지날 때 지은 것이
다. 詩註에도 '내가 남으로 내려왔을 때 잠시 병을 요양하던 곳이다'라 하

---

88) 曺喜烈 編, 『尙州地名總覽』, 尙州文化院, 2002, 501쪽.

여 정확하다.

그 시를 인용하면 다음과 같다. "높다란 누 앞에서 남으로 달려 / 엄나무 숲 아래 용담사를 찾았네 / 대나무는 渭畝의 천 그루보다 한 그루 빠졌고 / 버드나무는 陶門의 다섯 그루보다 세 그루 모자라며 / 棗樹의 녹음 이제야 보겠으나 암천의 물맛 전부터 알았어라 / 고인의 등선하던 곳 지금 어디메냐 / 망망한 지는 해에 시름 풀기 어려워"라 하였다. 용담사는 경주 패좌를 토벌하기 위해 진군한 길에 지났다는 사실로 보아 낙동강 수로나 육로상의 중요 지점에 위치한다.

사원의 종파는 시구 속에 '禪房', '老禪居'라는 것으로 보아 선종 사원이다. 따라서 惠雲師도 선종 승려일 것이다. 여기서 머문 시기는 8월 1일부터 8월 6일까지이다. 첫 시는 용담사의 밤경치를 읊은 것이다. 8월 1일 당두에 보인 두 수는 조용한 용담사에서 심경을 담은 것인데 '세상의 영화와 고락 모두가 꿈이다'라는 구절이 보인다. 8월 2일 시는 선방에서 차를 마시고 조용한 절 분위기와 주변 풍경을 읊었다. 8월 3일 시는 절 분위기에 젖어들어 '전생이 중이 아닌건가'라 하였다. 여기서도 여전히 요양 중임을 '병으로 누워 노선의 집에 우거해 있으니', '허리는 띠를 이기기 어려우니 沈約의 야윔이로다'라 표현하였다.

8월 5일의 시는 도적 떼가 점점 치성한다는 소식을 듣고 지었다. 용담사에서 여러 스님이나 지나는 사람에게서 들은 것이다. 이규보의 사회의식이 잘 나타난다. 도적 떼가 관군이 진압하기 어려울 만큼 강하고 빠르고 지세를 잘 안다. 관군이 곳곳에서 패배하고 있다. 치안 부재의 상황 때문에 길가는 나그네도 없다. 게다가 흉년이 겹쳐 민생이 궁핍함을 알 수 있다. 그런데도 지배층은 향락에 젖어 있는 사회 모순을 보여준다. 자신은 방관자임을 자책하고 있다. '썩은 선비 비록 아는 것은 없으나', '직언하는 혀 내두르지 못 하였네'라는 구절은 이규보 자신의 그러한 심중을 잘 드러낸다. 사회의식이 날카로워진 만큼 건강도 다소 회복한 듯하다.

용담사 경관을 짐작할 수 있는 시구를 모두 제시한다. '가느다란 길은 꾸불꾸불하여 푸른 산비탈로 들어가고 / 높은 누대는 우뚝하게 서서 푸른 무지개를 굽어보네', '집에 가득한 댕댕이는 벽에 얽히어 컴컴하고 / 창 곁에 있는 버들은 처마를 눌러 나직 하구려', '솔바람 소슬하니 줄 없는 곡조요 / 안개 낀 묏부리 층층하니 색칠한 그림이로다', '수많은 버들 그림자 속에는 남북으로 길이 갈라지고 / 한 시내 건너편엔 두세 집이로다', '돌은 둔한 거북처럼 쭈그렸고 / 봉우리는 성낸 말처럼 달리네'라 하였다.

이 시구들에서 용담사의 누대가 높이 건립되었고 사원 건물에는 댕댕이가 벽에 얽혀 있고 사원 경내에 버드나무가 많이 심어져 있음을 알 수 있다. 사원으로 접근하는 길은 구불구불 산비탈로 이어져 있었다. 사원 주변은 소나무가 있어 솔바람을 일으키고, 사원을 배경으로 하는 봉우리는 층층이 암산이고 그 봉우리는 흘립하였다. 시내 건너편에는 인가가 있는데 아마 장천 부곡민이 사는 곳임을 알 수 있다.

8월 7일 새벽 용담사를 출발 龍浦에서 배를 띄워 낙동강을 지나 犬灘에 도착하여 龍源寺 스님 맞아 대화
　팔월 칠일 새벽에 龍潭寺를 출발하여 이튿날 龍浦에 배를 띄워 洛東江을 지나 犬灘에 대었다. 때에 밤은 깊고 달은 밝은데 빠른 물결은 돌에 부닥치고 푸른 산은 물결에 잠겼으며, 물은 극히 맑아서 굽어 보면 뛰는 고기와 달아나는 게가 세일 정도였다. 배에 기대어 길게 휘파람 부니 피부와 모발이 청쾌하여 쇄연히 蓬萊·瀛洲의 감상이 있어 모르는 사이에 오랜 병이 갑자기 나은 듯하였다. 강가에 龍源寺가 있는데 절의 중이 듣고서 강가에 마중나와 굳이 절에 들어가기를 청하였다. 내가 사양하고 중을 맞아 배 위에 이르러 서로 몇 마디 얘기를 나누고 인하여 두 수를 짓다.[八月七日黎明 發龍潭寺 明日泛舟龍浦 過洛東江泊犬灘 時夜深月明 迅湍激石 靑山蘸波 水極淸澈 跳魚走蟹 俯可數也 倚船長嘯肌髮淸快 酒然有蓬瀛之想 不覺沈痾頓釋 江上有龍源寺 寺僧聞之出迎於江上 固請入寺 予辭之 邀僧至船上 相對略話 因題二首]

물 기운 싸늘하여 짧은 적삼 엄습하고　　　　　水氣凄涼襲短衫
맑은 강 전체가 쪽보다 푸르네　　　　　　　　清江一帶碧於藍

버들은 도령 문 앞의 다섯이 남았고	柳餘陶令門前五
산은 우강의 바다 위 삼산(三山)보다 낮구려	山勝禺强海上三
하늘과 물이 맞닿으니 천지가 희미하고	天水相連迷俯仰
구름과 안개 비로소 걷히니 동남을 알 수 있네	雲煙始卷占東南
외로운 배를 잠깐 평평한 모래 언덕에 매니	孤舟暫繫平沙岸
때에 훌륭한 스님 작은 암자에서 나오네	時有胡僧出小庵

맑은 새벽에 용포에 배 띄웠다가	清曉泛龍浦
황혼에 견탄에 배 대었네	黃昏泊犬灘
교활한 구름은 지는 해를 속이고	點雲欺落日
사나운 돌은 미친 물결을 막는구나	狠石捍狂瀾
수촌(水村)에는 가을이 먼저 와서 서늘하고	水國秋先冷
배 정자에는 밤이 되니 더욱 차구려	船亭夜更寒
강산이 참으로 그림보다 나으니	江山眞勝畫
그림 병풍으로 보지 말아다오	莫作畫屏看

배가 가다[舟行]

강과 바다 끝없이 넓어	江海浩無際
연기 물결 천 리가 푸르구나	煙濤千里碧
종일토록 호수 가운데 있어	終日在湖中
오래도록 배 띄우는 역사를 통솔하였네	久統泛舟役
예전에는 병풍 그림 속의 사람을 부러워했는데	舊羨畫屏人
지금은 병풍 속의 사람이 되었구려	今作屏中客
물결이 흔들리니 밝은 달이 부서지고	波搖碎明月
물이 줄어드니 외로운 돌이 드러나네	水落出孤石
저기 가는 저 외로운 상선	商船一葉去
아득히 어느 곳으로 가는고	杳杳何處適
행하여 갈대 꽃 핀 섬으로 들어가니	行入蘆花洲
숲의 안개 푸르게 뚝뚝 떨어지네	林霧翠滴滴
정신이 상쾌하고 피부와 모발이 서늘하니	頭輕肌髮涼
나도 모르게 오랜 병이 나은 듯	不覺沈疴釋

〈사진 3-2〉 유곡리 관터 일대

시서에 나타난 이규보의 이동과정은 용포에서 배를 띄워 낙동강을 지나 견탄까지이다. 용포는 지금 낙동면 유곡리 관터라는 지명이 있는 곳이다. 여기에는 삼층석탑이 존재한다. '관터'라는 지명은 이규보 방문 당시 장천 부곡의 治所일 가능성을 보여준다. 이곳에 바로 용포가 입지한다. 계곡에 있는 장천은 낙동강으로 흘러드는 수로로 이용되었을 것이다. 충렬왕이 동정군을 전송하고 돌아오는 길에 승장사에 들렀다는 『신증동국여지승람』의 기록은 이 포구를 이용했을 가능성을 뒷받침한다. '관터'라는 지명과 삼층석탑만이 단서가 될 뿐이다(〈사진 3-2〉). 석탑의 연대는 고려시기이다.

용포에서 배를 띄워 장천을 따라 신상리에서 낙동강으로 진입한다. 신상리에서는 고속화도로 공사 중에 구석기 유적이 발굴되었다. 2003년에 나온 보고에 따르면 장천이 범람하여 형성된 유적이다. 전기 구석기시대까지 연대가 올라 갈 가능성이 있다. 낙동강과 장천 지류가 만나는 곳에 영남에서 가장 오랜 유적이 발견된 것이다.

병성산 북쪽은 상주의 북천 남천 그리고 동천이 합류하여 그 앞을 흘러 낙동강으로 들어간다. 산의 위는 석성이 있다. 포곡식으로 정확한 축조 연대는 알 수 없지만 삼국시기부터 성의 기능을 해 왔다. 산성에 올라서 면 서쪽으로는 상주 시가지가 눈에 보이고, 북쪽으로 사벌들과 멀리 낙동 강이 흘러오는 모습이 한눈에 들어온다. 동남쪽으로도 낙동강이 흘러가는 모습을 조망할 수 있다. 산성은 상주 시가는 물론 낙동강으로 이동하는 배들을 감시할 수 있는 요충이다. 산의 능선마다 고분군들이 들어서 있 다. 아래쪽에 고분 시기의 생활 유적이 있었을 것이지만 그 모습은 지하 에 매몰된 채 모습을 드러내지 않는다. 이곳은 선사시기 이래 전통시기까 지 상주의 안전을 담보할 군사 요충이다. 고분시기에는 조상을 모신 성산 으로서 군사적 요충은 물론 정신적 보루로서 더욱 중시하였다. 사벌국의 실체와 관련된 점토대토기가 발굴되었다. 점토대토기는 진한 사회의 여명 을 보여주는 지표이다.

도남서원 쪽에서 대안을 보면 병풍처럼 절벽이 둘러진 곳에 낙동강이 흐른다. 도남서원은 낙동강 무임포 자리에 1606년 창건되었다. '道南'이 란 程顥가 제자 楊時를 고향으로 보낼 때 우리의 도가 장차 남방에서 이 루어지리라 한데서 비롯되었으며 조선 유학 전통은 영남에 있다는 자부심 에서 이 서원이 탄생하였다. 포은 정몽주, 한훤당 김굉필, 일두 정여창, 회재 이언적, 퇴계 이황 선생 등 오선생위판을 봉안하고 소재 노수신, 서 애 유성룡, 우복 정경세 선생을 추배하였다.

조금 더 올라가면 낙동강 제일경이라 일컬을 만한 경천대가 자리한다. 擎天臺는 하늘이 조화를 부려 지은 걸작품이라 하여 自天臺라고도 한다. 병자호란을 예측한 雩潭 蔡得沂 선생이 은거하여 舞雩亭을 지었다. 숭명 사상으로 경천대 바위에다 '大明天地 崇禎日月'을 새기고 은의를 잊지 않 는 삶을 살았다. 경천대는 도남서원과는 반대로 사벌면쪽이 절벽을 이룬 다. 절벽 한 곳에는 龍淵이라는 깊은 소가 있어 용이 나왔다는 전설이 있 다. 기우제를 지내는 곳이다.

더 북상하면 매호리에 이른다. 여기에는 이재 조우인(1561~1625)이 우거하였다. 한글가사 매호별곡의 산실이 된 어풍대, 임호정 등이 있다. 이곳을 유상처로 삼아 시와 낚시로 물아일체경에 잠기었다. 조선시기 사족이 강거한 예를 볼 수 있다. 퇴강리에서 영강으로 접어든다. 이 강을 계속 따라 올라 가면 문경 호계면 견탄에 이른다.

견탄 강가에 龍源寺라는 절이 있었다. 절의 스님이 이규보를 초청하였으나 강변의 경치에 매료되어 배에서 머물렀다. 용원사의 위치 역시 다른 기록으로는 확인할 수 없다. 『신증동국여지승람』의 烏井寺가 그곳이 아닌가 한다(〈사진 3-3〉). 사원명은 자주 바뀐다. 때문에 가능성이 없지 않다. 문경 국군체육부대 부지 확보를 위한 발굴 과정에서 사원지가 확인되었다.[89]

〈사진 3-3〉 견탄 용원사 일대 (문경 견탄리 유적 보고서)

---

89) 『국군체육부대 이전부지내 聞慶 犬灘里遺蹟－傳犬灘院址－』, 영남문화재연구원, 2014.

이규보가 상주에 들어와 수로로 용포에서 견탄까지 강변의 경치를 하룻밤 즐긴다. 견탄은 교통상의 요지였던 것 같다. 원이 있었다. 교통상의 중요성에 대해서는 權近이 쓴 「犬灘院樓記」에 나온다. "서울에서 경상도에 가려면 반드시 큰 고개를 넘게 된다. 고개를 넘어 1백 리 가까이를 모두 큰 산 사이로 가는데, 모든 골짜기의 물이 모여 내를 이루다가 관갑에 이르러 비로소 커진다. 이 串岬이 가장 험악하므로 비탈에 의지하여 棧道를 놓아 인마가 통행하는데, … 여기서부터 몇 리를 간 뒤에야 평탄한 길이 나오며 시내를 건너게 되는데, 이것을 견탄이라 한다. 호계현 북쪽에 있는데 온 나라의 가장 요충이자 한 도의 가장 험한 요새이다."라[90] 하여 견탄원은 험한 지역을 통하는데 반드시 있어야 할 여행시설이었다.

위의 시구에 '맑은 새벽에 용포에 배 띄웠다가 황혼에 견탄에 배 대었네'라 하여 용담사 근처 용포에서 견탄까지 걸린 시간은 새벽에서 황혼까지이다. 이 때는 8월이므로 강의 수량이 풍부하여 배로 충분히 이동할 수 있는 시기였다. '사나운 돌은 미친 물결을 막는구나'라 하여 견탄은 험한 여울이었다.

'강과 바다 끝없이 넓어 연기 물결 천 리가 푸르구나'라 한데서 낙동강이 큰 물길임을 알 수 있다. 또한 '저기 가는 저 외로운 상선'이라 하여 낙동강 수로는 상선이 오가는 물류의 역할을 하였다. 이규보는 강 중의 경치가 너무 좋아 '예전에는 병풍 그림 속의 사람을 부러워했는데 지금은 병풍 속의 사람이 되었구려'라 하였다. 병풍속의 사람이 되었다는 시구는 도남서원 앞, 경천대 등에서 떠올린 것이라 짐작된다.

8월 8일 낙동강 경유 元興寺 앞 도착

견탄에서 영강을 거쳐 낙동강으로 다시 남하하여 왔던 물길을 되돌아온

---

90) 權近, 「犬灘院樓記」 『陽村集』 卷12.

다. 출발했던 용포에서 장천과 낙동강이 합류한 지역 아래로 가면 낙동면 분황리에 招鶴臺가 있다. 상주 향토지『상산지』를 쓴 李埈(1560~1635)이 산수를 사랑해 우거하여 시를 남긴 곳이다. "띠집은 쓸쓸하게도 세상 번 거로움을 끊었는데 / 온갖 경치 다 거두어 숲동산에 들었네 / 비 개자 천 봉우린 금병풍으로 둘렀고 / 만 이랑 가을 물결 오곡 무늬로 일렁이네 / 난초 지초 가득한 물가 초나라 객을 생각하게 하고 / 연하에 희미한 길은 신선도원을 감추었네 / 칙령으로 내리는 일 돌아가 쉬는데 번거롭지 않으니 / 어이하면 군은을 만의 하나나 보답하리"라 하였다.

千仞臺는 중동 우물리 낙동강과 위천이 합류하는 지점에 있다. 동서쪽은 10~50m 가량 높이의 수직에 가까운 절벽이다. 그 위에 형성된 평지에는 북쪽에 길이 126m 정도의 토성을 쌓았다. 성 이름은 봉황성이다.

천인대는 경천대와 觀水樓 사이에 가장 경관이 빼어난 곳이다. 柳尋春(1762~1834)은 시를 남긴다. "천인대는 몇 길인가 / 푸른 병풍 하늘 반을 드리웠네 / 중간엔 바람도 급히 지나가 / 높은 곳 새 날기도 위태롭네 / 맑은 이슬 쟁반에 받는 모습이요 / 늙은 신선이 달빛에 서 있는 형상일세 / 아름다운 상스런 일은 성세에 많으니 / 늙은 봉황 이름도 늦지 않으리".

천인대에서 조금 내려 오면 오른쪽에 나각산이 있다. 그 건너는 단밀면이다. 나각산 남쪽 자락에 낙동진이 있었다. 그 대안 절벽 위에 관수루가 있다. 지금 낙단교 가까이 단밀쪽에 서 있다. 권상일이 쓴「관수루중수기」에 따르면 "낙동강의 물이 태백산 황지에서 발원하여 수백리를 흘러 상산의 경계를 지나 낙동진이 되고 그 진두 수보허에 관수루가 있다. 대개 이 樓는 고려 중엽에 강의 서안에 시건하였고 我朝初 동안 초벽상에 이건하였다. 하나 이는 고노들로부터 얻어 들은 것일 뿐이다.『동국여지승람』이나『상산지』에는 모두 기재되지 않았으므로 언제 누가 세운 것인지 상세히 알 수 없다"라 하였다.

천인대, 관수루 등은 모두 조선중기 문인들에 의해 기록에 남게 되었지만 그 전부터 배로 유상하기 좋은 경승이었다. 앞서 살핀대로 장천의 풍양조씨 조정, 낙동강의 매호, 퇴강의 정경세, 조우인, 위천의 유진 등은 강거 혹은 계거의 취향을 가진 사족들이었다. 이규보는 이들 경승을 모두 유상하면서 원홍사 앞까지 갔을 것이다.

다음날 배를 놓아 노를 젓지 않고 흐름 따라 동으로 내려갔다. 배는 나는 듯이 달려 밤에 원홍사 앞에 닿았다. 배 안에서 묵었는데 이때 밤은 고요하고 사람들은 모두 잠들었다. 오직 물속에 뛰노는 고기소리가 철썩철썩 들릴 뿐이었다. 나는 팔을 베고 잠깐 누웠는데 밤이 차서 오래 잘 수 없었다. 어부의 노래와 장사꾼의 피리소리가 멀고 가까운 곳에서 들려왔다. 하늘은 높고 물은 맑으며 모래는 밝고 언덕은 희었다. 파도 속에 달그림자가 어리어 배를 흔들었는데 앞에는 기암괴석이 범이 걸터앉고 곰이 쭈그리고 있는 것 같았다. 나는 두건을 제껴 쓰고 자리를 옮겨 강호의 즐거움을 실컷 맛보았다. 아하, 강호의 즐거움이야 비록 병중에 있더라도 즐기지 않을 수 없다. 하물며 날마다 기녀들 거느리고 풍악을 잡히며 내노라 하고 놀 때이랴. 그 즐거움을 어찌 다 이를 것인가. 이에 시 두 수를 지었다.[明日 放舟不棹 順流東下 舟去如飛 夜泊元興寺前 寄宿船中 時夜靜人眠 唯聞水中跳出之魚 鱍鱍然有聲 予亦枕臂小眠 夜寒不得久寐 漁歌商笛 相聞于遠近 天高水淸沙明岸白 光月影搖蕩船閣 前有奇巖怪石 如虎踞熊蹲 予岸幘徙倚 頗得江湖之樂 噫江湖之樂 雖病中不可以不樂 況乎日擁紅粧彈朱絃 得意而遊 則其樂曷勝道哉 得詩二首云]

푸른 하늘 아득히 물 위에 떠있고	碧天浮遠水
구름덮인 저 산은 신선 사는 봉래산(蓬萊山)인가	雲島認蓬萊
물밑으로 고기 떼 잠겨들고	浪底紅鱗沒
안개 속에 갈매기 찾아오네	烟中白鳥來
여울 이름 곳을 따라 바뀌는데	灘名隨地換
산봉우리 배를 따라 도는구나	山色逐舟船
강가의 주막에서 술 한 병 받아다가	喚取江城酒
유유히 한잔을 기울이노라	悠然酌一杯
모래터에 밤배를 대이니 푸른 바위 가까워	夜泊沙汀近翠巖
뜸밑에 앉아 시를 읊으며 수염을 쓰노라	坐吟篷底撚疎髥

물결이 넘실넘실 선체를 흔드는데   水光潋潋搖船閣
달그림자 고즈녁히 갓채양에 떨어지네   月影微微落帽簷
푸른 파도 밀려와 언덕을 삼키는데   碧浪漲來孤岸沒
흰구름 다한 곳에 산봉우리 솟았어라   白雲斷處短峰尖
피리소리 어수선 듣기가 어지러우니   管聲唧嘈難堪聽
옥수가인 불러다가 거문고 태웠으면   須喚彈箏玉指纖
(이때 한 아전을 시켜 피리를 불게 하였다.)

배 안에서 또 읊다[舟中又吟]

붉은 고기 여울에서 잡아 오고   紅鱗得自灘流
막걸리는 모랫가 집에서 사왔네   白酒賖來沙戶
이몸이 점점 어옹과 친하여져서   此身漸狎漁翁
연기 자욱한 강 밤비에 취하여 누웠네   醉臥烟江夜雨

조는 사이에 배가 옮겨갔다[睡次移船]

갠 호수에 물결 고요한데 팔을 베고 졸다가   晴湖浪靜枕肱眠
뱃사공이 이미 배를 놓은 줄 깨닫지 못하였네   不覺篙工已放船
꿈을 깨고 머리를 드니 모래 언덕이 달라졌어라 夢罷回頭沙岸異
푸른 버들 가에 옮겨 맨 것에 홀연히 놀랐네   忽驚移繫綠楊邊

또 배를 띄우다[又泛舟]

한 삿대로 흐르는 강물 휘저어 가니   一棹漾流去
쓸쓸한 가을 팔월이로다   蕭然八月秋
청초의 언덕에 돛을 내리고   落帆青草岸
흰 마름 물 가에 닻줄을 매었네   繫纜白蘋洲
등불이 어두우니 바람은 장막을 흔들고   燈暗風搖帳
차가운 강엔 달빛 배에 가득하구려   江寒月滿舟
마부는 응당 나를 괴이하게 여기리라   僕夫應怪我
병중에도 한가하게 노닌다고   病裏亦閑遊

또 회문체로 읊다[又吟廻文]

느린 피리 소리 바람에 끌리어 멀고 　　　　　笛慢牽風遠
가는 배는 물결에 춤추어 가볍네 　　　　　　舟行舞浪輕
푸른 하늘에 가을 밤이 고요하니 　　　　　　碧天秋夜靜
찬 달이 호수에 잠겨 맑구나 　　　　　　　　寒月浸湖淸

강 가운데의 노자석[江中鸕鷀石]

가벼운 배 출렁대며 물결 따라 가는데 　　　　輕舟溶漾信漣漪
강 가운데 기이한 돌 있으니 이름이 노자란다 　中有奇石名鸕鷀
나는 생각컨대 노자가 고기와 게를 찾아 　　　我恐鸕鷀覓魚蟹
떠들어 부르며 깊은 강가에 날아와 모였다가 　喧呼翔集深江湄
훌쩍 날아 잘못 풍이의 집을 범하니 　　　　　翻翻誤觸馮夷宅
풍이가 노하여 부르짖어 천둥과 번개를 일으켰네 馮夷怒吼雷電作
바람에 꺾이고 물결에 부딪쳐 두 날개 부러져 　風摧浪打兩翼折
물결 위에 반쯤 나오고 날지 못하누나 　　　　半出波間飛不得
살과 뼈는 썩어 녹아 동쪽으로 흘러가고 　　　肌分髓爛隨東流
부질없이 야윈 뼈만 중주에 남아 있네 　　　　空有瘦骨留中洲
이끼 끼고 모래 붙어 굳은 돌로 화하여 　　　　蘚侵沙澁化堅石
꼬리는 진흙 속에 묻히고 머리만 반쯤 떴구나 　尾入泥蟠頭半浮
그렇지 않다면 어찌 물결 속에서 　　　　　　不然安肯烟濤裡
기세가 죽지 않고 날아 일어날 것 같은가 　　　氣勢不死如昂起
기이한 것을 고증하고 힐문하는 것이 모두 꿈이요 徵奇詰異皆夢耳
억지로 시를 짓는 것도 장난일세 　　　　　　穿鑿成詩亦一戲
술을 사서 금잔에 채우고 　　　　　　　　　不如買酒盈金罍
너를 빌어 술잔을 만들어서 앵무배로 짝짓는 것만 못하리니
　　　　　　　　　　　　　　　借汝爲杓副以鸚鵡杯
날마다 아무 일 없이 마시어 나의 시를 쏟으면서 一飮無何寫我憂
티끌 같은 만사를 한 번 웃으리라 　　　　　　一笑萬事如浮埃

원흥사 규스님에게[是日入元興寺見故人珪師贈之]

그 전날 서울에서 함께 노닐었는데 　　　　　憶昔共遊長安中
세어보니 열네 번 봄바람 불었어라 　　　　　算來一十四春風
그때는 그대 기운 장하여 서른이 못돼 　　　　君時氣壯未三十

한몸을 날려서 기러기를 타리라고	一身謂可赴飛鴻
내 또한 구름머리 연소한 몸이어서	我亦鬢綠最年少
눈에는 번개일어 왕융(王戎)같았지	眼電爛爛如王戎
작별 후 구름처럼 어데로 가버렸나	別來雲散各何處
세상 풍파 다 겪고 신선이 되었나	四海風塵雙轉蓬
한차례 웃음지며 구리사람 그대 만져	相逢一笑撫銅狄
눈물 젖어 말못해도 생각은 끝없어라	迸淚無言意不窮
이제는 스님모습 옛날이 아니니	師今已非昔日容
여윈 몸 소나무의 늙은 학 완연하고	瘦如松頭老鶴同
나 역시 늙어서 패기가 죽었으니	我亦老大心轉縮
무지개같은 옛날 기세 다시 볼 수 없어라	無復昔日氣如虹
정을 다 토로하지 못하고 각각 슬퍼하여	論情未終各悽惻
어느덧 지는 해는 봉우리 절반 차지했네	不覺半峰斜日紅
사람의 한생이 참으로 잠깐 사이	人生一世須曳爾
명예, 이속 버리고 신선을 따르리	早謝名利從支公

붉은 석류가 막 익었는데 규공이 시를 청하다[紅榴始熟珪公乞詩]

가지에 달린 붉은 알 몇 개나 되는가	楨卵撑枝幾許枚
취한 볼이 숲에 가득히 드리웠네	滿林欹倒醉中腮
붉은 주머니 속에 붉은 쌀낱을 감추었으니	紅綃囊裡藏紅粒
서리 바람 만나 남김없이 터뜨리리라	要見霜風罄折開

달밤에 자규가 우는 소리를 듣다[月夜聞子規]

적막한 밤 달빛은 물결처럼 잔잔한데	寂寞殘宵月似波
빈 산에 울음 소리 편만하니 날이 새면 어이하랴	空山啼遍奈明何
십년을 통곡한 궁도의 눈물	十年痛哭窮途淚
너의 붉은 입술과 누가 더 많은가	與爾朱脣血孰多

팔월 십일 규공의 요청을 받고 그 절에 한 수를 지어 주었다[八月十日珪公請
題其院爲賦一首]

만리 가을하늘 기러기떼 돌아가니	萬里高天斷雁秋

푸르른 강가의 옛 절을 찾았노라	閑尋古刹碧波頭
문밖에는 떠들썩 돛배들 모여 있고	喧喧門外千帆集
적적한 바위 끝에 방장이 깊어라	寂寂巖陬丈室幽
뜰엔 솔과 대, 중들은 부귀하고	滿院松篁僧富貴
강을 낀 절경이니 절간은 풍류로워	一江烟月寺風流
숲 속에서 만날 날 묻지를 말아다오	莫言林下何曾見
속된 이름 버리고 퇴직하고 오리다	擺却浮名欲退休

원흥사 앞 강물 위와 원흥사에서 읊은 시들이다. 한 곳에서 가장 많은 11수나 읊었다. 시서에 따르면 건탄에서 원흥사 앞까지는 노를 젓지 않고 나는 듯이 왔다. 특히 밤 강중의 정취에 크게 취하여 강호의 즐거움을 실컷 맛보았다.

시 중에 이규보의 심사를 가장 잘 드러낸 것은 '강중노자석시'이다. 노자석은 강중 암초로서 모습이 기이하여 후대의 지리지에도 적시하고 있다. 19세기 초 작성한 읍지의 「善山地圖」에는 낙동강 중에 노자암이 표시되어 있다. 노자정은 낙동강 西岸의 어느 바위 위에 건립되었고, 노자석은 강중의 바위였을 것이다. 현재는 그 모습을 볼 수 없다. 하상이 높아져 묻힌 것이다.[91]

노자석을 '바람에 꺾이고 물결에 부딪쳐 두 날개 부러져 / 물결 위에 반쯤 나오고 날지 못하누나 / 살과 뼈는 썩어 녹아 동쪽으로 흘러가고/ 부질없이 야윈 뼈만 中洲에 남아 있네'라 하여 바람과 물결에 날개가 부러져 날지 못하는 노자의 신세를 말한 것으로 보아 과거에 급제하였으나 무인들에 밀려 출사하지 못한 자신의 처지를 이 노자석에 은유한 것으로 생각된다.

시에서 원흥사 주지인 珪師와 이규보와의 관계를 알 수 있다. 그와 개경에서 같이 놀았던 추억이 있었고 14년만의 상봉이다. 규사는 과업 교육

---

91) 1915년 지도상에도 표시되어 있지 않다.

을 같이 받았던 것으로 추측된다. 무인 정권이 들어서면서 불교계로 방향
을 바꾼 인물이 아닌가 한다. 이력은 추적할 수 없었다. 규사도 '대사는
이미 옛날 얼굴이 아니라 / 소나무 위의 늙은 학처럼 여위었네'라 하였다.
자신도 '나 역시 늙고 의지 또한 좁아져서 / 다시는 무지개 같은 옛날 기
개가 없다오'라 하여 규사와 같은 처지임을 말한다. 시에서도 '십년을 통
곡한 궁도의 눈물'이라 하였다. 서로의 처지가 같아 회포를 풀었던 것은
'정을 다 토로하지 못하고 각각 슬퍼하여 / 산 중턱에 해지는 줄 몰랐다'
라 한 데서 알 수 있다.

　시에서는 당시 원홍사의 현황을 알 수 있다. 원홍사가 강가에 위치하고
여기에 많은 배가 모여 들었다. '푸른 물결 머리에서 한가히 옛 절을 찾았
네 / 떠들썩한 문밖에는 수많은 배가 모이고'라 하여 원홍사가 낙동강의
많은 물류를 담당한 商船의 중간 기착지 역할을 한 사원임을 짐작할 수
있다. 낙동강에 상선이 다닌 사실은 詩序에도 '상선의 피리 소리 멀고 가
까운 데서 서로 들린다'고 한데서 알 수 있다. 龍潭寺에서 犬灘 龍源寺로
배를 타고 이동하면서 지은 다른 시에도 '저기 가는 저 외로운 상선 / 아
득히 어느 곳으로 가는고'라 하여 낙동강을 이동하면서 만난 상선을 말하
였다. 같은 시에서 '뜰엔 솔과 대, 중들은 부귀하고'라 하여 중간 기착지로
서 또는 교역지로서 원홍사가 부유한 사실을 보여주는 것은 아닌가 한다.

　이 절이 있는 곳이 원홍리이고,[92] 바로 가까이 가덕, 연산이라는 지명
이 있다. 『新增東國輿地勝覽』에 따르면 '元興寺 古址는 加德部曲에 있
다'라 하였다.[93] 가덕부곡은 '府의 북쪽 20리에 있다'라 하였다.[94] 이 부
곡은 원홍사 가까이 존재하였고 이 절과 관련이 있었다. 1915년 제작 지

---

[92] 현재 원홍사지의 주소는 구미시 도개면 가산 2리 239번지이다. 사원 안내용 원홍사
　석비가 있고 버스 정류장이 있는 데서 오른 편 산 중턱에 있다. 현재 시멘트 벽돌조
　가옥 형태의 건물이 들어서 있다.
[93] 『新增東國輿地勝覽』卷29, 善山 古跡 元興寺, "古址在加德部曲".
[94] 『新增東國輿地勝覽』卷29, 善山 古跡 加德部曲, "在府北二十里".

도에는[95] 원흥동, 가덕동, 연산동 등의 지명이 바로 붙어서 나온다. 원흥사는 부곡의 범위 안에 존재했다. 부곡명은 連山部曲과 가덕부곡으로 생각된다.

16세기 초 작성된『신증동국여지승람』에는 원흥사가 고적조에 정리되어 고려시기 이래의 사원 위상은 없어지고 폐사와 다름이 없었을 것이다. 『여지도서』와 읍지에는 사명을 제시하였지만『신증동국여지승람』의 기록을 따랐다. 19세기 초의 읍지에는 '今無'라 하여 사원 기능이 완전 정지된 것으로 기록하였다.[96] 이곳이 여흥민씨 집성촌이고 묘터가 들어서면서 사원 기능이 완전 정지된 것이다.

현재 사지로 알려진 곳을 중심으로 원흥사의 경관을 살피면 구수봉 서남쪽 자락에서 조금 안쪽으로 들어간 곳에 자리한다. 전방으로 낙동강을 조망할 수 있는데 강줄기는 활처럼 바깥쪽으로 휘어지면서 흐른다. 뒤로는 구수봉을 배경으로 한다. 또 다른 주민의 말에 따르면 본래 사지는 구수봉 정상부에 있었다. 사지 아래로 국시방재가 있었다. 사역이 넓었음을 짐작할 수 있다.

현재 마을 사람의 말에 따르면 원래 낙동강 물이 원흥리 마을까지 접하여 고기배가 닿았지만 제방 사업 때문에 지금은 강과 거리가 있고 농경지가 확보되어 있다고 한다. 고려시기에는 강과 원흥사가 인접했을 것이다.

1942년 조사된『朝鮮寶物古跡調査資料』에는 '挑開面 加山洞 부근에는 瓦片과 砂器片이 점점이 있다.'라 서술하였다.[97] 이곳이 원흥사지이다. 1977년 문화재관리국에서 펴낸『문화유적총람』선산군 조에는 '현재는 밭으로 변해 있으며 이곳을 원흥골이라 부르고 있다. 이 동네 입구에

---

95)『近世韓國五萬分之一地形圖』上, 197 善山, 1915, 景仁文化社影印.
96)『慶尙道邑誌』, 善山 佛宇 元興寺(亞細亞文化社 影印, 韓國地理志叢書『邑誌』1, 慶尙道編①, 1982, 398쪽).
97)『朝鮮寶物古跡調査資料』, 朝鮮總督府, 1942, 292쪽.

는 伏蓮이 양각되어 있는 원형 柱礎石과 浮屠臺石으로 보이는 석재가 있다. 부도 대석은 상면 가운데 2열 8각의 구획을 돌출하여 새기고 측면에는 각면 상부에 複辨蓮花와 그 하부에는 장타원형의 眼象이 새겨져 있다. 주민의 말에 의하면 밭 가운데 주초석으로 보이는 자연석 5개를 땅속 깊이 파묻었다고 한다. 주위에는 기와편이 산재하고 있다.[98] 마을 사람의 말에 따르면 석물이 많았고 탑과 물레방아 석재가 있었다. 마을 사람들이 경작지 확보를 위해 모두 마을 입구에 두었다. 지금부

〈사진 3-4〉 원흥사명 기와

터 10년 전에 전부 고물상이 가져갔다. 고물상이 가져간 석재는 1977년에 조사된 원형주초석과 부도대석일 것이다.

2000년 경에 비가 많이 오는 날 개울에서 막새기와 3점과 '元興寺'란 명문이 있는 수키와 2점을 수습하였다(〈사진 3-4〉). 모두 완형이 아닌 瓦片이다. 막새 기와편 3점은 보상화문과 구름문이 있고 주위에 작은 연주문을 돌린 원형수막새와편 1점, 중앙부에 연주 흔적이 있고 그 바깥으로 연화판을 돌리고 주위는 작은 연주문을 돌린 원형수막새편 1점, 당초문을 문양하고 주위에 작은 연주문을 돌린 암막새편 1점 등이다. 수키와편 2점 중 하나는 '元興寺'로 모두 읽을 수 있다. 연속해서 기와를 굽기 전에 陽刻이 되도록 판틀로 찍어서 명문이 나오도록 한 것이다. 다른 하나는 '元' 자 부분이 떨어져 없어 읽을 수 없고 '興寺'만 양각되어 있는데 촘촘히 연속적으로 양각이 되도록 판틀을 찍었다. 글자는 逆像으로 양각되어 있

---

98) 文化財管理局, 『文化遺蹟總覽』中, 1977, 329쪽.

다. 다른 명문와에서도 나타나는 현상이다.

막새 기와편은 문양과 재질로 판단하면 나말려초로 추정된다. 사명이 있는 명문와의 대부분은 고려시기에 해당하는 경우가 많다. 원흥사지는 '원흥골'이라는 지명에 근거하여 추정해 왔는데 '元興寺'란 양각 명문이 뚜렷한 기와편이 발견됨에 따라 사지가 원흥사임을 분명히 할 수 있다. 원흥사 창건과 중수를 위한 瓦窯址가 있을 가능성도 있다. 막새기와의 문양과 형태는 나말려초로 추정되므로 원흥사의 창건시기도 이 무렵이 아닌가 한다.

원흥사 자료는 이규보의 시 외에도 금석문에서 찾을 수 있다. 慈淨國尊으로 추증된 彌授(1239~1327)의 비문에 보인다. 미수는 고려후기 유가 종단이 중앙에서 대두하는데 기여한 國師에 오른 세 명 중의 한 고승이다. 13세에(1252) 元興寺 宗然 堂下에 나아가 머리 깎고 구족계를 받고 경론을 익혔다.[99] 이 절이 선산 원흥사가 아닌가 한다. 미수의 속성은 김씨이고 一善郡에서 系出하였다. 그의 父는 漢碑인데 奉順大夫典客으로 추봉되고 母는 文氏로 公進의 딸인데 和義郡夫人으로 추봉되었다. 부모는 모두 미수가 국존이 됨에 따라 추봉된 것이며 부는 관인으로 나가지 못한 호장층일 것이다. 미수의 출가는 그의 본관지인 善山이었을 것이고 출가 사찰인 원흥사는 미수의 본관지에 있고 이규보가 방문한 선산의 원흥사이다.

또 다른 원흥사 관련 기록은 역시 같은 彌授碑의 말미에 나온다. 미수의 입적에 따라 충혜왕 원년(1331) 행장자료를 모아 행적비를 세우도록 간청한 문인 314명 명단 중 그 첫 번째로 거명된 元興寺 住持 都僧統 大師 居玄이다.[100] 도승통의 승계를 소지하고 문인의 대표격의 지위에 있

---

99) 「法住寺慈淨國尊普明塔碑」, 『韓國金石全文』, 1154쪽, "十三投 元興寺宗然堂下 剃度 受具習經論".

100) 앞의 비문, 앞의 책, 1156쪽, "門人慈恩教觀元興寺住持 都僧統大師居玄".

는 거현이 주지한 사원이 원흥사이다.

조선초 사원의 대폭 정리는 太宗 6년 3월 禪敎各宗合流寺社를 정하였
는데 사사전이 지급되는 242사를 공인 사원으로 하였다.[101] 나머지 많은
사원은 경제기반이 박탈되었기 때문에 유지될 가능성은 크게 줄었다. 이
조치에 따라 대가람이 도리어 汰去되거나 亡廢된 사원에 주지가 파견되
는 일이 발생하였다. 승도의 원망을 달래기 위해 諸州 資福寺는 名刹 88
寺로 대체하였다. 명찰 88寺 속 慈恩宗 17寺 중에 '善州 元興寺'가 나온
다.[102] 절은 바로 선산 원흥사가 틀림없다. 소속 종파명 慈恩宗은 瑜伽
宗, 法相宗의 다른 이름이다. 이규보시, 미수비문, 실록 등에 나오는 원흥
사는 모두 같은 것이다.

8월 11일 원흥사 출발 靈山部曲 도착

원흥사에서 다시 북쪽 용산리로 이동하였다.

십일일에 일찍 원흥사를 출발하여 靈山部曲에 이르다(운을 찾다가 人 자를 얻
었다).[十一日 早發元興 到靈山部曲]

영산은 가장 궁벽한 고을이라	靈山最僻邑
오가는 길이 아직도 황무하구려	客路尙荒榛
흉년이 드니 도망하는 가호가 있고	歲儉有逋戶
백성이 순박하니 노인이 많구려	民淳多老人
누른 닭은 꼬끼오 하고 울고	黃鷄啼呢喔
푸른 쥐는 찍찍 소리를 내누나	蒼鼠出嚬呻
몇 명의 검은 옷 입은 아전이	數箇緇衣吏
놀라 달리기를 손 맞는 것처럼 하네	驚馳似迓賓

---

101) 『太宗實錄』 卷11, 太宗 6年 3月 丁巳.
102) 『太宗實錄』 卷14, 太宗 7年 12月 辛巳, "諸州資福寺 皆代以名刹 … 慈恩宗 … 善
州元興寺".

원흥사를 일찍 출발하여 영산부곡에 이르렀다. 靈山部曲은 원흥사와 가까운 거리에 있다. 다음이 '낙동강을 지나다'라는 詩題이므로 원흥사와 육로로 얼마 떨어져 있지 않는다. 영산부곡은 상주 17개 부곡 중에 일치하는 것이 없다. 1915년 지도에 가덕 지명에서 북쪽 바로 위에 連山 지명이 나오고 연접하여 있으므로 靈山部曲은 連山部曲을 말하는 것으로 추정된다. 연산부곡은 『신증동국여지승람』에 '낙동강 東 5里에 있고 鹽倉이 있다'라 하였다. 이규보의 일정으로 보아 선산 가덕부곡에 위치한 원흥사에서 영산부곡을 거쳐 다시 낙동강을 지나 龍巖寺에 이른다. 영산부곡은 연산부곡으로 추정된다.

'연산' 지명은 일제시기에 연밭을 조성하여 연산이라 하였다. 현재는 행정구역 개편으로 구미시에 속하며 용산이라 한다.[103] 『신증동국여지승람』 기록에 의하면 연산 지명은 일제시기 이전부터 사용한 것이다. 연산, 영산, 용산은 비슷한 발음으로 서로 상통하는 것은 아닌가 한다. 그리고 염창이 있어 소금을 저장하였다. 『신증동국여지승람』에서 확인할 수 있다.[104]

영산부곡은 가덕부곡과 함께 원흥사의 지배하에 있었다. 원흥사가 가덕부곡에 있다는 것으로 미루어 가덕부곡은 원흥사 寺莊의 범위 안에 있었을 것이다. 영산부곡도 '緇衣吏'가 원흥사에서 간 이규보를 맞이함에 놀라 분주한 모습에서 원흥사 지배하에 있었을 것으로 짐작할 수 있다. 緇衣는 僧服을 의미한다. 영산부곡리는 승려 복장을 한 것이다. 영산부곡이 원흥사에 예속되어 있었던 것이다.

낙동강 경유 龍巖寺 도착

이규보는 여기서 다시 배를 이용하여 용암사로 이동하였다. 낙동진을 지나 천인대에서 위천으로 들어간 것이다. 지도상 이규보가 간 길을 살펴

---

103) 현재 연산, 용산 지명을 다 사용하는 노인회관 간판은 이를 잘 반영한다.
104) 지금도 들 이름을 염창으로 부른다.

면 낙동진과 관수루를 볼 수 있었다. 낙동진은 조선시기에 상주의 대표적 나루였다. 조선 초 김종직이 남긴 시에도 "나루에 관리는 여울에 관리가 아니고 / 관인은 바로 고을에 사람이러라 / 세 번 글을 올려 성주에게 사직하였고 / 오마로 어머니를 위안하였다 / 흰 물새는 돛대 배를 환영하는 듯 하고 / 푸른 산은 손님 보내는데 익숙하였네 / 맑은 강물이 한 점도 얽힌 것이 없으니 / 나의 몸가짐도 이와 같이 단속하리라" 하였다.

이 누에 올라 남긴 명사들의 시가 몇 수 있다. 金馹孫(1464~1498)의 '與嚮之登觀水樓'라는 시에는 "늦게 모래 물가에 조각배들을 대었더니 / 가는 말과 오는 소가 바쁘게 오가도다 / 강산은 만고에 다만 이와 같은데 / 인물은 한 평생을 길이 쉬어 가는 것이라네 / 서쪽으로 지는 해는 물결에 잠겨 아른 거리고 / 동쪽으로 흐르는 물은 다함이 없어 생각이 느긋하다 / 멈춘 배에 황혼이 짙도록 혼자 서 있노라니 / 한 쌍의 흰 갈매기 물을 차며 날아 오르네"라 하였다. 許傳이 남긴 시는 "공사로 자주 낙동강을 지내 다니니 / 배 띄우는 사람이 사군을 알아 본다 / 강물 소리는 천리에 크게 들리고 / 땅의 형세는 두 고을을 나누었다 / 어부의 집에는 나루에 나무들이 줄서 있고 / 소금 배는 바다에 구름을 끌고 왔네 / 도산을 공연히 슬피 바라보는 뜻은 / 노래 짧고 완성한 글이 안 되기 때문이다"라 하였다. 이 외에도 유호인, 김종직, 주세붕, 이황, 권상일 등 많은 문사들이 글을 남겼다. 시구에 보듯 낙동진과 함께 관인과 상인들이 오가고 수레와 돛배가 모여 있는 모습이 떠오른다. 고려시기에도 있었을 법한 풍경이다.

洛東江을 지나다[行過洛東江]

백 겹으로 두른 푸른 산 속에	百轉靑山裏
한가로이 낙동강을 지나네	閑行過洛東
풀은 우거졌어도 오히려 길이 있고	草深猶有路
소나무가 고요하니 저절로 바람이 없네	松靜自無風

가을 물은 오리 머리처럼 푸르고	秋水鴨頭綠
새벽 놀은 성성이 피처럼 붉도다	曉霞猩血紅
누가 알랴 게으르게 노니는 손이	誰知倦遊客
사해에 시짓는 한 늙은이인 줄을	四海一詩翁

낙동강을 다시 경유하면서 시 한 수를 남겼다. '낙동강' 이름은 이규보 시제에서 처음 보인다. 洛東江을 지난다는 말을 통해 낙동강의 유래를 짐작할 수 있다. 낙동은 곧 上洛의 동쪽이라는 뜻이다. 상락은 상주의 별호인데 진흥왕때 上洛郡으로 칭한 적이 있다. 1622년 『壬戌洛江泛月錄』에 "낙수는 태백의 황지에서 발원하여 수 백리를 흘러 상락의 동쪽에 이르러 그 세가 점차 커져 물 이름을 낙동이라 한 것이다"라[105] 하였다. 낙동강 이름이 붙어진 것은 상주의 별호로 말미암은 것이다. 1622년 임술년부터 170여 년에 걸쳐 8회나 연 시회 때문에 그 경승과 이름이 크게 알려지게 되었다.

이규보 이래 낙동강에서의 詩會는 1343년 安軸이 상주목사로 부임하여 새로 부임한 안찰사 백문보를 위한 환영연에서 이루어졌다. "비온 뒤 강 빛은 남청으로 물들고 / 십리 기암절벽은 수묵화의 병풍일세 / 자사가 새로 부임한 안찰사를 환영해 / 목란주에다 띠로 이은 정자를 얽었네"라 하여 차일 친 배를 낙강에 띄우고 목사가 환영연을 베푼 정경이 여실하다.

조선 초 金宗直(1431~1492)은 「洛東謠」에서 낙동강의 정경을 묘사하기를 "黃池 근원은 겨우 술잔을 넘치더니 / 빠르게 흘러 여기에 이르러서는 어이 그리 넓게 파도치는가 / 두 물은 六十州의 가운데를 나누었는데 / 나루는 몇 곳에서나 배의 돛대를 연이었는가 / 사백리를 곧 바로 흘러와서 바다로 들어가고 / 바람편에 왕래하는 商人들을 나누어 보낸다 / 아침에 月波亭에서 출발하여 / 해 저물어 觀水樓에서 묵어 간다 / 루 아래의

---

105) 洛水出太白之黃池 發流數百里 至上洛之東而其勢漸大 水之名洛東 以是也.

그물 실은 배에서 천만 꾸러미의 돈이 오가는데 / 영남의 백성들은 어이하여 誅求를 감당하는가 / 물독은 이미 마르고 쭉정이 도토리도 비었는데 / 강가에서는 노래 부르고 살찐 소를 쇠뭉치로 때려 잡는다 / 皇華의 사자들은 流星 같이 번쩍이는데 / 길가에 髑髏는 누가 이름이라도 물어 보려나 / 젊은 아낙은 봄바람에 추잡한 귀공자들과 휩쓸려서 / 벌레 같이 아른거리며 물가에서 놀고 있네 / 눈을 들어 저 멀리 새들이 날아드는 것을 보니 / 고향에서 꽃놀이 하던 일이 새삼 머리에 떠오르네 / 즐겁게 노는 이들과 어울리지 못하고 기둥에 기대어 크게 노래 부르다가 / 갑자기 봄날의 흥을 깨달아 白鵠을 아끼니 / 내가 바쁜 것도 같고 한가한 듯도 하여 웃음을 참지 못하겠네"라 하였다.

이규보가 낙동강을 노래한 후 많은 시인들이 이 강에서 시회를 열었고 이를 묶은 시집을 펴냈다. 그 중 하나가 『임술낙강범월록』이다. 창석 이준 주도로 1622년 임술년 7월 16일에 첫 시회를 열었다. 역대 시회의 작품을 한 책자로 엮을 때인 1771년에 그 대표적 시회의 이름을 취한 것이다. 창석 선생이 서문을 쓸 때 '낙강범월시서'라 하였다. 그 동기는 멀리 1082년(원풍 5, 임술) 7월 16일과 10월 15일에 있었던 동파 소식의 적벽유에서 찾을 수 있다. 적벽유를 낙강유로 재현하려 한 데 있었다. 궁극의 목적은 觸景成趣(풍경에 감촉되어 취미를 이룸)함으로써 결과 되는 서경, 서정이 단순한 적벽유의 재현이 아닌 낙강유의 창조물이 되게 하려는 것이다. 시회의 공간은 상주 낙동강 자천대(일명 경천대)로부터 동남으로 도남서원, 죽암, 위강과 낙강이 합류하는 합강정, 관수루에 이르기까지 30여 리의 구간이다.

낙동강 본류에서 많은 지류가 파생되어 각 열읍이 존재한다. 때문에 낙동강을 이용한 수운은 중요한 역할을 하였다. 조선 초 『慶尙道地理志』 道總 조에서 낙동강을 평하여 "연해의 漕運과 島夷(일본)의 왕래도 모두 이곳에 모여 이 강을 경유, 京城에 도달하며 상선 어염선의 왕래와 무역이 활발하여 그 이익이 실로 무궁하다. 이 강이야말로 영남의 紀樞이다"
라 하였다.106) 이러한 평가는 고려시기 이래의 낙동강의 기능을 말한다.

龍巖寺에 이르러 벽 위에 쓰다[到龍巖寺 書壁上]

몸이 용암에 이르니 신선의 경지인 듯	身到龍巖疑玉境
입으로 구정을 맛보니 얼음물인 듯	口嘗龜井認氷漿
(문 앞에 구정이 있는데 맛이 매우 좋았다.)	
천금으로도 승창의 맛을 사기 어려워	千金難賭僧窓味
산 비가 낭랑한데 한바탕 잠을 잔다	山雨浪浪睡一場

용암사는 현재 경북 의성군 단밀면 위중리 萬景山 불당골에 사지가 있
다.107) 이규보는 낙동강을 따라 북상하다가 渭川으로 거슬러 올라 가다가
위중리에서 내려 용암사로 들어간 듯하다.

寺의 내력은 皇甫倬의 記에 자세하다. 萬嶽山이 단밀현 서남방 30여
리에 있는데 태백산에서부터 산맥이 반연 기복하고 안연 폭주함이 얼마나
많은지 알 수 없다. 오직 이 산이 精靈을 품고 新質을 蘊蓄하여 흘연히
鎭山이 되니 상주 사람이 德山이라 지목하였다. 용암사가 위로는 높다란
巖巒에 의지하고 아래로는 널따란 벌판에 임하였다. 이곳이 만악산의 美
를 모은 곳이다. 절은 고려 태조가 통합 초에 점지하여 6頃을 입전 華嚴
圓敎를 천양하는 곳으로 하였다. 그 후 오랫동안 퇴폐하여 사람이 살 수
없게 되었다. 지난 갑오년(1174년 명종 4)에 손수 조서를 내려 주지 雲美
에게 간난을 구제하고자 부처님께 빌게 하니 운미가 이곳을 택하여 1178
년(명종 8)에 착공 1179년 준공하여 모두 87간이었다. 明宗이 妃의 追福
장소로 하였다. 속전 40頃, 內帑物로 조 2천 석을 유향비로 하게 하고 고

---

106) 『慶尙道地理志』道總, "合流於尙州 東流于慶尙之中 達于海 沿海漕運島夷朝宗 咸由
     於此 以達京城 商船貿遷 其利無窮 乃嶺南之紀也".
107) 의성문화원, 『義城遺蹟誌』, 1996, 450쪽.

승 智英을 주지로 명하였다. 운미대사의 속성은 金氏이고 溟州人이다. 묘령에 雉嶽山 開善寺에 들어가서 胤公의 강하에 수업한다. 博學高行으로 위로 주상의 귀의를 받고 아래로 학자의 瞻仰을 받았다.[108] 이규보가 방문한 시점이 1196년이고 아직 최충헌이 명종의 불교 기반을 해체하기 전이다. 용암사가 중수되어 상당한 경제력을 가졌을 때였다.

용암사지는[109] 1915년 지형도에 '龍巖洞' 지명이 있는 곳일 가능성이 높다.[110] 북쪽 대나무가 식재된 곳에 석재 장대석이 쌓여 있고 우물이 있어 이규보가 맛 본 구정이 아닌가 한다. 그 외 장대석과 석등재 일부로 추정되는 팔각연화문 복연의 석재가 있다(〈사진 3-5〉). 고려시기 제작으로 짐작된다. 기와편도 다수 보인다.

〈사진 3-5〉 용암사지 연화석

---

108) 『新增東國輿地勝覽』 卷28, 尙州, 佛宇, 龍巖寺.
109) 『문화유적분포지도-의성군』, 『문화유적총람』, 『조선보물고적조사자료』 등에도 언급이 없다.
110) 현재 육종천씨의 '만경농원'이 되어 있었다.

『상산지』고적 고도 조에는 "만경산고성 단밀면 남편에 있으니 고려 태조때 성을 쌓고 사찰을 세웠으며 이로써 창고를 지키게 하였다. 성이 험한 곳에 위치하고 물이 많고 골이 깊으며 남으로 대강에 임하고 북에는 평야가 있어 좋은 성이었으나 지금은 없어지고 만경사만 남았다"라 하였다. 만경사는 『해동지도』 등의 고지도에도 명시된다. 용암사가 조선시기에 만경사로 바뀐 것이다. 태조는 신검과의 일리천 전투를 대비하기 위한 산성으로 보급 군량을 보관하던 곳에 이를 수호하는 사찰 용암사를 세운 것이 아닌가 한다. 사원을 전략 거점으로 이용한 태조의 통일 전략을 확인할 수 있다. 통일후 전승기념 사찰이 된 것이다. 견훤의 흔적을 지우기 위한 개태사처럼 신검과의 전투를 승리로 마친 기념 도량이 되었을 가능성이 있다. 두 절 다 조화와 화합을 강조하는 화엄사상을 종지로 하는 화엄종 사원이다.

십육일에 중용자(中庸子)의 시운을 차하다[十六日 次中庸子詩韻]

기반(羈絆)이 이르지 않는 곳에	羈縺不到處
흰 구름 속의 스님 스스로 한가하여라	白雲僧自閑
연기 빛은 황혼의 나무에 쌓이고	煙光愁暮樹
솔빛은 가을 산을 호위하누나	松色護秋山
지는 해에 찬 매미는 어지러이 울고	落日寒蟬噪
긴 하늘에 게으른 새는 둥우리로 돌아가네	長天倦鳥還
병중에 매우 손을 두려워하여	病中深畏客
대낮에 솔 문을 잠가버렸네	白日鎖松關

8월 17일 大谷寺 도착

십칠일에 대곡사(大谷寺)에 들어가다[十七日 入大谷寺]

돌길이 높고 낮아 울퉁불퉁한데	石路高低平不平
한가하게 과하마(果下馬) 타고 채찍질해 간다	閑騎果下彈鞭行

가벼운 바람은 조용히 연기 빛을 쓸어가고	輕風靜掃煙光去
지는 달은 새벽 빛과 함께 밝구나	落月時兼曉色明
짧은 기슭 앞 머리에서 절 방(榜)을 보고	短籬前頭看寺榜
비낀 배 곁에서 여울 이름을 묻는다	橫舟側畔問灘名
외로운 마을 어느 곳에서 부는지 쓸쓸한 피리 소리	孤村何處吹寒笛
타향에서 병을 앓으니 쉽게 슬퍼지는구나	抱疾他鄉易惱情

이규보는 용암사를 방문하고 다시 渭川을 따라 낙동강으로 나온다. 계속 북상하여 삼강 나루에서 飛鳳山 북쪽의 낙동강을 따라 들어 대곡사에 이른다. 대곡사는 현재 의성군 비봉산에 있다. 그 부속 암자인 眞影閣이 있는 곳이 초창지인 것으로 추정된다.111) 다인면 봉정리 894번지에 있다.112)

『동계집』에는 고려말 指空에 의해 창건된 것으로 전하나113) 이규보의 남유시에 사명이 나타나므로 그 초창은 이규보가 상주를 방문한 1196년보다 더 소급된다. 1960년 절 앞 탑밭에서 금동불상이 출토된다. 보살입상으로 높이가 9.4cm이다. 조성연대는 통일 신라 후기로 추정한다. 13층 청석탑은 고려시기 작으로 추정된다. 다층 청석탑은 고려 후기에 다수 보인다.

대곡사가 있는 지역은 의성군 다인면이다. 1274년 다인현은 예천군에 속한 바 있다. 원종대 林支漢이 東都의 崔宗, 崔積, 崔思의 반란을 진압하는 데 공을 세운다. 벼슬 대신 상주 관내 多仁縣을 본군(예천)에 이속해 줄 것을 청하여 허락 받았다.114)

'타향에서 병을 앓으니 쉽게 슬퍼지는구나'라 한 것으로 보아 이규보는 8월 17일 대곡사에 들러던 당시에도 완쾌되지 않았다. 위의 시는 대곡사

---

111) 의성군, 『義城郡誌』, 1987, 127~128쪽.
112) 『문화유적분포지도-의성군』, 의성군 대구대 박물관, 42쪽.
113) 『醴泉郡太行山大谷寺重創記』, 『東溪集』 卷2.
114) 『新增東國輿地勝覽』 卷24, 醴泉 人物 高麗 林支漢.

범종루에 목판으로 판각되어 걸려 있다.

龍宮郡 도착

처음으로 용궁군에 들어가다[初入龍宮郡]

처음으로 용궁군에 들어서니	初入龍宮郡
누각이 숲 속에 우뚝 솟았네	林端出麗譙
관기의 웃음은 와수(渦水)처럼 둥글고	渦圓官妓笑
현리(縣吏)의 허리는 경쇠처럼 꺾이었네	磬折縣胥腰
출렁대는 물은 차갑게 언덕을 흔들고	激水寒搖岸
늘어진 버들은 푸른 그늘 다리에 비치네	垂楊綠映橋
주민은 모두 토착한 사람들	居民皆地着
뱁새도 유유자적하게 노니누나	斥鷃亦逍遙

용궁현 원이 맞아 잔치하므로 한 수를 구점하다[縣宰邀宴 口占一首]

하양에 가득한 복숭아꽃 오얏꽃을 구경하며	喜看桃李滿河陽
현가를 들어보니 뜻밖에 호성에 이르렀다	不意絃歌至虎城
섬섬옥수야 비파 타기를 사양하지 말라	纖玉莫詞彈錦瑟
병중에도 풍정은 줄어들지 않았단다	病中猶未減風情

용궁현 동헌지는 향석리 향석초등학교 운동장 자리에 위치한다. 1856년(철종 7) 6월에 낙동강과 내성천의 범람으로 침수되어 무너졌다. 새로 북하면 가야리에 청사를 지었다(현재 용궁면사무소). 용궁현 객사지는 현재 향석초등학교 자리이다. 운동장 동쪽에는 객사 기둥을 받치고 있던 주초석이 유존하고 있다고 유적 조사 보고서에 전한다. 중앙의 기둥을 세울 곳은 지름 44cm의 원형으로 다듬어졌고 그 주변에는 연화의 잎이 양각되어 있어 통일신라시대 후기의 것으로 추정된다. 원래 여러 개 남아 있었으나 용궁향교 대성전 중건 시 초석으로 사용되었다. 학교 운동장 쪽에 기와편이 조금 보이고 북편 산쪽에 '쓸岩'이라 새긴 석재가 있었다. 용궁

의 별호 축산을 의미한다면 이 곳이 용궁의 치소임을 보여주는 것이다. 삼층석탑과 석조불상이 있는 사원지도 향석초등학교에서 서편 100m 지점에 있다. 탑의 제작 시기는 나말려초로 추정된다. 석조불상은 고려초에 제작된 것으로 보고 있다. 고려시기 용궁현의 자복사로 짐작된다. 상주의 동방사와 같은 사례이다.

'주민은 모두 토착한 사람들, 뱁새도 유유자적하게 노니누나'라 하여 주민들이 모두 토착하여 안정되었다. 아름다운 경치와 함께 뱁새도 유유자적하다는 표현은 영산부곡의 '흉년이 드니 도망하는 가호가 있고 백성이 순박하니 노인이 많구려'라 한 상황과 너무나 대조적이다. 또한 주읍인 상주의 인상을 읊은 시에서 '비늘같이 많은 집들 용이 주두에 얽혔네'라 하여 주읍의 화려함을 말한 것과 비교하면 주읍-속군-부곡의 격차를 알 수 있다.[115]

8월 19일 長安寺에 묵음

십구일에 장안사에 묵으면서 짓다[十九日 寓長安寺有作]

산에 이르니 진금을 씻을 수가 있구나	到山聊得滌塵襟
하물며 고명한 중 지도림을 만났음에랴	況遇高僧支道林
긴 칼 차고 멀리 떠도니 외로운 나그네 생각이요	長劍遠遊孤客思
한잔 술로 서로 웃으니 고인의 마음일세	一杯相笑故人心
맑게 갠 집 북쪽에는 시내에 구름이 흩어지고	天晴舍北溪雲散
달이 지는 성 서쪽에는 대나무에 안개가 깊구려	月落城西竹霧深
병으로 세월을 보내니 부질없이 잠만 즐기며	病度流年空嗜睡
옛 동산의 소나무와 국화를 꿈속에서 찾네	古園松菊夢中尋

---

115) 이러한 지방제도의 '階序'에 대해서는 채웅석, 「고려전기 사회구조와 본관제」 『고려사의 제문제』, 삼영사, 1986 논문에서 논구하였다. 이규보의 시에서도 그 사례를 추가할 수 있다.

　　장안사는 현재 예천군 용궁면 향석리 435번지에 있다.[116) 향석리 관아
지에서 내성천 건너 보이는 용비산의 중턱에 위치한다. '南山寺'라 하기도
한다. 1627년 덕잠이 중건하였고, '1667년(강희 6) 정미 4월'의 명문와가
발견되었다. 1759년(영조 35)의 상량문도 발견되었다. 장안사가 지금의
사원으로 다시 기능이 회복된 것은 수십 년 밖에 안 된다. 법당 뒤의 산이
무너저 법당 일부가 붕괴된 채로 방치되었다. 수행을 위해 온 스님이 삼
태기로 조금씩 흙을 옮기는 것을 보고 주민이 도와주어 오늘의 장안사가
되었다.

　　장안사 뒤편 용비산 정상부에는 산성이 있다. 용비산성으로 부르고 있
으나 일명 원산성이라고도 한다. 주변이 3강으로 둘러싸인 천연의 요새이
다(〈사진 3-6〉). 테뫼식으로 성벽 높이는 1.5-3m 정도에 주위는 1km 정
도 된다. 샘이 3곳, 군창터가 있다. '달이 지는 성 서쪽 대나무에 안개가
깊구려'라는 시구에 '성'은 바로 용비산성이다.

〈사진 3-6〉 용비산성과 하풍진 (원산성 보고서)

116) 예천군, 『醴泉郡誌』 1988, 749쪽.

고대사회의 고속도로 격인 강을 잘 조망할 수 있는 곳에는 산성이 있다
는 사례를 하나 추가 할 수 있다. 낙동강과 위천이 만나는 곳의 봉황성은
남북으로 낙동강을 잘 조망할 수 있는 병성산성과 비슷하다. 『삼국사기』
벌휴이사금 7년 기록에 등장하는 圓山鄕은 용궁으로 비정한다. 용궁은
사로국시기에 소국의 하나로 보인다. 원산은 축산과 더불어 용궁의 별호
이다. 용궁은 고현이었으나 지금 예천이 중심이 되어 있다.

8월 21일 河豊江에 배 띄움

이십일일에 하풍강에 배를 띄우다[泛舟河豐江]

푸른 호수에 목란 배를 가볍게 노질하니	碧湖輕棹木蘭舟
눈에 가득한 연기 물결이 모두가 시름일세	滿月煙濤摠是愁
금년에는 점점 작년 모양이 아니라	今歲漸非前歲貌
타향에서 도리어 고향에서 놀던 것을 생각하네	異鄕還憶故鄕遊
용추에 날이 저무니 구름이 모이고	龍湫日暮腥雲合
난령에 가을이 차지니 장기가 걷히누나	鸞嶺秋寒瘴氣收
길이 끊어져서 방호에 갈 계책이 없으니	路斷方壺無計往
옥지가 창주에 늙는 것을 어찌할 수 없구려	玉芝無奈老滄洲

龍飛山은 현 남 2리에 있다. 안동부 犬項津 예천군 沙川과 省火川의
물이 용비산 아래에서 합하여 河豊津이 된다.[117] 龍飛山城은 石築에 周
871尺 高7尺이고 內는 3泉 軍倉이 있다.[118] 하풍진은 안동부에서 흘러드
는 물줄기와 예천군에서 흘러드는 물줄기(사천 내성천) 및 용궁 서북쪽의
물줄기가(생화천) 합류하는 곳에 있다. 이규보가 장안사에서 묵고 배를
띄운 곳은 용비산 아래 하풍진으로 추정된다.

---

117) 『新增東國輿地勝覽』 卷25 龍宮縣 山川.
118) 『新增東國輿地勝覽』 卷25 龍宮縣 城郭.

脇村에서 숙박

이날 길을 잘못 들어 밤에 협촌에 이르러 자다[是日迷路 夜到脇村宿]

골짜기에 들어오니 주린 범이 두렵고	入谷畏飢虎
숲속을 뚫고 가니 자는 까마귀가 놀라누나	穿林驚宿鴉
서너 집 있는 산촌에서 자니	三家村裏宿
굳이 뉘 집이냐고 물을 것 있으랴	何必問誰家

매협촌은 이규보가 길을 잃고 잠을 잔 곳이다. 1915년 제작 지형도에 '挾村' 지명이 확인된다. 지금 梅俠里로 추정된다. 『상산지』 산천조에는 "梅嶽山 마니산 남쪽에서 온 산맥이니 낙동강에 임해 있다. 동은 승지 조우인이 퇴거한 곳이고 남편은 매호동이니 판서 정경세가 복거하던 곳으로 지금 유지가 있다"라 하였다. 정경세 복거 유지를 알려 주는 비석은 지석묘 위에 세워져 있다. 청동기 시대 이래 사람이 살던 곳임을 보여준다. 청동기 시기 조상 숭배가 조선 후기 인물 숭배의 유적으로 이어진 것이다. 이 일대가 협촌으로 추정된다. 정경세는 상주 청리에서 태어나 1582년에 진사가 되고 1586년 문과에 급제하여 승문원 부정자로 등용되어 검열, 봉교를 거쳐 사가 독서하였다. 임난에 의병을 모집하여 공을 세워 수찬이 되고 1598년 경상도 관찰사가 되었다. 임난 후 복구 사업으로 민간 의료 기구 존애원 설치, 향교 중수, 도남서원 창설에 주도적 역할을 하였다. 정경세는 이 매협리에서 생을 마쳤지만 그 후손은 우복 선생이 독서하던 계정이 있는 우산리에 종택을 건립하여 지금까지 14세를 이어 온다.

상주 東方寺에서 묵음

날이 밝자 이규보가 상주로 들어가는 길은 다시 수로를 이용하여 병성산 북편의 북천을 따라 동방사에 이르렀다. 동방사 일대는 북천 남천이 합류하는 곳과 가깝다. 그래서 가끔 북천, 남천, 낙동강 물이 불어 역류하

는 수가 있어 조선시기에 율수를 조성하고 조공제를 쌓아 수해를 막으려
하였다. 인공 숲은 대개 방풍림으로 조성되는데 제방 역할을 하는 예도
있다. 곧 홍수에 사람, 가축 등이 휩쓸려 가다가 걸리도록 하기 위한 것이
다. 『상산지』에 따르면 밤나무로 조성한 것은 이 일대에서 노악산 쪽을
바라보면 겹겹의 능선 모양이 지네 형상을 하고 있어 그 해독을 막는 방
편으로 조성한 것이라 한다. 도시 조성에 풍수적 관념이 작용한다. 조공
제까지 소금배가 올라 왔다는 말이 있는 것을 보면 동방사는 수로를 통한
인적, 물적 교류지였다.

> 尙州에 들어와 東方寺에 묵는데, 朴君文老와 崔秀才와 김 수재가 기생과 술
> 을 준비해 찾아왔기에 한 수를 구점하다[入尙州 寓東方寺 朴君文老 崔金兩
> 秀才携妓酒來 訪口占一首]

술 들고 푸른 산 찾은 그대 고맙소	感君携酒訪靑山
눈으로 보는 사이 무한한 감회가 복받치는구료	無限襟懷目擊間
아직도 미친 마음 예전 버릇 그대로 남아 있어	尙有狂心餘舊習
자주 눈을 들어 미인을 주시하네	屢擡雙眼注紅顔

> 박군과 최군이 화답하기에 다시 차운하여 답하다[朴崔二君見和 復次韻答之]

마치 가을 산처럼 벌건 민둥머리가 부끄러워	羞看禿髮似秋山
병후의 여생이 꿈꾸는 사이로세	病後餘生夢寐間
한 해를 삼분하면 이분은 누웠으니	一歲三分二分臥
가련하다 차츰 늙어가는 것이	可憐從此換朱顔

동방사도 명확한 위치가 알려지지 않는다. 다만 『東海寺事實記』에
"(상주)지형이 배가 가는 형국과 같아서 돛에 해당하는 부위에 일석을 두
고 동쪽 외곽이 있는 곳에 걸어 두었는데 이는 노를 멈추고 배를 묶어
두는 의미이다. 또 멀리 수구의 허한 곳에 假山을 만들고 두 하천(북천과

병성천) 사이의 허한 곳에 동방사를 세웠다."라[119] 하여 현재 伏龍洞 幢
竿支柱가 위치한 일원이 북천과 병성천 사이에 위치하여 동방사 위치가
아닌가 한다. 돛을 건 일석은 당간지주인데, 가산으로 추정되는 것이 央
山으로 보면, 이러한 상황 설명은 대체로 복룡동의 당간지주가 있는 곳이
동방사임을 보여준다. 불교 유적이 풍수적 관념으로 재인식 된다. 당간지
주를 '鎭基石'으로 인식하여 조선후기 상주 읍성도에 그려져 있다. 동방사
는 상주 수해 피해가 상습적으로 일어날 수 있는 곳에서 이를 감시하기
위해 설치한 비보사사의 한 예이다.

복룡동 당간지주는 지금 논에 2m 높이의 방형 축대 위에 있다. 동, 서
편은 건물로 막혀있다. 1969년 상주지구 고적 조사를 한 정영호 교수의
보고서 사진에는 약간 구릉 위에 당간 지주가 있다. 이 일대는 논으로 조
상되기 전에 구릉지를 형성하여 용이 엎드린 형상이라 하여 복룡동으로
불린 것이다. 지형과 동명이 연관된다. 복룡동 당간지주의 연대는 통일
신라기 작으로 알려졌다. 대읍 상주의 도시가 발달하여 대규모 사원이 성
립되기에 이른 것이다.

최근 복룡동 일대 발굴조사 결과 대형 건물지가 일부 발굴되었다. 8~9
세기 것으로 추정되고 당간지주 역시 통일 신라시기의 것이므로 신라 시
기부터 존재한 사찰이었다. 발전소 관사 마당에서 발견된 복룡동 석조좌
상은 고려초 석불상으로 알려져서 고려 초에도 사찰 기능이 계속되었다.
고려 시기 각 비보사사가 정비되면서 동방사가 자복사가 되지 않았을까.

동방사에 묵으면서 이규보는 박문로, 최수재, 김수재가 준비한 기생과
술 때문에 다시 옛 버릇이 발동하는 심정을 '아직도 미친 마음 예전 버릇
그대로 남아 있어 자주 눈을 들어 미인을 주시하네'라 읊었다.

---

119) 『東海寺事實記』, 1881, "地形行舟 一石之帆 卦在東郊 此是 停棹維舟之義也 又以水
口虛遠 造假山 捏二川之中虛 東方寺".

9월 2일 公舍에서 최정빈의 초청 주연-9월 5일 旅舍에 머묾

공사는 상주 관아이다. 상주 관아지는 왕산을 배경으로 남쪽 일대에 자리한다. 왕산은 임난시 왜군이 상주성을 점령했을 때 망루를 조성하면서 봉우리를 절단하였다. 일제시기에는 신사를 이곳에 두기도 하여 일본 침략의 흔적이 있다. 왕산 봉우리는 장원봉으로 인식하여 상주 인재가 배출되는 자부심을 자연에 투영하였다. 이곳이 훼손되면서 상주에 큰 인물이 나지 않는다는 말이 전한다.

여기에는 동편 쪽에 발전소 관사 마당에서 발견된 고려초기작의 석조비로자나불좌상이 보호각 속에 있다. 동방사로 추정되는 사원에 봉안되던 것이 아닌가 한다. 고려시기 사원은 평지에 관아지와 가까이 있었다는 증거가 된다.

관아지는 지금 상주 도심 왕산을 배경으로 남쪽에 배치되었을 것으로 추정된다. 이 때 관아는 읍성으로 둘러 있지는 않았다. 관아지를 읍성으로 둘러싼 것은 고려말 우왕때 상주에 침입한 왜구의 노략질을 7일간 당하고 난 뒤 상주 판관 田理가 始築하였다는 것으로 보아 그 전에 도심의 읍성은 존재하지 않은 것 같다. 다만 신라 신문왕대 쌓은 州城은 지금 도심 북서쪽 북천 건너의 자산산성으로 추정된다.

객사명은 성종시 순화별호에 따른 商山館이고, 충렬왕시 金永煦 목사가 중건했다. 安軸이 1343년(충혜왕 4)에 상주 목사로 부임하여 남긴 客館記가 전한다. 그에 따르면 "내가 상주목사의 명을 받고 이 해 사월에 주에 도임하여 정사를 보니 … 옛적에 廨宇 州學 神祠 佛寺가 모두 퇴비하고 오직 객사만 웅대하고 수려하며 이쪽 영남에서는 제일 훌륭하다. 廳堂과 基位의 규모며 포치가 굉장하니 스스로 여유가 있고 그 마땅함을 얻었으므로 혼자 내심에 이는 반드시 속인의 범상하게 만든 것이 아니라고 생각되어 읍인에게 물었더니 지금 征東省郞으로 있는 金相國永煦가 세운 것이라 하더라. 상주는 八達之衢에 있어 사명을 받든 사신의 역마가 하루도 끊일 날이 없다. … 그는 주민을 사역할 수 있음을 알고 재물을 모으고 부역을 명하여 기한을 정하고 기공하니 … 짧은 시일내에 객관이 완성되고 또 본관의 서편에 小館을 별도로 세우니 이제 비록 사신이나 빈객이 많이 오더라도 유숙하는데 여유가 있게 되니 읍인들도 안심하게 되었다"라 하였다.

연산군 때 尹宕 목사가 개축하였다. 1526년 소실되고, 1666년 李松齡 목사가 다시 세웠다. 『상주목선생안』 목사 이송령조에 "客舍衙舍相換重建"이라 하여 이 때 객관이 왕산 바로 아래에 있었으나 남쪽으로 옮겨 중건하였으며 전의 객사 자리에 衙舍가 들어섰다. 고려시기 객사의 위치는 왕산 바로 아래이었을 것이다. 일제시기 이 관아지에 경찰서가 들어서고 경찰서는 다시 1941년 객사 자리로 옮기고 객사는 상주 여중으로 이건하였다가 다시 북천 전적지로 옮겼다. 근대화 과정에서 상주의 옛 관아는 그 유적조차 없어졌다.

구월 이일 書記가 公舍에 자리를 베풀고 맞이하였는데 취하여 한 수를 주다 [九月二日 書記開筵公舍見邀 醉贈一首]

서진에서 화려한 잔치 화당에 베푸니	犀鎭紅筵闢畫堂
아름다운 귀인들 많이도 모였네	綺羅交鬪玉簪光
광대는 신이 나서 많은 웃음 이바지하고	優人得意多供笑
기생은 뜻 맞추느라 화장 자주 고치네	官妓承歡屢整粧
석죽 치마 펄럭이니 버선목 살며시 드러나고	石竹裙飜微露襪
앵두빛 귀여운 입술 가냘프게 피리 불어	櫻桃口小細調簧
자운이 자리에 있으니 누가 먼저 묻느뇨	紫雲在席誰先問
홀연히 생각한다 분사어사가 미친 것을	忽憶分司御史狂

두 아이를 생각하다 2수[憶二兒二首]

| 나에게 어린 딸 하나 있는데 | 我有一弱女 |
| 벌써 아빠 엄마 부를 줄 안다네 | 已識呼爺孃 |

내 무릎에서 옷을 끌며 애교부리고	牽衣戲我膝
거울을 대하면 엄마 화장을 흉내낸다	得鏡學母粧
이별한 지 이제 몇 달인가	別來今幾月
홀연히 내 곁에 있는 것 같구나	忽若在我傍
나는 본래 방랑하는 선비로서	我本放浪士
외로이 타향에 붙어 있다	落魄寓他鄉
수십 일을 술에 취하기도 하고	沈醉數十日
한 달이 넘도록 병으로 눕기도 했다네	病臥三旬強
머리를 돌려 대궐을 바라보니	廻首望京闕
산천이 푸르러 아득하구나	山川鬱蒼茫
오늘 아침 홀연히 너를 생각하니	今朝忽憶汝
흐르는 눈물 옷깃을 적시누나	流淚濕我裳
마부야 빨리 말을 먹여라	僕夫速秣馬
돌아갈 마음 날로 더욱 바빠지는구나	歸意日轉忙

| 내게 사랑하는 아들 하나 있으니 | 我有一愛子 |
| 그 이름은 삼백이란다 | 其名曰三百 |

(내가 吳郎中의 三百韻 시를 화답하였는데,
이날 이 아이가 태어났기 때문에 이름을 삼았다.)

장차 이씨(李氏)의 가문을 일으킬 것이고	將興指李宗
태어나던 저녁엔 강을 놀라게 했네	來入驚姜夕
네가 태어나자 골격과 이마가 기이하고	爾生骨角奇
눈이 번쩍번쩍 빛나고 얼굴도 희었었다	眼爛面復晳
고명한 세 학사가	磊落三學士
너의 탕병의 손님이 되었다	作爾湯餅客

(아이를 낳은 지 칠일에 郎中 吳世文・員外 鄭文甲
・東閣 兪瑞廷이 와서 방문하고 시를 지어 서로 하례하였다.)

시를 지어 농장을 축하하니	綴詩賀弄璋
사와 운이 금석같이 쟁쟁하였다	詞韻鏘金石
바라노니 네가 그 사람들 닮아서	願汝類其人
재명이 원백을 초월하기를	才名輔元白
내 평소 얼굴 펼 날이 적었는데	我生少展眉
너를 얻고 나서는 언제나 웃고 희롱한단다	得汝長笑謔
가끔 남을 대해 자랑도 하여	往往向人誇

비로소 아이 칭찬하는 버릇이 생겼다 　　　　始得譽兒癖
중하인 오월에 　　　　　　　　　　　仲夏五月天
처음으로 장안에서 이별하였지 　　　　　初別長安陌
세월만 보내며 만 리의 객이 되어 　　　　遷延客萬里
홀연히 붉게 물든 단풍잎을 보았네 　　　忽見霜葉赤
시절은 날로 바뀌는데 　　　　　　　時節日遷代
내 병은 날로 깊어만 가누나 　　　　　我病日云劇
서뢰를 어루만질 길이 없으니 　　　　　無由撫犀顱
슬퍼서 가슴이 아프다 　　　　　　　惻惻傷胸膈

십오일에 여사에서 회포를 쓰다[一十五日 旅舍書懷]

강성에서 날마다 술만 마시고 　　　　　江城連日飲
(黃驪를 가리켜 말한 것이다.)
만국에서 반년을 머물렀네 　　　　　　蠻國半年留
이불이 얇으니 고향 꿈이 드물고 　　　　衾薄疏鄉夢
옷이 점점 헐렁해지니 나그네 시름 때문이네 　衣寬浅旅愁
서릿발은 차가운 달과 빛을 다투고 　　　霜華寒鬪月
쌀쌀한 산색은 가을이 깊어가네 　　　　山色冷磨秋
임공 원에게 알리노니 　　　　　　　爲報臨邛令
사마상여가 오랫동안 벼슬하기를 싫어했다오 　相如久倦遊

남창에 깊이 잠이 들었는데 꿈에 장안에 이르렀다가 깨어 기록하다[南窓熟睡
夢到長安 覺而志之]

남창에 한나절 틈을 타서 졸다가 　　　　南窓半日偸睡
꿈에 낙양 성시에 이르렀네 　　　　　　夢到洛陽城市
깨어보니 그대로 한 침상에 누워 있는데 　　覺來猶臥一床
벌써 수많은 산과 물을 지냈구려 　　　　已度千山萬水

장안을 생각하다[憶長安]

만리 강산에 병든 이내 몸 　　　　　　萬里江山一病身
동화문의 향기로운 티끌을 꿈속에 밟았네 　東華夢踏軟香塵

| 장안이 하늘에 오르기처럼 가기 어려운 곳은 아닌데 | 長安不是天難到 |
| 장포에 병들어 늪게 하여 지체하게 하네 | 漳浦沈痾泥殺人 |

여사에서 감회가 있어 고인의 운에 차하다[二十一日 旅舍有感 次古人韻]

적막하게 남의 집에 붙여서	寂寞寄人宅
오래 머물러 세월만 보내누나	淹延費歲華
메밀꽃은 흰 눈을 펼치고	麥花鋪白雪
단풍잎은 붉은 놀이 물들었네	楓葉染丹霞
나무가 늙으니 버섯이 주렁주렁	木老看垂菌
못이 차가우니 연잎이 시드누나	池寒吊敗荷
언제나 장안에 갈까	長安何日到
멀리 푸른 하늘만 바라보노라	目斷碧天涯

서기 최정빈이 공사에서 주관하는 환영연을 베푸는 모습이다. '아름다운 귀인들 많이도 모였네'라 하여 상주의 중요 인사들이 많이 모인 자리이다. 다수의 광대, 기생이 흥을 돋우었다. 상주에 들어오면서 기억한 기생 '자운'이 자리한다. 공사는 상주목의 관아를 말하는 것으로 추측된다. 여사는 객사를 말하는 것이다.

두 아이에 대한 생각, 여사에서의 회포에 관한 시에는 서울로 돌아가고 싶은 간절함이 드러난다. 그동안 '매일 술을 먹고, 반년을 아프고'라 하여 마음의 갈등을 병과 술로 자학한 것을 술회한다. 그러면서도 '언제나 장안에 갈까 / 멀리 푸른 하늘만 바라보노라'라 하여 개경으로의 복귀를 마음으로 간구하고 있다.

9월 9일 資福寺에 머묾

구일에 자복사의 늙은 주지를 찾아 머물러 마시다[九日 訪資福寺住老 留飮]

| 문 앞에 찾아오는 백의가 없어 | 門前不見白衣來 |
| 홀로 절을 향하여 술을 찾는다 | 獨向僧家索酒杯 |

머리엔 꽃가지 가득 꽂고 입엔 향기 넘치니	枝插滿頭香滿口
황하로 하여금 헛되게 핀 것을 한하지 않게 하였네	免敎黃花恨虛開

집을 생각하다[思家]

편지는 이제야 세 번 이르렀는데	雁信方三到
달은 이미 다섯 번이나 기울었네	蟾輪已五虧
허물어진 울타리에는 이슬 젖은 국화요	荒籬殘露菊
차가운 나무에는 서리 맞은 배가 익었으리	寒樹爛霜梨
머리가 까맣게 윤빛나는 딸이 매우 그립고	最憶鴉頭女
이마가 헌칠한 아들놈도 생각나누나	還懷犀角兒
성 동쪽 외로운 집 한 채	城東一區宅
누가 즐겨 지붕을 이어 주리	誰肯葺茅茨

상주의 자복사가 지정되었다면 상주내 東方寺가 아닌가 한다. 자복사는 고유명사가 아니다. 公舍와 가장 가까운 곳에 위치하기 때문이다. 위의 시는 개경 집과 소식이 세 번에 이르고 그동안 세월은 5달이나 지났음을 말한다. 딸과 아들에 대한 그리움 집 주변의 정경을 그린 시로 심한 향수가 배여 있다. '허물어진 울타리에는 이슬 젖은 국화요 / 차가운 나무에는 서리 맞은 배가 익었으리 / 머리가 까맣게 윤빛나는 딸이 매우 그립고 / 이마가 헌칠한 아들놈도 생각나누나'라 하였다.

9월 13일 旅舍

구월 십삼일에 여사에 손을 모아 놓고 여러 선배에게 보이다[九月十三日 會客 旅舍 示諸先輩]

우리 이씨는 본래 신선의 자손이라	我李本仙枝
집이 자하동에 있다네	家在紫霞洞
사물과 본래 기(機)가 없어	與物本無機
일찍이 한음의 항아리를 안았는데	曾把漢陰甕
어찌하여 인간 세상에	胡爲人間世

뜻을 잃고 또 조급해 하는가	失意翻憁恫
옷을 퇴색시키는 낙양 티끌이 싫고	化衣厭洛塵
신을 떨치니 상성(商聲)이 나는구나	振履作商頌
도마뱀은 거북과 용을 조롱하고	蝘蜓嘲龜龍
올빼미는 난새와 봉황을 비웃는다	鴟鴞笑鸞鳳
어찌 차마 내 허리를 굽히어	何忍折我腰
둥글둥글하게 용렬한 사람을 섬기랴	突梯事傝㝔
길게 휘파람 불고 국문을 나서니	長嘯出國門
세차게 흐르는 큰 강을 무시하누나	大江凌洶湧
걸음은 날쌘 원숭이를 따르고	步趁嶺猿輕
읊조림은 산새의 지저귐을 대답한다	吟答山鳥哢
진실로 돌돌한 은호(殷浩)와 다르니	咄咄固殊殷
차라리 황황한 공자에 비기리	遑遑寧比孔
백리후를 고루 보았으나	歷干百里侯
한산하고 용렬한 사람 기억하는 이가 없네	無人記閑冗
어찌 기로 중의 기로를 한하랴	何恨歧中歧
또한 꿈속의 꿈이로다	亦是夢裏夢
술을 얻으면 매양 부르짖어	得酒每呼叫
미친 말이 자주 많은 사람을 놀라게 했네	狂言屢驚衆
조육은 진훤을 사모하고	糟肉慕陳暄
정병은 장송을 비웃었네	井甁笑張竦
고생스럽게 상주에 이르니	間關到尙原
두 발이 몇 번이나 부르텄던가	兩足幾繭尰
자리에 있는 손이 모두 시호라	坐客皆詩豪
재명이 심송보다 높구려	才名輕沈宋
향기로운 두주를 잔질하여	聊斟杜酒香
완적(阮籍)의 궁도(窮途)의 아픔을 씻어보세	爲洗阮途痛
피리와 노래는 오열하여 떠들썩하고	笙歌咽喧塡
좌우에는 미인이 끼었네	左右紅粧擁
옥 거울에는 열 눈썹이 열렸고	玉鏡十眉開
금 술잔은 천 손가락으로 받드누나	金盃千指奉
내가 취하여 옥 거문고를 타서	我醉拂玉琴
쾌히 두어 소리를 짓노라	快作數四聲
이 놀이가 참으로 즐거운 것이라	此遊眞可樂

뜻을 얻어 스스로 방종하였네 　　　　　　　　得意聊自縱
참으로 아름답기는 하나 내 고장은 아니다 　　　信美非吾土
고삐를 날리며 돌아갈 시기가 임박하였네 　　　歸期迫飛鞚
장부는 뜻에 맞게 하는 것이 귀하거니 　　　　　丈夫貴適志
가고 머무는 것을 어찌 모름지기 개의하랴 　　去駐何須桦

관기가 타는 비파 소리를 듣다[聞官妓彈琵琶]

분포의 배 가운데서 듣는 것보다 처절하고 　　切於溢浦船中聽
오손이 말 위에서 타는 것보다 슬프구나 　　　哀却烏孫馬上彈
이제야 줄 가운데 혀가 있는 것을 알겠다 　　始信絃中眞有舌
소리마다 이별하기 어려움을 하소연하는 것 같구나 聲聲似訴別離難

　　최정빈이 베푼 환영연에 대한 답례연이다. 특히 '참으로 아름답기는 하
나 내 고장은 아니다 고삐를 날리며 돌아갈 시기가 임박하였네'라는 시구
에서 그동안 환영에 대한 답시일 것으로 생각된다. 그리고 왕경을 떠나오
게 된 동기나 여기서 푸념한 사실 등을 시구에서 나타냈다. '옷을 퇴색시
키는 낙양 티끌이 싫고 신을 떨치니 상성(商聲)이 나는구나'라 한 것이나
'술을 얻으면 매양 부르짖어 미친 말이 자주 많은 사람을 놀라게 했네'라
한 구절이 그것이다. 그리고 정권을 잡은 무인에 대한 증오심도 아울러
드러낸다. '도마뱀은 거북과 용을 조롱하고 / 올빼미는 난새와 봉황을 비
웃는다 / 어찌 차마 내 허리를 굽히어 / 둥글둥글하게 용렬한 사람을 섬기
랴' 무인들을 도마뱀, 올빼미로 비유하고 이들을 섬기지 않겠다는 다짐을
보인다.

鳳頭寺 방문

두 번째 봉두사에서 놀다[再遊鳳頭寺]
한 번 양주의 청루몽을 깨고 　　　　　　　　　揚州一覺靑樓夢
거듭 여악의 백련사(白蓮社)를 찾았네 　　　　廬嶽重尋白社栖

화류를 놓아버릴 적에 붓도 던져버렸다	花柳放時兼放筆
산승은 어찌 머물러 쓰기를 바라는가	山僧何苦乞留題

상주에 도착할 때 찾은 봉두사를 떠나면서 다시 들린 것은 이곳 봉두사 근처에 향교를 방문하기 위한 것은 아닌가 한다. 상주향교가 계속 현재의 위치를 벗어나지 않았다면 가능한 추론이라 생각된다. 향교의 공자상을 참배했을지도 모른다. 시의 첫머리 '한번 양주의 청루몽을 깨고'라는 구절은 상주에서 3개월여 머무는 동안 한열병 치료, 선유, 환영 술자리 등 좋았던 시간에서 이제 현실로 돌아와 개경으로 떠나야 할 때임을 말하는 것이다. '여악의 백사를 거듭 찾았다'는 시구에서 중국 남조 동진시기 廬山에서 慧遠이 결사한 백련사를 떠올리게 된다. 혜원은 僧俗一體의 結社念佛을 지향하였다.[120] 이러한 사상경향 때문에 백련사는 승려와 사족이 교유하는 결사의 기원으로도 자주 언급된다. 그리고 '화류를 놓아버릴 적에 붓도 던져버렸다. 산승은 어찌 머물러 쓰기를 바라는가'라는 구절에서 이규보가 봉두사를 찾은 이유가 주지의 요청에 따른 시 모임을 가지기 위한 것이라는 생각이 든다. 봉두사 주지가 시에 조예가 있고 상주지역 사족과 혹은 상주 방문 인사와의 교유가 있었음을 반영한다. 다만 이규보는 9월 14일 이날만큼은 시상이 잘 떠오르지 않았던 것 같다. 시구도 짧은데다 '화류를 놓을 때 붓도 던져 버렸다'는 것은 하루 전 여사에서 있은 송별연 만찬 때와 같은 시흥이 고조되지 않는다는 것을 암시한다. 이곳에서 詩會가 있었던 것으로 짐작되는 만큼, 봉두사는 시문을 통한 승려와 사족의 교유 장소였다.

9월 15일 尙州 출발

구월 십오일에 상주를 출발하다[九月十五日 發尙州]

---

120) 木村英一 編, 『慧遠研究 研究編』, 創文社, 東京, 1962 참조.

듬성한 별은 빠짝빠짝 하는데	耿耿殘星在
새벽에 까막 까치를 따라 일어났네	曉隨烏鵲興
나그네 창자는 박주로 씻고	旅腸消薄酒
병든 눈은 찬 등불에 침침하다	病眼眩寒燈
행리는 촌 늙은이와 같고	行李如村老
괴나리봇짐은 야승과 같도다	囊裝似野僧
전리로 돌아가는 계획은 이루지 못하고	歸田計未遂
대궐을 생각하는 뜻은 이기기 어렵구나	戀闕意難勝
세상을 피하는 데는 고봉에게 부끄럽고	避世慙高鳳
기미를 아는 것은 계응에게 사례하노라	知幾謝季鷹
이슬이 많이 내리니 건의 뿔이 쭈그러지고	露深巾墊角
바람이 세차니 소매에서 모서리가 생기누나	風勁袖生稜
돌 사다리에는 서리가 오히려 깊고	石棧霜猶重
구름 낀 산에는 해가 오르지 않았구나	雲崖日未昇
어버이를 하직하는 두 줄기 눈물	辭親兩行淚
날이 다 새도록 가슴에 젖어 있네	到曙尙霑膺

위의 시에서 이규보는 마음을 정리하고 다시 왕도로 복귀하는 심사를 읽을 수 있다. '전리로 돌아가는 계획은 이루지 못하고 대궐을 생각하는 뜻은 이기기 어렵구나'라는 구절이 이를 잘 표현한다. 어머니를 하직하는 아픔도 표현하였다. '어버이를 하직하는 두 줄기 눈물 날이 다 새도록 가슴에 젖어 있네'라 하였다.

9월 15일 新興寺에서 서기 전송 받음

신흥사를 찾아 다시 충주에서 오던 길을 되돌아갔다. 북천전적지가 다리 건너 있다. 임난시 동래성 전투 이후 관민과 왜군이 처음 접전한 곳이다. 비록 패전하여 모두 전사하였지만 상주민의 항전의식을 보여준 역사의 현장이다. 이 때 전사한 판관 권길, 호장 박걸 등 800여 명의 호국영령을 기리는 곳이다.

여기에는 관아지의 상산관, 태평루, 침천정을 이건하였다. 태평루는 정동교 목사가 1808년에 세운 관루이다. 왕산 아문 밖에 세웠던 것을 1920년 남산의 향교 곁에 옮겼다가 1991년 현재의 자리로 이건한 것이다. 침천정은 목사 정곤수가 1577년에 세운 관아 정자이다. 연당이라 불렀다. 임난에 소실된 것을 1612년 목사 한술이 중건하였고 1614년 목사 강복성이 천향정으로 개칭하였다. 1693년 목사 이항이 홍백련 두 연못 사이에 있다고 하여 이향정으로 개칭하였다. 1914년 읍성이 헐릴 때 지방민 10여 명이 매입하여 현재의 자리로 옮겨 침천정이라 하였다. 태평루는 이건한 것이기는 하나 여전히 상주를 조망할 수 있는 전망을 가지고 있다. 멀리 왕산과 더 멀리 식산으로 알려진 안산이 보인다.

> 이날 서기가 신흥사에 나와 전송하자 최백환이 첫머리에 쓴 운을 차하다[是日書記出餞新興寺 次崔伯桓首題韻]

강남의 쓸쓸한 갈대꽃 가을	江南蕭洒荻花秋
멀리 노는 사람 전송하는 낭관에 감사하오	多謝郞官餞遠遊
섬섬옥수는 쟁 한 곡조를 타지 말라	纖玉莫彈箏一曲
줄마다 온갖 근심을 띠었도다	絃絃揚帶萬船愁

신흥사는 사지가 확인된 바 없다. 다만 상주에서 문경 가는 국도 변 백원 부근에 '新興'이라는 지명을 1915년 지형도에서 찾을 수 있어 이 일대가 신흥사일 가능성이 있다. 신흥사가 위치한 곳에서 전송하는 관례가 있었던 듯하다. 서기 최정빈이 전송하여 예우한 것을 알 수 있다.

현재 이곳은 문경에서 상주로 들어가기 전의 중간 휴게소로 운영되는데 상호는 '천마산휴게소'이다. 여기서 조금 올라가면 목가리 원터가 있다. 원터 못 미쳐 있는 곳은 속칭 '서울나드리'라 한다. 역원은 일정거리 곧 휴식과 말을 바꿀만한 거리에 위치한다. 그러므로 전송하는 곳으로 이용된 신흥사도 그만한 거리에 있다고 생각된다. 따라서 비록 사원지는 아직 발견된 바 없지만 이 일대가 신흥사일 가능성은 높다.

서기가 명기 제일홍을 시켜 서찰을 보내어 시를 빌기에 주필로 써 주다[書記使 名妓第一紅 奉簡乞詩 走筆贈之]

구름으로 쌍환을 만들고 달로 눈썹을 만들었구나	雲作雙鬟月作眉
어느 때나 돌아와서 다시 서로 만나볼까	刀頭相見更何時
십 년이 지나도 호주 원이 되지 못하였으니	十年不作湖州守
다정한 두목지가 길이 가소롭네	長笑多情杜牧之

남자의 마음이 여자처럼 약하여	男兒心作女兒心
이별에 임하니 은근하여 눈물이 옷깃을 적시네	臨別殷勤淚洒襟
나그네 낭탁이 비어 장물이 없으니	旅橐空來無長物
이 시 한 수가 천금을 당하리라	投詩一首當千金

위의 시는 서기 최정빈이 명기 제일홍을 시켜 시를 요청한 것에 답한 것이다. 주목되는 것은 상주 기생의 이름이다. '제일홍'과 앞서 이규보의 시에 공사의 환영시에 보이는 '자운' 그리고 봉두사 방문 뒤 밤에 온 '문군' 이라는 기생명이다.

漢谷別業 숙박

한곡별업은 찾을 수 없다. 이 별업은 박문로의 것이라 생각된다. 박문 로는 상주 토착 사람으로 이른바 '京華士族'인 이규보를 극진히 대접한 것 같다.

이날 해가 저물자 박군 문로가 나를 맞아 한곡 별업에 가서 잤는데 밤에 술자 리를 베풀고 짓다[是日日暮 朴君文老邀予往宿漢谷別業 夜歸置酒有作]

단풍 길에 고삐를 나란히 하여	並轡丹楓路
미인을 조랑말에 실었네	靑蛾細馬馱
(이때에 두 기생이 따랐다.)	

안장을 내리니 마구의 말이 들레고　　　　卸鞍喧櫪馬
햇불을 드니 숲 까마귀가 떨어지네　　　　擡炬落林鴉
손을 사랑하여 비녀장 던지기를 기약하고　愛客期投轄
신선 놀이를 하다가 도끼 자루가 썩어 버렸네　遊仙到爛柯
나그네 정이 느끼고 붙이는 것이 많아　　　旅情多感寓
무릎을 치며 스스로 미친 듯이 노래하네　　擊節自狂歌

　위의 시에서 보면 이규보는 여기서 석별의 아쉬움도 있고 미인도 동행
하여 '신선 놀이를 하다가 도끼 자루가 썩어 버렸네 / 나그네 정이 느끼고
붙이는 것이 많아 / 무릎을 치며 스스로 미친 듯이 노래하네'라 하여 진탕
객고를 풀었다.

　　다음날 박군이 남긴 벽 위의 시를 보고 그 운에 차하다[明日(9월 16일) 見朴君
　　所留壁上詩 次韻]

　　집은 푸른 산 짧은 기슭에 의지하고　　　家依靑山短麓隅
　　갑 속에는 거문고와 칼을 넣어 두고 탁자에는 서적을 간직하였네
　　　　　　　　　　　　　　　　　　　匣藏琴釰庋藏書
　　근래에 공경의 묻는 것에 대답하기 싫어하여　邇來懶答公卿問
　　오히려 화양에서 은거라고 칭탁한 것을 가소롭게 여기네　猶笑華陽押隱居

　위의 시는 박문로의 한곡별업과 그의 은자로서 선비의 모습을 묘사한
다. 한곡별업 모습은 '집은 푸른 산 짧은 기슭에 의지하고'라 하였고 박문
로의 사로서 분위기는 '갑 속에는 거문고와 칼을 넣어 두고 탁자에는 서
적을 간직하였네'라 하였다. 이규보는 유곡역에서 김군을 이별하면서 남
긴 시에서 박문로를 '佳人'으로 표현하였다.

　　십팔일 마상에서 지어 동행하는 도사 김지명에게 보이다[十八日 馬上有作 示
　　同行道士金之命]

고삐를 늦추고 느릿느릿 역정을 가리키니 　　　　　緩轡悠悠指驛程
귓가에는 오히려 관현 소리가 들리네 　　　　　　　耳邊猶帶管絃聲
차마 붉은 소매 미인(美人)을 가게 하고(기생이 따르고자 하기에 굳이 금하였
기 때문에 말한 것이다.) 　　　　　　　　　　　　忍教紅袖佳人去
홀로 황관도사와 짝지어 가네 　　　　　　　　　　獨伴黃冠道士行
안개 너머 먼 산은 시름에 젖은 눈썹같이 단정하고 　煙外遠山愁黛斂
바람 앞의 늘어진 버들은 춤추는 허리가 가볍구료 　風前垂柳舞腰輕
안장을 연하여 심중의 일을 애기하려 하는데 　　　聯鞍欲話心中事
말 위에서 무단히 졸음이 오려 하네 　　　　　　　馬上無端夢易成

9월 18일 幽谷驛

저물게 유곡역에 들어가 김군과 술을 마시고 시를 주다[暮入幽與金君飮酒贈之]

전생에 일찍이 좋은 인연 맺어 　　　　　　　　　多生曾結好因緣
천 리 밖에 함께 논 지 반년이 지났네 　　　　　千里同遊僅半年
문 밖의 푸른 솔은 여윈 나의 모습 같고 　　　　門外靑松如我瘦
뜰 앞의 푸른 대는 어진 그대와 같구료 　　　　階前綠竹似君賢
쓸쓸한 군사에 가을 내내 누웠고 　　　　　　　蕭條郡舍三秋臥
적막한 우정에 하룻밤을 졸았네 　　　　　　　寂寞郵亭一夜眠
다행히 집에 돌아갈 남은 힘이 있기에 　　　　幸有還家餘喘在
돌아갈 길이 먼 것을 근심하지 않노라 　　　　不愁歸路亙綿綿

　위는 유곡역에서 김군에게 준 시이다. 김군의 실명은 알 수 없지만 반
년 가까이 이규보를 수행하여 우정을 쌓은 인물로 추정된다. '전생에 일찍
이 좋은 인연 맺어 천 리 밖에 함께 논 지 반년이 지났네'라는 구절이 이
를 말해준다. 이규보는 김군을 '良友'라 표현하였다.

　　다음날 또 짓다[明日又作]

　　한곡에서 가인(佳人)을 이별하고 　　　　　　漢谷別佳人
　　유곡에서 좋은 친구를 이별하였네 　　　　　幽谷別良友

떠남에 임하여 다시 안장을 풀고	臨行復解鞍
서로 대하여 오랫동안 말을 잊었네	相對忘言久
이별의 슬픔을 억지로 참으려고	强欲寬離愁
이 한 잔 술을 잔질하노라	酌次一盃酒
술은 박하고 근심은 더욱 깊어져서	酒薄愁轉深
옷깃과 소매에 맑은 눈물 떨어지네	淸淚滴襟袖
남에게 주기론 말처럼 좋은 것이 없는데	贈人莫如言
내 말을 그대는 듣고 있는지	我言君聽否
부귀는 뜬구름과 같고	富貴如浮雲
세상은 내 소유가 아니라네	身世非我有
그대 다행히 몸을 온전히 하여	子幸全其身
삼가 명예의 제물이 되지 말게나	愼勿爲名累
내 이제 서울로 향하는 것은	我今向玉京
공경(公卿)을 바라서가 아니니	非爲靑紫取
혼가가 끝나기를 기다려서	待當婚嫁畢
다시 이 밭두둑을 갈리라	復此耕一畝
반드시 서로 만날 때가 있으리니	相見必有時
어찌하여 이별을 슬퍼하랴	胡爲恨分手

노상에서 또 읊다[路上又吟]

만 리 먼 길에 홀로 가는 몸	萬里長途獨去身
말 머리에서 자주 마시니 누구를 위한 것인가	馬頭頻嚏爲何人
아침에 쇠하고 저물게 떨어지는 흐트러진 두 귀밑머리요	朝衰暮落雙蓬鬢
남으로 갔다가 동으로 돌아오는 한 갈건이로세	南去東還一葛巾
고을을 둘러싼 푸른 산은 성처럼 비껴 있고	繞縣靑山橫似郭
두둑에 가득한 누른 벼는 창고같이 쌓였도다	滿畦黃稻積如囷
가는 사람 노래하며 웃고 있는 사람 즐거워하니	行人歌笑居人樂
이것이 태평세대 몇 년째던가	此是昇平第幾春

聊城驛

요성역에서 쉬다가 벽 위에 있는 시의 운을 차하다[憩聊城驛 次壁上詩韻]

하룻밤은 유곡에서 술에 취해 자고 幽谷一霄中酒宿
한나절은 요성에서 안장 풀고 머물렀네 聊城半日解驂留
돌아오는 완적은 부질없이 길게 휘파람 불고 歸來阮籍空長嘯
적막한 사마상여는 짐짓 놀음에 게을렀네 寂寞相如故倦遊
보내고 맞는 역리(驛吏)는 어느 날에나 쉬며 郵吏送迎何日息
분주한 사신은 어느 때나 쉴꼬 使華奔走甚時休
나는 다행히 한가하게 다니는 사람 唯予幸是閑行者
오는 데도 남을 괴롭히지 않고 가는 것도 자유롭다 來不煩人去自由

華封院

화봉원에 쓰다[題華封院]

온갖 인연이 재처럼 차가운 늙은 거사 萬緣灰冷老居士
아직도 단심이 있어 성명을 사랑하네 尙有丹心愛聖明
천하의 창생이 모두 빌기를 청하니 天下蒼生皆請祝
어찌하여 화봉주의 이름을 혼자 차지하리 如何獨占華封名

유곡역은 문경시 대성동에 속하며 아골, 마본, 한절골, 주막, 새마 등 다섯 개의 마을로 이루어져 있다. 아골은 옛날 이곳에 관아가 있었기 때문이라 한다. 마을 뒤 능선 상에 많은 조선 기와편이 산재되어 있다. 마을 중앙으로 국도 3호선이 관통한다. 소백산의 지산인 宰岳山 기슭의 야산 평야지대에 위치하고 있으며 북쪽 고개 너머에는 낙동강의 상류인 영강이 있다.

문경에서 삼국시대 기록으로 중요한 것은 鷄立嶺의 개통을 들 수 있다. 8대 아달라 니사금(154~184)때 개척되었다 한다. 영남 북부와 중원 즉 충주를 잇는 중요한 교통로이다. 충주 미륵리에서 문경시 갈평리로 통하는 이 고개를 넘어 오면 첫 번째 교통 요지가 유곡이다. 통일 신라 시기 문경지역은 안인현(현재 동로로 추정), 가유현(산양), 가선현(가은), 관산현(문경), 호계현(호계)으로 나뉘어 있는데 유곡은 그 중 호계현에 속했다.

유곡역이 역사에 드러나는 것은 고려시기이다. 유곡역은 현재 문경, 상주, 의성, 예천, 안동, 구미, 군위, 청송 일부까지 포함하는 광대한 지역의 역로를 관할하던 尙州道에 속한 25개 역의 하나였다.

조선시기에는 상주도에 속했던 역로 대부분을 관장하는 유곡역도로 독립하였다. 『경상도지리지』에 보이지 않다가 『세종실록지리지』에 있으므로 1425~1454년 사이에 유곡도가 설치된다. 유곡역은 조령에서 선산의 구미와 군위의 소계까지의 역로를 관장하였고 이 구간의 길을 幽谷道라 하였다. 察訪이 관할하였는데 대체로 18~20개 정도의 역이었다.

홍귀달(1438~1504)의 「유곡관중수기」에는 "유곡은 영남의 咽喉이다. … 유곡에 관사가 있은 지는 오래되었다. 어느 시기에 창설되었는지 알지는 못하지만 내가 처음으로 서울에 왕래하면서 지금까지 40여 년이나 되었는데 처음 볼 때에 낡은 건물로 지금까지 고쳐지은 일이 없으니…홍치 2년(1489)에 禹雄이 역로의 찰방이 되어 쇠잔한 것을 소복시키었는데…"라[121] 하였다. 현재 유곡역의 흔적은 찾기 어렵다. 다만 유곡역 관련 많은 비석이 문경초등학교 담을 배경으로 길가에 즐비하게 늘어서 있다. 이른바 비석거리이다.

요성역은 『신증동국여지승람』에는 현의 동쪽 2리에 있다고 한다. 화봉원은 『신증동국여지승람』에 속칭 초곡원인데 현의 남쪽 4리에 있다. 시에 보이는 '하룻밤은 유곡에서 술에 취해 자고 / 幽谷一霄中酒宿 한나절은 요성에서 안장 풀고 머물렀네 / 聊城半日解驂留'라 한 것으로 보아 유곡역에서 한나절 거리에 요성역이 있었다. 요성역과 화봉원은 5~6리 정도 떨어진 곳이다.

金君綏가 동남로 안렴사가 되어 요성역을 지나다가 시를 남겼다. "지난해 단풍이 붉으려 할 때 / 초헌을 타고 남방으로 부임했네 / 올핸 버들

---

121) 洪貴達, 「幽谷驛重修記」『虛白亭集』卷2, (『韓國文集叢刊』14, 1988).

이 처음 누를 때에 / 깃발을 돌려 북극에 조회하네 / 만물의 변화는 무상하고 / 사시의 운행은 쉬지 않네 / 흐르는 시냇물도 내 마음 같아 / 맑고 깨끗하여 오직 한 빛일레" 최자는 장부다운 행역을 잘 표현하였다고 하였다. 김군수는 『경상도영주제명기』에 고종 4년 추동에 안찰사로 그 명단을 올리고 있다. 요성역은 경상도 안찰사의 부임 경로에 있었다.

『보한집』에 따르면 화봉원에 대해서는 의종 때 御試에서 장원한 劉義가 密陽의 수령으로 부임하기 위해 지나면서 낮에 쉬다가 벽에 쓴 시가 있다. "귀양가는 벼슬아치 남쪽으로 16역을 가다가 / 오늘 아침에 비로소 상원 경계를 밟았네 / 요성 곁 몇 리 남짓한 곳 / 하나의 궁벽한 고을이 있으니 그 이름 문경이라 / 고을 가에 新院은 형세 심히 엄하고 / 찬란한 금벽이 서로 비쳐 어울린다 / 동편 작은 다락 더욱 기절하여 / 아름다운 글 팔영 눌러 재치네 / 아름답구나 이 집은 누가 세웠나 / 그 이름 光文이요 성은 閔氏라네 / 나는 곧 민공의 문하생이니 / 이제 이 집 보매 절로 존경이 더해지네 / 아! 이 사람이 세상에 남아 있다면 / 천하를 경영하는 데 병폐 없을 것이네 / 어찌하여 천상의 옥루가 이루어져 / 기러기 장공을 지나듯 그림자도 남기지 않았나 / 진범은 이미 막혀 아득히 찾을 길 없고 / 다만 절로 이는 한탄 이에서 기네" 유희는 『고려사』 선거지에 의종 6년 5월 친시에 35인 등과 함께 급제한 사실이 있다. 민광문의 문생이고 민광문이 화봉원의 동편 소루를 지은 것을 알 수 있다. 민광문은 閔瑛의 둘째 아들인데 이 화봉원과 어떤 인연인지는 알 수 없으나 원의 경우 개인이 후원할 수 있는 것으로 보인다. 사원의 형태로 운영된 것은 아닌가 한다. 원이 사원의 속원의 성격을 지닌 경우가 많기 때문이다. 진주 계수관에 속한 밀양의 수령으로 부임하는 길에 화봉원을 경유하여 부임한 사실을 알 수 있다.

9월 19일 彌勒院 숙박

이규보는 화봉원에서 갈평리쪽으로 가서 하늘재로 오르는 길을 택하였다. 고려시기에는 하늘재 곧 계립령이 주된 길이었다. 조선시기에 조령이 주로 이용된 것이다. 조선초 김종직은 풍영루기에서 "상주가 낙수의 상류에 위치하여 감사의 본영이 되었으니 실로 동남방의 대도회이다. 사명을 받고 정사를 반포하는 손님과 일본에서 조공하는 사신들의 내왕이 줄을 이어 연속하는데 죽령을 넘는 자는 삼분의 일도 안 되고 모두 관현(문경)을 경유하니 상주는 그 폭주하는 가운데 들어 있다"라 하였다.

하늘재로 가는 길에 관음리 석불입상, 관음리 석불좌상, 관음리 삼층석탑, 관음리 유물산포지가 있다. 관음리 석불입상은 관음리 사지로 추정되는 곳에 위치한다. 고려시대 원통형 석불입상으로 높이가 3.5m이다. 수인으로 보아 약사여래로 추정한다. 관음리 석불좌상은 보호각안에 모셔져 있는데 통일신라기 불상이다. 이 주변에 탑부재, 건축부재, 그리고 와편이 산재한다. 이들 유적은 아마도 하늘재를 오가는 길손의 편의를 위한 역할도 했을 것이다. 문경읍 갈평리 출장소에는 관음리 사지에서 옮겨온 통일신라기의 오층석탑이 있다.

이러한 불적과 유적은 『신증동국여지승람』 권29 문경현 역원 관음원의 흔적을 보여 주는 것이다. 관음원은 "재계립령하"라 하여 문경에서 계립령으로 오르기 전의 원을 지목하기 때문이다. 이규보는 이 관음원에서는 시를 남기지 않았다.

십구일에 彌勒院에서 자는데 본래 모르는 중이었으나 주찬을 베풀고 위로하므로 시로 사례하다[十九日 宿彌勒院 有僧素所未識 置酒饌慰訊 以詩謝之]

멍에를 풀고 고원에 들어가니	稅駕入古院
마른 입술을 축일 길이 없구려	燥吻無由澆
시인의 어깨는 가을 산처럼 솟고	詩肩秋山聳

나그네 한은 펄럭이는 깃발처럼 흔들리네	旅恨風旌搖
우리 대사를 예전에 알지 못하였는데	吾師舊未識
기쁘게 맞이하여 주누나	欣然肯相邀
푸른 빛 계피주 잔질하여 향기롭고	桂酒酌碧香
가을 배의 붉은 빛은 깎여서 사라지네	霜梨剝紅消
이미 영첩의 주린 것을 치료하고	已療靈輒飢
다시 상여의 소갈증을 위로하였네	復慰相如痟
그대는 지금 사람들의 사귀는 것을 보라	君看今人交
나부끼는 가을 구름과 같다네	有似秋雲飄
어제는 한마음으로 찰떡같이 맹세하고	膠漆誓昨日
오늘은 서로 원수처럼 본다네	胡越視今朝
장하다 대사는 예전 풍도가 있어	多師有古風
이름이 원공과 함께 드러나리	名與遠公超
본래 아는 사이 아닌 선비를 만났더라도	遇士雖非素
뜻이 합하면 멀게 여기지 않네	意合不謂遼
나를 보고는 예전 친구와 같이 여겨	見我如舊執
은근하게 무료함을 묻는구나	慇勤訊無憀
이 뜻을 어떻게 갚으랴	此意何以報
좋은 시로 보답하지 못함이 부끄럽네	愧無答瓊瑤

미륵원은 "明昌三年金堂改盖 … 大院寺主持大師 … 瓦立俾 … 四月現造 明昌三年大院寺主持 僧元明 瓦立僧元明里儒造"로 판독된 발굴시 출토 명문기와편에 따르면 1192년(명종 22)에 고려시대 '大院寺'로 알려졌다. 『고려사』 기록에도 충주목에 대원사로 나오고 계립령을 대원령이라 부른 것도 이를 뒷받침한다(〈사진 3-7〉). 1232년(고종 19) 4월에 牛本을 대원사 주지로 임명한 사실이 있다.

1196년 여기에 숙박한 이규보는 彌勒院으로 기록하였는데 이는 대원사에 속한 속원명이 미륵원으로 생각된다. 미륵리 안말 부락이 있던 자리의 발굴 결과 회랑처럼 길게 연결된 건물지가 노출되어 院址로 추정된다.(〈사진 3-8〉)

〈사진 3-7〉 대원사

〈사진 3-8〉 미륵원 터

『삼국유사』에도 '立嶺 今彌勒大院東嶺是也'라 한 기록과 金九容(1338~ 1384)이 월악산과 미륵원을 지나면서 남긴 시제 '彌勒院路上相別'에서도 미륵원임을 알 수 있다.

'우리 대사를 예전에 알지 못하였는데 吾師舊未識 / 기쁘게 맞이하여 주누나 欣然肯相邀'라는 이규보의 시구에 보이는 승려는 1192년 대원사 금당을 수리한 주지 元明일 가능성이 크다.

석실과 석불입상, 사각석등, 오층석탑, 석조귀부, 당간지주와 간주대석, 각종 와편 등의 유물과 유적이 존재한다. 석실금당은 미륵불을 봉안한 주실로 우리나라 석굴사원의 마지막 형태를 보여준다. 방실 주실의 목조가구 지붕은 불타 없어지고 화강석으로 축조한 3벽에는 나한상의 부각석판을 둘렀으며 중앙에는 거대한 주존입상을 안치하였다. 전실은 정면 5간, 측면 1간이었음은 초석의 배치로 알 수 있다. 지붕형태는 팔작집으로 추정되어 주 부실의 규모는 경주 토함산의 석굴암보다 크다.

석불입상은 보물 96호로 지정되어 있는데 높이 9.8m의 거상이다. 약사여래로 오인할 수 있는 수인을 하고 있으나 왼손으로 받든 것이 약합이 아닌 연봉이며 전실 앞에 출토된 명문와에 '미륵당' 명이 많아 미륵불로 봉안된 것이 분명하다. 실내에 봉안된 불상으로는 갓을 쓴 입상이라는 점이 의문이 있기도 하다. 조성시기는 고려 초기로 추정된다.

오층석탑은 석실 앞에 있는데 거대한 암반을 이용하여 지대석과 기단 중석을 조성한 후 갑석과 오층 탑신을 올렸다. 단층의 기단 형식과 낙수면이 매우 좁은 탑신부의 양식에서 지역성이 보이는 석탑이라 한다. 고려 초의 작품으로 추정된다.

오층석탑 앞에 있는 팔각석등은 균형이 잘 잡힌 고려초로 추정된다. 부재가 흩어진 것을 수습 복원한 사각석등은 고려 중기 이후로 추정된다. 사지 중문지 안쪽에 비신을 잃은 석조귀부가 있다. 1977년 1차 발굴시 완전히 노출시킨 것이라 한다. 길이 605cm, 높이 180cm 의 거대한 거북상으로 우리나라 최대의 귀부이다.

살펴 본 석물의 성립 시기가 거의 고려 초라는 점은 이를 뒷받침한다. 신라말 진성여왕대부터 고려 성종대에 이르는 거의 1세기 동안은 고려 왕조의 성립에도 불구하고 중앙에서의 지방 통제가 제도적으로나 실제적으로 작동하지 않는 시기임을 생각하면 그 존재가 상정된다. 하지만 이 세력은 구체적 기록을 남기지 않는다. 거대한 석조귀부에 있었을 석비가 그 존재에 대한 기록을 담고 있는지 모르지만 아쉽게도 흔적조차 없다. 고려 왕조가 지속적으로 지방세력을 축소하고 흔적을 지우려한 결과인지도 모른다. 각종 기와편의 명문에 따르면 고려 중기에 대대적인 보수가 있었던 것은 분명하다. 명문 기록에 주지가 그 사업을 주도한 것으로 보아 지방 세력은 그 존재를 드러낼 수 없을 정도가 된 것 같다. 이 시기 주지는 승과 합격자가 임명 전보되어 마치 수령과 비슷한 관원이다. 이규보가 방문했을 때는 대대적 수리가 된 직후가 된다.

이규보는 9월 15일 상주에서 출발하여 신흥사-한곡별업-유곡역-요성역-화봉원-관음원-미륵원 등으로 이어지는 길을 밟았다. 계립령을 통해 상주에서 개경으로 가는 길을 확인할 수 있다. 이 길을 의종대 유희, 고종대 김군수 등도 지나면서 시를 남긴 것으로 보아 개경에서 상주로 부임하는 수령, 안찰사, 그 외 여러 사신관, 심지어 밀양 수령으로 부임하는 자도 이 길을 이용했음을 알 수 있었다. 이규보의 상주 일원의 남유 행로를 지도상에 표시하여 제시한다(〈지도 3-9〉).

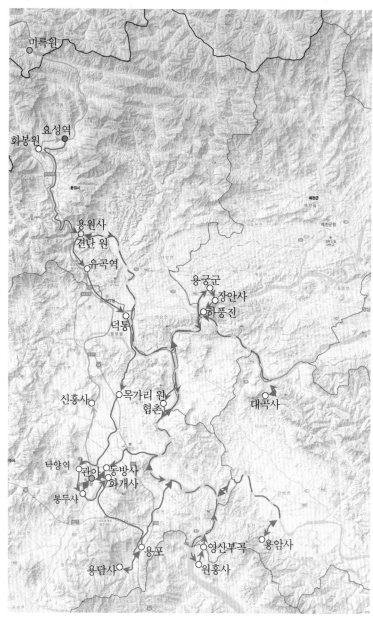

〈사진 3-9〉 이규보의 남유 행로(상주일원)

제4절 고려 문인들의 시문과 상주계수관에 대한 인상

고려시기 문인들은 관인으로서 혹은 승려로서 지역사회와 인연을 맺거나 여행하는 일이 다수 있었다. 이 때 시문을 남기거나 또한 여러 인연으로 비문이나 기문을 청탁 받아 작성한다. 공무나 개인적인 여행으로 직접 경관이나 도시를 둘러 본 소회를 시나 문으로 남기기도 한다. 혹은 왕명으로 짓는 비문이나 청탁에 의한 기문 작성으로 간접적으로 여러 정보를 종합하여 상주에 대한 인상을 남길 수 있다.

상주계수관내의 각 읍치에 관한 여러 당대 문인의 시문은 먼저 『신증동국여지승람』의 형승, 산천, 누정, 불우, 고적 등의 조문에 인용된 시구를 정리하고 이를 통해 문집과 대조하여 내용을 찾을 수 있다. 이 자료 이외에 지역의 경관이나 위상을 이해하는 데 필요한 시문도 추가하여 종합한다. 문인이 상주계수관내를 여행하거나 글을 남기게 된 계기와 함께 시문의 유형을 나누어 경향을 살핀다. 당대인의 시문으로 본 상주계수관내의 인상기를 고찰한다. 상주계수관의 위상을 이해할 수 있고, 지방제도의 구조, 교통, 산천의 경관 등에 대한 고려 당대인의 인식을 알 수 있다.

1. 문인과 상주계수관 관련 시문

『新增東國輿地勝覽』을 작성할 때 각 지역의 자료를 수집하여 그 지역의 형승, 산천, 궁실, 누정, 불우, 명환, 우거, 제영, 역원 등의 항목으로 나누어 서술하면서 관련 시문을 인용하였다. 조선초기까지 지역에서 알고 있거나 남겨진 시문 현판 등의 자료가 있었다. 시문내역을 고려시기에 한정하여 표로 정리한다.

〈표 3-4〉 상주계수관 관련 고려시문

지역	지은이	시문형식	제목·내용	전거
尙州	崔滋	傳	東南百郡之首	형승
	安軸	記	八達之衢	형승
	李穡	記	新羅爲大府	형승
	眞靜	記	四佛山 遊山記	산천
	李奎報	詩	洛東江	산천
	安軸	詩	洛東江	산천
	安軸	記	客館	궁실
	李穡	記	風詠樓	누정
	權近	記	風詠樓	누정
	李崇仁	詩	風詠樓	누정
	皇甫倬	記	龍岩寺	불우
	李奎報	詩	龍潭寺	불우
	權近	記	彌勒菴	불우
	金仁鏡	題	金仁鏡 題州壁云	명환고려
	金之岱	詩	崔滋 贈詩云	명환고려
	趙云仡	圖贊	趙云仡 騎牛圖 石澗歌	인물우거
	李奎報	詩	地形眞似虎起伏	제영
	河崙	詩	沙伐舊畿猶勝景	제영
聞慶	權近	記	緣崖棧道	형승
	權近	記	犬灘院樓記	역원
	劉曦	詩	華封院	역원
	李奎報	詩	華封院	역원
龍宮	李奎報	詩	河豊津	산천
	李齊賢	記	白華寺觀空樓記	불우
	李齊賢	詩	白華寺	불우
	權思復	詩	白華寺	불우
	廉興邦	詩	白華寺	불우
	李奎報	詩	林端 出麗譙	제영
	權近	詩	窓外群峯謝眺山	제영
報恩	李穡	詩序	元岩驛 七老譙集	역원
	前人	詩	元岩驛	역원
	尹澤	詩	元岩驛	역원
	李嵒	詩	元岩驛	역원
	廉悌臣	詩	元岩驛	역원
	金九容	詩	俗離寺	불우
	李叔琪	碑	法住寺 僧慈淨碑銘	불우
	朴孝修	詩	法住寺	불우
永同	尹祥	詩	山水淸奇	형승

	李穀	詩	遺民倘幸見昇平	제영
靑山	金守溫	記	白雲亭	누정
比安	河崙	記	衢謠樓	누정
善山	李知命	詩	地方百里千年邑號足三韓一善城	형승
	權近	記	月波亭	누정
	安震	碑	慧覺碑 朱勒寺	불우
	李奎報	詩	元興寺	고적
軍威	金克己	詩	風俗淳質	풍속
	金克己	詩	召溪驛	역원
	金克己	詩	熙熙尙有古淳風	제영
	尹祥	詩	山轉溪回作一城孝靈縣詩	제영
星州	李崇仁	記	聯峯疊嶂長川平楚	형승
	李詹	詩	大平村	산천
	安裕	詩	靑雲樓	누정
	林椿	詩	靑雲樓	누정
	李崇仁	記	夢松樓記	누정
	李仁復	記	龍興寺大藏堂記	불우
	李穀	詩	喬木舊間懷世德	제영
高靈	監察司	榜文	盤龍	寺불우
	李仁老	詩	盤龍寺	불우
	朴孝修	詩	盤龍寺	불우
	李詹	詩		
	朴孝修	詩		
	河崙	詩		
仁同	朴瑞生	記	鄕校	학교
	尹祥	詩	鄕校	학교
	林存	碑	僊鳳寺義天	불우
黃澗	李詹	記	邑城	성곽
	李詹	記	駕鶴樓	누정
	憲康王	碑	深妙寺	낭혜비문
	李詹	詩	石田灌水足農場	제영
	李知命	詩	列嶂撑雲聳	제영
沃川 속현 利山縣, 安邑縣, 陽山縣	趙浚	詩	赤登樓	누정
	韓文俊	碑	寧國寺僧圓覺碑	불우
大丘	金㫜	碑	桐華寺弘眞碑銘	불우
	金黃元	記	地藏寺	불우
安東	白文寶	記	大江襟帶金榜記	형승
安東	安軸	詩	文筆山	산천

	白文寶	記	暎湖樓 金膀記	누정
	李穡	讚	暎湖樓	누정
	鄭道傳	詩	暎湖樓	누정
	蔡洪哲	詩	暎湖樓 고려	누정
	禹倬	詩	暎湖樓 고려	누정
	趙簡	詩	暎湖樓 고려	누정
	辛蔵	詩	暎湖樓	누정
	田祿生	詩	暎湖樓	누정
	鄭夢周	詩	暎湖樓	누정
	權近	詩	暎湖樓	누정
	權思復	詩	暎湖樓 고려	누정
	崔簡	詩	暎湖樓	누정
	忠烈王	題額	迎恩亭	누정
	權漢功	詩	白蓮寺	불우
	朴孝修	詩	法興寺	불우
	洪侃	詩	永嘉山水好風烟고려	제영
	鄭樞	詩	老木蒼烟樓閣風	제영
義興	閔漬	碑	麟角寺	불우
	李奎報	詩	偶成圖畵沿溪寺	제영
豊基	安軸	記	鳳棲樓	고적
奉化	崔仁渷	碑	太子寺 朗空塔銘	불우
	金審言	碑	太子寺 通眞塔銘	불우
禮安	崔詵	記	龍頭山 龍壽寺記	산천
榮川	朴孝修	詩	浮石寺	불우신증
	鄭習仁	曰	無信塔	고적
	鄭夢周	詩	携家草草過龜城	제영
義城	金之岱	詩	聞韶樓	누정
	李文和	詩	聞韶樓	누정
	鄭夢周	詩	聞韶樓	누정
	金子粹	詩	聞韶樓	누정
醴泉	尹祥	詩	東西介于二嶺	형승
	尹祥	記	客館	궁실
	李知命	碑	龍門寺	불우
	李奎報	詩	大谷寺	불우신증

등장하는 문인을 거명하면 원간섭기 이전에는 김심언, 임존, 이인로, 임춘, 유희, 이규보, 황보탁, 이지명, 한문준, 최선, 최자, 김지대, 천책, 김극기 등 13명이 있다. 원간섭기와 고려말의 문인은 박효수, 안축, 민지,

이제현, 김훤, 김황원, 이곡, 이색, 윤택, 이암, 백문보, 염제신, 김구용, 권근, 이숭인, 이인복, 하륜, 이첨, 박서생, 정도전, 신천, 전록생, 정몽주, 조간, 권한공, 홍간, 정습인, 김자수 등 28명이다.

고려 전기, 중기에 시문을 남긴 문인 수가 후기에 비해 절반 정도이다. 그나마 김심언이 봉화 태자사 통진탑명을 지었으나 전하지 않는다. 김부식도 태백산 각화사비를 지었다고 하나 현전하지 않는다. 인종대 임존은 선봉사 대각국사비문을 왕명으로 작성하였다. 황보탁은 용암사기, 이지명은 중수용문사기, 한문준은 영국사 원각국사비, 최선은 용수사개창기를 왕명으로 지었다. 비명은 주인공인 고승에 대한 행장을 정리한 것이지 상주계수관에 대한 인상기는 거의 없다. 상주계수관의 경관에 대한 시문을 남긴 문인은 이인로, 임춘, 유희, 이규보, 김극기, 최자, 김지대, 천책 등 8명을 꼽을 수 있다.

이인로는 고령 반용사에 관한 시 1편 뿐이다. 오세재, 임춘 등과 죽림칠현으로 꼽히는 인물이다. 무인의 횡포에 몸은 관계에 있었지만 뜻은 칠현과 함께 하였다. 임춘은 위의 표에는 보이지 않지만 상주 정서기에게 보내는 시문이 『서하집』에 다수 있다. 1173년 김보당의 난 이후 강남지역으로 피신하였다. 상주 지방은 그가 가장 신세를 많이 입은 곳으로 보인다.[122] 이 때 남긴 기문에는 「소림사중수기」가 있다. 유희의 시는 문경 역원 화봉원조에 소개 되었다. 최자의 『보한집』 기사를 인용한 것이다.

이규보는 1196년 상주 일원을 둘러보고 남긴 시서와 시 52수가 전한다.[123] 그 외에도 동경난 진압을 위해 종사관으로 참여하면서 남긴 제문과 시도 있다. 위 표에서도 상주, 용궁, 선산, 의흥, 예천 등지에서의 시가 있다. 이 중 의흥 쪽의 제영은 이규보의 강남시와는 별개로 보인다.

---

122) 진성규 역주 해제, 『西河集』, 一志社, 1984.
123) 한기문, 「고려중기 이규보의 남유시에 나타난 상주목」 『역사교육논집』 23·24, 1999.

김극기의 생애에 대해서는 사서에는 언급이 없다. 천책의 『湖山錄』에 몰년이 1209년으로 확인된다. 생애에 관해서는 유승단이 남긴 「金居士集序」를 통해 알 수 있다. 명종대 진사시에 합격하였다. 서울로 가지 않고 은사와 시인과 더불어 산림에서 시를 읊는 것으로 대부분의 인생을 보냈다. 무신집권기에 꿈을 접은 것으로 보인다. 전국을 주유하면서 명승 고적에 시정을 붙일 수 있었다. 『東國輿地勝覽』에 많은 제영을 남겼다.[124] 상주계수관내 군위 소계역에 시를 남겨 이 지역의 풍속을 전한다.

최자는 상주 사록으로 보임되었다가 상주 목사로 부임하였다. 또한 동남로에 진수하고 상주를 방문한 적이 있다. 상주 형승조에 '상주는 백군의 으뜸이다'는 구절을 썼다. 전거를 전에 전한다고 하였다. 전은 『고려사』열전 최자 조로 짐작되는데 거기에는 이러한 구절이 없다. 다만 『보한집』에는 상주목사 재임 시절 청사 뒤 난간을 넓혀서 작은 못에 임하도록 하고 이것을 이름하여 不老亭이라 하였다. 尙原四老가 바친 절구시 4수 중두 수를 소개하고 약간의 소감을 남긴 글이 전한다.

김지대는 1247년 동남로 안렴사겸부행으로 진무사 최자에게 정조 연하장을 올린 사실이 『보한집』에 전한다. 동남로는 곧 경상도를 지칭한다. 김지대가 순행하면서 상주에서 최자에 준 시구 일부가 전한다. 의성 문소루의 경관을 읊은 시도 남겼다.

천책은 1244년 나이 38세 때 최자의 초청으로 상주 공덕산 동백련사에 이르러 주법하였다. 남긴 「유사불산기」는 이 때 직접 동백련사를 보고 소회한 바를 기문으로 적은 것이다.[125]

원간섭기 이후의 문인에 대해서는 민지는 인각사 「보각국존비」를, 김훤은 동화사 「홍진국존비」를, 이숙기는 법주사 「자정국존비」를 각기 왕명으로 지었다. 김황원이 지은 「지장사기」도 있었다고 하나 현전하지 않

124) 김건곤 편, 『金克己遺稿』, 한국정신문화연구원, 1997.
125) 許興植, 『眞靜國師와 湖山錄』, 民族社, 1995.

는다. 이들 비문은 주인공 고승의 행장을 축약하여 저술하였다. 비가 있는 지역의 경관 등에 관한 내용은 거의 없다.

그 외의 다수 문인들은 상주관내의 여러 시설과 경관 등에 관한 시문을 남기고 있다. 박효수는 충숙왕대에 사거한 인물이다. 보은 법주사, 고령 반용사 등지에서 시를 남겼다. 안축은 충혜왕대에 상주목사로 부임한다. 장문의 「상주객관기」와 낙동강에서의 시, 그리고 그의 고향 풍기 봉서루 기문을 남겼다. 이제현은 안축이 상주목사로 부임할 때 준 송시 서문에서 상주가 대읍임을 언급하였다. 용궁현의 「백화사 관공루기」를 썼다. 인연에 따른 送詩序와 기문 작성이다. 이곡은 영동 제영시를 남겼다. 동해안을 다닌 「동유기」는 알려졌으나 상주관내로의 여행 행적은 모른다. 후대 기록에 이곡의 부인이 함창인이어서 함창에 우거한 적이 있다. 이색은 1390년 유배지가 함창이었다. 이곳 가까이 있는 백련사 시회에 참석하여 남긴 시가 전한다. 여기서 지은 일련의 함창음 시가 『목은집』에 60여 수 전한다.[126]

권근은 상주, 문경 등지에 「풍영루기」, 「견탄원루기」 등을 남겼다. 행적은 잘 알 수 없으나 경주에 유배된 적이 있다. 그의 기문에는 이 지역의 경관과 중요성을 소상히 묘사한다. 직접 여행하고 쓴 것이다. 이숭인도 「상주 풍영루기」, 「성주 몽송루기」 등을 지었다.

공민왕의 복주 몽진을 수행하면서 남긴 보은 元岩驛 시에 이색과 윤택, 이암, 염제신 등의 이름이 있다. 안동 영호루에서 백문보, 이색, 정도전, 채홍철, 우탁, 신천, 전록생, 정몽주, 권사복, 조간 등이 시를 남겼다. 하륜은 상주 제영, 비안 구요루 등의 시와 기문을 남겼다. 이첨은 고령 반용사, 황간 읍성과 가학루 등의 기문을 썼다.

---

126) 이익주, 『이색의 삶과 생각』, 일조각, 2013.

2. 시문에 보이는 상주계수관 인상

찾아 낸 시문을 통해 상주계수관의 인상을 몇 가지 음미하여 살핀다. 상주의 위상을 나타낸 시문을 제시하여 당대인들의 인식을 이해한다. 상주의 경관과 읍치지역을 묘사한 것으로는 1196년 상주를 방문하면서 남긴 이규보의 시가 있다. "상주는 옛날의 사벌국인데 / 왕후의 저택 터도 남지 않았네 / 수많은 전쟁 있었던 곳인데 / 오직 강산만이 성쇠를 알리라 / 나라가 망하여 고을이 되고 고을이 다시 나라가 되니 / 예나 지금이나 한 번만이 아니라오 / 지형은 참으로 기복하는 호랑이인듯 / 천리를 담처럼 둘렀으니 어이 그리 멀던가 / 빨리 오느라 곤하여 눕자 해저무니 / 눈을 붙여 기이한 것 구경할 거를 없네 / 날이 새자 나가 자세히 보니 / 비늘같이 많은 집들 용이 주두에 얽혔네 / 기생이 일제히 절하니 옥패 소리 울리누나 / 자운이 있다더니 누구인지"[127]

상주가 사벌국에서 연원하고 수 많은 전쟁터가 되었던 만큼 요충지임을 나타내었다. 지형이 천리를 담으로 둘렀다 하여 분지형임을 표현하고 있다. 고기비늘처럼 많은 집들이 있어 읍치가 번성하다. 이규보는 상주가 사벌국에서 연원한 역사 깊은 도시라고 인식하였다. 이는 당시 널리 알려진 사실이라 생각된다.

天頙이 1241년(고종 28)에 상주 四佛山을 방문한다. 남긴 글에서 산양현 老居士 申敏恕의 말을 인용하여 말하기를 "상주는 옛날 沙伐國인데 비록 屬郡이 많이 있었으나, 오로지 이 고을만이 맑고 수려한 골짜기와 산이 있습니다. 비록 두 번이나 兵火에 거듭 짓밟혀 남은 것이 없을 정도

---

127) 「六月十四日初入尙州」 『東國李相國集』 卷6 古律詩, "尙州古者沙伐國 王侯第宅無餘基 干戈百戰生死地 唯有江山閱盛衰 國破爲州州作國 古往今來非一時 地形眞似虎起伏 繚垣千里何逶迤 掲來困臥日正暮 未暇着眼窮搜奇 天明出遊試廽縷 魚鱗萬屋龍纏栭 蛾眉齊拜瑤佩鳴 聞有紫雲知是誰".

로 쓸쓸하게 되었지만, …"이라[128] 하였다. 상주가 속군이 많다는 표현은
광역주로서의 상주를 의미한다. 상주 속현 산양에 사는 당시인의 인식에
서도 사벌국에서 연원한 대읍의식이 있다.

權近은 풍영루기에서 "尙州는 본래 沙伐國인데 신라에 속하여 큰 府가
된 지 천여 년이 되었다. 산천의 수려한 것과 인물의 번성함이 道內 여러
고을의 우두머리가 되었다."라 하여 고려말에도 상주는 사벌국에 연원함
과 도내 여러 고을 중에 인물과 산수가 으뜸이라는 인식을 보였다. 河崙
의 시에서도 "사벌의 옛 왕기는 아직도 좋은 경치이고, 徐羅의 남은 풍속
은 스스로 순박한 풍토로다." 하였다.[129] 상주의 연원이 사벌국에서 시작
하여 오래됨을 여러 문사들이 강조하였다.

충혜왕 때 安軸이 상주를 묘사한 글에서 "내가 상주목사의 명을 받고
이 해 사월에 주에 도임하여 정사를 보니 … 옛적에 廟宇·州學·神祀·佛
寺가 모두 頹圮하고 오직 客舍만이 웅대하고 수려하여 …"라 하여[130] 상
주목 읍치에 공공 건물이 밀집되어 있다. 지방관아, 州學으로 표현된 향
교, 종교제의를 담당한 신사와 사원, 객관을 갖추었다. 일반 주현 이하에
는 찾아 볼 수 없다. 계수관은 관내 군현의 도회지 역할을 수행하는 지방
거점도시의 면모였다.

이제현은 안축이 상주목사로 부임하자 송시로 준 시서에서 "東南의 州
郡 가운데 慶州가 가장 크고 尙州가 그 다음이라 그 道의 이름이 慶尙이
된 것은 이 때문이다. 그러나 사명을 받든 자는 반드시 먼저 상주를 거친
뒤 경주에 이르는 까닭에 풍화의 유행은 상주를 경유해 남으로 갔지 일찍
이 경주로부터 북으로 간 적은 없었다.…"라[131] 하였다. 경상도에서 상주

---

128) 天頙, 「遊四佛山記」『湖山錄』卷4, "尙州古之沙伐國 屬郡雖多 唯此邑溪山淸勝 雖
　　再經兵火 蕭條十至".
129) 『東國輿地勝覽』卷18, 尙州 題詠 河崙, "沙伐舊畿猶勝景 徐羅遺俗自淳風".
130) 安軸, 「尙州客舘重營記」『謹齋集』卷2, "余受尙州之命 是年夏四月 到州視事 …
　　凡古之廟宇州學 神祠佛寺 皆已頹圮 惟客館完具".

의 위상은 경주 다음으로 크다. 개경에서 사신이 경상도로 파견될 때 가
장 먼저 이르는 도시다. 외형은 경주가 크지만 중앙에서 동남지역을 다스
리는 거점으로서 상주가 중시된 것이다. 安軸은 1343년(충혜왕 4)에 상주
목사로 부임한다. 남긴 客館記에서 "상주는 八達之衢에 있어 사명을 받든
사신의 역마가 하루도 끊일 날이 없다."라132) 하였다. 곧 사신이 동남지
역에 이르는 관문으로서의 상주의 위상을 나타낸다. 동남지역에서 첫 번
째 도시라는 의미와도 통한다. 조선시기 관찰사의 행영으로 되었다. 경주
와 함께 유영으로 불렀다.

조선초 김종직의 「풍영루기」에는 이를 좀 더 간명하게 잘 정리하여 표
현하니 고려인들의 상주 인식을 뒷받침한다. "상주가 洛水의 상류에 있어
서 監司의 本營이 되었으니, 실로 동남방의 큰 도회이다. 사명을 받고 정
사를 반포하는 손님과 조공을 바치는 일본 사신이 오고 가는 것이 줄처럼
연속하여, 竹嶺을 경유하는 것은 삼분의 일도 못 되고 대개는 冠縣을 경
유하는데 상주가 그 폭주하는 중심지에 있으니"라133) 하였다.

공덕산은 상주 속현 산양현에 있다. 상주의 재지세력의 불사가 있던 중
요한 사상적 배경이 되었다. 자세한 내용은 천책의 「유사불산기」와 권근
의 「미륵암기」에 있다. 전자에는 "상주 산양현 북쪽에 산이 있으니, 봉우
리는 자못 높고 겹겹이 솟아 있다. 동쪽으로 죽령에 이어지고, 남쪽으로
는 華藏山에 닿아 있는 이곳의 이름은 四佛山이라 하며 혹은 功德山이라
고도 한다. 新羅古記를 참고하건대, 진평왕 建元 5년 隋 開皇 8년 戊申에

---

131) 李齊賢, 「送謹齋安大夫赴尙州牧序」 『益齊亂藁』 卷5 序, "東南州郡 慶爲大而尙次
    之 其道之號慶尙者以此也 然而奉使命者 必先取道于尙 而後至慶 故風化之流行 由
    尙而南 靡嘗由慶而北也".

132) 安軸, 「尙州客舘重營記」 『謹齋集』 卷2, "州在八達之衢 乘傳奉使者 無虛日也".

133) 金宗直, 「風詠樓重營記」 『佔畢齋集』 卷2, "尙 處洛水之上游 而爲監司之本營 實東
    南一大都會也 皇華賦政之賓 日域獻琛之使 往來繼屬 由竹嶺者 不能三之一 而率由
    冠縣 州當輻湊之交焉".

홀연히 한 四方 1장 정도 되는 돌이 있어 四面에 四方佛이 조각되어 있
다. 오색 구름 중에 하늘에서 날라 내려와 別峯에 앉았다. 왕이 듣고 극히
이상히 여겨 그 산에 가서 실제 보고 진기하게 여기고 공경하여 마지않았
다. 이에 그 옆에 절을 창건하고 이름을 大乘이라 하였다. 法華經을 외우
는 比丘 亡名으로 香火를 맡게 하였다. 망명은 이에 매일 향화를 열심히
하고 尊像을 頂禮하고 입으로 雄詮을 외웠다. 맹렬히 수련한 약간 년만에
죽었다. 제자들이 岩石間에 묻었는데 후에 蓮花가 무덤위에 피었다. 이때
부터 사방의 사람들이 존상을 받들고 靈驗이 있는 흔적을 찾는 것이 개미
가 오고 벌이 돌아가는 것 같았다."라134) 하였다.

「미륵암기」에는 "大院의 고개가 支脈이 갈리어 동남쪽으로 둘러 갈라
져 甫州·山陽 두 고을 경계에 이르러 불룩하게 높이 일어났다. 山頂에
큰 돌이 있어 뿌리가 떠서 서있고 사면에 모두 부처의 몸을 새겼으니 그
때문에 四佛山이라 이름하였다. 온 나라의 부처를 신봉하는 자들이 가장
이야기하기 좋아하고 보고 싶어하는 것이다. 그 가운데 봉우리는 법왕이
고 그 남쪽 언덕 돌에 慈氏의 얼굴을 새기고 옆에 작은 절을 지었다. 미륵
암이다. 세상에서 전하기를 신라 때에 창건한 것이다. 암자 북쪽에 묘한
봉우리가 있어 멀리 四佛을 향하여 우뚝 서 있다. 신라왕이 사불을 바라
보고 예를 한 곳이라 한다."라135) 적었다.

두 기록이 고려 중기와 말의 시차가 있지만 공통적인 것은 사불산 사불
암이 신라 이래 전국적으로 불교신앙의 성지가 되었다는 것이다. 법화신
앙에서 비롯한 것이지만 고려말에는 미륵신앙도 함께한 것이다. 상주계수

134) 天頎, 「遊四佛山記」『湖山錄』卷4.
135) 權近, 「四佛山彌勒庵重創記」『陽村集』卷11, "大院之嶺 支而迤邐 東南至甫州 山
陽二邑界 穹窿而起 頂有巨石浮根而立 四面皆鑴佛我時塊然坐祖 故號四佛山 最一
國奉佛者所喜談而欲觀者也 其中峯曰法王 其陽崖石 又鑴慈氏之容 傍置小寺 曰彌
勒庵 世傳羅代所創也 庵之北 有妙峯 遙向四佛而峙 羅王望禮四佛處也 世遠屋圮 鞠
爲榛莽".

관의 위상은 오랜 불교 성지 배경에서도 알 수 있다.

상주계수관의 구조에 대한 인식을 보여주는 것은 하륜이 작성한 비옥현「구요루기」에 있다. "親試科의 第三人, 우정언 지제교인 朴瑞生 군이 장차 고향에 가서 先塋을 拜掃하려 하면서, 나에게 작별하고는 또 요청하기를, '나의 고향 比屋은 전에 尙州의 屬縣이었는데, 州에서 60여 리나 떨어져 있어 縣吏가 5일에 1차씩 주로 찾아가 聽命하면서도 혹시 미치지 못할까 겁을 내고 가끔 급한 일이 있어 州吏가 縣에 오게 되면 현리를 욕보이고 縣民을 못살게 함을 다 말할 수 없었소. 전조 말경에는 일이 모두 창졸한 것이 많아, 현의 형세는 날로 궁축하였소.'"라 하였다.136) 박서생의 말을 통해 주현과 속현의 관계를 설명하였다. 계수관과 속현의 관계가 공식적인 지배관계를 넘어 수탈로까지 발전할 만큼 현리가 5일마다 계수관에 보고하였다. 주리 역시 빈번히 속현을 방문하고 현리를 괴롭혔다. 속현과 계수관 사이에는 빈번한 행정명령이 있었다. 주현이 속현을 감독하는 관계이다.

鄭道傳은『三峰集』에서 "府州郡縣이 마치 별처럼 널려 있고 바둑돌처럼 깔려 있으니, 큰 것으로 작은 것을 거느리고 작은 것은 큰 것에 귀속시켜, 머리 부분은 무겁게 하고 꼬리 부분은 가볍게 하여야 다스릴 수 있을 것입니다. 前朝가 3留守·8牧·4都護를 두어서 그 제도가 잘 이루어졌다고 하겠는데 …"라 하여137) 계수관을 정점에 두고 관내의 주현과 속현을 통솔하는 형태를 말하였다. 이색이 1379년에 쓴「六益亭記」에는 청리현을 '尙之支縣'이라 하였다. 속현을 달리 '支縣'이라 한 것이다.

부곡지역에 대한 인상은 1196년 상주를 방문한 이규보의 시에 영산부

---

136) 河崙,「衢謠樓記」『浩亭集』卷2, "親試科第三人右正言知製教朴君瑞生 將往故鄉 拜掃先塋 告余別 且請余曰 吾鄉比屋 舊爲尙州屬縣 去州六十餘里 縣吏五日一詣州 聽命奔走 猶恐不及 往往有綴急 州吏到縣 則施辱縣吏 流毒縣民 有不可勝言者矣 前 朝之季 事多倉卒 縣之勢日蹙矣".

137)『三峰集』卷10, 經濟文鑑 下 縣令.

곡의 정황이 묘사되어 있다. "영산은 가장 궁벽한 고을이라 / 오가는 길이
아직도 황무하구려 / 흉년이 드니 도망하는 가호가 있고 / 백성이 순박하
니 노인이 많구려 / 누른 닭은 꼬기요 하고 울고 / 푸른 쥐는 찍찍 소리를
내누나 / 몇 명의 검은 옷 입은 아전이 / 놀라 달리기를 손 맞는 것처럼
하네"[138) 부곡지역은 매우 궁벽하고 가호가 이탈하여 늙은이가 많은 곳이
다. 부곡의 일반적 현상인지는 알 수 없지만 이규보가 방문한 당시는 매
우 어려운 상황이었다.

　상주계수관내 군현 경관을 표현한 시문속에서 당시 문인들이 지역에
대한 인식이 어떠했는지를 알아본다. 상주 속군인 문경에는 유희의 화봉
원에 대한 시와 권근의 「견탄원루기」가 있다. 유희의 시구에는 "벼슬에서
좌천되어 남녘으로 16역을 지나, 오늘 아침 비로소 경상도의 경계를 밟았
다. 聊城 근처 두어 마장 되는 곳에, 궁벽한 군 하나 문경이라 부른다."라
하였다.[139) 權近의 기문에, "경상도는 남쪽에서 가장 크다. 서울에서 경상
도로 가려면 반드시 큰 재가 있다. 재를 넘어서 약 백 리 길은 모두 큰
산 사이를 가야 한다. 여러 골짜기의 물이 모여 내를 이루어 串岬에 이르
러 비로소 커진다. 이 곳갑이 가장 험한 곳이어서 낭떠러지를 따라 사다
릿 길로 길을 열어서 사람과 말들이 겨우 통행한다. 위에는 험한 절벽이
둘러 있고, 아래에는 깊은 시내가 있다. 길이 좁고 위험하여 지나는 사람
들이 모두 떨고 무서워한다. 몇 리를 나아간 뒤에야 평탄한 길이 되어 그
내를 건너는데, 그것이 犬灘이다. 견탄은 호계현 북쪽에 있다. 나라에서
제일가는 요충이요, 경상도에서 가장 험한 곳이다."[140) 두 시문에서 문경

138) 李奎報, 「十一日早發元興到靈山部曲」 『東國李相國集』 卷6, 古律詩, "靈山最僻邑
　　客路尙荒榛 歲儉有逋戶 民淳多老人 黃鷄啼呢喔 蒼鼠出嘲呻 數箇緇衣吏 驚馳似迓
　　賓".
139) 『補閑集』 卷上 劉學士曦, "及密城守 道過華封院 晝憩 書壁云 謫宦南行十六驛 今朝
　　始踐尙原境 聊城側畔數里餘 有一僻郡號聞慶…".
140) 權近, 「犬灘院樓記」 『陽村集』 卷12, "慶尙一道 在南方爲最鉅 由京而之慶尙 必踰

은 경상도로 들어오는 경계에 있다. 또한 개경에서 경상도로 들어오는 가장 험한 요충 견탄이 있는 곳이다.

용궁현에 대한 인상은 이규보의 시에 "처음으로 용궁군에 들어서니 / 누각이 숲속에 우뚝 솟았네 / 관기의 웃음은 와수처럼 둥글고 / 현리의 허리는 경쇠처럼 꺾기었네 / 출렁대는 물은 차갑게 언덕을 흔들고 / 늘어진 버들은 푸른 그늘 다리에 비치네 / 주민은 모두 토착한 사람들 / 뱁새도 유유자적하게 노니누나"라 하였다.[141] 용궁 치소의 누각이 우뚝 솟아 있다. 주민은 모두 토착한 사람이며 매우 안정된 풍광을 시로 표현하였다. 용궁은 상주의 속현이지만 비옥현과는 달리 안정된 모습을 보여 준다. 방문 문인의 주관성이 반영되고 방문 시기의 차이도 있지만 속현의 사정은 지역마다 편차가 있다.

개령에 대해서는 조선초 기록이지만 서거정의 「同樂亭記」에 "개령현의 왼쪽은 一善郡, 오른쪽은 金陵郡이요, 星岳을 마주보고 商山을 뒤로 하고 있다. 네 고을의 중심지에 있어 귀한 손님을 보내고 맞이하며, 접대하는 勞苦가 참으로 빈번하고 심하다. 얽히고 설킨 일을 과감히 처리하는 재주가 없이는 그 책임을 감당하기 어렵다. 그러나 땅은 기름지고 흙의 성질이 메벼에 적당하므로, 수재나 한재가 없어 백성들의 살림이 넉넉한 사람이 많다."라[142] 하였다. 개령은 상주, 성주, 일선, 금릉으로 둘러싸인 곳이다. 땅이 기름지다.

선산에 대해서는 이지명의 시에 "땅은 사방 백리요 천년 고을인데, 이

大嶺 踰嶺僅百里 皆行大山之間 衆壑之水會而成川 至串岬而始大 串岬最險 緣崖而開棧道 以通人馬之行 上繞峭壁 下臨深溪 歘危隘窄 過者又慄慄寒心 行將數里 然後達于坦途以涉其川 曰犬灘 在虎溪縣之北 最一國之要衝 一道之險阻也".

141) 李奎報, 「初入龍宮郡」 『東國李相國集』 卷6, 古律詩, "初入龍宮郡 林端出麗譙 渦圓官妓笑 磬折縣胥腰 激水寒搖岸 垂楊綠映橋 居民皆地着 斥鷃亦逍遙".

142) 徐居正, 「開寧縣同樂亭記」 『四佳集』 卷2, "開寧 小縣也 左一善而右金陵 面星岳而背商山 處四邑樞轄之中 送迎供頓之勞 實繁以劇 非有盤錯制治之才 難以稱其責 然土肥腴 性宜秔稻 水旱不能爲災 民賴饒活者多".

를 불러 三韓의 一善城이라 한다." 하였다.[143] 권근의 「月波亭記」에 "善州의 동쪽 5리쯤 되는 곳에 餘次란 나루가 있다는데, 商山으로부터 낙동강 물이 남쪽으로 흐르는 곳이다. 상주를 거쳐 남쪽 고을로 가는 길손들도 여기에서 길이 갈라지는 요충지이다. 나루 동쪽 언덕에 작은 산이 있다. 옛날 전주 사람 李文挺 군이 이 고을 원으로 있을 때에 정자를 짓고 '月波'라 이름 하였다. 세월이 오래되어 허물어졌다."[144] 선산은 수륙 교차의 교통 요지이다.

경산부에 대한 경관을 잘 나타낸 고려 시문은 없다. 조선초 신숙주가 쓴 동헌인 백화헌의 중수기에 "星州가 고을로 세워진 것은 신라 초기부터 현에서 군으로, 군에서 부로, 부에서 주가 되어 지역을 잃지 않고 지금에 이르렀으니, 횟수를 지나온 것이 남방 고을 중에 가장 오래되었다. 또 속현이 셋이나 되어 땅이 크고 백성이 豪强하고, 고을의 治所가 道의 중앙에 있어서 역마를 탄 사신이 번갈아 이르고 손과 나그네가 모여드는데"라 하였다.[145] 鄭麟趾의 「臨風樓記」에 "성주 고을 생긴 것이 산천이 수려 기이하고, 인물이 번화하여 尙州·晉州·慶州·福州와 더불어 남방에서 서로 상하를 다툰다. 그 때문에 비록 한 지경의 우두머리는 되지 못하나, 특별히 牧으로 일컫은 것이다."라 하였다.[146] 黃瑾의 「南亭記」에는 "성주가 영남 상류에 있어 호구의 번성한 것과 송사의 번다한 것과 빈객의 모

---

143) 『東國輿地勝覽』 卷29, 善山都護府, 形勝, "李知命詩 地方百里 千年邑號 是三韓一善城".

144) 權近, 「月波亭記」 『陽村集』 卷13, "善州之東五里許有津 曰餘次 自尙之洛水而南流者也 賓客之由尙而之南州者 亦至是站焉 實要衝也 津之東 有小山臨峙 昔全人李君文挺爲宰 始構亭 號月波 歲久已廢矣".

145) 申叔舟, 「星州百花軒記」 『保閑齋集』 卷14, "星州建邑 自新羅之初 縣而爲郡 郡而爲府 府而爲州 不失境土 以至子今 歷年在南州爲最久 凡三屬縣 地大民豪 州治又居一道之中 馹使交至 賓旅輻奏".

146) 『東國輿地勝覽』 卷28, 星州牧, 樓亭 臨風樓, "鄭麟趾記 星之爲州 山川殊異 人物繁華 與尙晉慶福 相頡頑於南方 所以雖不爲界首而特稱牧也".

이는 것이 한 도의 제일이니, 참으로 통달하고 민첩한 인재가 아니면 盤根錯節에 시험하여 그 효용을 보기 어렵다."라147) 하였다. 조선초의 시문이지만 고려시기에 경산부가 경상도의 중앙에 위치하여 사신이 지나가는 요지로서의 위상을 가졌음을 보여준다.

금산의 위치에 대한 시문은 조선초 조위의 동헌 중수기에서 볼 수 있다. "금산은 신라 때에는 개령의 영현이었다. 고려 때에 京山府에 이속되고 공양왕 때 비로소 監務를 두었다. 본조에 와서는 공정대왕의 御胎를 안치하였고 군으로 승격시켰다. 역대의 연혁 변동이 많았으나 땅이 경상도와 충청도의 갈리는 곳에 놓여 있다. 淸州를 경유하는 일본사신과 우리나라 사신은 반드시 이곳을 지나가므로, 관에서 접대하는 번거로움이 尙州와 맞먹을 정도로 왕래의 요충지다. 우리 군은 신라, 고려를 거쳐 천여 년을 내려오면서 항상 屬縣으로서 땅은 좁고 백성은 분주한 일에 지쳤었는데"148) 라 하였다. 교통 요지이고 고려 이래 계속 속현으로 존재하여 땅은 좁고 백성은 분주한 일에 지쳤다.

황간의 현황을 보여주는 시문은 이첨의 읍성기문에서는 "옛날 縣이 승격되기 전에는 거주하는 백성들이 적고, 소나무와 참나무가 하늘을 덮어 가장 그윽하고 깊숙한 데다가, 들짐승이 맘대로 뛰놀고 도둑들이 노략질 하기 때문에, 여기를 지나는 자는 여럿이 무리를 지어야만 비로소 다니곤 했다."라149) 하였다. 南在의 「가학루기」에서는 "黃澗은 산골 고을로서 동서로 가는 사신들이 수십 리를 가야만 위험한 곳을 벗어나게 된다. 이제

---

147) 『新增東國輿地勝覽』 卷28, 星州牧, 樓亭 南亭, "黃瑋記 星居嶺南上游 戶口之殷盛 詞訟之好多 賓客之萃集爲一道最 苟非通敏之才 難以試 盤錯而見其用也".
148) 曺偉, 「金山東軒重修記」 『梅溪集』 卷4, "金山 在新羅 爲開寧領縣 高麗時 移屬京山府 恭讓朝 始置監務 本朝以恭靖大王安胎 陞爲郡 歷代沿革不一 而地居慶尙忠淸之交 凡日域來聘之使 與夫本國使命之由淸州者 必道于此 而館待供頓之煩 埒於尙州 實往來之要衝也 … 吾郡歷新羅高麗千有餘年 恒爲屬縣 壤地偏少 民疲於奔走".
149) 『東國輿地勝覽』 卷16 黃澗縣 城郭 邑城, "李詹記 昔縣之未陞也 居民鮮少 松櫟攙天 最爲幽邃 野獸橫恣 奸宄劫掠 經由者作隊乃行".

이미 큰 언덕에 의지하여 성을 쌓았는데, 성이 큰 시내를 끼고 해자로 백
성들과 한계를 지었으니, 그런대로 사람들을 잘 모았다."라 하였다.[150] 산
골 고을로서 들짐승과 도둑의 노략질이 우려되는 곳이다.

옥천의 지리적 위치에 대한 시문은 서거정이 쓴 「적등루기」에 다음과
같이 서술되어 있다. "옥천은 남쪽지역의 집중지이다. 서울로부터 충청도
로 가고, 충청도로부터 경상도로 가는 길목이어서, 사신과 여행자들의 왕
래하는 말굽과 수레가 날마다 서로 연이어 있다. 군의 동남쪽 30리쯤에
속읍이 있으니 利山이라 하고, 강이 있어 넓이 수십 리를 가로질렀으니
적등이라 한다."[151] 조선초 기록이지만 고려시기 개경에서 충청도를 경유
하여 경상도로 들어가는 길목으로서의 옥천의 위상을 잘 보여준다.

안동부에 대한 시문으로는 최선의 「용수사개창기」와 백문보의 「금방
기」가 전한다. 최선의 글에는 "천하의 이름난 산은 三韓에 많고, 삼한의
빼어난 곳은 동남지방에 가장 많은데, 동남지방에서 큰 산으로는 태백산
이 으뜸이다. 신령한 기운을 많이 품고서 큰 도회를 이루어 대대로 이어
지니 어찌 巫山, 廬山, 衡山, 霍山 등이 이에 미칠 수 있겠는가. 태백산에
서부터 남쪽으로 올라갔다 내려갔다 하며 3백여 리쯤 가다보면 갑자기 우
뚝 솟아난 것이 있으니 이것이 용두산이다. 바로 永嘉郡이 배후에 두고서
도회지를 이루었다. 무릇 특별한 경치에는 반드시 특별한 일이 있는 법이
다. 산의 남쪽에 골짜기가 있고 골짜기의 입구에는 숲이 있는데, 지방 사
람들이 부르기를 대왕숲[大王藪]이라고 한다. 대개 우리 神聖大王 때에
땅을 넓히며 남방에 이르렀는데 이곳에서 군사를 멈추고 3일 있다가 떠났
다. 이곳 남쪽의 여러 항복하지 않았던 지역들이 곧바로 도장을 바치며

---

150) 南在,「駕鶴樓記」『龜亭先生遺稿』下, "黃 巖邑也 使臣之東西行者 數十里然後脫險
今旣因大丘而城 城據大溪而隍 以域編民 可爲完聚矣".

151) 徐居正,「沃川郡赤登院樓記」『四佳集』卷2, "沃 劇郡 南紀之走集也 由京而之忠淸
由忠淸而之慶尙 使華行旅之往復 蹄轂日相磨也 郡之東南三十許里 有屬邑 曰利山
有江延袤 橫截數十里 曰其仕臨 其上有古院 曰赤登".

항복하였다. 지금까지 그 곳에는 큰 나무와 꽃이 많으며 나무꾼들이 감히 가까이 가지 못하고서 神物이 보호한다고 이야기한다.”라152) 하였다. 안동의 배산으로서 용두산을 말한다. 이 산이 명산인 이유는 태조의 남정시 삼일간 머문 대왕수가 있고 지역인들이 신성시하기 때문이다.

백문보의 글에는 안동부에 대한 인상이 적혀 있다. “신축년 겨울 11월에 임금이 난을 피하여 가다가 복주에 이르렀다. 처음에 忠州·廣州로부터 조령을 넘으니, 관리들과 백성들이 난리에 당황하여 놀란 노루와 숨은 토끼처럼 되어서, 손발을 제대로 가누지 못하였다. 비록 명령할지라도 걷잡을 수 없어서 임금이 마음으로 근심하였다. 조령에 올라서 내려다보니 넓고 멀고 아득하여서 마치 천지가 가로놓인 것 같은 것이 경상도의 영역이었다. 嶺으로부터 북쪽은 太白山·小白山이 웅장하게 솟아 있고, 남쪽에 구불구불 서린 것은 열이 넘는 州郡들이었다. 그 중에서도 복주는 巨鎭이다. 산은 높고 물은 맑으며 풍속은 예스럽고 백성들은 순박하다. 장군과 元帥의 旗는 엇갈려 덮이어 있고, 冠冕과 佩玉의 차림은 서로 바라다보였다. 行宮을 말끔히 정돈하여 임금의 행차를 인도하면서 태연하고 침착하여 여유가 있었다. 임금이 마음으로 기뻐하여 여기에 車駕를 멈추고, 장수에게 명하여 賊을 치게 하였다. 이윽고 싸움에 이겨 京都를 수복하게 되자, 드디어 이 고을을 승격시켜 大都護府로 하고 租稅를 감면하였다.”153) 공민

---

152) 「龍壽寺開刱記」(許興植, 『高麗佛教史研究』, 一潮閣, 1986, 653쪽), “天下之名山三韓爲多 三韓之勝地 東南爲寂 東南之巨者 太伯稱爲首焉 孕靈富媼作鎭綿世 何巫盧衡霍之足陳也 自太伯而南起伏三百餘里 突如而秀出者 是爲龍頭山 實永嘉郡所負而都者也 夫有非常之境 必有非常之事 山之南有洞 洞之口有藪焉 土人稱爲大王藪 盖我神□□□之際 略地至於南方 屯兵於此三日而後乃行 從此以南諸不服者 靡然納款 至今其地多喬木衆卉 樵蘇者不敢近 謂神物護之者”.

153) 白文寶,「映湖樓金榜記」『淡庵逸集』卷2, “歲辛丑冬十一月 上避亂行至福州 初自廣忠而踰嶺 官吏泊民 臨亂蒼皇 如驚麚伏冤 罔知措手足 雖令之不能齊 上心憂之 及登嶺下視之 蒼蒼焉茫茫焉若天地之橫截者 慶之一境也 由嶺以北 大小白雄峙 而盤紆乎其南者有十餘州 福爲巨鎭 山高而水淸 俗古而民醇 旗纛交蔽 冠佩相望 淸宮引駕 且

왕이 복주로 홍건적을 피해 몽진을 떠나 올 때 수행한 백문보가 본 안동부 인상이다. 조령을 넘어 그 남쪽에 전개된 열읍이 경상도 영역을 구성한다.

홍주의 지리상 형승에 대한 인상은 안축의 「봉서루기」에 자세하다. "나라의 동남쪽에는 본래 산은 하나인데 嶺은 세 개이니, 太白·小白·竹嶺이 그것이다. 嶺南에 뿌리박은 첫째 고을은 바로 우리 興州이다. 州에서 동쪽으로 가면 황폐하고 편벽된 부락이 나온다. 주에서 똑바로 북쪽으로 가면 태백이 나온다. 북쪽에서 약간 서쪽으로 꺾여 가면 소백이 나오는데 큰 길은 하나도 없다. 주에서 서쪽으로 가면 죽령이 나오는데 서울로 가는 길이다. 주에서 남쪽으로 가면 길이 갈려서 동남의 여러 읍으로 통하게 된다. 고을의 형세가 이러하기 때문에 나그네들이 출입하는 것은 동·북쪽으로는 없고 모두 서·남쪽뿐이다. 옛적에 이곳에 고을을 설치하였을 때 오직 서·남쪽에만 候亭을 세운 것은 고을의 형세가 그렇게 만든 것이다. 西亭은 다만 서울에서 남쪽으로 가는 이들이 왕왕 지나칠 뿐이지만, 南亭은 서쪽에서 남쪽으로 가는 이도 이리로 나가고, 남쪽에서 서울 가는 이도 이리로 들어온다. 남쪽의 여러 주에서 임금의 명을 가지고 일을 독려하는 사신은 이리로 들어오지 다른 데로 가지 아니한다. 그러므로 공적인 손님이나 사적인 나그네들을 전송하는 일이 없는 날이 없다. 고을 사람들이 서정을 가벼이 보고 남정을 무겁게 보는 것도 또한 사리가 그러한 것이다. 정자는 주의 남쪽 5·6리쯤 되는 곳에 있다. 북쪽으로는 영험한 산악을 바라보고, 남쪽으로는 무성한 수림을 마주보며, 동쪽으로는 푸른 개울에 닿고, 서쪽으로는 너른 들을 누르고 있는 것이 이것이다."[154]

安以肆 上心喜之 於是焉駐駕 命將討賊 旣克復京都 遂陞爲大都護府 蠲免租稅".

154) 安軸, 「順興鳳棲樓重營記」 『謹齋集』 補遺 卷2, "國之東南維體一山而嶺者三 曰泰白 曰小白 曰竹嶺 根附嶺南而邑者一 吾興州是也 自州而東則爲荒壁聚落 自州而直北則爲泰白 自北小折而西則爲小白而無通道大道 自州而西則爲竹嶺 通王京之路也 自州而南則岐而分者 東南諸邑之路也 邑勢如此而賓旅之出入者 不由東北而皆西南

홍주는 영남에 뿌리박은 첫째 고을이다. 죽령을 통해 개경으로 간다. 이
곳을 거쳐 동남의 여러 고을로 갈 수 있다.

기양현은 윤상의 「객관기」에서 지리상의 위치를 묘사하고 있다. "무릇
州郡에 館舍를 설치하는 것은, 使臣이 王化를 선포하는 때를 기다려, 행
례할 곳을 준비하기 위한 것이다. 그러므로 비록 아주 작은 고을이라도
없앨 수 없는 것이다. 예천군은 동쪽과 서쪽에서 죽령과 草嶺 두 재 사이
에 끼어 있다. 죽령으로부터 상주 洛東으로 가는 자, 초령으로부터 花山
에 가는 자는 반드시 이 고을을 경유하게 된다. 그래서 사신의 巡視와 길
가는 나그네의 오고 감이 거의 없는 날이 없다."155) 조선 초의 기술이지
만 기양현은 죽령에서 상주 방향과 화산 곧 안동부 방향으로 갈라지는 요
지에 위치하고 있음을 잘 묘사하고 있다.

기문 중에는 읍의 객관과 누대의 창건, 혹은 중수 내력을 기록하면서
객관과 누대의 지방 정치상 의미를 제시한 사례도 있다. 이를 통해 문인
들의 정치사상의 일면을 들여다 본다.

상주 풍영루기 중 권근이 쓴 기문에는 "내가 말하기를, '風詠에 대한
뜻은 정자의 記에 다 말하였으니, 내가 무엇을 덧붙일 것이 있는가. 그
말에 節을 짚고 병부를 나누어 가지고, 이 고을을 지나가는 자로 하여금
봄옷이 이루어진 즈음에 화한 기운이 넘쳐흐르는 것과 같아지기만 한다면
尙州 백성은 다행할 일이다.' 하였는데, 이것은 사람들에게 기대하고 바라
는 것이 매우 크다. 내가 감히 이것을 가지고 부연하여 말하겠노라. 공자

也. 古之設玆邑 惟西南置候亭者 邑勢然也 西亭但自京而南者 往往道過而已 若南亭
則自西而南者 出乎此 自南而京者 入乎此 南諸州將命督事之使 人人入乎此 而不復
他適 還出乎此 故公賓私旅之郊迎郊餞者 無虛日也 邑人之輕西亭而重南亭者 亦理
勢然也. 亭在州南五六許里 北望靈岳 南對茂林 東臨碧澗 西壓平郊者是也'.
155) 尹祥,「醴泉客舍東軒重創記」『別洞集』卷2, "凡州郡官舍之設 所以待使臣宣王化
以備行禮之所 雖十室之邑 不可廢也 醴泉爲郡 居嶺南初面 地廣民稠 東西介于竹草
二嶺 自竹而之商洛 由草而達花山者 必經由是邑 故使華之巡遊 行旅之往來 殆無虛
日矣'.

문하의 여러 사람들이 각각 그 뜻을 말함에 있어서, 모두가 무슨 일을 한다는 말단적인 생각에 얽매여 있는데, 曾點만이 목욕하고 바람 쐬고 읊조리며 돌아오겠다고 말함으로써 공자께서 찬탄하고 인정하였는데, 이를 두고 말하기를, '堯舜의 기상이 있다.' 하였다. 아마도 가슴을 넓게 열어 大虛와 同體가 되어, 대상에 따라 형체를 부여하여 모두 제자리를 얻게 한다면, 이를 실천, 措置할 때 젊은이를 품어주고, 늙은이를 편안하게 해주며, 오게 하고, 고무시켜 화하게 하는 妙가 있게 된다. 화한 기운이 흘러 행하여 백성이 사는 데 편하기가 봄바람 가운데에 있는 것 같아서, 다스려진 효과가 곧 큰 조화와 더불어 운행될 것이니, 堯舜의 정치도 또한 여기에 지나지 않는 것이다. 그 좇아온 곳을 찾아보면 다만 가슴 가운데에 한 점의 사심 없는 데서 말미암은 것이다. 만일 節을 짚고 병부를 나누어 가진 사신으로 하여금 올라 구경할 적에, 塵樓의 번잡한 것을 깨끗이 씻어 버리고, 세상 생각을 소화해 보내어 뜨거운 것을 잡았어도 샘에 빠는 것을 기다림 없이 맑아지고, 맑은 정치가 재야의 도움을 얻지 않고도 이룩되며, 짧은 시간 酬酢하는 사이에도 묵묵히 보고, 읊조리며 마음에 즐거움을 얻음으로써 物과 내가 같다는 이치를 넓힌다면, 그 정치와 교화의 효험이 어찌 크지 않겠는가."라156) 하였다. 권근은 사신관으로 오는 사람들이 누에 올라 사심 없이 '物我同然'의 지경에 이르도록 한다면 정치와 교화에 효험이 크다고 하였다. 지방의 다스림은 공심으로 하면 맑은 정치가 저절로 이루어진다는 정치사상의 일면을 나타내었다. 누대는 사신관을

---

156) 權近, 「尙州風詠樓記」『陽村集』卷14, "風詠之義 亭之記盡矣 予奚庸贅 其曰使仗節部符 行過此州者 得如春服旣成之際 和氣洋溢 尙民其幸哉 此其期望於人者甚大 予敢卽此而申言之 孔門諸子各言其志 莫不規規於事爲之末 曾點獨言風詠而歸 夫子嘆而與之 說者謂有堯舜氣像 盖其胸次悠然 與大靈同體 隨物賦形 各得其所 則其施措之際 必有少懷老安綏來動和之妙 和氣流行 民安耕鑿 皥皥如在春風之中 治效直與大化同運 堯舜之治亦不過此 原其所自 只由胸中無一點私累耳 如使仗節部符之使 登覽之際 洒滌塵煩 消遣世慮 執熱不待濯泉而淸 治繁不待謀野而獲 俯仰之中 酬酢之間 默視風詠之樂而有得於心 以廣物我同然之理 則其治效之效豈不大哉".

포함한 지방관이 사심을 가지지 않도록 하는 상징 공간으로서 의미를 보여 주는 것으로 보았다.

경산부 「몽송루기」를 쓴 이숭인은 "무릇 놀고 구경하는 樓臺를 설치한 것은 그 樂을 붙이자는 것인데, 낙은 형상이 없으니 반드시 저기에 붙인 뒤에야 형상되는 것이다. 소위 낙이라는 것은 사람이 스스로 얻는 것인데, 그 즐거운 것을 미루어 넓히면 백성은 내 동포 형제이고, 物과 내 무리가 되어서 훈훈한 기운과 무르녹은 은혜의 진액이 이르지 않는 데가 없을 것이니, 한갓 저 놀고 구경하는 것에 힘쓰는 자의 즐거움이란 것이 너무 좁지 않겠는가. 그러므로 남의 官長이 된 자는 그 즐거워하는 것이 어떠한 것인가를 살펴야 할 것이다."라[157] 하고, 누를 통해 좁은 즐거움이 아닌 백성과 物과 함께 훈훈한 기운과 은혜가 이르는 것을 즐거움으로 살펴야 한다.

개령 「동락정기」를 쓴 서거정은 "내가 말하기를, '누각이나 정자를 세우는 까닭은 아름다운 것을 보기 위한 것만이 아니라, 王人을 존경하고, 손님을 접대하며, 때의 형편을 살피는 데에 있는 것이다. 하물며, 군자는 쉬고 노니는 곳을 높고 밝은 곳에 가지고 있어 기상이 답답하지 않고 뜻이 침체하지 않으며, 보는 것이 옹색하지 않고 총명이 막히지 않게 해야 한다. 그렇다면 누각이라는 것은 또 어찌 정치를 하는 수단이라고도 하지 않겠는가."라[158] 하였다. 조선초의 서거정도 권근의 누에 대한 생각을 이어서 아름다운 경관 보기, 왕의 사자에 대한 존경과 접대, 때의 형편을

157) 李崇仁, 「星州夢松樓記」 『陶隱集』 卷4, "凡樓觀臺榭之設 所以寓其樂也 樂無形也 必寓夫彼而後形焉 所謂樂者 人自得之 而推廣其所樂 則民同胞物吾與 薰蒸融液 無所不至 彼徒務游觀而已者 其爲樂不旣俠矣乎 是故 爲人牧者 審其所樂何如耳".

158) 徐居正, 「開寧縣同樂亭記」 『四佳集』 卷2, "夫樓觀亭榭之設 非直爲觀美也 所以尊王人 接賓客 察時候也 況君子有游息之所 高明之地 使之氣不鬱而志不滯 視不壅而聽不塞 然則樓觀者 又豈非爲政之具耶 當國家隆泰之盛 吏循民安 時和歲豐 百室按堵 四境無虞 若不亭榭遊觀爲樂 何以形容大平之氣象乎".

살피는 외에 군자의 기상과 총명이 막히지 않게 하는 수단이라는 생각을 했다.

안축은 고향 홍주의 「봉서루기」를 작성하면서 누의 기능이 농사를 살피는 데 있다고 하였다. "해마다 2월이면 농사를 시작한다. 남쪽 밭에 가는 사람들은 누정 아래를 끼고 다니고, 서쪽 들로 나가는 사람은 누정 밖에 줄짓는다. 도랑을 파면 빗물이 소용 없고, 가래를 매면 구름을 기다릴 것 없다. 이 누정은 오직 산수의 아름다움만 있는 것이 아니라 농사 짓는 풍경을 보는 즐거움도 가졌다. … 공은 혹 농사철을 당하면 관청의 사무를 일찍이 파하고 이 누정에 올라 매일 농사를 살핀다. 일의 빠르고 늦음, 부지런함과 게으름을 책하고 캐물어 賞罰을 내렸다. 백성들은 모두 스스로 권면하여 서로 앞다투어 늦은 자는 빨리하고 게으른 자는 부지런하게 되었다. 이때로부터 관아에는 예절을 책하는 손님이 없게 되고, 들에는 생업을 잃은 농민이 없게 되었다. 아전은 이로써 편안하게 되고 年事는 이로써 풍성하게 되었다. 모두가 공의 선사요 누정의 공덕이다."라[159] 하였다.

각 읍치에 성립된 누대는 사신관과 지방관이 백성을 다스리는 데에 사심 없는 넓은 마음과 큰 기상을 가지는데 필요하다. 지역의 농사를 살펴 권면하는 뜻도 있다. 당대 문인들은 누대는 각 읍치의 맑은 정치를 하기 위한 수단이며 정치의 상징공간이라는 인식을 가졌다.

---

159) 安軸, 「順興鳳棲樓重營記」 『謹齋集』 卷2 補遺, "歲二月 農功始作 往南畝者夾道于樓之下 往西郊者羅列乎樓之外 決渠爲雨 荷鍤成雲 斯樓非獨山水之美 有觀稼課農之樂也 … 公或當農月 早放衙登斯樓 日課農功 責就作之早晚 詰服役之勤慢 以示賞罰 民皆自勸 晚者早 慢者勤 爭爲之先 自是厥後 官無責禮之賓 野無失業之農 吏以之安 歲以之稔 皆公之賜而樓之功也".

결　론

상주계수관의 수관과 영군현을 포함한 영역의 공간 구성을 이해하였다. 상주계수관의 관사를 비롯한 여러 시설과 기능을 개괄하여 위상을 정리하고, 광역의 영속군현 내속 과정과 범위, 상호 교통망, 당시의 범위 인식 등을 파악하였다. 그에 바탕하여 계수관원과 안찰사의 활동과 상호 관계를 통해 상주계수관의 운영과 성격을 알아보았다. 상주계수관의 문화 공간으로서 선문과 사원, 그리고 문인의 시문을 통해 종단의 사상과 경관 등에 대한 인식을 정리하였다.

1장 상주 치소의 성립과 구조에서는 수령관의 관사, 재지 향리의 기구와 재지세력, 상주 자복사 등을 상주계수관 치소를 구성하는 세 축으로 보고 이에 대해 집중·정리하였다.

고려시기 상주 관아 위치는 현재 읍성의 유구가 확인되는 왕산을 중심한 일대에 있었다. 통일 신라기 8세기경의 상주 시가지가 개발되고 구획이 정리된 사실은 지금의 도심 중에서 그 유구가 확인되었기 때문이다. 왕산의 북쪽에 치소가 이동한 것으로 추정한 것에서 다소 남쪽으로 다시 옮기고 왕산을 배경으로 치소가 입지한 것이다. 고려 초 상주 재지세력의 재편에 따라 읍기가 정비되고 현종 무렵 계수관제가 정착하면서 지방 사회의 변동도 수반되었을 것이다.

상주 관아의 구성은 목사가 머문 청사를 위시해서 사신관을 맞아 국왕의 명을 받는 客舍, 풍영루 등과 창고, 선군청 등의 부대시설로 이루어졌다. 특히 객사는 영남에서 제일 규모가 컸다. 상주계수관은 사신관이 영남으로 들어오는 관문격의 위상도 지니고 있었다. 州學으로 표현된 향교는 계수관 향교로서 계수관내 鄕貢을 위한 교육과 향공선발을 담당하였다. 성종대부터 교육을 위한 교관이 파견되었다. 神祠 시설도 있었는데

城隍祠로 추정되었고 평지에 있었다. 이러한 시설들은 고려 중기 시문과 각종 기문을 통해 모두 상주 도심 평지에 존재하였다.

종래 치소성으로 이해될 수 있는 자산산성과 병풍산성은 통일신라기 치소성이었다가 8세기경 도심 평지로 이동한다. 신라말 혼란기에 병풍산성이 치소성이었다가 평지로 옮겨진 것이 조선시기까지 이어진다. 入保城은 8세기 이후 읍치에서 가까운 子山山城이었으나 고려시기에는 白華城으로 추정된다.

상주계수관 읍사의 성립을 중심으로 재지세력의 존재양상, 그리고 재지세력의 유동을 살펴 상주계수관을 움직인 재지세력의 기반을 이해하였다. 상주 재지 기구 읍사는 고려초 신라 이래 광역의 영속군현에 영향을 미친 官班에서 유래하였다. 향직 개편과 함께 州司로 정착하여 행정적 영향력을 州內와 領內諸縣 邑司에 일정한 업무를 관할하였다. 고려말 조선초 外官이 늘어나고 군현이 통폐합되면서 다기한 행정단위의 읍사 업무가 外官廳으로 단일화된다. 계수관의 위상이 격하되었다.

상주 재지세력에 대한 사례를 통해 개략적인 역할과 존재양상을 정리해 보았다. 호장은 지리지에 주리 金祚, 호장 金鎰 등의 사례가 있고 이들은 서로 婚班을 형성하였다. 호장 金義均은 蓮經 모임을 형성 향촌사회를 주도한다. 別將 金得鉉의 예에서는 호장이 주현군 장교로 진출, 백련결사에 참여하고 시주한다. 재지세력은 崔滋의 鎭守時에 환영한 '鄕校諸儒', '秀才', '大老' 등으로 존재하였다. 대노는 '夫老'로 일찍부터 표현된 지역 세력이었다. 시문을 작성할 수 있는 교양을 지녀 향공을 통해 상경종사할 수 있는 잠재력을 가졌다. 이들은 상주 주현에서 인근 속현지역으로 농장 등의 세력 기반을 확장하였다. 그러한 사례로 명종대 金令義, 신종대 朴文老, 공민왕대 金直之 등이 있다.

상주 재지세력 유동의 한 보기는 향공을 통해 상경종사한 예부시 급제자 명단에서 확인된다. 재지세력은 고려 중기부터 경제적 기반을 바탕으로 시문을 익힌다. 계수관시를 거쳐 향공으로 상경종사하는 잠재력을 가진다. 상주 산양현 출신 承逈도 재지세력으로 승과를 통해 고위 승려가 되었다. 고려중기부터 상주에 여러 연고로 우거한 사례가 시문에서 확인되었다. 林椿, 金九容, 趙云仡, 李穡 등이 이 지역에서 많은 교유를 하였다. 지역의 정치세력과 의식을 확대하는 것에 기여하였다.

계수관 단위의 읍사를 장악한 호장층이 주현은 물론 인근 속현지역에까지 기반으로 삼은 別業, 亭子 등을 건립하여 農場을 확대하였다. 경제기반을 바탕으로 '士'로서 시문을 익히고 그에 맞는 품격을 유지한 생활과 白蓮社를 중심한 詩會를 가져 유대를 강화한다. 자제를 鄕校에서 교육하여 향공을 통해 상경 종사할 수 있는 잠재력도 지닌다. 중앙 정치 파동에 따른 寓居세력도 대읍의 외관으로 온 관인과 이 지역의 사원 주지 등과 교유하고, 재지세력과 시문을 나누면서 의식을 공유하고 중앙과 관계를 맺어 갔다. 이러한 면모는 상주계수관의 위상을 보여주는 것이라 생각된다.

고려시기 상주 자복사의 존재를 유물과 유적을 이해하는 중세고고학적 방법으로 실증하고, 이를 토대로 상주 자복사의 기능과 운영을 살펴보았다. 그리고 상주계수관내 주·속현의 자복사 존재를 부분적 사례를 검토 이를 상주계수관의 자복사와 비교하여 위상을 논급하였다.

석물 자료와 향토지 기록, 지형도·지명 등을 보면, 현 상주 읍내는 9세기에 도시로 정비되었고 최소한 사지 1개소 정도는 있었다. 고려시기에는 신라 이래의 사원 기반을 계승하여 상주 읍내 자복사로 성립되었다. 자복사의 위치와 사명은 동쪽에 東方寺, 북쪽에는 養老堂 일대, 서쪽 西山書院 일대, 남쪽 지금의 향교 근처 봉두리 鳳頭寺 등으로 비정된다. 상주 읍내 네 곳 자복사는 동쪽과 남쪽은 고려시기 각각 동방사, 봉두사로 추정되고, 나머지 두 사명은 알 수 없다. 네 곳은 조선시기 향토 사가에 의해 四長寺로 지목되기도 하였다.

상주 자복사는 상주 읍내를 사방에서 옹호하여 불교 도시로 보호하였다. 大乘寺가 위치한 사불산 四方佛 禮敬에서 비롯된 방위불 신앙이 자복사 배치와 상주 도시형성에 이념적 영향을 미친다. 국가 정기 불교 의례 중에서 국왕 탄일 祝壽, 仁王會와 관내 飯僧, 燃燈會, 輪經會, 鎭兵道場 등을 정기적으로 시행, 주관하였다. 부수적으로 宿泊과 場市 역할도 하고, 상주 읍민의 發願 장소이기도 하였다.

자복사는 국가 기관으로서 성격을 지녔다. 住持가 파견되었다. 지방에서의 국가 정기 의례가 불교의례이므로 지역 자복사가 도량의 장소를 제공하고 인력을 지원하였다. 국왕 誕日 도량은 계수관에서는 '所在佛寺'라 하여 자복사를 지목한다. 이하 군현에서는 시행하지 않은 것으로 보아 영역을 대표한 축수였다. 이 때는 賀表를 상주 목사가 대표로 작성한다. 주관자는 목사 곧 界首官이었다. 인왕회 시행과 연관되는 상주 영험 사례에서는 '官廳法席'과 관내 사원 典香者의 모임 등을 알 수 있다. 經行에는 '外吏'가 취렴한다. 국가 정기 불교의례의 시행에서 볼 때 자복사 운영은 상주 목사, 승록사, 상주 자복사 승려, 상주 읍사의 주리 등이 관여하였다.

상주 자복사는 邑基 사방에 존재하여 4개소가 있었다. 상주에 영속되나 주현으로서 영속 군현을 거느린 안동부와, 경산부의 경우, 안동부는 3소 자복사, 경산부는 2개소 자복사가 확인된다. 상주계수관의 자복사 수가 가장 많았다. 그리고 안동부 영속 용궁, 보주, 영주 등은 1개소가 확인된다. 경산부 영속 고령, 약목도 1개소였다. 한편 상주 속현인 선주 1개소, 공성현 1개소, 장천부곡 1개소 등이 추정된다. 상주계수관내 資福寺는 首官 尙州 4개소, 府 2~3개소, 속현 1개소, 부곡 1개소 등이다.

영역을 대표하는 계수관에서만 하였던 의례는 국왕탄일 축수도량, 인왕회 등이었다. 부단위는 인왕회까지만 하였으며, 나머지 연등회, 경행, 鎭兵 등은 모든 행정단위의 자복사에서 시행한다. 상주 자복사는 그 갯수나 설행하는 국가의례의 범위 등에서 상주 界內에서 최상위의 위상을 가졌다.

  2장 상주계수관의 영역과 운영에서는 상주계수관의 연혁과 영속 및 범위, 상주 역대 계수관원의 활동, 경상도 안찰사와 상주계수관 등 3개 절로 나누어 정리하였다. 상주계수관의 현황을 연혁, 영속관계, 부곡 분포, 교통로, 범위 인식 등을 종합하여 이해한다.

  상주는 사벌국에서 연원하여 신라 통일기에도 영역을 대표하는 계수관으로 존재하였다. 고려 태조는 후삼국 통일 전쟁에서 상주를 중시하였다. 성종대 10도 중 영남도를 관할하였다. 현종대 여러 군현을 재편성 영속하여 계수관으로 성립하였다. 인종대, 명종대, 충렬왕대를 거치면서 속현내의 주현화가 이루어지고, 영지사부 중 안동부가 승격되어 계수관 관할에서 벗어났다. 조선초에도 세조대까지는 고려시기보다 축소되었지만 상주계수관이 지속되었다.

  상주계수관에 영속된 군현은 신라시기 상주 영군 10군을 분할하여 재편 영속시켰다. 대체로 지역세가 강한 곳은 약화시키고 상주를 중심으로 군사 교통상 중요지역은 강화하여 편성하였다. 상주 영현은 신라시기 3영현에서 지리적으로 외곽을 형성하는 9영현을 거느려 보강하였다. 경산부는 상주의 영군이 아니었다. 고려 태조의 견훤과의 쟁패에서 큰 도움을 주고 영지사부로 승격하여 새로이 형성되었다. 안동부 역시 930년 고창전투에 군민의 도움을 받아 신라시기 상주 고창군 영군 3에서 영현 11개소로 증가하였다. 상주계수관내 부곡 분포는 계수관인 상주에 가장 많이 있고 고려시기에 새로 영지사부가 된 경산부는 거의 존재하지 않는다. 상주 주위에 산재한 부곡은 공해전, 염창, 자기소 등의 운영과 관련이 있다. 상주계수관의 위상을 반영한다.

  상주는 상주도와 경산부도 역도가 교차하고 낙동강 수계와도 마주한다. 역과 고개, 진 등의 교통시설을 보완하기 위해 원과 사원이 설치되었다. 상주계수관은 여러 교통망이 계내를 수렴할 수 있는 체제로 성립하였다. 고려시기 상주 영군현과 영지사부를 포괄하는 표현으로 '尙州'라 관칭하였다. 당대인은 상주계수관을 군현 영속, 교통망 등과 함께 하나의 영역으로 인식하였다.

상주계수관원의 성립과정과 구성, 상주계수관원의 인명과 그 활동을 정리하여 그 특징을 밝혔다. 상주계수관원의 구성은 신라시기 주사, 나말려초 관반, 현종 이후 외관으로 성립되었다. 목사, 부사, 판관, 사록, 법조, 문사, 의사 등 각 1명에 각기 지위에 따른 아종으로 형성되었다. 과거 출신의 초사직 사록이 실무를 총괄하였다.

기록에 나타난 상주계수관원의 명단을 복원하면서 그 활동을 살폈다. 계수관원에 대한 주된 평가는 주로 송사를 공평하게 하는 문제에 있었다. 후기에는 관사, 읍성 등의 공사와 수리에 업적을 두었다. 계수관의 역할은 하표, 하장, 국왕 사신관 영송, 국가 정기 불교의례의 주관을 통해 계내 영역성을 대표하였다. 속군현의 범위를 벗어난 계내 향공, 토목, 군사, 형옥, 도량형, 권농 등에 관여하여 문화적 대표성을 보였다.

경상도 按察使와 상주계수관의 관계를 통해 중앙과 계수관의 연계를 고찰하였다. 안찰사의 제도적 운영과 계수관의 관계를 『경상도영주제명기』 자료를 근거로 검토하여 이해하였다.

『경상도영주제명기』는 문종대부터 공양왕대까지 6삭 갱대의 번으로 637번의 인명이 기재되어 있다. 중임, 잉번의 경우를 제외하면 481명의 경상도 안찰사 파견이 확인된다. 이는 연대기, 문집, 금석 자료 등에서 60여 명이 일치한다. 『도선생안』 자료는 충실하고 정확하다.

안찰사는 주로 대간직을 겸대하고 6삭 갱대하는 제도로 운영되었다. 이 직을 거쳐 다시 경상도내 계수관으로 보임되는 예가 있었다. 상주에서 부임 환영연을 받고 있어 상주계수관은 도내 순력의 출발점이자 종착지이었다. 군사, 전국 사원 조사 등 계수관을 넘어선 조사나 활동에 안찰사는 지역 계수관원, 주로 사록을 차사원으로서 지휘하였다. 안찰사는 계수관원을 감찰하였다. 중간기구의 기능은 없었다.

3장 상주계수관의 문화에서는 나말려초 산문의 성립양상과 성격, 계수 관내 사원의 분포와 성격, 이규보의 남유시에 나타난 상주목, 고려 문인 의 시문에 나타난 상주계수관에 대한 인상 등을 고찰하였다. 승려와 관 인, 문인 등의 시문에 나타난 계수관 현황을 그들의 인상과 활동 속에서 살폈다.

신라말 선문과 관련하여 상주지역에는 상주 주치지역 최초 남종계통의 선풍을 이은 혜소가 주석한 장백사, 북종선계 도헌의 봉암사, 성주산문의 무염이 주석한 심묘사, 무염의 제자인 심광이 주석한 영각산사 그리고 혜 목산문 후에 봉림산문의 선풍을 지닌 융체선사가 주석한 삼랑사 등의 선 문이 존재하였다. 흥덕왕, 경문왕, 헌강왕의 관심과 지원 속에 존재할 수 있었다. 상주가 9주의 하나였고 당은포로 상의 교통 요지인데다 군사적으 로 읍리화정이 설립되어 있었고 신라말 사화진이 설치되는 등 전략 요충 지였던 점과 무관하지 않았다. 김헌창 난에 휩쓸린 상주 재지세력과 농민 에 대한 위무의 필요성도 있었다. 장백사는 흥덕왕 사후 혜소가 진주지역 으로 이동하여 선문의 위상이 유지되지 못하였다. 봉암사는 가은 장군 희 필이 후원하는 속에 신라에 충성을 고집한 결과 폐허를 면하지 못했다.

고려초에는 봉암사, 용문사, 경청선원, 소백산사, 영각산사, 용담사, 태 자사, 숙수선원 등에 선문이 열렸다. 이 중 숙수선원을 제외한 사원은 모 두 고려 태조의 후원으로 성립되었다. 고려초 홍준과 식조, 본정은 신라 의 국사로 책봉된 심희와 행적의 제자로서 태조의 지원으로 선문을 열었 고, 긍양은 경명왕으로부터 봉종대사로 우대 받았으며 역시 태조의 후원 으로 산문을 중창하였다. 이엄과 진공대사는 신라 왕족으로 추측되는 세 력이 지배한 김해지역에서 활동하다 상주권역으로 이동한 행적이 확인된 다. 상주 권역에서 태조의 후원으로 성립된 선문의 선승들은 모두 신라의 후원을 받던 선승이었다. 태조의 대외 정책 기조는 신라와 연대하여 후백 제를 고립시키는 것이었고 그에 따라 산문의 개설과 선승과의 결연을 추진하였다. 유치한 주된 지역은 신라시기 교통, 군사적 거점지이며 선종 수용 초기 선승이 기반을 잡았던 장백사, 성주산문 심묘사, 영각산사, 봉암사, 삼랑사 등의 선문이 있었던 상주 권역이었다.

상주지역에서 나말려초에 이르는 선문의 선풍 변화는 다음과 같이 정리하였다. 신라말의 성주산파의 심묘사, 영각산사, 그리고 북종선계의 봉암사, 봉림산파의 삼랑사 등의 선문들이 있었다. 고려초 태조의 후원으로 마련된 선문들의 선풍은 봉림산파의 경청선원, 굴산파의 용담사와 태자사, 그리고 용문사 등이 성립되었다. 가지산파의 소백산사, 북종선계의 봉암사 등이 자리 잡은 것을 살필 수 있었다. 신라말 위세를 보였던 성주산문이 현존 비문 자료에 보이지 않는다. 그 대신 굴산파와 가지산파가 두드러지고, 북종계의 봉암사는 계속되었으며, 봉림산파는 삼랑사를 대신하여 경청선원으로 맥을 이었다.

고려시기 사원은 국가의 지방지배와 향읍의 공동체 유지, 일상생활 등의 문화 공간이었다. 지금까지 조사된 사지와 문헌 자료로서 파악된 사원 수는 222개소 인데 34개소의 다기한 행정단위에 분포하였다. 주현과 교통요지 등에는 보다 많은 사원을 배치하였다. 각 읍내에는 자복사가 있었다. 국사, 왕사의 하산소도 지정되었는데 각 종단의 지역성을 알 수 있는 지표가 된다. 화엄종 2개소, 유가종 2개소, 천태종 1개소, 선종 1개소 등이다. 주로 고려 후기에 집중된다. 상주계수관내 사원의 성격을 읍내 자복사의 기능과 연관하여 보면 정기국가불교의례인 국왕축수도량, 인왕도량, 윤경회, 연등회, 팔관회 등의 시행, 그리고 일상생활과 세시 속절 의례도 시행하는 장소로서 기능을 가지고 있었다. 의례를 통하여 지방 지배와 지역 공동체를 결속하였다.

상주계수관에는 신라이래의 불교기반이 있고, 고려 개국시에 후백제와의 쟁패지로서 태조가 사원세력의 도움을 받고 지원한 배경이 있었다. 고려 중기 왕실에서는 문벌사회의 모순을 해소하기 위해 지방 사원을 확보하였다. 화엄종 계응 계열과 굴산문 혜조국사 계열을 지원하였다. 종단에서는 새로운 불교운동을 전개하였다. 상주 공덕산 동백련사, 태백산 각화사의 법해용문, 고령 반용사의 화엄사, 지눌의 정혜결사 발원지로서 용문사에서의 선교융합적 법회 등과 공산에서의 결사문 발표가 있었다.

이규보는 상주에서 사록 최정분을 위시하여 박문로, 최수재, 김수재, 도사 김지명 등 재지 유생과 제일홍, 문군 등 기생, 그리고 혜운, 규사 등 승려 등과 만나 시를 주고 받으며 교유하였다. 그의 방문 당시 시대상과 개인사, 정서 등을 엿볼 수 있었다. 상주에 들어오면서 남긴 시에서 상주가 사벌국에서 연원하고 수많은 전쟁이 있었던 곳이라 하여 유서 깊은 도시이고 전략적 요충지였음을 말하였다. 그리고 상주의 지형은 기복하는 호랑이인 듯하다고 하고 천리를 담처럼 둘렀다고 하여 긴 분지형 지형임을 비교적 정확하게 지적하였다. 비늘 같이 많은 집들이 있어 상주의 大邑다운 인상을 읊었다.

영산부곡은 그 위치가 분명하지 않지만 상주의 17개 부곡 중 連山部曲을 잘못 기록한 것이다. 시에서는 매우 궁벽하고 도망가는 가호가 늘고 노동력이 없는 노인이 많은 인구구성을 이루고 있는 등 정황이 열악하다. 또 緇衣部曲吏가 존재하여 승복을 입는다. 영산부곡은 원흥사의 지배를 받았다.

상주 속군 龍宮郡의 정황을 읊은 시에는 주민이 모두 토착하여 안정되었고, 아름다운 경치와 함께 뱁새도 유유자적하다고 하였다. 영산부곡과는 대조적이다.

이규보는 9월 15일 상주에서 출발하여 신흥사-한곡별업-유곡역-요성역-화봉원-관음원-미륵원 등으로 이어지는 계립령을 통하여 상주에서 개경으로 가는 육로길을 거쳤다. 교통시설로 역과 원의 존재를 확인할 수 있었다.

이규보의 상주 여행일정은 사원 방문이 중심이었다. 사원의 입지와 풍광이 좋았다. 상주내에 있던 사원으로 鳳頭寺, 花開寺, 東方寺, 資福寺,

新興寺 등 5개 소였다. 봉두사는 상주 읍내에 있으면서 資福寺로서 국가
불교의례와 시장, 숙박시설, 상주 도시의 사방 방위 중 남방의 수호 장엄
기능을 하였다. 그리고 향교와 인접함으로써 상주 재지세력인 鄕校儒生
들과도 교유하는 결사장소였다.

낙동강의 水系에 있던 사원은 龍浦의 龍潭寺, 犬灘의 龍源寺, 元興寺,
龍巖寺, 大谷寺, 長安寺 등 5개 소이다. 특히 원흥사는 낙동강변에 위치
하여 수로의 안녕과 상선의 중간 기착지 역할을 하여 부윤한 사원임을 알
수 있었다. 낙동강의 수계를 통한 사원간의 연결 그리고 사원이 수계교통
의 편의 시설로도 기능하였음을 알 수 있었다.

고려 문인들의 상주계수관에 대한 시문을 『신증동국여지승람』에서 찾
고 이를 문집 등에서 확인하였다. 시문을 통해 본 상주계수관의 인상을
상주 주치의 위상, 주속관계, 상주계수관의 경관, 지리적 위치, 누대를 통
한 지역 정치사상 등을 고찰하였다.

상주는 사벌국에서 연원한다는 역사의식이 이규보의 시에서부터 비롯
하여 고려말의 여러 기문에 계승되고 있었다. 상주는 동남로로 오는 여러
사신관과 지방관이 부임하는 첫 관문으로서의 위상을 가졌음을 이제현의
시서에서 알 수 있었다. 또한 상주는 법화신앙의 연원지로서 전국적 순례
지가 된 공덕산을 배경으로 하고 있었음을 천책과 권근의 글에서 볼 수
있었다.

조선 문인의 글에서 경산부는 영남의 중심부에 위치하고 사신과 빈객
이 많이 지나는 요충임을 알 수 있다. 백문보의 글에는 안동부는 동남의
거진이고 풍속이 예스럽고 백성은 순박하다고 하였다.

문경은 계립령을 통해 들어오는 관문으로서 곶갑이 있는 요충이고 경
상도로 들어오는 첫 번째 고을임이 유희와 권근의 글에 보인다. 기양현은
죽령에서 상주 방면과 안동부 방향으로 갈라지는 요지에 위치하였다. 옥
천은 충청지역에서 경상도로 들어오는 요충지임을 서거정의 기문에서 알

수 있다. 일선은 월파정기에 따르면 수륙이 교차하는 요충이다. 이처럼
상주는 문경, 기양현, 옥천, 일선 등으로 둘러싸인 중심지임을 시문의 경
관 설명에서 확인할 수 있다.

문인의 글을 통해 각 읍치에 성립된 누대는 사신관과 지방관이 휴식할
수 있는 곳이지만 백성을 다스리는데 사심 없는 마음을 기르고 지역 농사
도 살피는 기능을 한다. 당시 지역 정치의 상징적 시설로 인식되었다.

본서에서는 여러 가지 한계 때문에 상주계수관과 타지역 계수관과의
비교와 관계 및 위상 등은 검토하지 못했다. 상주내 거주민의 정서나 생
활환경 등도 부각하지 않았다. 상주를 방문한 여러 문인들의 유불의식을
비롯한 다양한 문화행위도 자세히 고찰하지 못했다. 이러한 미흡한 점들
은 앞으로의 연구에서 보완되기를 기대한다.

On Sangju Administration Unit(界首官) in Goryeo

Han, Ki Moon

Goryeo's Gaesugwan as its own institution developed from Shila's big Ju was expired in Choseon. It has the turf with multiple Ju-Hyeons, Gun-Hyeons and Bugoks around Head-Gwan in Gae.

Goryeo has 2 Gyeongs, 4 Dohobus, 8 Moks as Gaesugwan. Sangju Gaesugwan(尙州界首官) is Mok grade. I try the thick analysis of it.

1st chapter observes Sangju's space figuration, management structure as Sangju Gaesugwan's Head-Gwan(首官). Sangju's public office was around Wang Mt.(旺山) which its vestiges was excavated. Sangju field organization Eup office(邑司) controls the works of in-Ju and in-sphere Hyeons. Hojang strata(戶長層) as community elite keeps the status through marriage, Ju-Hyeon's military officer and Beckryeon Association(白蓮結社). They could play an official in Capital by the way of Gaesugwan Examination(界首官試:鄕貢). They strengthened the influence with farmland from Head-Hyeon Sangju to the neighboring subordinate Hyeon.

Jaboksas(資福寺) of Sangju are everywhere in town. They guard

Sangju as Buddhist city through supporting the town. The temple has the role of ecclesiastical reign apparatus with executing national periodical Buddhist rituals. Jaboksa has inn and market. It becomes Sangju towner's praying place. Bureaucrat, monk and people operate together.

2nd chapter sees Gun, Hyeon, Bugok, transportation road as territorial factors. On the base of Gaesugwan bureaucrat's performance we understand the representation of the great sphere. We find the relation to Capital government(中央政府) in the line of Anchalsa(按察使). Sangju-Gaesugwan was Yeongnamdo(嶺南道) founded in Seongjong(成宗). Hyeonjong(顯宗) completed it as Gaesugwan by reuniting many Guns and Hyeons. In the middle Sub-Hyeons(屬縣) become main Hyeons(主縣). In Won Intervention Andongbu(安東府) of Yeongjisabus(領知事府) independed as Gaesugwan.

Guns and Hyeons belonged to Sangju-Gaesugwan were the splitting and remaking of 10 sub Guns of Sangju in Shila. Generally strong community force was weakened. Military and transporting core areas around Sangju were strengthened. Bugoks around Sangju reflect Sangju's prestige as Head-Gwan because of the connection with the operation of Gonghejeon(公廨田), salt storehouse(鹽倉), china factory (瓷器所), The road nexus is converged to the center Sangju.

Through hapyo(賀表), hajang(賀狀), the meet-and-sending of king's envoys(使臣迎送), the initiation of national periodical Buddhist rituals. Gaesugwan officials represent the territoriality of Gae. Sangju superintends Sub-Hyeons, Gaesugwan Examination, construction, army, punishment-prison(刑獄), measure(度量衡), agriculture induce

(勸農) out of Guns and Hyeons in Gae. Sangju plays the officing ceremony(赴任宴) for him. Sangju is the starting and ending point of the patrol(巡歷) in Do. Anchalsa directs Gaesugwan's chief official(界首官 司錄) as follower(差使員) in army, national temple investigation, and activity outside Gaesugwan. He inspects Gaesugwan bureaucrat instead of King without the middle bridge.

In the learned's writings, temples, distribution and function 3rd chapter shows Sangju Gaesugwan's character as cultural space(文化空間). Taejo(太祖) supports Seongjong Sanmun(禪宗山門) to grasp this area. They become the ideological base of Taejo.

Goryeo's temple is the cultural space for state's province domination, community town maintenance, routine living. They are spread in diverse administration units. They are more in main Hyeons and traffic strategic sites(要地). In every town Jaboksa unites towners. It becomes Guksa(國師) and Wangsa's retired place(下山所). Guksa and Wangsa are the region indicator.

In Sangju-Gaesugwan many temples have the Buddhist background from Shila. They help Taejo in Hubekje War(後三國戰爭) for the nation opening(開國). In the middle Royal assists the monasteries within Sangju-Gaesugwan to solve pedigree society's(門閥社會) problems on the Buddhist base. In the Gaesugwan Religious Orders do the Buddhist association-movement(結社運動) to reflex the ready made.

In the essays the literaries including Lee Gyubo(李奎報) think Sangju Gaesugwan as followings. They have the historical consciousness that Sangju originates from Sabolguk(沙伐國). Sangju is the 1st gate which local governors(地方官) and delegators from South-East Ro(東南路) inaugurate. Sangju is in the background of Gongdeok Mt.(功德山) as nation wide pratrol with Beopwha belief(法華信仰) origin. It is the center of Mungyeong(聞慶), Giyang(基陽), Okcheon(沃川) and Ilseon (一善) et cetra. Mungyeong is the front gate for Gyeonsangdo(慶尙道) over Gaerip Height(溪立嶺). Giyanghyeon is the split point for Sangju and Andong over Jukryeong(竹嶺). Okcheon is the important site for Gyeonsangdo from Chungcheongdo(忠淸道).Ilseon is the intersection place of waterway and earth-way(水陸交叉地). Tall pavilions in every town hall is the rest building of envoys and local officials. In the rest the public officials train the honest spirit in people reign. The bureaucrats care the local farming. The pavilion is the symbol of local politics.

참고문헌

자 료

『韓國金石全文』

『高麗史』

『高麗史節要』

『法華靈驗傳』

『東國李相國集』

『慶尙道地理志』

『慶尙道續撰地理志』

『世宗實錄地理志』

『東文選』

『西河集』

『新增東國輿地勝覽』

『商山誌』

『永嘉誌』

『慶州先生案』

『道先生案』

權近, 「犬灘院樓記」 『陽村集』 卷12.

安軸, 「尙州客館重營記」 『謹齋集』 卷2.

홍귀달, 「유곡역중수기」 『허백정집』 권2, (『한국문집총간』 14, 1988).

보고서

『文化遺蹟總覽』 中, 文化財管理局, 1977.

『近世韓國五萬分之一地形圖』 上, 尙州, 1915, 景仁文化社 影印.

『중원미륵리사지 5차발굴조사보고서 대원사지 미륵대원지』, 청주대학교박물관, 1993.

『문경시유곡동지표조사보고 유곡역』, 문경시, 안동대학교 박물관, 1995.

『유곡역관련고문서집』, 안동대학교 박물관, 1997.

『증보 상주문화유적』, 상주문화원, 2002.

『義城遺蹟誌』, 의성문화원, 1996.

『문화유적분포지도-구미시』, 구미시 영남대민족문화연구소, 2002.

『문화유적분포지도-상주시』, 상주시 경북문화재연구원, 2002.

『문화유적분포지도-예천군』, 예천군 대구대 박물관, 2005.

『문화유적분포지도-의성군』, 의성군 대구대 박물관, 2005.

『尙州地區古蹟調査報告書』, 檀國大出版部, 1969.

『古代沙伐國關聯文化遺蹟地表調査報告書』, 尙州市·尙州大 尙州文化硏究所, 1996.

『상주 제2건널목 입체화 시설공사부지내 尙州 伏龍洞397-5番地遺蹟』, 嶺南文化 財硏究院, 2006.

『尙州 伏龍洞256番地遺蹟Ⅰ~Ⅳ』, 嶺南文化財硏究院, 2008.

『尙州 伏龍洞230-3番地遺蹟Ⅰ~Ⅱ』, 嶺南文化財硏究院, 2009.

『尙州 伏龍洞10-4番地遺蹟Ⅰ~Ⅱ』, 嶺南文化財硏究院, 2009.

『상주복룡동 다시 태어나다』, 상주박물관, 2011.

『국군체육부대 이전부지내 聞慶 犬灘里遺蹟-傳犬灘院址-』, 영남문화재연구 원, 2014.

저 서

강은경, 『고려시대 호장층 연구』, 혜안, 2002.

구산우, 『고려전기 향촌지배체제연구』, 혜안, 2003.

김기덕 등, 『고려의 황도 개경』, 창작과비평사, 2002.

김윤곤, 『한국 중세 영남불교의 이해』, 영남대 출판부, 2001.

김창현, 『고려 개경의 구조와 이념』, 신서원, 2002.

김창현, 『고려의 남경, 한양』, 신서원, 2006.

문경호, 『고려시대 조운제도 연구』, 혜안, 2014.

박용운, 『고려시대 개경 연구』, 일지사, 1996.

박종기, 『지배와 자율의 공간, 고려의 지방사회』, 푸른역사, 2002.

박종기, 『고려시대 부곡제연구』, 서울대학교출판부, 1990.

박종기, 『고려의 부곡인, 경계인으로 살다』, 푸른역사, 2012.

박종기, 『고려사 지리지 역주』, 한국학중앙연구원출판부, 2016.

이기백, 김용선, 『『고려사』 병지 역주』, 일조각, 2011.

이병희, 『고려후기 사원경제 연구』, 경인문화사, 2008.

이병희, 『고려시기 사원경제 연구』, 경인문화사, 2009.

이수건, 『한국중세사회사연구』, 일조각, 1984.

이수건, 『조선시대 지방행정사』, 민음사, 1989.

이정신, 『고려시대의 특수행정구역 소 연구』, 혜안, 2013.

윤경진, 『고려 군현제의 구조와 운영』, 서울대 박사학위논문, 2000.

윤경진, 『高麗史 地理志의 分析과 補正』, 여유당, 2012.

윤용혁, 『고려대몽항쟁사연구』, 일지사, 1991.

장동익, 『고려사 연구의 기초』, 경인문화사, 2016.

정요근, 『고려 조선초의 역로망과 역제 연구』, 서울대학교 박사학위논문, 2008.

정은정, 『고려시대 개경의 도시변화와 경기제의 추이』, 부산대학교 박사학위논문, 2009.

정용범, 『고려전 중기 유통경제 연구』, 부산대학교 박사학위논문, 2014.

주보돈, 『신라지방통치체제의 정비과정과 촌락』, 신서원, 1998.

채상식, 『高麗後期 佛敎史 硏究』, 일조각, 1991.

최정환, 『역주 고려사 백관지』, 경인문화사, 2006.

최혜숙, 『고려시대 남경 연구』, 경인문화사, 2004.

한국역사연구회 개경사연구반, 『개경의 생활사』, 휴머니스트, 2007.

한기문, 『고려사원의 구조와 기능』, 민족사, 1998.

한정훈, 『고려시대 교통운수사 연구』, 혜안, 2013.

허흥식, 『眞靜國師와 湖山錄』, 民族社, 1995.

논 문

강은경, 「고려초 州官의 형성과 그 구조」 『한국중세사연구』 6, 1999.

강은경, 「고려시대 지방사회의 祭儀와 공동체 의식」 『韓國思想史學』 21, 2003.

강은경, 「고려시대 公文書의 傳達體系와 지방행정운영」 『韓國史研究』 122, 2003.

구산우, 「고려시기 계수관(界首官)의 지방행정 기능과 위상」 『역사와 현실』 43, 2002.

구산우, 「고려초기 향촌지배층의 사회적 동향 - 금석문 분석을 통한 접근 -」 『부산사학』 39, 2000.

권태을, 「낙강시회연구」 『상주문화연구』 2, 상주대 상주문화연구소, 1992.

金光洙, 「羅末麗初의 豪族과 官班」 『韓國史研究』 23, 1979.

김남규, 「고려의 별감에 대하여」 『경남대 논문집』 3, 1976.

김동수, 「고려시대의 界首官制 小論; 계수관의 범위문제 검토」 『李基白先生古稀
    紀念韓國史學論叢〔上〕 - 古代篇 高麗時代篇』, 刊行委員會, 1994.

김동수, 「고려시대 界首官의 범위에 대한 재론」 『역사학연구』 19, 2002.

김윤곤, 「麗代의 按察使制度 成立과 그 背景」 『嶠南史學』 창간호 - 東峰 金成俊
    先生 停年記念 史學論叢, 영남대학교 국사학과, 1985.

김윤곤, 「고려시대 慶尙晋州道 지역의 사회발전과 불교문화」 『民族文化論叢』
    21, 영남대학교 민족문화연구소, 2000.

김호동, 「고려 무신정권시대 지방통치의 일단면 - 이규보의 전주목 '사록겸장서기'
    의 활동을 중심으로 - 」 『교남사학』 3, 1987.

김호동, 「桂陽都護府使 李奎報의 활동을 통해 본 고려 군현통치의 실상」 『한국중
    세사연구』 14, 2003.

김호동, 「고려시대 一善(善州)圈域의 변천과 지역사회의 동향」 『한국중세사연구』
    22, 2007.

나각순, 「고려향리의 신분적 특성과 그 변화」 『사학연구』 45, 1992.

류창규, 「고려후기 지방세력의 역학구조 - 在地品官層과 鄕吏層을 중심으로」 『國
    史館論叢』 101, 국사편찬위원회, 2003.

朴達錫, 「統一新羅時代 沙伐州의 里坊制 檢討」 『大東考古』 창간호, 대동문화재
    연구원, 2007.

朴方龍, 「尙州 書谷洞 出土 一括遺物」 『美術資料』 49, 1992.

박종기, 「高麗의 郡縣休係와 界首官制 - 〈고려사〉지리지 분석」 『한국학논총』 8,
    1986.

박종기, 「高麗時代 界首官의 범위와 성격」 『한국학논총』 21, 1999.

박종기, 「고려시대 외관 속관제연구」 『진단학보』 72, 1992.

박종기, 「고려의 지방관원들 - 속관을 중심으로 - 」 『역사와 현실』 24, 1997.

박종기, 「『高麗史』 地理志 譯註(7) - 尙州編」 『韓國學論叢』 29, 2007.

박종기, 「『高麗史』 地理志 譯註(8) - 京山府, 安東府 編」 『韓國學論叢』 30,
    2008.

박종진, 「고려시기 안찰사의 기능과 위상」 『동방학지』 122, 2003.

박종진, 「고려시기 계수관의 기능과 위상」 『역사와 현실』 56, 2005.

박종진, 「고려시기 '상주목지역'의 구조와 지리적 특징」 『한국중세사연구』 29,
    2010.

박종진,「고려전기 개성부(開城府)의 변천과 지리적 범위」『동방학지』157, 2012.

朴泰祐,「統一新羅時代의 地方都市에 對한 硏究」『百濟硏究』18, 1987.

변태섭,「高麗按察使考」『역사학보』40, 1968.

백상기,「高麗朝地方行政體制에 있어서 按察使制에 관한 硏究」『사회과학연구』 14, 1995.

尹京鎭,「고려 태조대 군현제 개편의 성격」『역사와 현실』22, 1996.

윤경진,「고려전기 향리제의 구조와 호장의 직제」『한국문화』20, 1997.

윤경진,「경주호장선생안 구안 경주사수호장행안의 분석」『신라문화』19, 2001.

윤경진,「고려전기 界首官의 설정원리와 구성 변화」『진단학보』96, 2003.

윤경진,「고려전기 계수관의 운영체계와 기능」『동방학지』126, 2004.

윤경진,「고려 界首官의 제도적 연원과 성립과정」『한국문화』36, 2005.

윤경진,「고려전기 도의 다원적 편성과 5도의 성립」『동방학지』135, 2006.

윤경진,「고려전기 호장의 기능과 외관의 성격」『국사관논총』87, 1999.

尹京鎭,「古文書 자료를 통해 본 高麗의 地方行政系」『韓國文化』25, 2000.

윤경진,「高麗 성종 14년의 郡縣制 改編에 대한 연구」『韓國文化』27, 2001.

尹京鎭,「高麗 郡縣制의 운영원리와 州縣－屬縣 領屬關係의 성격」『한국중세사 연구』10, 2001.

윤경진「고려시기 所의 존재양태에 대한 試論」『한국중세사연구』13, 2002.

尹京鎭,「고려초기 10道制의 시행과 운영체계」『震檀學報』101, 2006.

윤경진,「『高麗史』刑法志 公牒相通式 外官條의 분석」『역사문화연구』27, 2007.

윤경진,「고려 按察使의 연원과 '五道按察使'의 성립」『한국문화』61, 2013.

윤경진,「고려시대 按察使의 기능에 대한 재검토－군사 및 사법 기능을 중심으로 －」『한국문화』65, 2014.

윤무병,「高麗時代 州府郡縣의 領屬關係와 界首官」『역사학보』17·18, 1962.

이강한,「1308~1310년 고려내 "牧·府 신설"의 내용과 의미」『한국사연구』158, 2012.

이경희,「高麗初期 尙州牧의 郡縣編成과 屬邑統治의 實態」『한국중세사연구』2, 1995.

이수건,「조선조 향리의 일연구－호장에 대하여－」『문리대학보』2권2호, 영남대, 1974.

이수건,「고려시대 읍사 연구」『국사관논총』3, 1989.

李鎭漢, 「高麗時代 守令의 京職 兼帶」『震檀學報』95, 2003.

이정기, 「고려시기 양계 병마사의 성립과 기능」『한국중세사연구』24, 2008.

이존희, 「鮮初 地方統治體制의 整備와 界首官」『동국사학』16, 1981.

이혜옥, 「高麗時代의 守令制度研究」『이대사원』21, 1985.

우현승, 「경북 상주시의 도시공간구조의 변천과정에 관한 연구」, 연세대석사학위 논문, 2001.

채웅석, 「고려전기 사회구조와 본관제」『고려사의 제문제』, 삼영사, 1986.

최성봉, 「군위 의성 출토의 금동불 2좌」『고고미술』11, 1961.

崔宣一, 「統一新羅時代 天人像 研究」, 弘益大 碩士學位論文, 1994.

崔壹聖, 「歷史地理的으로 본 鷄立嶺」『湖西史學』14, 1986.

崔鍾奭, 「고려시기 治所城의 분포와 공간적 특징」『歷史教育』95, 2005.

하일식, 「고려초기 지방사회의 주관과 관반」『역사와 현실』34, 1999.

하현강, 「고려지방제도의 일연구-도제를 중심으로-」『한국중세사연구』, 일조 각, 1988.

한기문, 「高麗中期 李奎報의 南遊詩에 나타난 尙州牧」『歷史教育論集』, 23,24합 집, 1999.

한기문, 「나말려초 상주지역 선종산문의 동향과 성격」『상주문화연구』19, 2009.

한기문, 「조선시기 상주읍성의 연혁과 규모」『역사교육논집』28, 2002.

한기문, 「상주의 행정구역과 문화권」『상주문화연구』13, 2003.

한기문, 「고려시기 선산 원흥사의 입지와 역할-'원흥사'명문와의 발견-」『문화 사학』26, 2006.

한기문, 「고려시대 비보사사의 성립과 운용」『한국중세사연구』21, 2006.

한기문, 「사벌국의 성립과 전개」『문화사학』27, 2007.

한기문, 「상주 치소(관아) 성격과 입지의 변천」『상주문화연구』17, 2007.

武田幸男, 「淨兜寺五層石塔造成形止記の研究(1)-高麗顯宗朝における若木郡の 構造-」『朝鮮學報』25, 1962.

北村秀人, 「高麗初期의 在地支配機構管見」『人文研究』 36-9, 大阪市立大, 1984.

찾아보기

바...

자...

차...

한기문韓基汶

경북대학교 사범대학 역사교육과를 졸업하고 같은 학교 대학원에서 문학 석사와 박사 학위를 받았다. 현재 경북대학교 인문대학 사학과 교수로 재직 중이다.

저서로는 『고려사원의 구조와 기능』(민족사, 1998), 『일연과 삼국유사』(공저, 신서원, 2007), 『고려시대 율령의 복원과 정리』(공저, 경인문화사, 2009) 등이 있고, 고려 불교사를 연구한 논문이 다수 있다.

고려시대 상주계수관 연구

1판1쇄 발행	2017년 3월 30일
1판2쇄 발행	2018년 9월 21일

지 은 이 한기문

발 행 인 한정희
발 행 처 경인문화사
총 괄 이 사 김환기
편　　집 김지선 박수진 유지혜 한명진
마 케 팅 유인순 하재일
출판등록 406-1973-000003호
주　　소 10881 경기도 파주시 회동길 445-1 경인빌딩 B동 4층
전　　화 031-955-9300 팩　스 031-955-9310
홈 페 이 지 www.kyunginp.co.kr
이 메 일 kyungin@kyunginp.co.kr

ISBN 978-89-499-4270-4 93910
값 32,000원